国家社科基金
GUOJIA SHEKE JIJIN HOUQI ZIZHU XIANGMU
后期资助项目

徽州民俗体育文化

Huizhou Folk Sports Culture

王国凡　著

北京师范大学出版集团
BEIJING NORMAL UNIVERSITY PUBLISHING GROUP
北京师范大学出版社

图书在版编目(CIP)数据

徽州民俗体育文化/王国凡著. —北京：北京师范大学出版社，2017.1
（国家社科基金后期资助项目）
ISBN 978-7-303-20983-5

Ⅰ.①徽…　Ⅱ.①王…　Ⅲ.①民族形式体育－研究－黄山市
Ⅳ.①G852.9

中国版本图书馆 CIP 数据核字（2016）第 172953 号

营 销 中 心 电 话　010-58805072　58807651
北师大出版社学术著作与大众读物分社　http://xueda.bnup.com

HUIZHOU MINSU TIYU WENHUA

出版发行：北京师范大学出版社　www.bnup.com
　　　　　北京市海淀区新街口外大街 19 号
　　　　　邮政编码：100875
印　　刷：三河兴达印务有限公司
经　　销：全国新华书店
开　　本：787 mm×1092 mm　1/16
印　　张：17.75
字　　数：308 千字
版　　次：2017 年 1 月第 1 版
印　　次：2017 年 1 月第 1 次印刷
定　　价：78.00 元

策划编辑：马洪立　　　　责任编辑：李洪波
美术编辑：王齐云　　　　装帧设计：王齐云
责任校对：陈　民　　　　责任印制：马　洁

国家社科基金后期资助项目

出 版 说 明

后期资助项目是国家社科基金设立的一类重要项目，旨在鼓励广大社科研究者潜心治学，支持基础研究多出优秀成果。它是经过严格评审，从接近完成的科研成果中遴选立项的。为扩大后期资助项目的影响，更好地推动学术发展，促进成果转化，全国哲学社会科学规划办公室按照"统一设计、统一标识、统一版式、形成系列"的总体要求，组织出版国家社科基金后期资助项目成果。

全国哲学社会科学规划办公室

序

　　"徽文化既是地域文化，又是中华正统文化传承的典型"（叶显恩语）。2008 年，国家级"徽州文化生态保护实验区"就已设立。

　　《徽州民俗体育文化》从民俗学、史学、文化学、社会学等多学科视角对徽州民俗体育现象进行了探究。较为系统地梳理了徽州民俗体育与徽州社会的民间信仰、宗族祭祀、婚丧嫁娶、商业发展之间的关系，以及徽州民俗体育与中华传统文化之间的关系；对古徽州主要民俗体育项目的起源与发展以及现代传承、嬗变、重构的脉络进行了疏理；从古徽州悠久的山越文化到本地的宗族文化，从农林文化到儒释道文化，从古中原文化到当地的风水文化较为深入地挖掘了徽州民俗体育的文化内涵，揭示了体育在传承历史文化方面的独特作用和历史借鉴。

　　安徽师范大学体育学院王国凡教授，勤奋好学，刻苦钻研，长期从事民族传统体育教研工作。为研究徽州民俗体育文化，他不辞辛劳，多次到徽州各地进行考察，积累了大量的第一手资料。为考察南宋时徽州府的武状元程若川，他先到休宁县中国状元博物馆了解情况，接着根据线索来到汉口小镇，这里的很多百姓都不知道曾出过一位武状元程若川；通过多方打听，最终找到了程氏后人。程氏后人在讲述程若川"腋挟石墩走汉口"的故事时还带他看了静静躺了千年的两只白色石墩；为考察徽州历史名人许宣平，他来到了许先生唐朝隐居的歙县南乡的覆船山下，找到了李白寻访许宣平的"问津处"；为寻找"跳钟馗"，他到雄村拜访了代表性传人刘福华；为寻找"打秋千"，他到三阳村拜访了传人洪孝廉……

　　由此获得的众多第一手研究资料为该书的研究和后人的进一步研究提供了重要而翔实的依据，这种深入实际的工作作风和实事求是的科研态度是值得称赞的。该书的出版既丰富了民俗体育文化研究成果，同时对中国体育文化和徽文化的发展与完善也将发挥积极作用。

首都体育学院副校长、教授、博士生导师　王凯珍

2016 年 7 月 18 日

前　言

　　徽州，位于安徽省南端，古时包括"一府六县"。一府即古"徽州府"，六县包括歙县、黟县、休宁、婺源、绩溪、祁门。徽州自宋代（1121年）建制以来延续了近千年历史。新中国成立以后，这里先后进行了两次行政区划分。古"徽州"经最新区划后，原属地分散在2省、6县和3区。现包括安徽省黄山市的屯溪区、黄山区、徽州区、歙县、黟县、休宁县、祁门县以及安徽省宣城市的绩溪县和江西省的婺源县。

　　徽州大地自古物华天宝、人杰地灵，四周有群山环绕，耸立其间的黄山、天目山、白际山、大郭山和五龙山等将徽州隐藏于层峦叠嶂之中；东界河、西界河、吉阳水、大共水、婺水、率水、武溪水等河流穿行其间，还有绵延近400公里的新安江也从此流出。千百年来，这里环境独特、气候宜人、兵燹鲜至，俨然世外桃园、人间仙境。

　　徽州历史源远流长，早在旧石器时期，这里就有徽州先民活动。[①]几经变迁，由早期"椎髻鸟语"[②]的蛮荒僻野变成了人文蔚起的富庶之地。毫无疑问，在中国古代历史上，古中原地区不仅是中国政治、经济中心，也是中华主流文化和主导文化的发源地。然而，中原地区在几千年的历史朝代更替中，多次经历过较大战火，财物毁灭、生灵涂炭。很多居于此间的士大夫、缙绅、商人等为避战乱，举家（族）南下迁入有大山作为天然屏障的徽州，与此同时也带来了当时中原地区的思想文化和风俗习惯，使得原来较落后闭锁的徽州人文环境发生了历史性的变化：涉及文化、经济、民俗风尚等诸多方面。

　　徽州人自宋代起开始追求科举取仕，苦心攻读蔚然成风。使得徽州大地上出现了"名家辈出""名臣辈出"的局面。明清之际，徽商作为一个

---

　　①　宫思成：《歙县下冯塘新石器时代至夏代遗址》，《中国考古学年鉴》，第242～243页。

　　②　《后汉书》卷三十八《度尚传》："初试守宣城长，悉移深林远数椎髻鸟语之人，置于县下，由是境内无复盗贼。"唐·李贤注："鸟语谓语声似鸟也。"

地域性商帮的崛起使得徽州社会经济异常繁荣，与外界交流变得十分频繁。历史上，徽商主要通过水路与下游的浙江和苏南等中国社会经济与文化曾最发达地区保持着密切联系，尤其和这些地区在文化上的融合形成了以江南、淮扬地区包括芜湖、安庆、武汉、临清等城市为基地的所谓"大徽州"，再由大、小徽州互动融合，最终形成博大精深的"徽文化"①。在徽文化中有相当一部分属于民俗文化内容。

民俗，即民间风俗，是指一个国家或民族中为广大民众所创造、享用和传承的生活文化。② 徽州自古有"十里不同风，百里不同俗"之说。徽州民俗在历史发展长河中，经历了漫长的时间演变，先后经历过"前山越时期""山越时期""新安时代""歙州时代""徽州时代"，在逐渐吸收不同时期中原地区士家大族所带来的中原民俗文化因素之后，最终形成了特色鲜明、相对稳定、内容丰富的"徽州民俗"。

徽州民俗体育属于徽州民俗的一部分，是指由徽州民众创造，为徽州民众传承和享用，并融入和依附于徽州民众日常生活风俗习惯之中的一种传统性、集体性、模式化、生活化的体育活动。它既是一种体育文化，也是一种生活文化。③ 徽州民俗体育存在于徽州民俗之中，历史悠久，内容丰富，自成体系，并以其自身独特的体育文化方式发展着、传承着。徽州民俗体育中的每一个项目，都有极为丰富的传统文化内涵。与现代很多体育项目不同的是，由于徽州民俗体育活动形式具有民俗性——杂糅于传统节日、宗教仪式、婚嫁喜庆、戏剧歌舞、建房奠基等民间百事之中，有形式多样，活动场所不固定等特点，一些运动项目可能严格意义上算不上体育活动，如傩舞、跳钟馗、打秋千、抬阁、叠罗汉、跳五帝、采茶扑蝶舞等，但是，它们具有现代体育强身健体、休闲娱乐以及协作竞技等功能，将其作为民俗体育进行了专门的介绍与研究，也算是本书的一个特色吧。

由于徽州历史文化的形成特点，使得"徽文化既是地域文化，又是中

---

① 叶显恩：《徽州文化的定位及其发展大势》，《徽文化全书》，总序。
② 钟敬文：《民俗学概论》，上海，上海文艺出版社，1998，第1~2页。
③ http://baike.baidu.com/view/1511133.htm。

华正统文化传承的典型，它集中体现了中华传统文化的精华"①。2008年国家级"徽州文化生态保护实验区"在这里正式挂牌，目的就是要将这份珍贵的古徽州文化遗产良好地保存下来，流传后世。正是这样，使得徽文化下属的徽州民俗体育文化研究也变得非常有意义——它可以反映出不同时期中国传统体育文化的真正精髓，这也正是本书研究的主要目的所在。

有必要说明的是，在本书的撰写过程中，有众多的资料和图片是引用、参阅了国内外专家学者的研究成果，有的古文献资料来自转引文献等。有的没能在书中做出准确、详细的标注，在此，向所有参引文献的专家学者们致以最诚挚的感谢！

本书在策划、资料收集、撰写过程中，得到了刘道胜、席玉宝、贾冠忠、解光云、何根海、方新普、许明思、张振华、杨四平、佘林颖等教授、专家、学者和领导的支持与帮助；在田野调查过程中，得到了歙县文化局领导的指导和帮助；拜访了一些项目的传承人、遗址景点的负责人和知情人士，他们对我们的调查给予了全面的介绍和热情的接待，在此对他们的关心、支持与帮助致以最衷心的感谢！研究生薛二剑、王波、陈林、杨辉霞、周昀、曹春顺、汪希硕、叶海燕、郭迎春、许玉正、程桢、陈习明、刘红红等在资料收集、整理、研究过程中做了大量的工作，在此，向他们道声：辛苦了！谢谢！此外，安徽师范大学科研处对该项目的申请、撰写与结项给予了大力支持与帮助，北京师范大学出版在审稿、修改与出版过程中也给予了较多的帮助。在此，深表谢意！

受编写者的水平和视野所限，本书尚存不足，甚至错误之处在所难免，敬请方家批评指正！

王国凡

---

① 叶显恩：《徽州文化的定位及其发展大势》，《徽文化全书》，总序。

目 录

第一章　徽州概述

第一节　徽州的自然环境

地理环境是一个与社会环境相对应的概念，指的是与某一人类社会所处的地理位置相联系的各种自然因素的总和，它是一个民族、一个国家赖以生存和发展的必要条件。在研究一个民族的历史发展过程时，首先遇到的是制约这个民族发展的最原始力量——自然环境。一个国家、一个民族、一个地区的地理特征，对生于斯、长于斯的民众历史生活过程有着强烈的影响。① 早在先秦时期，人们就意识到了环境对人的影响，儒家典籍《礼记·王制》认为："凡居民材，必因天地寒暖燥湿；广谷大川异制；民生其间者异俗：刚柔、轻重、迟速异奇，五味异和，器械异制，衣服异宜。"②在《汉书·地理志》中进一步阐述了地理环境与各地风俗文化之间的关系："凡民函五常之性，而其刚柔缓急，音声不同，系水土之风气，故谓之风；好恶取舍，动静亡常，随君上之情欲，故谓之俗。"③英国著名历史学家阿诺德·汤因（Arnold Toynbee）认为，人类文明的发展是挑战和应战产生的结果，并研究得出人类最早的文明都出现于自然条件较差的地区。可见，地理环境对人类文化的影响自古中外皆然。徽州的地理环境与其他区域相比，具有明显不同的特征：古徽州地处皖、浙、赣三省接壤的山地丘陵之中，是一个相对独立的自然地理单元。④其山地丘陵约占土地总面积的 7/10，素有"七山一水一分田，一分道路和庄园"之喻。四周高山围绕、层峦叠嶂，如黄山、天目山、白际山、大郭山和五龙山是境内海拔较高的几座大山，将古徽州完全阻隔掩藏于其中。但在历史上，作为新安江上游的徽州与下游的浙江和苏南等当时中国社会文化与经济曾最发达地区之间一直保持着密切的联系，主要是通

① 郭圣铭、王晴佳：《西方著名史学家评介》，上海，华东师范大学出版社，1988，第220页。

② 王锷：《礼记成书考》，北京，中华书局，2007，第3页。

③ 汉兰台令史班固撰《汉书·地理志》。

④ 孔翔、陆韬：《传统地域文化形成中的人地关系作用机制初探——以徽州文化为例》，《人文地理》，2010年第3期。

过水路进行往来，北有青弋江可至芜湖；东顺新安江可到杭州，再由苏杭运河抵达苏州；西则经阊江入鄱阳湖出湖口。古徽州独特的地理环境，尤其是丛山环绕的地貌，在中国历史上曾发挥了重要的屏障作用，成为人民理想中的桃花源，是躲避历代战乱的绝佳场所。徽州地属亚热带季风湿润气候，四季分明，夏季降雨量十分充沛，容易发生山洪和低洼地区的内涝，而秋季则降雨量很少，易造成旱灾。徽州的自然气候条件在以农业为主的中国古代社会对农业生产影响不利，甚至可以说这里的生存环境是比较恶劣的。由于山地占据了徽州全境面积的75％以上，用于农耕的土地资源极为稀少，而且基本上是以山间谷地、盆地和丘陵为主。这里的山地土壤十分贫瘠，粮食产量相对较低；自然形成以茶叶、林业等为特色的山区经济特征。早期的徽州原住民就是在这样一种相对封闭的自然环境下过着较为安稳的自给自足生活。①

本研究所指的"徽州"地域，是指历史上"徽州府"的所辖地区，包括下属的六个县，即"一府六县"区域。古徽州府所辖的六个县分别为：歙县、黟县、绩溪、婺源、祁门、休宁。徽州辖地在近千年来的历史发展中没有太大的变化。在1121年前，徽州曾被称为"歙州"，至宋徽宗时改歙州为"徽州"，在此之后，此六县因朝代的变化，名称也有所变化，元代称"徽州路"，明清时称"徽州府"，由于历史上"徽州府"的名称和建制历时最长，因而，现在通常称其属地为"徽州"，也称"一府六县"。

歙县位于安徽省南部，古徽州所辖六县之一。东北与绩溪县和浙江省临安市交界，东南与浙江省淳安县、开化县毗连，西南与屯溪区、休宁县相邻，西北与徽州区、黄山区接壤。歙县古时曾称"新安"，秦始皇26年（公元前221年）置歙县。据《旧唐书·地理志》记载："县南有歙浦，因为名。"《新安志》："或曰歙者翕也，谓山水翕聚也。"因境内高山环抱，峰峦起伏，河流纵横，萦回曲折，歙县被封闭其间故而得名。歙县境内有新安江、青弋江等水系与外界沟通。歙县城区在历史上有很长一段时间内是徽州府的府衙所在地，因此，这里的古城建筑雄伟，现存历史文化遗迹很多。

黟县地处徽州山区西部，黄山山脉西段横亘县境中部，南部盆地群山环抱，清溪南流。黟县四季分明，环境优美，资源丰富，气候宜人，被称为"中国画里乡村""桃花源里人家"。境内的西递、宏村古村落被联合国教科文组织定为"世界文化遗产"。黟县在秦朝时属鄣郡，也称黝县。

---

① 车素萍：《概述茶峒的自然、社会和文化环境》，《艺术科技》，2013年第10期。

《说文》对"黟"的解释为"黑木也。从黑，多声。丹阳有黟县。"据《元和志》（卷28）记载黟县："县南有墨岭，出墨石。又昔贡柿心木，县由此得名。"黟县建置于公元前221年，是中国历史最为悠久的文明古县之一。黟县地理区位偏僻、封闭，与外界的主要联系是"徽浮古道"中的一段陆路，由黟县渔亭西行，经楠木岭至祁门县的横路头，再西行，经金字牌、洪村至祁门县城；由祁门县城再西行，至闪里，由闪里南下直趋浮梁县城，全程约200公里。①

休宁自东汉建安十三年（208年）建县，距今已有1800多年历史。县名为隋文帝钦定，取休阳、海宁各一字，含"吉庆平宁"之意。② 介于浙、赣两省之间，抱于黄山白岳之中，北倚黄山山脉，西邻五龙山脉，南接怀玉大部，东有白际天目之险，是新安江、富春江、钱塘江等水系的发源地，境内有中国四大道教名山之一——齐云山。宋嘉定十年（1217年）至清光绪六年（1880年），休宁出了19名文武状元，居全国各县之首，有"中国第一状元县"的美誉。③ 休宁著名历史人物有名儒朱升，清代著名哲学家及考据学家戴震，珠算宗师程大位，戏曲家汪延讷和汪士慎、丁云鹏、胡正言，新安画派的主要代表人物，明末清初号称"海阳四家"的弘仁、查士标、孙逸、汪之瑞等。④

绩溪县位于安徽省南部，西与黄山区、歙县、旌德县接壤，东与浙江省临安市交界，南与歙县相连，北与宣城市、宁国市、旌德县毗邻。⑤ 绩溪是一个低山丘陵区，地处黄山支脉和天目山支脉结合部，俗称"宣徽之脊"。水路交通是古徽州时绩溪的主要交通要道，境内主河道有登源河、扬之河、大源河等。绩溪人旅外经商谋业始自宋代，明代以后渐成高潮。经商路线为：一路沿新安江流域拓展至杭州、上海，与歙县毗邻的淳安是其大本营，以此延伸到浙江城镇；一路沿水阳江以宁国府为基地，向芜湖、南京及江苏其他县市发展；另一路沿徽水（青弋江）流域前进，以旌德为起点，在芜湖会合。绩溪历史悠久，古往今来以"邑小士多，代有闻人"著称于世，涌现了许多名人。隋末农民领袖汪华，南宋诗话集大成作家胡仔，明代兵部尚书抗倭名将胡宗宪，清代制墨巨匠汪近圣、胡开文，红顶商人胡雪岩，"五四"新文化运动先驱胡适，"湖畔诗

① http://www.aiweibang.com/yuedu/29511568.html。

② http://wenda.so.com/q/1378796390060905。

③ 王子：《中国状元出何处》，《文史月刊》，2011年第5期。

④ 戴荣森：《第一并非全称状元》，《人才资源开发》，2015年第8期。

⑤ http://www.vccoo.com/v/0ac6b9。

人"汪静之等都生长在这块土地上。

祁门位于安徽省最南端，与江西省交界。地处皖南山区西南部，地势北高南低，地貌呈高山、低山、丘陵、山间盆地和狭窄的河谷平畈相交织的特征。祁门建县于唐永泰二年（766年），因城东北有祁山，西南有阊门，各取地名首尾字而得县名。祁门境内群山林立，是一个"九山半水半分田"的山区县，主要河流有阊江、秋蒲河、新安江、青弋江四大水系。阊江是祁门古时通往外界的主要水道，三里街位于祁门县城，处在阊江、金东河的汇合处，为古代徽州重要的运输码头。这里是徽州通往江西、湖北等地的主要水路，也是徽州商人外出经商的一条重要水上通道。祁门茶叶生产历史悠久，早在唐代就有十分繁盛的茶市，是著名的"中国红茶之乡"。

婺源县位于江西东北部，与安徽省、浙江省交界。东为浙江开化县，北为安徽休宁县，西为景德镇市、浮梁县和乐平市，南邻德兴市。东部、北部为山区，中部、南部多丘陵、盆地。地貌特征呈北高南低。最高山峰擂鼓峰位于北部与休宁交界处，海拔1629米。据《婺源县志》载：婺者，旧时以婺本休宁之地，曾属婺州，取上应婺女（星宿）之说。水路交通是古徽州时婺源的主要交通。婺源山区的村落大都依山傍水，村前多有古渡口。①

婺源历代文风鼎盛，群贤辈出，是儒学家朱熹的故里、近代铁路工程师詹天佑的桑梓，孕育了如明代隆庆年间户部侍郎江一麟、清代著名经学家江永、清代户部主事江桂高、清末著名教育家、佛学家江谦等一大批学士名流。荷包红鱼、绿茶、龙尾砚、江湾雪梨是婺源红、绿、黑、白"四色"特产，久负盛名。②

据婺源旧县志记载，唐开元二十八年（740年）设置婺源县，建县时婺源隶歙州。宋宣和三年（1121年），歙州改称徽州，婺源成为其属地。婺源从建县自歙州始，历经宋、元、明、清各代，隶属徽州的管辖一直没有变化。辛亥革命后，废府留县，婺源县直属安徽省。婺源自740年建县到1911年都归属徽州管辖。1934年，国民政府曾把婺源县划归江西省第五行政区管辖，到1947年又划回安徽省第七行政区管辖。1949年5月1日，解放军"二野"部队占领婺源，和解放江西全境的同属一支部队，为了军事管理的方便，当时把婺源划归江西省赣东北行政区浮梁

①　马秦：《新疆摄影人的追求》，《新疆艺术学院学报》，2011年第11期。

②　http://wenku.baidu.com/link? url = IgbOKFZb8hMtR7bNRNPf2z8z899Xvpo1YFXUN-mb-7LkomphhSe9G1QCUjIyp2MNPItTm_CPJiP4YrXTMoeY24TzWSp3TG7。

专区管辖，1952 年 10 月，婺源正式划归江西省上饶专区管辖至今。①

由此可以看出，徽州的自然地理环境有以下特点：一是四周山脉环抱形成一个相对独立的地理单元，从陆路进入徽州，道路崎岖艰难；二是境内河流纵横，水系发达，为区域内的人员、物资向外输出及信息交流等提供了有利条件。

第二节　徽州的人文环境

对徽州人文环境变迁影响最大的是中国历史上三次大的人口迁徙，很多中原士大夫、缙绅、商人等举家（族）迁入徽州，带来了中原地区的风俗文化，使得原来较为闭锁的徽州人文环境发生了历史性的变化，涉及思想文化、风俗经济等诸多方面。

一、汉文化重心的转移②

徽州古属越文化圈，歙县等地向来有"山越古邑"之称，与汉文化的内在联系并不密切。目前，我国史学界的一般看法是，"山越"由两部分族源不同的人群汇聚于江南山区相互融合而形成的一个新的群体。这两部分族源不同的人群，一部分是秦汉以来为了躲避赋役而逃亡进山的生活于越地之人，其中大部分为汉人；另外一部分是原本就居住在山中并有别于汉族的各种越族之人。他们最终形成的山越文化与汉文化在风尚习俗、经济生活以及社会形态等方面，都有着明显不同的表现。

自古以来，黄河流域一直是中华民族汉文化的中心。在三国以后，徽州开始了从越文化圈到汉文化圈重心的演变，此过程历时一千多年。唐宋及五代十国期间，北方战乱频仍，中原豪门大族纷纷南逃避难，从而促进了南方汉文化的发展。从史料的记载和前人的研究统计中可以看出，宋室南渡，汉文化的重心包括政治、经济、文化等，也最终由黄河流域转移到了长江流域。元末，休宁学者赵汸在《商山书院学田记》中称："新安自南迁后，人物之多，文学之盛，称于天下……"新安理学的形成，正是基于汉文化重心南移这一历史背景而出现的文化现象。从地域上看，朱熹所开创的新安理学属于南方学术。它的兴起，改变了北宋理学以北

---

① http://zhidao.baidu.com/link? url=Zwdnoo1pFhYrYrxAGictBMH0K6ctXL_mJQETj_i5E6uk。

② 周晓光：《徽州传统学术文化地理研究》，上海，复旦大学出版社，2005。

方"关、洛"①为胜的局面。因此,新安理学的出现,既以汉文化重心南移为背景,又反映了南方文化超越北方文化的态势;同时,理学由关、洛发展到新安,与宋代经济、政治、文化重心南移的趋势也是一致的。②③

二、从"崇武"到"尚文"风尚的变迁④

《越绝书》说:"锐兵任死,越之常性也。"可见越人具有性刚好强、宁死不屈的尚武之风。据记载,徽州在唐、宋以前,武劲之风非常兴盛,出现了许多因武艺捍卫乡里或起义抗暴而著称的历史人物,最著名的有程灵洗、汪华、许宣平等人。南朝时新安海宁(今安徽休宁)人程灵洗少时就以勇力闻名乡里,他研究技击之术,善骑射,后继承发展了韩拱月所创的"太极拳术十五式",并创编了类似今天太极拳的"小九天",在中国武术历史中独树一帜。⑤从史料记载来看,他是最早涉足研究中国武术太极拳的历史人物,因此,也被尊为"太极拳原始"宗师。隋朝末年,歙县登源(今绩溪县汪村)人汪华被称为保境安民的英雄。汪华9岁开始习拳练武,后拜南山和尚罗玄为师,苦练剑术刀法,武艺超群,尤以飞镖独步天下。唐朝歙县的隐士许宣平,自幼苦练跑步和竞走术,行走如飞,精通武术,并创有"太极拳三十七式"传世,等等。由此可见,徽州曾经是一个讲武、崇武的社会。唐代中叶以后,北方中原大族不断迁入徽州,一方面逐步改变了当地居民的社会结构,导致外来人口数量超过了当地的"原住民"人口数量;另一方面也带来了中原的儒风,使得"其俗益向文雅"⑥,逐渐出现了"重儒""尚文"的社会风尚。徽州从"崇武"到"尚文"的转变,大致始于唐朝,完成于南宋。其主要表现:一是以"武"扬名的徽州籍人物,自唐以后不复多见,而南宋之后以"文"名世者大增。在南迁的人流中,包括了皇室、贵族、官僚、地主、商人、农民和小手工业者等社会各阶层的人物,其中有一部分是当时著名的思想家、文学家和艺术家。如南宋初年理学家赵鼎、许翰、许忻(拱州人)、韩元吉(许昌人)、向沈、罗靖(开封人)、焦瑗(山东人)、宋驹(赵州人)、赵蕃(郑

---

① 关、洛:(1)关中和洛阳一带,这里泛指北方地区。(2)指宋代理学的两个主要学派的代表人物:关中张载和洛阳的程颢、程颐。

② http://www.doc88.com/p-986700364482.html。

③ http://www.doc88.com/p-985356687569.html。

④ 周晓光:《新安理学》,合肥,安徽人民出版社,2005,第26页。

⑤ 杨帆:《朱熹理学对徽州装饰雕刻的审美影响》,《宿州学院学报》,2015年第4期。

⑥ 罗愿:《新安志》卷一。

州人)、韩冠卿(相州人)、赵希倌(汴州人)等,文学家李清照、辛弃疾(济南人)、史达祖(汴京人)等,画家刘宗吉(汴京人)、苏汉臣(开封人)等。① 张家驹先生将宋室南渡以后的南方,称作"人才的渊薮",他们"开创了南宋学术文化的先河"。康熙《休宁县志》之《风俗》称,徽州"自南迁后,人物之多,文学之盛,称于天下"。二是徽州读书风气在唐以后开始盛行。② 在有关徽州的方志和文献中,对唐以前该地的文风殊少涉及,究其原因,一方面是唐以前徽州文献阙如,但更重要的一方面则是其时徽州文风未盛;而唐宋以后,徽州读书风气之盛,在文献记载中处处可见。三是唐宋以后,徽州向学业儒人士大大增加。明清二代,徽州讲学之风兴盛,在每年紫阳书院的公开讲学活动,"衣冠毕集,自当事以齐民,群然听讲""师儒弦诵,常数百人",③ 可见当时六县业儒从学者的人数之众。④

三、经济地位的变化⑤

马克思认为,经济基础决定上层建筑。经济与文化有着密不可分的关系,经济因素也是人文环境的重要构成部分。徽州是一个层峦叠嶂的山区,素有"七山一水一分田,一分道路和庄园"之称,四周的高山将徽州基本阻隔于世外。徽州四季分明,降雨量十分充沛,夏季容易发生山洪和低洼地区的内涝,而秋季则常常会发生旱灾。这种自然地理气候条件,对以农业为主的徽州居民来说有着非常不利的影响。徽州用于农耕的土地基本是以山间谷地、盆地和丘陵为主,且土质瘠薄,粮食单位产量也相对较低。从历史上看,在唐代以前徽州地区经济相对贫穷落后。⑥

徽州经济的跨越性发展始于唐代。其时以坝、碣为主的各类水利工程得到兴修,一年两季的水稻种植得到推广,以银、铅开采为主的矿业和以布、丝为主的纺织业以及以"文房四宝"为主的制造业得到了飞速发展。尤其是经济作物茶叶的种植、加工和销售,使徽州成为当时最重要和最著名的产茶区之一。物质资源的丰富使得徽州的经济基础开始提升;而徽商的兴起又极大地扩大了徽州与外界的联系,这不仅使徽州开始富裕起来,同时还使得徽州的人文环境变得越来越儒风浓郁,出现了很多

---

① http://www.doc88.com/p-985356687569.html。
② 吕贤清:《明清徽州"武昌"现象分析》,《黄山学院学报》,2013 年第 8 期。
③ 施瑛:《紫阳书院志》卷十六《会纪》。
④ 吕贤清:《明清徽州"武昌"现象分析》,《黄山学院学报》,2013 年第 8 期。
⑤ 周晓光:《徽州传统学术文化地理研究》,上海,复旦大学出版社,2005。
⑥ 车素萍:《概述茶峒的自然、社会和文化环境》,《艺术科技》,2013 年第 10 期。

私塾、书院，也出现了不少闻名全国的名儒、大师。

综上所述，从"崇武"到"尚文"风尚的变迁，使得徽州人意识到读书学习的重要性；而在使得徽州经济发生根本变化的是徽商。徽商积极地将家乡的物产远销他地，又积极地将各地先进的文化思想带回徽州；徽商还具有很强的家乡、宗族观念，他们在经商发家后，往往携巨资回乡投资发展家乡的经济、文化、建筑等事业，所有这些因素的积累，使得徽州实现了从"鄙野"到"富州"和"东南邹鲁"的历史性蜕变。

第三节　环境与徽州民俗体育

特定地域的文化从来都离不开地理环境的综合影响，自然环境会影响社会经济结构特征，而社会经济结构对地域文化的形成和发展同样有着关键性影响。徽州民俗体育在其形成过程中，既受到独特自然环境的影响，也受到徽州人文环境变迁的影响。

一、自然环境对徽州民俗体育形成的影响

体育文化是一种特殊的文化现象，存在于整个文化环境中，属于一种亚文化。自然环境对文化的形成与发展具有深远的影响，徽州民俗体育就是在徽州特定的自然地理环境下产生并发展的。环境制约着体育文化的运行与发展，但体育文化的发展反过来也影响着环境。①

古徽州是典型的以林业、农业为主的山区林农文化。徽州属亚热带季风湿润气候，四季分明，年降雨量充沛，农业的耕种主要以山间谷地、盆地和丘陵为主。史料记载徽州地域"川谷纵横，峰峦掩映，山多而地少"，② 因此，不宜农业耕种，交通也不方便。如嘉靖《徽州府志》载："……十日不雨，则仰天而呼。一雨骤涨，而粪壤之苗又荡然矣……"本来就极少的土地还不适宜生产粮食，故以木、茶、棉、蚕、造纸等为特色的山区经济特征比较明显。③ 另外"徽之为郡，在山岭川谷崎岖之中……断崖绝壑间出通道……水之东入浙江者，三百六十滩……船经危石以止，路向乱山攸行……"④交通极为不便，早期这里的文化生活相对落后。所以，徽州至今留存的很多民俗活动尚具有鲜明的古山区林农业生

---

① 宋运娜：《民勤民俗文化概述》，《丝绸之路》，2011 年第 2 期。
② 吴日法：《徽商便览·缘起》。
③ 车素萍：《概述茶峒的自然、社会和文化环境》，《艺术科技》，2013 年第 10 期。
④ 顾炎武：《天下郡国利病书》卷三二。

产的地域文化特色。现存于徽州的包含大量体育成分的具有典型林农文化特色的民俗活动有划龙舟、舞龙、舞狮、采茶扑蝶舞、山越之秋、蚌壳舞、葡萄架下、嬉鱼灯、杀猪封山等，这些活动分散于民间，并代代相承，相沿成俗，有的是为庆贺丰收而舞；有的是为娱乐而舞；有的是为祭祀山、水、树木等自然神灵而舞，极具徽州古山区林农生产文化特色。①②③④

徽州民俗体育文化的形成、发展与其自然地理环境以及在此基础上形成独特的生产、生活、教育、经商、娱乐等人文环境有着千丝万缕的联系。由此可见，在研究徽州民俗体育时，地理环境是本研究中不可忽视和必须重视的重要内容之一。

二、人文环境对徽州民俗体育形成的影响

人文环境是指由于人类活动不断演变的社会大环境，是人为因素造成的，而非自然形成的。⑤ 人文环境是社会本体中隐藏的无形环境，是一种潜移默化的民族灵魂。⑥

徽州独特的地理位置和自然环境，使其成为历史上社会大动乱时中原士家大族的理想避难居所，这些中原人士的到来以及随同他们而来的风俗文化思想，使得原来闭锁的徽州社会发生了历史性的变化，其变化涉及文化、经济和民俗风尚的诸多方面，这对徽州原有的人文环境产生了深刻的影响，也使之发生了巨大的甚至是根本性的变化。人文环境是民俗体育赖以生存和发展的前提，它对人们的体育社会意识、体育价值观念等都有着深刻的影响和制约作用。在徽州民俗体育活动所处的人文环境中，起最主要作用的是思想文化和经济基础。

徽州是"程朱理学"的故乡，精神文化方面受到了儒家封建思想的束缚与影响非常大；另外像道家文化、佛教文化、宗法制度和传统道德观等都深刻地影响着徽州的民俗体育活动。如黎阳仗鼓只有在祭神、祀祖、庙会等隆重庄严的场合演奏；游太阳巫舞中的"钹舞"为道教舞蹈的一种；三阳的打秋千、叶村的叠罗汉是与佛教有关的表演活动；临北狮子舞是

① 彭文兵：《新安江流域民俗体育生态保护研究》，《黄山学院学报》，2014 年第 9 期。
② 李磊：《明清徽州山林经济与社会》，《安徽大学博士论文》，2012。
③ http://3y. uu456. com/bp_86srj74s3300kc41ztqm_1. html。
④ 孔义平：《徽州民俗体育的文化特色研究》，《合肥学院学报（社会科学版）》，2013 年第 8 期。
⑤ http://baike. haosou. com/doc/5569492-5784684. html。
⑥ http://baike. baidu. com/view/7923508. html。

一种集娱乐、武术、杂技、图腾、竞技等为一体的综合性民间艺术形式。徽州的这些民俗体育活动都是民俗、文化和环境的高度协调，并具有群体参与的特点，是自然生态与人文生态和谐的统一。①

　　研究发现，明清时期徽州民俗活动异常繁荣，是徽州民俗体育发展的高峰期。而这一现象的出现与明清时期徽州商帮经商成功有着紧密的联系。徽商具有"贾而好儒"的特点，经商的成功为他们的崇儒之风提供了物质基础，他们修建学堂，饱读诗书；修建祠堂，祭祀祖先；修建戏台，看戏娱乐……丰厚的资产为徽州民俗体育的发展提供了雄厚的经济基础；② 徽商走南闯北、阅历无数为徽州民俗体育的发展提供了新的内容和新的创意。徽州戏曲就是一个典型例子，其中武生表演的惊险动作和武功包含了大量的体育成分。值得一提的是，由于欣赏者的高需求和高素质，导致徽戏演员走上了专业性道路。徽戏里的体育动作或套路对人的身体力量、柔韧、协调等运动素质要求极高，很多动作不经过专业刻苦训练是不能够完成的，而徽商的兴盛则为其发展提供了强大的人力、财力支持。

　　由此可以看出，徽州人文环境对徽州民俗体育的内涵、发展形式、发展速度及发展规模都起到了决定性的作用。相对于从自然环境角度、从徽州人文环境角度来研究，能够更深层次地了解和挖掘徽州民俗体育文化内涵，这对于更好地探索、研究、保护和传承徽州民俗体育具有重要意义。

---

　　①　何成进：《安徽非物质文化遗产个案研究——以黄梅戏等为例》，《现代商贸工业》，2011 年第 2 期。

　　②　张小坡：《徽州宗族研究的新进展——读陈瑞〈明清徽州宗族与乡村社会控制〉》，《中国农史》，2014 年第 3 期。

第二章　徽州文化简介

第一节　徽州文化综述

一、概念界定

国内学术界探讨中国封建社会晚期以来徽州的政治、经济、思想及文化发展规律，并逐步形成一门研究徽州的学问——"徽学"。徽学研究始于 20 世纪 80 年代，[①] 关于徽州文化的全面探讨研究，较早有学者高寿仙的《徽州文化》(辽宁教育出版社，1993)。该书共分上、中、下三篇，上篇主要论述徽州地理环境与人口、家族、乡绅与乡村社会；中篇主要论述宗法社会的徽州商人；下篇主要论述社会教育与儒教化、食住风尚与宗教生活以及各种艺术形式的繁荣等，可以说该书是一本系统研究徽州文化的开山之作。

学者对徽州文化的关注领域主要集中在徽商(39.4%)、古建筑(29.9%)、教育(11.9%)、新安医学(9.4%)以及其他(9.4%)。[②] 然而对什么是徽州文化的准确界定，各家学者众说纷纭，莫衷一是。

朱万曙在《徽州文化与徽学》一文中讨论了"徽州文化"的内涵，指出徽州文化是历史上徽州区域富有特色的文化积淀和文化现象。这一富有特色的区域文化是受其独特的自然环境和人口迁徙而逐渐形成的。[③][④]

赵华富在《论徽州学的研究对象和意义》一文中指出，徽学"是研究中国封建社会后期，在徽州这个封闭、落后、贫困的山区出现的一种具有丰富性、辉煌性、独特性、典型性、全国性特点的徽州文化产生、繁荣、

---

① 孔翔、陆韬：《传统地域文化形成中的人地关系作用机制初探》，《人文地理》，2010 年第 3 期。
② 曹天生：《本世纪以来国内徽学研究概述》，《中国人民大学学报》，1995 年第 1 期。
③ 朱万曙：《徽州文化与徽学》，《中国发展》，2003 年第 3 期。
④ 江胜利：《关于徽州文化之定义、成因、传承的再思考》，《黄山学院学报》，2014 年第 2 期。

衰落的规律的学问"。①

　　叶显恩在给《徽州文化全书》作的总序中认为："徽州文化"，指的是原徽州属下歙县、黟县、休宁、祁门、绩溪和婺源六县所出现的既有独特性，又有典型性，并具有学术价值的各种文化现象的总和。它根植于本土"小徽州"，伸展于中华大地，尤其伸展于以江南和淮扬地区，以及芜湖、安庆、武汉、临清等城市为基地形成的所谓"大徽州"，以及由大小"徽州"互动融合形成的博大精深的文化。它包含着物质文化、制度文化、精神文化和生态文化，为人文、社会、自然等多门学科的研究提供了丰富的内容和广阔的天地。②③④

　　学者刘伯山不同意将"宋之前及鸦片战争以后的徽州文化断然地割除在徽学研究之外"，⑤ 其在《徽州文化的基本概念及历史地位》中认为：⑥徽州文化是指发生与存在于历史上徽州的以及由此发生辐射、影响于外的典型封建文化。该定义包含了以下几点内容：其一，通常所说的徽州文化是指历史上徽州区划范围内的文化，其地理区域范围包括当年徽州府所辖的六个县，即歙县、休宁、黟县、祁门、绩溪和婺源。其二，徽州的历史至少有五六千年，其文化当然可归为"大徽州"文化的范围，但严格意义上的徽州文化，即今天大家在一般典型意义上所说的徽文化概念，主要还是指北宋宣和三年(1121 年)设了徽州府后才全面崛起，在明清达到鼎盛的文化，但这一文化与其早期发展及后期演变都有内在关联。其三，徽文化不能仅仅指在徽州本土上存在的文化，也应该包括由徽州而发生，由本籍包括寄籍、侨居外地的徽州人共同创造从而辐射于外，影响于外的文化，⑦ 这其中的关键是要有对徽州的强烈认同。如朱熹，尽管他生在福建，主要活动也在福建，但他祖籍在徽州，朱熹本人对徽州有强烈的认同，号称"新安朱熹"等。同时，徽州人也更是强烈地认同朱熹，视朱熹为徽州人的骄傲，故其思想、学术活动亦可作为徽文化的

---

　　①　赵华富：《论徽州学的研究对象和意义》，载张脉贤、刘伯山等编：《徽学研究论文集（一）》，1994。

　　②　叶显恩：《徽州文化的定位及其发展大势》，《徽州文化全书》总序，《黄山学院学报》，2005 年第 4 期。

　　③　佘庭：《对徽州木雕门窗的装饰美及其文化内涵研究》，《科教导刊（电子版）》，2013 年第 6 期。

　　④　http://www.xchen.com.cn/wxlw/whbylw/513945.html。

　　⑤　赵华富：《论徽州学的研究对象这意义》，《徽学研究论文集》，2014。

　　⑥　刘伯山：《徽州文化的基本概念及历史地位》，《安徽大学学报（哲学社会科学版）》，2002 年第 11 期。

　　⑦　张平平：《铜陵地区历史文化资源的类型和特色》，《铜陵学院学报》，2012 年第 8 期。

重要组成部分。其四，这里所说的"文化"应是取其广义的概念，不仅指学术理论、文化艺术，还包括商业经营、宗法伦理、精神信仰、风俗民情、文献著作、社会经济、土地制度、历史人物，等等。①②

总之，要研究徽州民俗体育，首先要对徽州文化有较为清晰的认识，本书认同的徽州文化是既根植于本土，又延伸于中华大地的一种地域文化。需要说明的是：其一，从地理范围上看，徽州文化不仅仅包括古徽州的一府六县，其文化影响力还渗透到江南和淮扬地区，即所谓"大徽州"。因此，在本书中涉及的一些徽州民俗体育活动并没有局限在古徽州地区，还选取了在徽州开展，同时也在全国范围内（大徽州文化范围内）广泛开展的一些民俗活动，如赛龙舟、舞狮子、放风筝等。可见徽州文化既是地域文化，又是中华优秀传统文化的典型，它集中、典型地体现了中华传统文化的精华。其二，从历史时间上来看，徽州文化主要是指北宋宣和三年（1121 年）至清末在古徽州崛起的进而向全国发散的一种地域文化。

二、徽州文化与中华文化的关系

（一）徽州地域文化与中华文化

中国是一个幅员辽阔、民族众多的国家，很多不同的地域孕育了本地域特有的文化。中华文化就是由若干个特色各异的地域文化既独立又融合而构成的。地域文化是中华文化多样性发展的重要载体和体现，是最能体现一个空间范围内特点的文化类型，这一文化类型和周围其他区域往往有着明显的差异，也就是老百姓常说的"十里不同风，百里不同俗"。地域文化形成的原因是多方面的，既与环境影响和人口变迁有关，也与行政区划和民族分布有一定的联系，甚至制约于外来文化的影响。但其中最重要的因素有两个：一个是自然地理环境；另一个就是生活于其中的人。③

早期生活在徽州的原住民所形成的文化可以称作"古山越文化"。古山越时期的徽民被称为"古山越人"，他们以部落的形式群居，《越绝书》对古山越人有零零散散的记载：④ "断发纹身……重巫鬼，习水便舟"；

---

① 汪琼：《徽州藏书与徽文化的传承》，《理论建设》，2012 年第 9 期。
② 王现东：《文化哲学的兴起、发展及其理论定位》，《五邑大学学报（社会科学版）》，2012 年第 3 期。
③ 李乔：《国际歌吾国吾民》，《群言》，2011 年第 4 期。
④ 孔义平：《徽州民俗体育的文化特色研究》，《合肥学院学报（社会科学版）》，2013 年第 5 期。

此外，古山越人尚武好斗，《越绝书》载："锐兵任死，越之常性也。"之后，尚武之风一直深深地影响着这里的一代又一代居民。《歙风俗礼教考》有："武劲之风，盛于梁、陈、隋间，如程忠壮、汪越国……"①受此影响，这个时期的徽州民俗体育活动如傩舞、狮舞等动作简朴粗犷、大开大合，表现手法常以模拟夸张为主，与古山越文化的张扬不羁非常吻合。②③

（二）儒家文化对徽州文化的影响④

在我国历史上，儒、释、道三家并称，但它们在中华文化中的地位各有不同，其中，儒家思想是中国文化的主体。理学的奠基人洛阳程颢、程颐和集大成者婺源朱熹的祖籍都在徽州的篁墩，因而，徽州素有"程朱阙里"和"东南邹鲁"的美誉。徽州篁墩有"三夫子祠"（指程颢、程颐和朱熹）、"程朱阙里"碑。西晋末年的程元谭和南朝梁武帝时的程灵洗都担任过新安太守，直至唐末为避黄巢战乱，程氏才迁出徽州；徽州婺源人朱熹虽出生于福建尤溪，但他在自序家世时写道："世居歙州歙县篁墩"，他对徽州有强烈的认同。可以说，在这里儒家思想渗透到了徽州文化的各个层面。⑤⑥⑦

1. 儒学与新安理学

新安理学自朱熹发端，到清中叶戴震时止，经历约七百余年，成为中国哲学史上独具特色的儒学体系。新安理学是朱子学说的重要分支之一，该学派由徽州籍理学家为主干组成，奉祖籍徽州婺源（今属江西）的朱熹为开山宗师。它在近七百余年的发展、演变过程中，大致经历了四个时期：第一是南宋的形成期，重要代表人物有朱熹、程大昌等人；第二是宋元之交与元代的发展时期，出现了人才辈出、学术研究深化和普及读物大量出现等新局面；第三是元明之际与明代的盛极复衰时期，从学术研究的成就和特色来看，这是新安理学发展史上最丰富灿烂的时期，明代中后期的新安理学学者因受"心学"影响，阐释朱子之学不力，整个

---

① 歙县文化局编纂委员会：《歙风俗礼教考》，合肥，安徽人民出版社，2006，第21～22页。

② http://bbs.gmw.cn/thread-3623401-1-1.html。

③ 俞召武：《浅谈西夏文化的溯源与发展》，《大众文艺（学术版）》，2011年第2期。

④ http://www.gotoread.com/vo/2083/page214445.html。

⑤ 陈毅清：《徽州休闲体育文化的地域性特征研究》，《鲁东大学学报（自然科学版）》，2014年第2期。

⑥ 陶明选：《明清以来徽州民间信仰研究》，《复旦大学博士论文》，2007。

⑦ http://zhidao.baidu.com/question/559800587.html。

学派出现了萎靡不振的衰落迹象；第四是清代终结时期，重要代表人物有江永、戴震、程瑶田等人，他们在清初学风的影响下，倡导汉学，培养了一批以考据见长的新安经学家，最终实现了徽州地方学术从新安理学到徽派朴学的转变。新安理学从南宋到清代的整个演变过程，正是12世纪以后中国哲学史和学术思想史的缩影。它对中国封建社会后期历史的发展，特别是对明清时期徽州社会的发展产生了巨大的影响。①②③

2. 儒学与徽商

"徽之为郡，在山岭川谷崎岖之中，东有大鄣之固，西有浙岭之塞，南有江滩之险，北有黄山之厄。即山为城，因溪为隍。百城襟带，三面距江。地势斗绝，山川雄深。自睦至歙，皆鸟道萦纡。两旁峭壁，仅能通车。"④而且，"山地硗稀，地窄人稠"。仅有的山地还非常贫瘠，古徽州山地"一亩收入，不及吴中饥年之半"，"一岁收入，不能支十之一"。而一次次战乱涌入这里的移民潮，又加深了这个危机。"民以食为天"，为了缓解这一矛盾，徽民不得不走出大山，走向徽州以外的广阔世界，他们带着徽州的特产，带着抗争命运的希望外出经商。⑤⑥徽州这群走出大山经商求生计的人们最终在明清之际成为了中国商界的一支劲旅——称雄中国商界三百年之久的"徽商"。

徽商是明清时期徽州府籍的商人或商人集团的总称，也是徽州经济日益繁荣的一个极为重要的因素。明代万历年间谢肇淛在《五杂俎》中说："富室之称雄者，江南则推新安（古徽州），江北则推山右（现山西）。"徽商在南宋时开始形成，其发展的鼎盛阶段在明清时期。徽商的足迹遍及当时的全国，如"滇、黔、闽、粤、秦、燕、晋、豫等，贸迁无不至，淮、浙、楚、汉又其迩焉者矣，沿江区域有'无徽不成镇'之谚。"⑦⑧⑨

徽州商人与其他商人的典型区别是"贾而好儒""亦贾亦儒"。因此，徽商中不乏满腹经纶的饱学之士。历史上，徽商中精通儒学、擅长诗词

①　周晓光：《朱熹与严州理学的发展》，《安徽师范大学学报（人文社会科学版）》，2012年第8期。

②　http://www.newshs.com/html/201004/7/20100407152344.htm。

③　张璇：《徽商与新安理学》，《乐山师范学院学报》，2011年第8期。

④　《徽州府志》卷八。

⑤　彭文兵：《新安江流域民俗体育生态保护研究》，《黄山学院学报》，2014年第8期。

⑥　http://blog.sina.com.cn/s/blog_5417d1150100le3e.html。

⑦　《歙县志》卷一《风俗》。

⑧　http://wenku.baidu.com/link?url=_L5iHmtW0AaPRbQP50xLr6HS-ZW1hVSWZOc9_CbaUG7fTPpj79trCVNlSf_7gI5zirP8pCNur9。

⑨　秦宗财：《清代徽商"扬州二马"》，《徽商》，2012年第3期。

文学者不乏其人。有些人是早年习儒，以后走上经商道路的；有些人则是亦贾亦儒——在经商的同时，爱好学习儒术和文化，形成了"贾而好儒"的特点。自明代开始，徽商就已有"儒贾"之美称。所谓"儒贾"，大致有两层含义：一是指徽商多是"业儒"出身，是有文化底蕴的商人；二是指徽商以"儒道"经商，在遵循商道的同时也遵循儒道。他们中的很多人以儒道经商，从而构成了徽商商业道德的主要内容，主要表现在以下三个方面：一是以诚待人。"诚"是儒家思想体系中的一个重要范畴，先贤名儒无不以"诚笃""诚意""至诚""存诚"等道德来说教和教化百姓。深受儒风渲染的徽商大多以"诚"为其立身行事的指南，主张在经营活动中"以诚待人"，摒弃一切奸商惯用的"智""巧""机""诈"之类的聚财手段，深知只有诚实不欺才能赢得顾客的信任。正如歙县商人许宪所说："惟诚待人，人自怀服；任术御物，物终不亲。"①意思是说，只有以诚待人，人家才会信服于你，经常与你打交道，否则，终会对你敬而远之。二是以信接物。"信"也是儒家思想体系中的一个基本范畴，儒家所倡导的"立信""笃信""言而有信""讲修信睦"等学说对徽商影响至深。徽商在经营活动中十分重视自身的商誉和信誉：徽商倡导"童叟无欺""市不二价"。如歙县商人吴南坡在行商过程中，因遵循"人宁贸诈，吾宁贸信，终不以五尺童子而饰价为欺"的原则，赢得了顾客的信任，生意极为兴隆，四方民众争购其货，从不挑剔货物的"精恶长短"。② 三是以义取利。"义利之辩"是儒家思想中的一个重要命题，儒家先哲一般是勇于言义而羞于言利。但作为商人，其经营的最终目的又不外乎一个"利"字，与"义"似乎无缘，但深受儒家传统思想影响的徽州商人打出了"以义为利、利缘义取"的旗号来调和"义""利"之间的矛盾，主张"以义获利""义利双行"，"仁中取利真君子，义内取财大丈夫"。如婺源有一李姓商人经商大半生，晚年总结自己行商经验时，感触最深的是："财自道生，利缘义取"。

徽商致富后将大量资金带回徽州老家，兴办各种事业，如为了公益出资铺路、修桥、兴修水利、办学堂、济行旅、施药治疫、资助刊印文书，等等。他们为徽文化的传播发展起到了极大的助推作用。徽商还凭借着雄厚的经济实力推动着徽州地方文化、娱乐业的发展。如为了文化传播的刻书、印刷，为了休闲娱乐的唱戏、杂耍，为了健身防身的习武练拳等。此外，徽商通常有极强的宗族观念，他们致富后往往纷纷回乡

① 《新安歙北许氏东支世谱》卷三。
② 《古歙岩镇吴氏族谱·吴南坡公行状》。

建祠堂、修宗谱、设祀会巩固宗族关系，在众多的祭祀、休闲、健身等活动内容里，涉及了较多的民俗体育活动项目，如轩辕车会、得胜鼓、抬阁、打秋千、叠罗汉、赛龙舟、嬉鱼龙灯，等等。

3. 儒学与徽州教育

徽州是朱熹故里，素有"东南邹鲁"的称谓。自宋元以来，徽州就是一个重视教育，教育发达之地。据康熙年间《徽州府志》记载，当时徽州有社学 562 所，县塾 5 所，各家族的私塾数不胜数，以致"十户之村，不废诵读"。[①] 在这一时期，徽州以科举及第、以文才入仕者盛极一时。据范金明先生统计，明清两代徽州共考中进士的有 51681 人次。[②] 沈登苗先生曾统计出明清全国进士的数量与地域分布，研究表明，明清两代全国进士最多的 46 个城市中，徽州府位居 15，在安徽省可谓独占鳌头。[③] "文武兼备"是中华民族对人才的全面评价，宋明时期，徽州府考中的武状元就有 4 人，明代徽州武进士有 56 人，清代徽州武进士人数多达 111 人，文武进士总数列在全国各府前列。[④][⑤][⑥]

4. 儒学与徽州宗法制度

徽州的宗族制度深深地影响着徽州人的生活风俗和社会交往。徽州宗族制度十分严密，据休宁赵吉士（清）在《寄园寄所寄》记载："千年之冢，不动一坯，千丁之族，未尝散处，千载之谱，丝毫不紊。"在中国历史上，以舞蹈和身体运动为表达形式的民俗体育曾充当过宗族社会统治者推行礼乐、教化族人的工具。族人们通过祭祀活动，跳起原始舞蹈，让族人在共同参加活动的过程中习得讲秩序、循规矩、重礼节等社会规范，同时欢乐祥和的氛围也调节了族人之间的社会关系，稳定了宗族社会的生活秩序。[⑦] 徽州宗族祭祖活动名目众多，如冬至祭始祖，立春祭先祖，秋分祭祢祖等。此外还有忌日祭、生日祭、墓祭等，凡遇春节、清明、端午、中元、中秋等年节及重大活动，均举行祭祖，而各宗族利用自身的力量在节庆日、祭祀日等宗教活动集会的同时，便会开展各种

① 文化徽州编委会：《文化徽州》，合肥，安徽美术出版社，2002，第 176 页。

② 聂秀娟：《徽文化与休闲体育》，《河北体育学院学报》，2009 年第 5 期。

③ 沈登苗：《明清全国进士与人才的时空分布及其相互关系》，《中国文化研究》，1999 年第 26 期。

④ http://blog.sina.com.cn/s/blog_4efda9670101u71h.html。

⑤ 张晓婧：《明清徽州人才的兴盛及其原因探析》，《宿州学院学报》，2013 年第 3 期。

⑥ http://www.zidir.com/html/jylw/tyx/236387_2.html。

⑦ 汪良发：《徽州文化十二讲》，安徽，合肥工业大学出版社，2008，第 105～106 页。

各样极具特色的民俗体育文化活动。①

如传说中约有 500 年历史的徽州板凳龙，就是聚族而居的徽州宗族居民自发创造的民俗体育活动。板凳龙由龙头、龙尾、龙身组成，其中的"龙头"与"龙尾"部分由祠堂请专业匠人制作；龙身的每一节"板凳"由族中每一家负责制作，板凳与板凳之间相互连接形成长龙，板凳龙的长度是由各村户数的多少而定，大的村庄所连接的"板凳龙"有超过一百多米的。② 板凳凳面上安装大红灯笼，里面装有蜡烛，摆动时点着烛灯，在徽州方言中"灯"与"丁"同音，板凳凳面上的红灯笼寓意"人丁兴旺""生活红火"。

总之，徽文化的各个层面无不贯穿着儒家思想，而徽州文化的这种特征，无不受到以儒学为代表的中华正统文化影响，并且将儒学付诸实践，在实践中传承与弘扬。徽文化是典型的地域文化，但它与以儒学为代表的中华文化是密切相关的，二者的关系既是地域文化和中华文化的关系，又是辩证统一的关系：即徽州地域文化是中华文化的生动体现，中华文化又影响着徽州地域文化；徽州地域文化丰富和发展着中华文化，中华文化在徽州地域文化的基础上不断地积淀，又对徽州地域文化起着重要的指导作用。③

第二节　徽州的社会历史变迁

一、徽州的历史变迁

（一）徽州历史沿革

徽州历史悠久，源远流长。据 1955 年与 1981 年在绩溪县发现的两处新石器时代遗址考证，早在六千年前，翚岭（即徽岭）南北就发现有人类活动。据《山海经》记载有"三天子都"，属于今天的徽州之地。传说公元前 21 世纪以前，本地区尚属海滨之地，东南面临大海，境内为共工氏占据。公元前 21 世纪以后，在西周以前，据《禹贡》记载，当时将天下分为九州，徽州地域归属扬州，被称为"蛮夷"所属之地。春秋时，公元前 473 年以前属于吴国；公元前 473 年以后，吴亡属越；公元前 355 年以

---

① 许晓叶：《民俗体育文化的现代传承与发展出路》，《体育师友》，2013 年第 3 期。

② http://toutiao.com/i6254011373227868673/。

③ 钟俊：《论孝道文化的现代意义与弘扬传承》，《湖北职业技术学院学报》，2013 年第 2 期。

后，越亡属楚。实际上有段时间吴、越、楚三国并存，战争频繁，本地区常被作为拉锯战之地，其辖区归属也时有变动。①②

公元前221年，秦始皇统一六国后，全面推行郡县制，在此置黝、歙二县，隶属于会稽郡（其郡治在三阴，今浙江绍兴）。汉高祖十二年（公元前195年），黝、歙属吴国（治在今江苏沛县）。汉景帝前元三年（公元前154年），黝、歙属江都国（治在今江苏扬州）。汉武帝元狩二年（公元前121年），置丹阳郡（治宛陵，今安徽宣城），歙、黝为其二城。

晋太康元年（280年），晋灭吴，新都郡更名为新安郡，仍属扬州。所属新定县改为遂安县，海阳县改为海宁县，加上原属之始新、黎阳、歙、黝，仍领六县。梁武帝承圣二年（553年），将原新安郡一分为二，遂安、始新、寿昌三县仍属新安郡；将原并于海宁的黎阳重新划出，复为二县，加上歙、黝共四县，由新建的新宁郡管辖（即形成今天徽州的基本区域），治海宁，与原新安郡并属扬州，此时的新安郡非今天的"徽州"（与今天的徽州区域有较大区别），但是时间仅隔九年，南朝陈文帝天嘉三年（562年），再次将黎阳县并入海宁县，复将新宁郡并入新安郡，领歙、黝、海宁、始新、遂安和寿昌共六县，隶属东扬州。③

隋文帝开皇九年（589年），改郡为州，以州统县，将歙、黝二县并入海宁为歙州，州治设在海宁；又将始新县改为新安县，原遂安、寿昌并入新安县，划归婺州（今浙江金华）管辖。歙州辖地仅有原新安郡的一半，即今徽州的基本地域。隋文帝开皇二十一年（591年）恢复原歙县，并将早先属海宁的篁墩划归歙县管辖，恢复原黝县，并将州治设在黝县，州领歙、黝、海宁三县。开皇十八年（589年），改海宁为休宁，划归婺州（今浙江金华）管辖，不久，复将休宁划归歙州。唐高祖武德四年（622年），改新安郡为歙州。④

徽州之名，始于宋代。北宋宣和三年（1121年）改歙州为徽州，辖歙、休宁、黝、婺源、祁门和绩溪六县。南宋高宗建炎四年（1130年），徽州隶属江南路转运使建康府路安抚使。高宗绍兴元年（1131年），隶属江南东路转运使。元世祖至元十四年（1277年），徽州改为徽州路，辖县不变，隶江浙等处行中书江东建康道肃政廉访司（即江浙行省），治杭州路。元成宗年贞元年（1295年），升婺源县为州。徽州路领五县，即歙、

① http://baike.so.com/doc/3427735-3607526.html。
② http://blog.sina.com.cn/s/blog_702fa3260102vh0u.html。
③ http://www.zybang.com/question/aabc8ae12b8e668b6068cdac0d208cad。
④ http://www.360doc.cn/article/98463_371601974.html。

黟、休宁、祁门、绩溪，一州（即婺源）。洪武二年（1369 年），降婺源州为县，徽州府仍辖六县，即歙、黟、休宁、绩溪、婺源、祁门。清世祖顺治二年（1645 年），改南直隶省为江南省。徽州府改隶江南承宣布政使司，仍辖六县。康熙六年（1667 年），江南左承宣布政使司改为安徽布政使司（取安庆、徽州二府之名首字）安徽省成立。民国元年（1912 年），废府留县，原辖县直属安徽省。民国二十三年（1934 年），国民政府将婺源县划属江西省，由于婺源民风与江西差异较大，民众也不愿脱离安徽，民间遂掀起了声势浩大、持续时间之久的"婺源回皖"运动。① 民国三十六年（1947 年），由于婺源人民的持续抗争和徽州其他县人民的强烈要求，婺源县被重新划回安徽省。② 民国三十七年（1948 年）在解放战争中，国民政府安徽省政府一度迁省会于屯溪。

　　1949 年，新中国成立后，为了便于管理又将婺源划归江西省。1961年 4 月 13 日，重设徽州专区，并将太平县划归本区；8 月 16 日，又改屯溪为地辖市。1968 年 7 月 7 日，成立徽州地区革命委员会，属县不变。1971 年 3 月 29 日，改徽州专区为徽州地区。1979 年 2 月 27 日，改徽州地区革命委员会为徽州地区行政公署。1983 年 12 月 1 日，经国务院批准，划歙县黄山乡、石台县广阳乡和太平县建立黄山市（县级），由省直辖。1987 年 11 月 27 日，经国务院批准，改徽州地区为地级黄山市，改原县级黄山市为黄山区，属地级黄山市；将屯溪市改为屯溪区；将绩溪县划归宣城地区。③ 1988 年 7 月地级黄山市正式成立，辖三区四县，即屯溪区、徽州区（划歙县岩寺镇新立）、黄山区、歙县、黟县、休宁县和祁门县。④ 现在的"徽州"，就行政区划而言，虽然仅仅是黄山市下辖一区，但是由于风俗文化的相似性，原徽州六县民众，特别是这里的老一辈人，仍然保持着对古"徽州"强烈的归属感。

表 1-1　徽州政区建置沿革简表

朝代	公元	政区		备注
		府（郡、州、路）	县	
秦	前 221 年		黟、歙	隶会稽郡

---

① http://www.zybang.com/question/aabc8ae12b8e668b6068cdac0d208cad。

② http://www.360doc.cn/article/98463_371601974.html。

③ http://baike.baidu.com/link? url = _ BK3NAVWwTXZEpUhS3ZirZjguhQn4mNVui-X0j0Ps2Z1qzkMoICSwKBflVrNE6N4-dzsPMEaHP7H2CP0TvWuHR_。

④ http://www.doc88.com/p-382770656642.html。

续表

朝代	公元	政区		备注
		府（郡、州、路）	县	
西汉	前201年		黟、歙	属荆国
	前195年		黟、歙	属吴国
	前154年		黟、歙	属江都国
	前121年		黟、歙	隶丹阳郡
	前117年		黟、歙	属广陵国
	前54年		黟、歙	隶丹阳郡
	前19年		黟、歙	公元前19—前16年；2—8年黟县属广德国
东汉	30年		黟、歙	隶属丹阳郡
	208年	新都郡	黟、歙、休阳、黎阳、始新、新定	
三国	258年	新都郡	黟、歙、海阳、黎阳、始新、新定	休阳改为海阳
西晋	280年	新安郡	黟、歙、始新、遂安、海宁、黎阳	海阳改海宁、新定改遂安
东晋	317年	新安郡	黟、歙、始新、遂安、海宁、黎阳	
南朝	464年	新安郡	黟、歙、始新、遂安、海宁	黎阳并入海宁
	522年	新安郡	黟、歙、始新、遂安、寿昌、海宁	从吴郡分出寿昌县
隋	589年	歙州	海宁、黟、歙	海宁改休宁（589年），始新遂安、寿昌合并，改隶婺州
	603年	歙州	休宁、黟、歙	遂安故地析置睦州
	607年	新安郡	休宁、黟、歙	郡治休宁

续表

| 朝代 | 公元 | 政区 | | 备注 |
		府（郡、州、路）	县	
唐	621 年	歙州	歙、休宁、黟、北野	州治歙县
	654 年	歙州	歙、休宁、黟、北野、婺源	析歙县地置北野县
	740 年	歙州	歙、休宁、黟、北野、婺源	析休宁及饶州鄱阳地置婺源县
	742 年	新安郡	歙、休宁、黟、北野、婺源	郡治仍在歙县
	758 年	歙州	歙、休宁、黟、北野、婺源	
	766 年	歙州	歙、休宁、黟、婺源、绩溪、北野、祁门	析黟、饶州浮梁地置祁门县，析歙华阳镇置绩溪
	770 年	歙州	歙、休宁、黟、婺源、绩溪、祁门	废北野地入歙与绩溪
五代	907 年	歙州	歙、休宁、黟、婺源、绩溪、祁门	歙州属吴，吴亡，属南唐
宋	976 年	歙州	歙、休宁、黟、婺源、绩溪、祁门	隶江南东路转运使
	1121 年	徽州	歙、休宁、黟、婺源、绩溪、祁门	
元	1277 年	徽州路	歙、休宁、黟、绩溪、祁门、婺源	改婺源为州
	1357 年	兴安府	歙、休宁、黟、绩溪、祁门、婺源	朱元璋入徽州，改徽州路为兴安府
明	1368 年	徽州府	歙、休宁、黟、绩溪、祁门、婺源	次年婺源复改为县
	1380 年	徽州府	歙、休宁、婺源、祁门、黟、绩溪	直隶六部
	1403 年	徽州府	歙、休宁、婺源、祁门、黟、绩溪	隶南直隶

续表

朝代	公元	政区		备注
		府(郡、州、路)	县	
清	1645 年	徽州府	歙、休宁、婺源、祁门、黟、绩溪	隶江南省
	1760 年	徽州府	歙、休宁、婺源、祁门、黟、绩溪	隶安徽省

资料来源：刘和惠、汪庆元：《徽州土地关系》，合肥，安徽人民出版社，2004。

溯源追本，徽州脱胎于隋文帝开皇九年(589 年)所置的歙州。[1] 自宋徽宗宣和三年(1121 年)改歙州为徽州，除元末曾改称新安府(1357—1367 年)外，直到辛亥革命后废府留县的 790 年间，徽州之名前后沿用长达 780 年之久，所辖六县也一直没有变动，这对孕育出相对统一稳定的"徽文化"起到了积极作用，也为徽商的崛起提供了便利。[2]

(二)徽州人口迁徙

1. 影响徽州人口变化的六大历史时期

(1)秦代和西汉时期。

秦统一六国后出于政治和经济上的需要，组织启动了一系列大规模的人口迁移，其中有一些在中国的人口迁移史上是属于先驱性的，对以后历代的移民政策有很大影响。当时的人口迁移，除政治流放外，主要原因可分为两类。第一类是"实关中"，如秦始皇二十六年(公元前 221 年)"徙天下豪富于咸阳十二万户"，目的是在于加强秦的中央统治，把关中发展成为名副其实的国家政治、经济中心；第二类是戍边和开发新区的需要，其中最著名的有北戍五原、云中，南戍五岭，人数均达数十万之众，这对于当时长城沿线和华南地区的开发起到了重要的作用。[3] 秦灭亡后，"汉承秦制"，继续奉行"实关中"和移民戍边的政策，尤其是对河套地区、河西走廊、青海东部以及新疆中部的大规模屯垦移民，在当时政治上具有重大意义。[4]

(2)东汉末年和三国时期。

这是中国历史上一个罕见的社会大动乱时期。军阀混战、生灵涂炭，

---

① http://lvyou.baidu.com/notes/1e58c60140b47b713c0aa2c1-15。

② http://lvyou.baidu.com/huizhou/wenhua/。

③ http://www.360doc.com/content/14/0306/12/642066_358178694.shtml。

④ 顾建平：《中国历史上的几次"垂帘听政"》，《北京档案》，2012 年第 8 期。

百姓流离失所，自然促成了当时大规模的人口迁移。在三国鼎立的形势确立以前，即各地军阀大混战时期，移民绝大多数为逃避战乱的流民，他们由战乱最惨烈的黄河中下游地区迁出，大部分向南迁至长江流域。移民中不少学者、士大夫后来均为吴、蜀二国罗致，其中最著名的有诸葛亮、周瑜、鲁肃、张昭等人。原籍临淮（今安徽定远）的鲁肃曾号召部属："淮泗间，非犁种之地。吾闻江东沃野千里，民富兵强，可以避害"是为趋避战乱的典型代表；另一部分则向北迁至长城沿线甚至辽东。三国鼎立时期，魏、蜀、吴为壮大己方实力，三方均努力招抚流民，发展屯垦，并尽量从境外招收、劫掳人口，包括少数民族，如曹魏把大批匈奴、乌桓人迁至内地；孙吴派兵至台湾"得夷州数千人还"。经过前后近90年的人口大迁移，中国长江流域和长城一线人口增加，这些原本人少荒僻的地方得到了进一步的开发。尤其是少数民族的迁入，给中华民族大家庭注入了新鲜血液，但在当时也不可避免地会产生民族矛盾（如西晋末年的匈奴、鲜卑、羯、氐、羌为主体的北方人口大规模南迁，后来出现了"五胡乱华"的战乱局面），为随后的两晋南北朝时期更大规模的人口迁移和社会动乱埋下了伏笔。①

（3）汉末和魏晋时期。

汉末至魏晋时期是中国历史上的又一个大战乱、大分裂、大破坏时期。迁入北方的各少数民族在其中扮演了重要角色。在长达一两个世纪的动乱中，黄河流域惨遭蹂躏，从而促发了一次又一次向南方移民的高潮。就发生在两晋时期的"永嘉之乱"来说，据记载："晋永嘉二年，中州版荡，衣冠始入闽者八族，所谓林、黄、陈、郑、詹、丘、何、胡是也。"②"永嘉之乱"造成的人口迁徙是秦统一六国后的第一次规模最大、人数最多、持续时间最长的北族南迁运动，也是对徽州影响最大的第一次人员大迁徙活动。当时的大批中原士族、豪门为躲避战乱而被迫辗转南迁，他们中的很大一部分人选择了历来兵燹（兵火、战火）很少，山清水秀的徽州。从地理形势来看，徽州确实是聚族安居的理想境地。③"东有大鄣山之固，西有浙岭之塞，南有江滩之险，北有黄山之厄，即山为城，溪为隍。"④在此次大迁徙中，约有十余万人进入了皖南山区，入徽

---

①　马利安·高利克：《中国对但丁的接受及其影响（1902—2000）》，《扬子江评论》，2012年第10期。

②　李春泰：《徽州文化的程朱理学印记》，《黄山学院学报》，2004年第10期。

③　刘树桥：《当代中国法治文化建设的省思》，《广西社会科学》，2013年第10期。

④　《徽州府志》。

的大族主要有程、鲍、俞、余、黄、谢、詹、胡、郑 9 姓，他们以歙县
篁墩为主居地，环绕分散，聚族而居。①

（4）隋唐时期。

隋、唐两朝在人口迁移上远不如秦、汉，原因在于人民在此之前经
历了几个世纪的战乱，饱尝流离之苦，安土重迁，对人口迁移比较反感。
此外，秦、汉的官方移民，包括屯垦戍边，大多未能终善其事，往往利
未见而害先行，这对移民的伤害是很大的，故隋、唐二朝官方组织的人
口迁移比较少。② 直至中唐时期，震撼全国的"安史之乱"及唐末的黄巢
起义爆发，造成了不少官僚士大夫、地主等举族南逃。这也是中国历史
上对徽州影响最大的第二次人口大迁徙。其中迁居徽州的大族主要有陆、
程、叶、孙、洪、罗、舒、姚、赵、戴、康、施、冯、夏、李、朱、潘、
刘、曹、毕、王、江、许、廖 24 姓。③ 仅黄巢之乱时，就近 20 个族姓
迁徙来到徽州避乱定居。据史书记载："天宝末，安禄山反，天子去蜀，
多士南奔，吴为人海。"④李白在《为宋中垂清都金陵表》中说道："天下衣
冠士庶，避地东吴，永嘉南迁未盛于此。"这次人口南迁大潮的余波，一
直持续到唐末和五代十国时期。至此，中国南方的人口规模第一次达到
了同北方平分秋色的地步。

（5）两宋时期。

两宋之间由于金人大规模南侵造成的"靖康之乱"以及其后长达百余
年的宋、金对峙时期，使中国又遭到一场巨大的社会动乱。随着宋室南
渡，宋朝的官员和很大一部分中原地区的缙绅地主也举家南迁，这是中
国历史上对徽州影响最大的第三次人口大迁徙，其中一部分人就选择了
徽州作为定居之地。这次进入徽州地区的大族主要有柯、宋、张、周、
阮、杨、蒋、刘、饶、马、滕、孔、徐、吕、韩 15 姓。⑤ 这次北方人口
向南迁移，规模之大、持续时间之长，与"永嘉之乱""安史之乱"大致相
当，其性质和形式也非常相似。

据记载，⑥ "建炎末，士大夫皆避地……衣冠奔踏于道者相继"，"西

---

① http://www.doc88.com/p-985356687569.html。

② 马利安·高利克：《中国对但丁的接受及其影响（1902—2000）》，《扬子江评论》，2012
年第 10 期。

③ http://baike.so.com/doc/1140031-1206074.html。

④ （唐）顾况：《送宣歙李衙推序》。

⑤ http://www.doc88.com/p-985356687569.htm。

⑥ 《宋史》卷四百五十三·列传第二百一十二。

北士大夫遭靖康之难，多挈家寓武陵"，"四方之民云集二浙，百倍常时"。① 北方大批人口南下，对南方的社会发展起了很大的促进作用。当时南宋的许多文臣武将也多来自北方，如岳飞、韩世忠、张俊等；在平民中，南下的著名人物也很多，如李清照、辛弃疾等。

（6）元末明初时期。

中国广袤的中原大地在从"靖康之难"到元末的两个多世纪中屡遭浩劫，至明初已是"中原草莽，人民稀少"。② 与人口高度稠密的江南形成鲜明对照。这种极不平衡的人口分布格局，产生了对人口迁移的现实需求，再加上开疆卫边的需要，使明初出现了人口迁移的高潮，其性质与前几次因动乱产生的大移民完全不同。明朝建立后不久即着手组织人口迁移，如"徙江南民十四万于凤阳"，"迁山西泽、潞民于河北"，徙"沙漠遗民"屯田北平附近，徙江西农民于云南湖广，等等。故史籍称"太祖时徙民最多"。③ 明初为了巩固边防，在长城一线设立了称为"九边"的 9 个镇，在国内其他战略要地，也设立了许多驻兵设防的"卫"，仅洪武三十一年设卫即达 136 处。为解决边防军的粮饷问题，明初组织了大规模的移民屯垦戍边，"于时，东自辽左，北抵宣大，西至甘肃，南尽滇蜀，极于交趾，中原则大河南北，在兴屯矣"。④ 据载前往云南屯田的移民多达四五十万，规模浩大。对于当时的情况，确实在政治上、经济上都收到了较好的效果。⑤

在古代历次移民中，给徽州带来巨大影响的主要有三次，汉末至魏晋时期、唐朝的"安史之乱"和黄巢起义以及两宋时期"靖康南渡"时的移民。三次大迁徙的结束，使中原的不少皇亲贵戚以及豪门士族等进入徽州，他们往往聚族而居形成了一个个以族姓命名的村落，包括宗族乡党、佃客、部曲（魏晋南北朝时指家兵、私兵，隋唐时期指介于奴婢与良人之间属于"贱口"的社会阶层。部曲在汉代本是军队编制的名称，汉将军营有五部，部下有曲。后联称泛指某人统率下的军队，以后，"部曲"的地位逐渐卑微化。在南北朝前期，主人视部曲为贱口，但并未得到法律上的认可。部曲和佃客一样，虽多是由宾客转变而成，但两者又有区别。佃客一定和土地有联系，部曲却不一定与土地有联系。部曲作为士兵应

---

① http://www.360doc.com/content/14/0306/12/642066_358178694.shtml。
② 《明太祖实录》卷二十。
③ 《明史》卷七十七志第五十三。
④ 《明史·太祖本纪》卷三。
⑤ 顾建平：《中国历史上的几次"垂帘听政"》，《北京档案》，2012 年第 8 期。

该绝对服从所属军官的命令，作为私人的部曲就必须对主人效忠，主人对他也负有"保护"的责任。部曲必须完成主人所交给的任务，其中也包括从事农业劳动和其他劳役，但并非必须从事农业生产，他们的主要职责还是作战。部曲活跃的时候，通常是军事行动频繁的时期）等庞大的家族体系。① 这些皇亲贵戚以及豪门士族，一方面有保持原有望族名门的社会心理；另一方面又不得不通过土风民俗增强在该地的适应性。为了有别于他族，加强聚族而居的内部管理体系和抵御外部冲击的防备机制，强化宗族的认同感和凝聚力，建立一套等级森严、排列有序、行之有效的族规家法来统领氏族和实行村落自治是族人的首要选择。这样，制定族规家法、修订族谱、祭祀祖先、强化族人的经济实力和统治地位就成了宗族文化建制的重要部分。因此，一个个气势恢宏的宗族祠堂作为同族凝心聚力的神圣"殿堂"应运而生。②③

2. 世家大族入迁对徽州社会和文化发展的推动作用④

在我国历史上，长期以来地处"中原"的黄河流域既是国家的经济、政治中心也是中华文化的中心，同时也是历史上动乱频繁之地。⑤ 每当出现一次大规模的动乱，往往就会出现一次人口南迁的浪潮。徽州独特的地理位置使其成为许多北方世家大族南迁的首选之地，而世家大族的入迁，对徽州社会的经济和文化发展产生了重要的作用。徽州的主要大族入迁过程以宋室南渡为界基本完成，其后的徽州社会逐渐步入了经济富裕、文化繁荣的历史时期。

其一，以儒家文化为主体的中原汉文化占据了徽文化的主导地位。南宋以后，中原的崇礼仪、明人伦、务简朴、敦诗书等习俗深刻地影响了徽州，并成为徽文化的主要内容之一。徽州自南宋以后已经成为中原儒家文化的一个重要移植区和兴盛区，这为独树一帜的新安理学奠定了厚实的儒学基础。

其二，促进徽州人才的兴旺，为新安理学的形成奠定基础。据徽州有关地方志和文献记载，入迁到徽州的世家大族中，饱学之士不在少数。比如，任族始迁祖任昉，在南朝时便以学问名扬一时，"为士友所宗"，时人将他与文学名家沈约并称为"任笔沈诗"；如土族始迁祖土希羽"词艺

---

① http://wenda.so.com/q/1377013326062335。

② 王韡：《徽州传统聚落生成环境研究》，《同济大学建筑与城市规划学院》，2005 年第 6 期。

③ 李春泰：《徽州文化的程朱理学印记》，《黄山学院学报》，2004 年第 6 期。

④ 周晓光：《新安理学》，合肥，安徽人民出版社，2005。

⑤ http://blog.sina.com.cn/s/blog_4efda9670101u71h.html。

优博",唐昭宗天复元年(901年)登第,曾出任秘阁校正;洪族始迁祖洪经纶为唐玄宗天宝六年(747年)进士,出任宣歙观察使,"稍暇与士人讲论,为宣歙文学首倡",等等。这些人先后成为徽州儒学的重要学者。在这些儒学之士中,不少人不仅自己有丰富的儒学功底,而且还积极讲学施教,传播文化,培养儒学人才。新安理学的形成正是依托了徽州自南宋后涌现的大量儒学人才作为基石。[①]

其三,给徽州带来了读书穷经的社会风气。迁入徽州的大族,多来自汉文化发生和成熟较早的中原地区,因此他们中的不少饱学之士传统文化的底蕴较之徽州本土居民要深厚得多,他们大多有诗书传家的家风和诵读经书的传统。入徽后,在他们的影响和倡导下,徽州出现了读书穷经的风气。而这种风气的出现,乃是新安理学得以兴盛的又一个重要因素。

由此可见,自宋室南渡以后的徽州,大族入迁过程已经基本完成,这种情形有利于徽州文化的形成和发展,最终成为徽州文化兴盛及南宋新安理学形成的重要因素之一。

3. 中原宗族始迁徽州的原因分析

据表1-2可知,中原士家大族迁入徽州主要有6种因素,再加上无法考证的不明原因,共7种。其中因战乱而迁入徽州是主要原因,到徽州居官然后定居徽州的也占有一定比例,一些名士隐居于徽州与当时的社会动乱有一定关系,而其他原因(如婚姻、游学、守墓等)导致迁居徽州的比例较小。

表1-2　各个历史时期宗族始迁徽州原因分析表(%)[②]

时间＼原因	战乱	居官	隐居	守墓	游学	婚姻	不明	总计	比例
汉及三国两晋南北朝	1	8		1	1		3	14	11.3
隋唐五代	30	13	7	1	1	1	14	67	54
宋元	5	14	2			1	13	36	29
不明			1				6	7	5.7
合计	36	35	10	2	2	2	36	124	100
比例(%)	29	28.2	8.1	1.6	1.6	1.6	29	100	

① http://www.doc88.com/p-985356687569.html.
② 唐力行:《徽州宗族社会》,合肥,安徽人民出版社,2005。

二、徽州的文化变迁

徽文化虽然博大精深，但它也经历了最初的"蛮荒僻野"，最终变成"人文蔚起"。徽州历史文化大体上经历了以下几次大的变迁，有的变迁是与社会剧烈变革同步进行的。徽州历史文化与社会变迁的时间大致划分为以下几个阶段。

（一）"前山越文化"阶段

这一阶段主要是秦汉以前包括旧、新石器时代在内的文化发展阶段。① 早在旧石器时代，生活在这片土地上的徽州原住民就已经开始用自制的简易工具进行生产劳作和狩猎了，而这些生存活动的种种迹象表明这就是古徽州地区最早的前山越文化。② 前山越时期的徽民历史上称为"古山越人"，他们以部落的形式群居，翻山越岭、刀耕火种，过着一种与世无争、与世隔绝的生活。《越绝书》对古山越人的风俗文化只有一些零零散散的记载：如"断发纹身……重巫鬼，习水便舟"。③ 此外，古山越人性格刚强、尚武好斗，"锐兵任死，越之常性也"。

（二）歙时期的"山越文化"阶段

战国中后期至三国时期的徽州社会与文化已开始从中华民族母体的社会文化发展中分离出来，却是一条停滞发展甚至出现倒退的道路，越人"入山为民"，成为山越居民，"依山阻险，不纳王租"；在生产方式上"刀耕火种"，在生活习俗上"志勇好斗"，烙有很深的半原始社会与文化的痕迹，以至于有人称这一时期是徽州历史上的"黑暗"时期。④ 这一阶段的徽文化基本上是山越文化，这一时期在徽州土地上活动的主体是山越人。其时"志勇好斗"的尚武之风一直深深地影响着这里的一代又一代居民。《歙风俗礼教考》亦有："武劲之风，盛于梁、陈、隋间，如程忠壮、汪越国……"受此影响，这个时期的徽州民俗体育活动如傩舞、狮舞等，动作简朴粗犷、大开大合，表现手法常以模拟夸张为主，与此时的古山越文化刚猛豪放、张扬不羁非常吻合。⑤

---

① 车素萍：《概述茶峒的自然、社会和文化环境》，《艺术科技》，2013 年第 10 期。

② 孔义平、陈林：《徽州民俗体育的文化特色研究》，《合肥学院学报（社会科学版）》，2013 年第 30 期。

③ 方利山：《徽州文化的成因》，《安徽省徽学学会众耕集——安徽省徽学学会理事论文选萃》，合肥，安徽人民出版社，2008，第 12~20 页。

④ 叶显恩：《明清徽州农村社会与佃仆制》，合肥，安徽人民出版社，1983，第 1 页。

⑤ 俞召武：《浅谈西夏文化的溯源与发展》，《大众文艺：学术版》，2011 年第 3 期。

（三）新安文化阶段

东汉末年至南宋长达一千多年的时期是学者们通称的"新安文化"阶段，因在晋太康元年，即公元 280 年徽州设新安郡，故有此称谓。① 这一阶段徽州文化的发展深深打上了吴越文化的烙印，有人称为"百越"文化或许更能概括出这一文化发展阶段的特征。山越人因与孙吴为临，有时甚至相互敌对，为稳定江东地区的统治，巩固自己的政权，孙权于建安十三年（208 年）出兵攻打并最终征服了山越。从文化发展上来看，山越居民被征服结束了徽州历史文化与社会发展的封闭状态，加强了山越与中原地区的联系与交往，促进了徽州社会生产力和文化的快速发展。此时的徽州历史上被称为新安文化阶段，主要是由于新安郡的设立。在新安文化阶段，徽州社会结构发生了较大变化，中原士家大族自东汉末年以来为躲避中原地区的频繁战乱而向这里迁徙的运动至新安时期达到了高潮，成为有文字记载以来徽州历史上第一次大规模的移民运动。出现了所谓"新安歌舞离别之辞"②，这也成为徽州最突出的风俗习惯之一。③

（四）歙州文化阶段

从隋文帝开皇九年（589 年），改郡为州，以州统县，将歙、黟二县并入海宁为"歙州"，至宋徽宗宣和三年（1121 年），改歙州为徽州。在这一阶段，"歙州"所辖地域和名称均有所变化。歙州文化阶段是处于隋唐五代经济文化发展的兴盛时期，其茶叶、歙砚、澄心堂纸等土特名优产品先后被生产加工出来，并逐渐发展成为驰名遐迩的地方名品特产。④澄心堂纸、汪伯玄笔、李廷硅墨和旧坑石之砚，当时被誉为"新安四宝"。

据报道，⑤ 黄山市徽学研究专家洪少峰先生从徽州文书《武陵吴氏重修宗谱·武陵基址图》上发现，图中一块与寝庙建筑相对应的空地被标为"球场"。"武陵"就是今天的黄山市祁门县，"球场"在古代是用于"蹴鞠"的运动场，资料记载的时间可追溯至唐代。说明在这一历史时间段，徽州可能存在着"蹴鞠"的运动场，为中国体育史，也为世界足球史提供了重要的研究史料。

（五）徽州文化阶段

徽州文化阶段前后经历了南宋、元、明、清四代，时间延续近 800

---

① http://www.xchen.com.cn/wxlw/whbylw/513945.html。
② 《晋书》司马睿传。
③ 车素萍：《概述茶峒的自然、社会和文化环境》，《艺术科技》，2013 年第 10 期。
④ 车素萍：《概述茶峒的自然、社会和文化环境》，《艺术科技》，2013 年第 10 期。
⑤ 记者王立武 2007 年 12 月 9 日。

年之久。随着南宋政权迁都临安（今浙江杭州）和中国经济重心的南移，天时、地利、人和的徽州获得了千载难逢的发展机遇。著名徽学研究专家刘伯山教授认为，伴随着中华民族的历史发展，进入封建社会晚期的徽州人，几乎是在广义文化概念的所有领域都有非凡与伟大的创造，社会文化的发展呈现出异常繁荣的景象。

徽州是儒学代表人物程颢、程颐和朱熹的桑梓之邦；是统治中国思想界达七八百年之久的程朱理学的发祥地，徽州人研究理学又形成了新安理学学派；在考据学研究上出现了以婺源人江永、休宁人戴震为代表的"徽派朴学"；① 在绘画艺术上，徽州有"新安画派"；在篆刻艺术上，有"徽派篆刻"；② 在版画艺术上，有"徽派版画"；在医学领域，有"新安医学"；在戏曲艺术上，古老的傩戏、传统的目连戏在徽州曾获得完善性的发展，仅唱腔和表演在明前期就有"徽调"，清时则发展为"徽剧"，接而形成完备的"徽班"。③ 乾隆、道光年间徽班进京，为京剧的形成奠定了基础。另外，在科学技术领域，徽州人同样取得了巨大的成就，如天文、历算、数学、物理学、地学、农学、生物学等。这一时期，徽州文化的发展走向了巅峰，出现的历史名人灿若星辰。明代休宁人程大位集中国珠算之大成，最后完善了中国的珠盘运算及珠算口诀；明代休宁人胡正言发明了饾版和拱花技术，开创中国雕版印刷技术的新时代；清末婺源人詹天佑主持建造了中国第一条自行设计、自行施工的铁路——京张铁路，被誉为"中国铁路之父"，等等。

（六）中华人民共和国成立之后

20 世纪 50 年代初，伴随徽州大规模土地改革运动的开展，深藏徽州民间数百年的各种契约文书、族（家）谱以及其他文献大量流传出来，并被公之于世，一时间，以徽州契约文书为主要资料，结合徽州族（家）谱和地方志等文献，研究徽州社会经济史及徽州历史文化的"徽（州）学"，经历了酝酿、发轫等发展阶段后，终于正式形成。这一时期对徽州乡土历史文化和历史名人的研究蔚然成风，徽州各种族（家）谱以及原始契约文书，成为海内外学者关注的焦点。"文化大革命"期间，徽州地区的很多文物和很多家谱、古籍、契约等均被损毁，失去了很多全面深入研究徽州历史与文化的珍贵资料。自 1949 年 5 月将婺源划归江西省管辖，到

---

① 卞利：《徽州文化与文化徽州》，《新华月报》，2011 年第 5 期。

② http://press.ustc.edu.cn/article/3286。

③ 张琼：《强化城市文化资本理念：推动徐州汉文化资源向现实生产力转化》，《淮海文汇》，2013 年第 7 期。

1987 年撤销徽州地区建立黄山市，并将绩溪从黄山市划出，传统意义上的"徽州"行政区划已经不复存在，但是，2008 年国家级"徽州文化生态保护实验区"的确立，给徽州社会文化的进一步发展与研究带来了全新的发展机遇。①

第三节　徽州与其他区域的文化互动

在当代关于"徽州文化"的界定研究中，叶显恩先生认为，它植根于古徽州（我们又可称为"小徽州"——"一府六县"），伸展于中华大地，尤其伸展于江南（苏州、扬州、松江、常州、镇江、江宁、杭州、嘉州、湖州、太仓）和淮扬地区，以及以芜湖、安庆、武汉、临清等城市为基地形成的所谓"大徽州"；由大、小徽州互动交融形成的文化即为"徽文化"。徽州民俗体育文化是徽文化的一个重要组成部分。②

地方文化史研究表明，只有开放的不断吸纳外来优秀文化元素的地方文化系统才能持续发展，成为先进文化的代表，而封闭自守的文化最终只能走向衰退。徽州境内万山环绕，川谷崎岖，峰峦重叠，河流交错，这种独特的、封闭的地理环境并没有把徽州与传统中国大环境完全阻隔开来。千百年来，传统中国的每一次动荡都会在这里引起强烈回响。小徽州与中国其他区域社会的共同点是它们都受到社会整体环境的制约；而小徽州的不同点在于宗族聚居的格局使其具有特殊的应变力，在传统社会的变迁过程中，它以静制动，始终保持自身的相对稳定。③ 明末思想家、文学家徽州人金声曾说："新安不幸土瘠地狭，所以生业著于土者，什不获一。其势必不能坐而家食。故其足迹常遍天下。"明清以来，民间流传谚语云："钻天洞庭，遍地徽"，"无徽不成镇"，说的就是徽州商帮活动的地域广泛性。事实上，徽商当年的足迹遍布全中国。在古徽州与沿江各地区互动发展过程中，徽商起着关键性的作用，他们在把具有徽州地域特色的商品带出去的同时将古徽州的宗族文化和儒商文化带到了中华各地；与此同时，也将他们所到之处的优秀文化和商品带回了古徽州。徽州商人外出经商的路线主要有四条：④ 一是东进杭州，入扬

---

①　车素萍：《概述茶峒的自然、社会和文化环境》，《艺术科技》，2013 年第 10 期。

②　王现东：《文化哲学的兴起、发展及其理论定位》，《五邑大学学报（社会科学版）》，2012 年第 4 期。

③　http://www.kanzhun.com/lunwen/550406.html。

④　冬冰、张益、谢青桐：《文明的空间联系：大运河、新安江和徽杭古道构建的徽商文化线路》，《城市与运河》，2010 年第 8 期。

州、苏州、南京，渗透苏浙全境；二是抢滩芜湖，占据横贯东西的长江商道和淮河两岸，进而入湘、入蜀、入云贵；三是北上，通过大运河往来于京、晋、冀、鲁、豫之间，并远涉西北、东北等地；四是西挺江西，沿东南进闽、粤，有的还以此为跳板，扬帆入海从事海外贸易。[1]　徽商所到之处，加速了古徽州与各地区社会经济与文化的互动影响。本研究将与古徽州联系密切、影响较大的整个区域称为"大徽州"。在民俗体育方面，大、小徽州及其相互影响起到了促进与发展的作用。以下简要介绍徽州与周边联系较为密切的并对徽州经济文化产生较大影响的城市。

一、徽州与杭州的区域互动

杭州自秦设县治以来，历时 2200 多年。它还曾经是五代时吴越国和南宋王朝两代的建都之地，是中国七大古都之一。长期以来杭州都是中国东南部政治、经济、文化、金融和交通中心，杭州城被人们赞誉为："上有天堂、下有苏杭"。[2]　徽州与杭州两地的互动具有久远的历史。古代徽州与杭州联系的主要通道有两条：第一条是陆路通行的"徽杭古道"；第二条是以新安江水路为通道，沿着新安江到达浙江建德、淳安，然后到达杭州。

现存的国家 4A 级景区"徽杭古道"至今已有 1000 多年历史。徽杭古道位于皖浙两省交界的一段山路，全长约四十里。在过去的千百年里一直是徽商往来杭州贩运盐、茶、山货的一条重要通道，是我国继"丝绸之路""茶马古道"之后的第三条著名古道。这是一条见证徽州与杭州联系紧密的历史文化之路，同时还是一条徽州人走出大山经商发展的"徽商之路"。据复旦大学王涛锴的博士论文《西湖梦寻：17 世纪杭州士人的社会网络与文化生活》研究，关于徽州在杭州活动的著名历史人物，有明确记载的是《杭州府志》（康熙时）里的吴姬适、吴绍昌及《钱塘志》里的汪薆。这些人生活在晚明以后，汪薆、吴绍昌都是安徽歙县人，吴姬适是安徽贵池人。民国《杭州府志·流寓传》收有明代徽州府 6 人，其中吴敏惠、程绍文身份颇为特殊，"吴敏惠字肖溪，安徽休宁人，业醝。来杭建城东土桥新坝费万金，商民至今利赖，称吴公坝，子梦鼎"；"程绍文，字闇然，安徽歙县人。天启元年副贡，居西湖。与同乡汪汝谦讲易，能发明义理。时醝使叶永盛创立商籍，绍文偕汪文演、吴云凤建崇文书院"，[3]

①　http://www.cnstock.com/ssnews/2005-11-19/sanban/t20051119_930436.htm。

②　http://www.360doc.com/content/15/1102/18/19476362。

③　龚嘉儁等：《杭州府志》卷一百六十九寓贤一。

吴氏是来杭的盐商，程氏则参与了杭州商籍有关的书院建设。

由于徽商曾主导浙江盐业，因此，当时徽州士人开始大量进入杭州应试，许多人寄籍、占籍甚或移籍钱塘，并且形成一定的家族群体，使得《两浙盐法志》中的人物传记基本成为徽州士人的族谱。被誉为"红顶商人"的胡雪岩就属于在杭的此类人士。从《两浙盐法志》的若干传记中，我们还可以看到徽人和杭州士坛名流的来往，如汪尚广，"字大中，号思苓，歙人。勇于从义，时歙河淤塞，广请于官，首倡疏濬，歙人至今赖之。少保胡宗宪以平倭功遭谗罢祀，广论复之。先是广祖诚义因赋役繁重有免征之请，有司不能行，里中尤苦丝税，广控于大司农，奏悉平之，郡守董石表其庐曰世德重光。来游武林，开商籍、濬运河、立义仓、修道路，执政上其事于朝，予爵一级，事详陶望龄集，董其昌、黄汝亨、陈继儒各有传。"[①]能使杭州士人领袖黄汝亨及其他东南名流为其撰文纪事，可以推想，这是一位非常了不起的徽州富商。由此，也就不难理解现在见到的大量无功名徽州人士，虽然没有取得巨大成就，但能够进入该地的《流寓传》也是不容易的。商籍设立后，徽人积极开办书院，举行会课，以便徽州士人在杭州勤修学问。"商籍—书院—会课"这一体制的运行，使得徽州士人的社会网络得以牢固地建立在杭州社会中。由此可见，徽、杭两地商贸开展已久，经济社会一体化的倾向较为明显，"新安、武林一水相委者，壤封错绣，风俗便安。或托蹉政，与姻娅于兹邦，其子弟所籍，虽曰旅途，犹之乎土著也"。[②] 近代安徽歙县人许承尧在《歙事闲谈》中记载，明清两代歙县商人子弟通过杭州商籍考中进士的有343人。据今人研究，[③] 明代徽州双籍进士寄籍杭州府为15人，在省（当时安徽属南直隶）外的流动中位居第一。

此外，徽州士人和杭州文化学术发展也颇有关联，如吴之龙，"字雪门，安徽歙县人。生有异资，读书十行并下，早岁能诗，稍长游武林，遂居钱塘，从葛寅亮讲学湖南，有英流之目，谒选得光禄丞。还隐西湖，结竹阁社，四方词人归之。子山涛，字岱观，崇祯十二年举人。"看来晚明杭州的讲学风气也吸引着徽人前来游学。[④] 同时，寄籍杭州的徽人也推动着该地的学风，如一名叫何萃的人，"钱塘县志，字鞱亦，少孤力学，崇祯己卯以贡入南雍。吴太冲时为少司成，移书吏部，曰：萃，武

① 《重修两浙盐法志》卷二十五商籍二。
② 《崇阳崇文会录》首卷《崇文会录序》，转引自前揭论文《徽商与两浙崇文书院》。
③ 可参考前揭《家庭背景与明代徽州双籍进士的地位升迁》，第97～100页。
④ 《杭州府志》卷一百六十九寓贤一。

库甲兵，今朝廷急士，当及锋用之，会为忌者所沮。免归，设馆凤山之麓，武林从游者曰何氏学，所著有《古今治平略补》、《廿一史汇纂》、《类法篇》诸书。"与何氏相似，还有推动商籍设立的程绍文也讲学，"字闇然，号鹤峰，歙西塘人。总角时以孝行称，年十二补博士弟子员，补天启辛酉副贡，讲《易》西湖。与虞山钱谦益、同里汪汝谦发明义理。"①徽州士人通过商籍进入杭州社会后，一部分人开始了家族土著化的历程；② 在家族土著化的同时，徽州士人也通过参加社会活动融入正在发展的杭州士人社会中。

由此可见，徽州与杭州两地在经济、文化、风俗等多方面的互动很早就开始了，而且相当频繁。徽商将距徽州直线距离很近的杭州作为经商的重要据点是很自然的事，杭州成了徽商奋发进取的重要一站。

二、徽州与苏州的区域互动③

徽州与苏州在历史上长期同属一个行政区，两地自古以来就有密切联系。据《新安名族志》载，有陆、朱、张、叶四姓的始祖分别于唐、宋两代由苏州迁入徽州。在苏州四大名族中，除顾姓外，陆、朱、张姓中有不少迁居徽州的。④

长期研究苏州与徽州区域间互动与社会变迁的唐力行教授认为：⑤在历史上，苏州的发展要比徽州领先一步。从地方经济发展上来看，早在汉武帝时，苏州已成为"东南一都会"⑥，而当时的徽州仍然是山越居住的蛮荒之地；从文化上来说，唐肃宗时，⑦ 由于官绅倡导文化，苏州一改六朝之前吴人好剑尚武的风俗，而历史上徽州文化在由尚武至尚文的转变上要比苏州慢一步，直至宋代时才实现。两地社会经济文化发展的位差造成了两地经济、文化基本的流动方向是从苏州流到徽州。

从地理位置上看，苏州与徽州的直线距离约为 270 公里，因大山阻

---

① 《浙江通志》卷一百七十八，文渊阁四库全书，第 524 册，第 11 页；《敕修两浙盐法志》卷十五，第 1777、1794 页。

② 王振忠：《明清徽商与淮扬社会》。

③ 唐力行：《明清以来苏州、徽州的区域互动与江南社会的变迁》，《史林》，2004 年第 2 期。

④ 解军：《江南家族研究的新视野——兼评〈明清以来苏州文化世族与社会变迁〉》，《苏州科技学院学报（社会科学版）》，2012 年第 8 期。

⑤ 唐力行：《苏州与徽州——区域互动与社会变迁（16－20 世纪）》，北京，商务印书馆，2007。

⑥ 《史记·货殖列传》。

⑦ 《吴郡志》。

隔，水路就成了两地互动的主要通道。但徽州的河流与苏州不同，苏州的河流平缓、四季盈盈，而徽州的河流湍急、季节性强，从而形成从徽州入苏州易，从苏州到徽州难的通行状况。徽州至苏州的水路有两条：北可从青弋江至芜湖，再顺长江而下，在镇江入运河抵苏州；东由新安江至杭州，再转入运河至苏州。千百年来徽州商人不避山高水急，或攀行于山间鸟道，或挽舟逆水而行，将徽州与苏州有效地沟通联接起来。

苏州与徽州两地的密切联系可追溯到宋室的南迁，北方移民多从吴地或经由吴地再沿新安江进入徽州，① 同时也给徽州带来了中原及吴地的文化。由此可见，苏州和徽州最先的互动是从北向南迁移的继续，同时也是在江南范围内的东西向互动。这种互动主要体现为逃避战乱的中原移民对徽州经济与文化的大开发，而由徽州乡村向苏州都市的迁移，其原动力主要是经济因素。"吾邑之不能不贾者，时也，势也，亦情也。"②③④

众所周知，苏州的丝织业历来非常兴盛发达，"盛泽、黄溪四、五十里间，居民尽逐绩绸之利"。⑤ 因此，早在嘉靖年间，就有祁门人张之涣到苏州将丝织品贩运至江西销售，从而成为富商；明嘉靖、万历时期，休宁人朱世龙曾携带千两银子到苏州进行丝绸贸易，获利颇丰。从此之后，徽州人迁徙苏州经商者越来越多，尤其是棉布、丝绸行业的经营规模之大在全国屈指可数。清前期，在苏州阊门外的数十家棉布商号大多为徽商开设，其加工的青蓝布数量多、质量好，行销全国各地。徽商在这里投资经营棉布和丝织业，也为苏州地区耕织结合的小农经济带来了前所未有的活力，促使原本由农家自纺自织、自给自足的家庭手工业演化为较为复杂的商品生产。而这里区域商品经济的发展，市镇的崛起与繁荣，又吸引了更多的徽商纷至沓来、久居不返。苏州茶业市场长期以来是徽商一统天下。在清代，吴中大小徽商茶行不下数十家，特别著名的有吴世美茶号、严德茂茶号、程德泰茶号等六大茶店著称于市。特别是自菊花茶远销北方，广受欢迎以来，徽州茶商争相聘请熏制花茶技术高手，致力于发展各种贡菊花茶，并由此催生、带动了苏州的花茶生产。虎丘一带的花农一涌而起，几乎家家种植，使该地成了菊花集中地。徽

---

　① 　曹志耘：《语言学视野下的新安文化论纲》，《'95 国际徽学学术讨论会论文集》，合肥，安徽大学出版社，1997。

　② 　《歙志·货殖》。

　③ 　http://theory. people. com. cn/GB/40536/3412768. html。

　④ 　http://cpc. people. com. cn/GB/219457/219506/219508/219522/14640083。

　⑤ 　盛泽镇地方志办公室：《盛泽镇志》，南京，江苏古籍出版社，1991，第150页。

州产的菊花当时又称"贡菊"也称"徽州贡菊""黄山贡菊"。徽菊，生长在黄山高山云雾之中，采黄山天地之灵气，汲皖南山泉之精华，是菊花茶之珍品。与亳菊、杭菊、滁菊并称中国"四大名菊"。徽菊因在古代被作为贡品献给皇帝，故名"贡菊"。① 盛产于古徽州广大地域，品质优良，色、香、味、型聚于一体，既有较高的观赏价值，又有很好的药用功能，被誉为药用和饮用之佳品，是黄山著名特产，驰名中外。② 花茶的大批量生产还改变了周边妇女们的日常生活。她们应茶行所招，纷纷入行拣茶，并以此为谋生手段。在苏州花茶日益兴旺、称誉全国后，徽州茶商又将这里发展成熟的制茶技术带回故里，为家乡本土的茶业百花苑里增植了一朵奇葩。③ 徽州著名的民俗体育节目《采茶扑蝶舞》就是对这一劳动场景的艺术再现——蝴蝶在百花丛中飞舞，采茶姑娘们在休息时，被美丽的蝴蝶所吸引，笑着、跑着去追逐蝴蝶。明万历年间，国家进行了盐政改革，徽商从此垄断了淮盐与浙盐两大盐场，使他们迅速积累了巨额资本，这为徽州人大量进军苏州，形成两地密切互动创造了有利条件。当时苏州阊门外二十里最繁华的商业区都成了徽商的天下。④

苏州与徽州互动互补，在经济上，财力雄厚的徽商将巨额的商业资本汇聚到苏州，大大增强了苏州社会的经济活力。在社会发展上，苏州随人口和经济的发展，经济结构渐渐发生了变动。苏州承接着传统的经济优势，自发、缓慢地发生着社会转型，徽商的经营活动在客观上加快了苏州的社会转型。徽商在苏州获取了大宗的商业利润，其利润的绝大部分被输回了徽州，对徽州宗族社会的旧秩序起到了加固的作用。在文化上，苏州和徽州都是儒学发达之地，清代又以"吴学"和"皖学"相对峙，教育普及，科举昌盛，人才辈出。徽商在使徽州社会经济发生良性变化的同时，也把苏州等大都市的经济文化信息和生活方式带到了徽州。与此同时，徽商把徽州深厚的宗族制度和区域文化带到了苏州等大都市，融入了苏州的社会和经济生活之中，继而一些徽州的商界和文化界精英也在苏州定居下来。苏州与徽州两地间的互动与相互影响涉及宗族结构、教育、社会保障、民俗风尚、民间信仰等各个方面。

徽商作为苏州与徽州间互动的媒介，大多以"儒商"自居，讲究"以义

---

① http://t. qq. com/p/t/511732115925982。

② http://shop. bytravel. cn/produce/index646. html。

③ 李明：《明清苏州、扬州、徽州三地风俗的互动互融——兼谈"苏意"、"扬气"与"徽派"》，《史林》，2005 年第 2 期。

④ 唐力行：《差异与互动：明清时期苏州与徽州的市镇》，《社会科学》，2004 年第 3 期。

取利"。徽商在苏州也十分注意与那里士大夫间的交游。歙县经商苏州的潘之恒"以文名交天下士"。① 婺源李贤"乐与贤大夫亲,故随所在,吴士大夫咸愿与之游"。② 徽商与苏州文人相交、相知,这对于他们融入苏州社会和经营活动很有帮助。苏州文人对于徽州真正深层次的认知,是在亲临徽州大好山水之后。这里曾流传着"一歙抵二省"的故事,说的就是王世贞率江浙精英百余人入歙,与徽州各界精英互相交流、互显绝技的故事。《歙事闲潭》中有记载:"王弇州(世贞号弇州山人)先生来游黄山时,三吴两浙诸宾客,从游者百余人,大都各擅一技,世鲜有能敌之者,欲以傲于吾歙。邑中汪南溟先生,闻其至,以黄山主人自任,僦名园数处,俾吴来者,各各散处其中,每一客必一二主人为馆伴。③ 主悉邑人,不外求而足。大约各称其伎,以书家敌书家,以画家敌画家,以至琴、弈、篆刻、堪舆、星相、投壶、蹴鞠、剑槊、歌吹之属无不备。与之谈,则酬酢纷纷,如黄河之水,注而不竭。与之角技,宾时或屈于主。弇州大称赏而去。"④苏州人与徽州人相互了解越深,相互间的吸引力就越大,互动就越顺畅和成功。⑤

苏州的"昆腔"与"徽州腔"相互汲取交流,使"俗""雅"艺术争胜交融。据李明先生研究,⑥ 明代戏剧家魏良辅、梁辰鱼为迎合市民审美需求,分别在太仓和昆山改腔、改曲。新创"水磨腔",行腔圆润轻柔,"平展时徘恻、低迴,翻高时高远、清亮",⑦ 由散漫的广场艺术转变为充盈庭院的高雅艺术,一时间成为达官贵人们争相欣赏的对象。万历年间,昆山腔传至徽州一带,其高雅品位受到儒士大贾推崇,并得以广为流传。民间徽州腔也深受影响,在及时汲取了昆腔的艺术因子之后,"形成四平腔,而后又形成了昆弋腔。在唱腔节奏和旋律上有着昆山腔那样一波三折的音乐效果。在伴奏上取消了靠锣鼓和人帮声腔,而改用笛子和唢呐伴奏,使曲调显得更加优美、华丽和细腻。"⑧乾隆至道光年间,昆曲因日益骄俪典雅而出现危机,昆弋腔却在吸收秦腔等声腔后不断推陈出新

---

① 汤显祖:《汤显祖集》卷四十一《有明处士潘仲公暨吴孺人合葬志铭》。

② 张海鹏等:《明清徽商资料选编》,第168页。

③ http://cpc.people.com.cn/GB/219457/219506/219508/219522。

④ 承尧:《歙事闲谈》卷十三《王算州诸人游款》,合肥,黄山书社,2002,第413页。

⑤ 解军:《江南家族研究的新视野——兼评〈明清以来苏州文化世族与社会变迁〉》,《苏州科技学院学报(社会科学版)》,2012年第8期。

⑥ 李明:《明清苏州、扬州、徽州三地风俗的互动互融——兼谈"苏意"、"扬气"与"徽派"》,《史林》,2005年第2期。

⑦ 沈祖安:《变与不变》,杭州,浙江文艺出版社,1994,第110页。

⑧ 姚邦藻:《徽州学概论》,北京,中国社会科学出版社,2000,第285页。

形成了完整的二黄体系，并与花部诸声腔一起北移。这期间，昆腔与徽戏间既互相竞争，亦多有交流。嘉庆后，徽戏等花部形成强大潮流称雄于京城，大有取代昆曲之势，迫使昆班吸取花部长处，改变传统演出方式，将连本大戏改为折子戏，使唱做齐全，最见功力的骨子戏广受欢迎；同时，昆班还走出富家的暖阁水榭，重向民间谋求活动余地，赢得了民间殷户和乡村读书人的支持，一度复兴。近二百年来，昆腔与徽戏为争取各自的生存空间，双方由俗趋雅、由雅近俗、雅与俗交相辉映，极大地发展和丰富了戏曲的表现形式。①

苏州与徽州的互动渗透到社会生产和生活的各个方面，甚至进入社会文化、大众生活的核心层面。由沟通而相互作用、相互认知，这是一个循环往复而逐渐提升的过程。苏州与徽州的互动，还造成江南"无徽不成镇"的格局，徽商在江南的中心苏州以及江南市镇造成由坐贾、行商与海商（如走私海商汪直等）所构成的商业网络。这一网络使苏州与徽州的平原与山地贸易互动，带动了江南与世界市场的贸易互动；苏州与徽州的江南山地、平原与海洋的贸易互动促进了江南的繁荣，使得16世纪以来的江南贸易始终在全国居于领先地位。②

三、徽州与扬州的区域互动③

扬州是中国南方著名的产盐区域，也是两淮盐商活动的主要舞台。据《五石脂》记载："徽人在扬州最早，考其时代，当在有明中叶，故扬州之盛，实徽商开之。扬，盖徽商殖民地也。"④在扬州的徽州人大多数以经商为业，其中又以盐商人数最多，资产最丰。民国时许承尧《歙县志》卷一载"两淮八总商，邑人恒占其四"。《两淮盐法志》为80位盐商著有列传，其中徽商就占了60位。扬州盐商因专卖、垄断盐业而成为豪富，他们对豪华奢靡生活的追求，直接影响了扬州人的物质生活方式和风俗习惯。如盐商为迎接圣驾，孝敬重臣，赢得恩宠和赏识，不惜一掷千金修建豪宅、兴建园林；或因吟花弄诗、附庸风雅而大兴土木、造园筑亭，极尽池、石、台、榭之美。由此催生了大批石工、土工、木工、金工、漆工等能工巧匠的出现及砖雕、石雕、木雕等精良的建筑艺术诞生。又如盐商对精美的工艺礼品和陈设品需求很大，从而促进了扬州工艺美术

---

① 唐力行：《差异与互动：明清时期苏州与徽州的市镇》，《社会科学》，2004年第3期。
② http://cpc.people.com.cn/GB/219457/219506/219508/219522。
③ 王振忠：《明清徽商与淮扬社会变迁》，北京，生活·读书·新知三联书店，1996。
④ http://www.xinhs.cn/Article.asp? id=59691。

品的社会性生产。出现了由师傅、家庭成员和少数帮工、学徒组成的手工业作坊和农村家庭手工业生产，而且数量之多，"生产规模之大，皆为前代所未有"。① 扬州盐商"贾而好儒"，大多有较高的文化水平和艺术欣赏水平，其中也有不乏附庸风雅之辈，他们竞相在厅堂书房陈设古董工艺，悬挂名人字画，一时成为社会时尚。以"扬州八怪"为代表的扬州画派之所以能在这块土地上生存发展，并在画风上不拘古法，自立门户，形成具有独特风格的崭新艺术流派，与扬州大批富商推崇风雅、重视厅堂"文气"性装饰有很大关联。

　　由于徽商有大量资金积累、更大的社会人脉需求、较多闲暇时间及对业余生活丰富多彩的追求，促使他们中的不少人热衷于戏曲的欣赏。昆腔西传至扬州，就是由于当地的官绅、巨商为迎御驾到来，博天颜一笑，纷纷"蓄声乐伎妾珍物，援结诸豪贵，籍以荫庇"。② 盐商徐尚志首先出资征集苏州名优组建老徐班，汪启源、程谦德、江春等也相继组织戏班。富商吴越石家班则以搬演《牡丹亭》而著称。乾隆年间在扬州的苏州优伶多达"百数十人"，出现了"老旦小旦尽东吴，一色浓妆艳紫朱"③的盛况。特别是"四大徽班"进京前后，各名班在扬州吸纳过不少演员和艺徒。三庆班中扬州艺人就有很多，大部分人还能够兼工昆、秦二腔，成为名噪一时的名旦；江春创办的春台班中扬州籍的名伶达 17 人之多，有"春台的孩子"之美誉；四喜班中见于记载的扬州籍名角有 20 人；和春班 18 位名伶，扬州籍的就占 11 人；另外，还有活跃于四乡的众多本土花部艺人等。这些演员"在徽、昆、皮、簧的融合中发挥了重要作用"。④此外，文士与商贾争赏戏曲，也催生和丰富了戏曲民俗。明清戏曲演出形式和场所的衍变出新，与士、商阶层频繁的高雅集会或宴请活动直接相关。其一，早在明末，苏州虎丘山塘一带就有供商业性演出的戏船，名为"卷梢"："泊在一处演戏，戏台就是船头，船舱则是戏房，观众另雇一些称作'沙飞''牛舌'的小舟，环绕其旁看戏；还有小如瓜皮的'荡河船'往来渡客"。⑤ 其二，家宴的兴起促使堂会演出大为流行。文人学士、王公贵卿、富豪大贾都热衷于在宅第设专门演戏处所。清康熙、雍正年间，徽州人吴铨从吉安知府退休归养后，在苏州木渎建遂初园，第三进

---

① 扬州市工艺美术工业局：《扬州工艺美术志》，南京，江苏科学技术出版社，1993，第5页。

② 李梦阳：《拟处置盐法事宜状》，《空同先生集》卷三百九十。

③ 唐碧辑录：《曲艺》（第 1 辑），南京，江苏古籍出版社，1984。

④ 王鸿：《扬州散记》，南京，江苏古籍出版社，2000，第 112 页。

⑤ 廖奔：《中国古代剧场史》，郑州，中州古籍出版社，1997，第 3 页。

命名"补闲堂"，大厅即为戏曲演唱场所，每逢名士宴集，便在堂会演剧。乾隆时，徽人潘兆麟耗银十五万两，在姑苏城东营建六落七进朝南巨宅，设"礼耕堂""半砚斋""稼袜堂"三处演剧场所。[①]　其三，普通商家或会馆为便于经营，常租借专门场所宴客，使得酒馆、戏园应运而生。顾禄在《清嘉录》卷七《青龙戏》中记载："盖金阊戏园不下十余处，居人有宴会，皆入戏园，为待客之便。击牲烹鲜，宾朋满座。"描绘的就是当时这里的游乐风习。嘉庆时，徽商密集地的扬州效法苏州，成立固乐、阳春、丰乐等营业性戏园。其四，清代，茶园因具备观戏、商贸、会友等多方面功能而成为新的观戏娱乐场所，各种戏园、茶园相继出现。

戏曲艺术的勃兴，还延伸带动出戏与雕刻、戏与年画相结合的复合型民间艺术。《中国徽州木雕》（人物集）中[②]共 500 幅图片，其中戏曲题材的人物木雕图片有 110 幅，约占 1/4；大型画册《桃花坞木版年画》[③]共有年画 97 张，31 张是戏曲年画，占将近 1/3。这些戏曲木雕和戏曲年画的共同特点是：在民间美术中融入了戏曲艺术，两者之间你中有我，我中有你。人们在欣赏雕刻和绘画艺术的同时，也欣赏了戏曲，满足了对美术和戏曲的双重审美需求。[④]据《扬州画舫录》载："（扬州）北郊蟋蟀，大于他处。土人有鸣秋者，善豢养，识草性，著《相虫谱》，题曰'鸣氏纯雄'。秋以此技受知于歙人汪氏。遂致富。"[⑤]可见，徽商的休闲爱好非常广泛，他们对于玩蟋蟀之类的业余活动也十分热爱，而且从中看到了商机，并以此经营致富。

王振忠先生在《明清徽商与淮扬社会变迁》中提出，扬州的城市文化是自明代中叶以来东南地区新兴的徽州文化表征，它以集大成的形式成为闭关时代东南地区城市文化发展的顶峰。[⑥]该观点肯定了徽州文化对扬州发展的巨大影响，包括对扬州刻书与藏书、戏曲艺术、园林艺术等的影响。

四、徽州与广东的区域互动

广东地处沿海，北枕五岭，南濒大海，历史上一直居于我国海上贸易的枢纽位置。明中叶以后，随着珠江三角洲社会经济的发展以及西方

---

① 《苏州戏曲志》，苏州，古吴轩出版社，1998，第 363 页。
② 俞宏理，《中国徽州木雕》（人物集），北京，文化艺术出版社，2000。
③ 王稼句：《桃花坞木版年画》，济南，山东画报出版社，2012。
④ 唐力行：《差异与互动：明清时期苏州与徽州的市镇》，《社会科学》，2004 年第 3 期。
⑤ 李斗：《扬州画舫录》，济南，山东友谊出版社，2001。
⑥ http://www.mugengyuan.com/comment/1158.html。

商人的到来，以广东为中心的南中国沿海商业贸易进入鼎盛时期。于是全国各地商人纷纷南下广东进行贸易。徽商此时正处于经济实力雄厚时期，他们跨越千里，南下广州，以经营茶叶、药材等贸易为主，开办了牙行与洋行，成为广州对外贸易中不可忽视的一个重要组成部分。①

明清时期安徽、广东两省频繁的贸易往来，对两地的社会经济与文化等均产生了较大的影响。徽商和粤商的贸易往来主要以徽州的茶叶和药材为主，这种经贸往来促进了两地之间社会文化、风俗习惯的交流。许承尧在《歙事闲谭》卷十八《歙风俗礼教考》中记载："歙之巨业，商盐而外惟茶，北达燕京、南极广粤，获利极赊。"由于徽商的人数多，而且经济实力雄厚，不少徽商在广州担任"客纲"（自唐代起，中国货运业中就存在"纲"的形式，宋元明时代，官私海外贸易一直以"纲"的组织形式进行。明代嘉靖后期海外贸易中出现了"客纲"，是将"客商"与"纲"结合在一起，是地域商人在经商活动中的外在组织形式）。同时，广州濠畔街素有"百货之肆，五都之市"之称的繁华之地，徽商在此修建了安徽会馆和新安会馆，为从事商业和乡谊的聚会议事场所。②

此外，具有徽州特色的徽剧戏班也大举进入广东。据已故国学学者冼玉清教授研究，乾隆四十五年（1780年）来粤戏班有13个，其中徽剧戏班有8个，占61.5%，人数共238人，占65.5%。到了乾隆五十六年（1791年），来粤戏班共44个，其中徽剧戏班7个，占22.72%。这表明清代徽粤贸易极为繁盛。徽剧曾在广东风行一时，直接影响了粤剧的形成与发展，"徽班不仅传给广东伶工西皮（梆子）二重的一套，同时也把武术带了进去。"③

五、徽州与浙北的区域互动④

明清时期，地处浙江北部的杭州、嘉兴、湖州三府是江南最繁华的区域之一，城乡经济发达，工商业繁荣。特别是遍布乡村的各种集镇的持续兴盛，吸引了来自全国各地的众多商人。其中，徽商人数之多，经营行业之广，对当地经济和社会影响之大，是许多外地商人和商帮无法比拟的。

---

① 魏霞、刘正刚：《明清安徽与广东的贸易往来》，《安徽史学》，2001年第4期。
② http://www.taodocs.com/p-31267756.html。
③ 马丽丽：《中国内地与香港的贸易往来》，《现代商业》，2012年第8期。
④ 陈剑峰、陈国灿：《明清时期浙北杭嘉湖市镇的徽商》，《安徽师范大学学报（人文社会科学版）》，2003年第2期。

根据有关文献记载，早在南宋时期，浙北市镇就已见徽商的踪迹。如南宋末年，徽州人李懋至南浔镇经商，"以湖南米商至得，尽散粟以赈贫"。① 从明代中期开始，浙北市镇日益繁荣，徽商此时的活动也逐渐活跃起来。他们或在府县城市建立较为固定的立足点，或往来于各市镇开展商业活动；或直接在市镇当地居住，开店设铺，参与生产和收购当地产品，再销往全国各地。如在湖州地区，休宁人程锁"结举宗贤豪者得十人，俱人持三百缗为合从，贾吴兴新市"②成化年间，同县人程莹"从事乎商，居湖州之双林市"，与程莹同族的程珽于嘉靖年间"偕舅氏贾浙，乌程人大信之，后又设典平湖"③，成为当地著名的巨商，等等。到明代后期，徽商已广泛活动于浙北很多市镇，其中部分市镇所聚集的徽商人数相当可观。如嘉靖年间，据湖州、嘉兴两府共管的乌青镇官员报告，镇上徽州等处商人因事斗殴致命者百数人，其徽商数量之多可以想见。在这里，不少徽商还逐渐控制了一些市镇部分行业的主导权。如秀水县蹼院镇，"盐商多徽人"；在吴兴县，徽商孙从理"慎择掌计若干曹，分部而治"，开设典铺上百所，成为当地典质业领头人物；④ 在乌程县乌青镇，"茶叶一业，俱系徽籍人"。道光十八年（1838年），由徽商创立的惟善堂向全府各县镇徽商募资，捐款者多达1600余人。从清代中期起，随着徽商的大量涌入，杭州、嘉兴、湖州地区的不少市镇陆续出现了徽商的会馆公所以加强同乡联谊，协调经营关系，开展慈善活动等。会馆公所的出现，不仅表明越来越多的徽商以浙北市镇为据点开展商业活动，而且标志着徽商已日益成为影响浙北市镇经济的重要地域性商人团体。在杭州各地，徽商的书籍刻印也相当活跃，明时盛行于杭州的雕版画，"殆无不出徽人手"。⑤ 徽商黄凤池长期寓居杭州，经营"集雅斋"书画坊，以刊刻画谱、木本花鸟谱、草木花诗谱闻名一时。⑥

概括来说，徽商对于浙北地区社会产生的影响主要有：（1）徽商在杭州、嘉兴、湖州市镇经济的发展和兴盛中起到了重要作用；（2）徽商"儒商合一"的特点推动了当地文化事业的发展；（3）徽商在家乡与经商（客居）地的往来互动，带动了两地社会经济、文化、风俗习惯的交流互动。

① 范来庚：《道光南汗镇志》，上海，上海书店影印，1992。
② 汪道昆：《太函集》，《清光绪刻本》。
③ 《休宁率东程氏家谱》，《清刻本》。
④ 汪道昆：《太函集》，《清光绪刻本》。
⑤ 张海鹏、王廷元：《明清徽商资料选编》，合肥，黄山书社，1985。
⑥ http://www.jxrtv.com/simple/? t18695.html。

六、徽州与山东的区域互动

据文献资料研究显示,① 徽州商人早在明初洪武年间，就有在山东经商的记载。明清时期，山东运河区域以其便利的交通，优良的棉、麦、梨、枣等土特产和市场活跃的工商业城镇，吸引了大批徽商来此货殖；这些人主要集中在临清、济宁等中心城市，从事布帛、食盐、典当、杂货、中药等行业的经营；徽商在侨寓地还进行联姻、入籍、科考、捐资等活动，树立了"义利兼顾"的"良贾"形象。据徽州歙县《郑氏族谱》载：歙人郑富伟"东游吴淞，北寓临清，逾四十年，累资甚巨，声业懋值"。盐业历来是徽商经营的主要行业，从明朝中期起，徽商中的黄、汪、吴三大姓氏皆活跃于山东运河区域，从事食盐贸易。此外，山东运河区域也是徽商典当业发达的地方,② 据地方志记载，地处运河咽喉要道的山东临清，本是徽商活跃的场所，徽商在山东的活动多集中在交通便捷的地区，主要为济宁以及临清等中心城市，徽商不仅在一定程度上改变了一些城镇的居民结构，而且促进了山东运河流域南北物资、文化的交流，并带动了这一区域社会经济的发展。③

七、徽州与福建的区域互动④

徽商进入福建的交通较为便利，首选的是通过水路进入浙江与江西，再进入福建，徽商从陆路入闽只要越过武夷山即可。另外，徽商从浙江通过海路也可入闽。从目前的文献资料来看，徽商在福建的活动区域主要集中在闽西北山区和闽东南沿海一带。所从事的行业主要有木材、茶叶、纸张、烟草等。闽浙赣皖边区虽是广大的山区，但由于从事商品经济生产的居民的辛勤开发，使这里成为靛、纸、麻、茶、铁、香菇、杉木的集中产地，与此相关的手工业与种植业也遍布山区的各个角落，这里每年都有大批商品投放市场。同时，明代徽州海寇商人还积极与福建海寇商人合作发展海上武装贸易。明嘉靖年间，纵横中国东南海上的许氏兄弟、王直、徐海等徽州海盗商人集团曾多次骚扰福建沿海地区，从事亦商亦盗活动。

---

① 王云：《明清时期山东运河区域的徽商》，《安徽史学》，2004 年第 3 期。
② 吴欣：《明清山东运河区域"水神"研究》，《社会科学战线》，2013 年第 6 期。
③ 李宁：《明清时期徽商在山东临清的活动研究》，《德州学院学报》，2013 年第 6 期。
④ 甘满堂：《明清时期的徽商与福建》，《福州大学学报（哲学社会科学版）》，2002 年第 2期。

　　明清时期徽商在福建的活动有一个非常显著的现象是：明代比清代要频繁。主要是因为明代福建私人航海较多，对外贸易较发达，从而使整个福建的社会商品经济发展也比较发达。与其他地区（如江西等）的商人相比，无论是在经营资本上，还是在经营规模上徽州商人均占优先。如徽州商人在闽北从事冶铁业，动辄雇用上千人生产，规模与资本之大可想而知。可以说，明清时期，徽商在福建相当活跃，也对福建的经济社会发展产生了相当大的影响。

八、徽州与武汉的区域互动①

　　清初刘献廷在《广阳杂记》中说到，汉口为当时我国西部最大的商埠。云南、四川、湖南、广西、陕西、河南、江西的很多货物都在此置办。明代中叶的徽商人数众多，长江沿线是其贸易最活跃的区域，而武汉既是长江中上游的商业中心，又是商品转输之地，不仅徽商聚集于此，而且从明代中后期各地商帮兴起以来，也多看重这个商业城市。在与其他商帮的竞争中，涌现许多大商家，如吴幹廷、王琴甫、汪志庵、孙襄其、朱保三、汪益徵、谭步云，等等。清康熙七年（1668年），随着徽商势力的扩大，由徽属六邑（即今安徽省的歙县、休宁县、祁门县、婺源县、黟县、绩溪县）商人创建了"新安会所"，既作为徽人联谊之所，又是徽人议事之处。1695年，改建为"新安书院"（又称新安会馆、徽州会馆）。②

　　徽商以此为基础，在汉口扎下了根基。徽商在武汉所经营的行业有盐、粮、木、茶、丝织、墨、典当、药业、杂货、酒楼乃至珠宝店等，其中影响最大的还是盐商。道光年间"改纲为票"的盐制改革不利于盐商，致使两淮的盐商纷纷破产，最终导致盐商衰落。徽州商帮在400余年历史巨变中，在武汉的各个领域中都创造了辉煌的业绩，也使得两地在多方面的交流、互动频繁。

九、徽州与上海的区域互动③

　　上海处在长江的入海口，这种襟江带海的地理环境，使上海早在南宋时期就已经成为东南沿海的贸易港口。明清时期，上海更发展成为人烟稠密，商贾辐辏的大都市。其中，徽商在上海有着举足轻重的地位，

---

　　①　张小平：《汉口徽商与社会风尚——以〈汉口丛谈〉为例》，《安徽史学》，2005年第1期。
　　②　http://www.whfz.gov.cn:8080/pub/dqwx/zyz/hzjz/ml/jy/content。
　　③　吴仁安：《论明清徽商在上海地区的经营活动与历史作用》，《大连大学学报》，1999年第10期。

康熙《徽州府志》卷二《风俗》记载："徽之富民尽家于仪扬、苏松、淮安、芜湖、杭湖诸郡，以及江西之南昌，湖广之汉口，远如北京，亦复挈其家属而去。"这里的"苏松"极大部分是指现今的上海地区。

徽商热衷于去上海经商主要有以下几点原因：一是明清时期上海地区社会经济的发展，尤其是大批工商业城镇的兴盛及农村商品经济的日益繁荣，有力地吸引了徽商纷纷来沪在商海中大展宏图；二是上海坐落于通向中国贸易主要产地的良好方位，且上海地区境内和对外水陆交通都十分发达，因此，上海是逐利而往的徽州商人最理想的贸易活动基地；三是徽州与上海两地之间水陆交通十分便利，也是促使徽州商人纷纷来沪经商的另一个重要因素。徽商在上海地区的经营范围有盐、茶、典当、木材、"文房四宝"、粮食、布帛、皮革、参业、烟叶、瓷器业及京广杂货、草货业等。徽商在上海地区的商业活动不仅使自己积累起雄厚的商业资本，同时也对上海地区的社会经济和教育文化事业等发展产生了深远的影响。

由此可见，徽商当年的足迹遍布全中国。曾几何时，徽州商人是世界上最富有的群体，徽州商人的富足甚至连当时的乾隆皇帝都自叹不如！徽商所到之处的成功经营活动使他们获取了丰厚的利润，从而积累了巨量的商业资本，同时也促进了这一地区商品经济的发展和城市的繁荣。他们乐观、精明、开放的经商行为对轻商重仕的传统社会价值是一种巨大的挑战，营造了中国最早的农业资本主义社会氛围。徽商在农业的投资使其经营方式发生了改变，自给性农业开始演变为商品性农业生产，也使农村传统的生活习惯受到了冲击。徽商插手于工业生产，促使商业资本转化为产业资本。一些徽商为了收购手工业原料，甚至深入穷乡僻壤，徽商对推动中国资本主义萌芽和产生起到了促进的作用，它们对中国古代社会向更高水平发展起到了重要的刺激与推动作用。无论是钱塘江畔徽商弃舟登岸处的"徽州塘"，还是扬州城的徽商遗存，都在彰显着徽商作为媒介将徽州与其经商地、客居地的社会经济、文化思想、建筑、美学、民俗等多元文化联系互动起来，① 这对于博大精深徽文化的最终形成起了决定性的作用。

---

① 冬冰、张益、谢青桐：《文明的空间联系：大运河、新安江和徽杭古道构建的徽商文化线路》，《城市与运河》，2012 年第 8 期。

第三章　徽州民俗体育项目

第一节　民俗简述

一、民俗与民俗学

"民俗"，也称作"民间风俗"，是指由一个国家或民族中广大民众所创造、享用和传承的生活文化。民俗伴随着人类社会的产生而产生，是相互联系的一群人赖以生存的民间制度和行为规范。"民俗"作为词汇的出现具有久远的历史，但以社会中民俗事项为研究对象的民俗学，在我国的发展不过只有近两百年的历史。"民俗"一词在《礼记》《史记》《汉书》等著作中曾多次出现。先秦典籍中有"故君民者，章好以示民俗，慎恶以御民之淫，则民不惑矣！"①这是"民俗"一词最早的出处；《管子·正世第四十七》中有"料事务，察民俗"的记载；《汉书·董仲舒传》中有"变民风，化民俗"之语。由此可见，作为民俗事项的"民俗"一词自古有之，而作为近代学科术语的"民俗"概念却是较为晚近才出现的。

"民俗"一词在我国的发展大致经历了一个由"风"而"俗"，由"风俗"而"民俗"的演变过程。风俗偏指由上而下教化形成的"俗"，而民俗则偏指纯民间俚俗的习惯。随着社会的发展，两词间现代的含义已没有太大的差异，都指的是民俗事项，有研究发现，②古"风俗"一词的使用频率要高于"民俗"，而在现代民俗一词的使用又超过了风俗。

《礼记·王制》记载："古有采诗之官，王者所以观风俗，知得失，自考证也。"在《荀子·疆国》中有："入境，观其风俗"之言。从中可以窥见，在中国古代社会里君王常将民间风俗作为了解社会真实状况的一个重要渠道。在反映宋朝权臣司马光的《司马文正公传家集》中有关于"国家之治乱本于礼，而风俗之善恶系于习"的记载；《宋史·卷四百三十四陆九渊传》中则出现："其境内官吏之贪廉，民俗之习尚善恶，皆素知之。"从这

---

① 《礼·缁衣》。
② 彭恒礼：《"风俗"与"民俗"的语义流变与地位转换》，《天中学刊》，2013 年第 2 期。

两则文献记载可以看出，古代人非常注重风俗的道德伦理作用和由此产生的政治影响。

无论是"风俗"还是"民俗"，其词皆为偏正结构，传承的本质和社会功能都落在"俗"字上。然而"风俗"揭示了"俗"的本质状态——流动性；而"民俗"则突出了"俗"的民众主体地位，① 从而涵括了上层社会与下层百姓中具有制约与规范人们行为的事项。

"民俗"作为学科术语诞生于 1846 年，最初提出这个名词概念的是英国考古学者汤姆斯（W. J. Thoms），他以撒克逊语的"folk"（民众、民间）和"lore"（知识、学问）合成了新词"folklore"，指的是"民众（民间）的知识或学问"（the learning of the people），内容包括传统的风俗习惯、信仰、民间故事、歌谣、谚语等，正是由于他给予"民俗"一词的全新界定，从而促使这门新的学科得到了广泛而深入的研究和发展。不过，这里的"民"究竟指的是哪些人？则变成了很多民俗学家争论的问题。19 世纪初，德国的格林（Jacob and Wilhelm Grimm）兄弟结合德国的历史文化背景认为，"民"就是指民族。他们认为最能代表一个民族及其文化传统的就是民间故事、神话、传说等，也就是民俗。19 世纪，西方民俗学者总是把民众"当作一个相对的而不是一个独立的词来给予定义"，② 往往将其界定为与其他社会群体相对而言的野蛮人、愚民、乡民或农民。美国著名的民俗学家邓迪斯（Alan Dundes）对这种二元对立的观点提出了批判，认为"民"这个术语可以指任何民众群体，只要他们拥有无论一个什么共同"因素"。起连结作用的因素是什么并不重要（它可以是共同的职业、共同的语言或宗教等），重要的是因为某种原因而形成的一个群体要有属于它自己的一些传统。我国学者钟敬文提出了"全民说"，③ 即"一个国家里的大部分风俗，是全民族的（全民共有的）"。④ 这与邓迪斯的观点相近。多年来，对于民俗之"俗"的内涵学术界还未达成共识。研究民俗的学者们有的把"俗"等同于传统，有的把"俗"看作民间文化。汤姆斯认为，"俗"是"人们中流传的传统信仰、传说及风俗"以及"古时候的举止、风俗、仪式、迷信、民曲、谚语，等等"；泰勒把俗作为原始文化的"遗留物"来对待，最基本的含义都是经过世代传承的东西。20 世纪中叶，

---

① 林继富、王丹：《解释民俗学》，武汉，华中师范大学出版社，2006，第 16 页。
② 邓迪斯：《谁是民俗之民高丙中！民俗文化与民俗生活》，北京，中国社会科学出版社，1994，第 210 页。
③ 关昕：《民俗文物：领域抑或视角》，《民俗研究》，2013 年第 2 期。
④ 钟敬文：《中国民间文学讲演集》，北京，北京师范大学出版社，1999，第 53 页。

多尔逊强调传统的历时性和现代性，认为"民俗存在于活动发生的地方，根本不是死水中的一堆沉沙"。① 而邓迪斯则强调传统的共时性和功能性，认为"各个群体的民俗既提供交流时代精神和世界观的宝贵艺术手段，也提供解决集体所维护的引起焦虑的重大问题的框架"。②

当然，人们对于民俗的研究与认识是随着历史的发展而逐步深入的，如民俗之"民"由格林兄弟的"民族"概念发展到邓迪斯的"民众群体"；而民俗之"俗"从古至今由精神层面发展至物质层面。民俗学中的"民俗"不是"民"和"俗"简单叠加，前者指的是文化创造中的主体，而后者说的是文化的对象性问题。民俗学作为研究民间风俗、习惯等现象的一门社会科学，所涉及的领域也将随着时间的推移越来越广泛和深入。

中国在民俗学研究方面起步较晚，直至新文化运动之后，1918 年北京大学成立了"歌谣研究会"；1922 年创办的《歌谣》周刊中首次使用了学术性用词"民俗"。1928 年年初，中山大学正式成立民俗学会，同时出版民俗学期刊和丛书，并举办民俗学传习班。1950 年，在北京成立了中国民间文艺研究会，进行采集、研究和组织队伍等工作。1983 年 5 月，中国民俗学会在北京成立。③ 进入 21 世纪后，随着世界经济一体化和现代化进程的日益加快，民俗文化社会存在的基础日渐狭窄，现代生活方式对其存在的形态构成了不同程度的危害。④ 中国民俗文化遗产遭受到了前所未有的严重威胁，在有识之士的共同呼吁下，抢救与保护民间民俗文化遗产成为这一时期中国民俗学界的重要议题。2000 年，中华人民共和国文化部在青海省西宁市召开西部文化工作座谈会，深入讨论关于西部大开发给西部民间传统文化带来哪些影响，并决定以云南为试点，进行民族民间传统文化的系统普查；翌年，中国民间文艺家协会推出"中国民间文化遗产抢救工程"；2002 年，中华人民共和国文化部推出了"民族民间文化遗产保护工程"。至此，中国民俗学进入了一个以抢救与保护传统文化遗产为重点的新的历史时期。⑤

目前，总结我国学者对民俗学比较广泛的认同有以下论述：（1）民俗，即民间风俗，是指一个国家或民族中广大民众所创造、享用和传承的生活文化。（2）民俗起源于人类社会群体生活的需要，在特定的民族、

①　高丙中：《民俗文化与民俗生活》，北京，中国社会科学出版社，1994，第 22 页。
②　高丙中：《民俗文化与民俗生活》，北京，中国社会科学出版社，1994，第 219 页。
③　http://www.chinesefolklore.org.cn/web/index.php? ChannelID=161。
④　高燕：《少数民族非物质文化遗产保护的自治立法研究》，《西南民族大学学报（人文社会科学版）》，2015 年第 7 期。
⑤　吴腾：《民俗功能的内涵及其演变》，《语文学刊（高等教育版）》，2012 年第 2 期。

时代和地域中不断形成、扩展和演变，为民众的日常生活服务。（3）民俗一旦形成，就成为规范人们行为、语言和心理的基本力量，同时也是民众习得、传承和积累文化创造成果的一种重要方式。① 我国民俗学者钟敬文先生对民俗内涵所做的阐述，是目前民俗学研究中比较有代表性的见解。

二、民俗的研究内容

民俗所涉及的内容包含社会生活的方方面面。直至今日，它所研究的领域仍然没有一个非常明确的界线，随着时代的发展，其领域还在不断地扩展。就当今民俗学界较为一致的认识范畴而言，民俗包含以下几大部分。②

（一）生产劳动民俗

生产劳动民俗是指在各种物质生产活动中产生和遵循的民俗。这类民俗伴随着物质生产的进行，多方面地反映着人们的民俗观念，在历史上对保证人类物质生产的顺利进行起到过一定的作用。我国的劳动生产民俗所涉及的范围比较广泛，大体可分为农业民俗、牧业民俗、渔业民俗、林业民俗、养殖业民俗、手工业民俗、服务业民俗等。

（二）日常生活民俗

日常生活民俗包括服饰民俗、饮食民俗、居住民俗、交通与行旅民俗等。它最先是以满足人的生理需要为目的，随着社会的发展和社会分工的复杂化，等级身份的严格化，生活条件的差异，人生仪礼的繁复，重大历史事件的作用以及宗教信仰、审美观点、政治观念、社会心理等的差异，使得各民族、各地区、各群体的生活民俗日趋多样化、复杂化，它所满足的已不仅是人们生存的需要，同时也包含安全需要、归属需要和自我实现的需要等多种更高层次的需要。③

（三）社会组织民俗

社会组织通常是指一定的社会单元，这种社会单元往往是为了达到某种特定目标而建立的，如军队、企业等。但是，社会组织民俗专指在中国传统社会中，在民间各种形成稳定关系的人们共同体，如家族、行会或某些结社组织，如白莲教、义和拳等组织。这些社会组织都具备一定的组织化水平，而他们的组织主要是靠群体内形成的一系列约定俗成

---

① 钟敬文：《民俗学概论》，上海，上海文艺出版社，1998，第1～2页。
② http://www.chinesefolklore.org.cn/。
③ http://www.cpi.com.cn/zhuanti/2012flsx/mswh1.html。

的东西发挥作用。在传统社会中，社会组织民俗主要存在三种形式：血缘组织民俗、地缘组织民俗、会社组织民俗。

（四）岁时节日民俗

岁时节日，主要是指与自然天时、物候的周期性转换相适应，在人们的社会生活中约定俗成的，具有某种风俗活动内容的特定时日。此类节日的形成与发展，经历了十分漫长的历史时期，在这期间所形成的节日民俗不仅记载着我们祖先对自然运动规律的认识与把握，也显现出了各个不同历史时期的社会、经济、科技等发展水平，同时也反映了我国民众张弛有度、应时而作的自然生活节律。[①]

（五）人生礼仪

人生礼仪是指人生中几个重要仪式的行为过程，主要包括诞生礼、成年礼、婚礼和葬礼，此外表明进入重要年龄阶段的祝寿仪式和生日庆贺也可视为人生礼仪的内容。人生礼仪决定因素不仅是人年龄和生理的变化，也是生命过程的不同阶段，生育、家庭、宗教及社会制度等对个人地位和角色的认可，同时也是一定文化规范对人格塑造的要求。

（六）民间游艺

民间游艺是一种以消遣休闲、调剂身心为主要目的，而又有一定模式的民俗活动。它是人类在具备了物质生存条件基础上，为满足精神需求而进行的文化创造。从简单易行、随意性较强的游戏到竞技精巧、有严格规则的竞技活动；从因时因地、自由灵便的戏要到配合各种特殊需要的综合表演等，都属于游艺民俗的范围。[②]

（七）民间观念

民间观念是指在民间社会中自发产生的一套神灵崇拜、生活禁忌的观念。它主要作用于民众的意识形态领域，其中较有代表性的是：禁忌、俗信、民间诸神等。

（八）民间文学

民间文学是人民群众口头创作、口头流传，并不断被集体修改、加工的文学。其特点具有口头性、集体性、变异性、传承性、直接的民众性和优越的艺术性；它在广大的民众中产生，在广大的民众中流传，主要反映人民大众的生活和思想情感，表现他们的审美观念和艺术情趣。民间文学通常可分为三大类：（1）散文式的口头叙事文学，如神话、传说

---

① http://www.cpi.com.cn/zhuanti/2012flsx/mswh1.html。

② http://www.baike.com/wiki/%E6%B8%B8%E8%89%BA%E6%B0%91%E4%BF%97。

和各种民间故事、笑话等；（2）韵文式的口头文学，如民间诗歌（史诗、民歌）、谚语、谜语等；（3）综合叙事、抒情文学，如具有较多表演成分的民间说唱、戏曲等。①

第二节　徽州民俗的起源与发展

一、徽州民俗的起源

徽州民俗有着悠久的历史，它是在徽州独特的自然、人文环境中逐步形成的。徽州山区丰富的动、植物资源为生活在这里的人们提供了较为充足的食物来源。从新石器时代的文化遗址来看，徽州先民们已经学会了采集、渔猎、制陶及简单的纺织等劳动技术。2010年秋，安徽省文物考古研究所在黄山市歙县富堨镇冯塘村发掘了歙县下冯塘遗址，② 出土了旧石器时期的器物：砍砸器、尖状器、盘状器、船形器、刻镂器、石矛等；新石器时期的器物：石斧、半月形挂饰、柳叶形石镞、砻石、石凿、刮削器、雕刻器及陶器残件，其中陶片器形有杯形器、粗柄豆、盏、罐、壶等。这些迹象表明下冯塘遗址曾是歙县先民重要的聚居区。此外，1988年春，在黄山市歙县岩寺镇的朱坊农场东侧桐子山也发现一处古人类生活的遗址——桐子山古文化遗址。③ 岩寺镇桐子山古文化遗址出土的石器大多磨制光滑、形体规整，陶器则有鱼鳍形陶鼎足、陶纺轮等。在出土的红褐色陶片上出现了几何形引纹，造型美观、线条流畅。考古专家研究认为桐子山古文化遗址出土的石器和陶器属新石器时代晚期物器，距今约4500年，其文化内涵与浙江的良渚文化极为相似。其中陶纺轮的出土说明远在新石器时代晚期，徽州地区的先民们就学会了制造简单的纺织设备和纺织技术。

总之，徽州从旧石器时代末至新石器时代初，已经有大量的徽州先民在此活动，并自然形成了物质生活和精神生活中一些民俗事项。④ 可以推想，当时的徽州民俗是徽州原始社会生产与生活的唯一规范，也可以说是徽州先民史前文化的一个显著特点。

---

① http://www.chinesefolklore.org.cn/web/index.php? WCHID＝93＆ChannelID＝97。
② 宫思成：《歙县下冯塘新石器时代至夏代遗址》，《中国考古学年鉴》，第242～243页。
③ 黄山市徽州区人民政府办公室：《桐子山古文化遗址》，《安徽年鉴》，第265～266页。
④ http://www.taodocs.com/p-29213552.html。

二、徽州民俗的发展

徽州民俗在历史发展的长河中，经历过漫长的时间演变，逐渐吸收、融合了中原地区士家大族的民俗文化因素，最后形成了相对稳定的徽州地区民俗特征。具体而言，徽州民俗发展同徽州社会与文化的发展一样，在历史上经历了多次变异，概括起来大体经历了以下几个大的发展阶段。

一是前山越发展阶段。该阶段又可划分为两个时间段：即新石器时代以前及夏到秦之间。介于夏、商、周三代至秦朝以前这一时期，以屯溪西郊挖掘出的七座古墓葬为集中代表，在七座古墓葬中出土了一百多件青铜器文物，其"形制奇特，纹饰神秘，别具一格，为其他地方所未见，十分引人注目"，[1] 生动地反映了徽州先民在那一时期作为"山越"人的生产与生活事项，也展现了当时徽州境内各地民俗文化事项的丰富多彩。

二是山越发展阶段。这一阶段处于历史上的秦汉时期。秦汉在这里设有黟、歙二县，对聚居于此的山越人进行统治。由于地理环境特殊，山高林深，实际上当时这里的人们很大一部分是"依山险阻，不纳王贡"，过着部落群居生活。他们茹毛饮血、供奉图腾、血祭神灵，以特殊的族制和谐共生。他们有自己的语言，甚至还创造了部分文字，如象形文的"山越文字"。这一时期，居住在这片广袤土地上的山越人分成了多个部落，同时存在着较为原始的多种生产与生活民俗。他们过着一种近乎与世隔绝的生活，维持着一种刀耕火种、取给于山林的生活方式。当时的山越人披发纹身、信巫信鬼，这种习俗后来在徽州的不少地方还保留了下来，并成为一种重要的民俗信仰，[2] 如今天的"傩舞"相传就是那时的习俗。据研究，[3] 生活在这里的人们后因战乱迁徙，部分进入了广西、云南、贵州等地，成为今天黎族、苗族、佤族、瑶族等少数民族的先人。当时中原的人对山越人的认识大致是"椎髻鸟语""好斗轻死"。[4] 那时的山越人普遍身材矮小，袒胸露臂，崇尚气力，尚武好战，这一崇尚武力的民俗一直被沿袭下来，成为徽州诸多社会民俗中较为突出的一种。[5]

三是新安时代。这一时期以孙吴对山越的征服为标志。山越人口众

---

① 黄山市徽州区人民政府办公室：《桐子山古文化遗址》，《安徽年鉴》，第 265～266 页。

② http://www.doc88.com/p-6728720691609.html。

③ 安徽省旅游信息中心，2008-04-28。

④ 《后汉书》。

⑤ http://www.doc88.com/p-986700364482.html。

多，勇猛善战，地区广大，物产丰富，且他们居住的地区又靠近孙吴统治中心的吴郡、会稽、建业等地，对孙吴政权的巩固和稳定产生了较大的威胁。孙吴统治者如果能够征服山越，就会使该地变害为利，使他们成为东吴的兵源和财源供给之地。因此，在三国时期，孙吴征伐山越的战争，从孙策时开始直到孙皓，几十年连续不断。据史载，234—237年诸葛恪征讨丹阳郡山越，一次就得兵四万人。① 孙吴对山越的征服使得山越与孙吴各地交流增多，吴地的一些民俗也被带入山越之地。此外，东汉末年、三国时期的动乱，中原士家大族的大量徙入使得徽州的民俗发展呈现出"南北交融"的特征。该阶段的徽州民俗处于由传统的山越民俗向吴地、中原与山越民俗融合交汇的过渡状态。

四是歙州时代。在徽州原住民和中原地区移民的辛勤开发下，徽州逐渐从蛮荒之地发展成为闻名遐迩的富庶之区。徽州六县的格局在唐代完全形成并历经了千年沧桑，也正是在这一时期，徽州的很多民俗逐步形成并基本定型。据史料记载，② 此时徽州就存在"蹴鞠"（足球）运动场。徽州地方民俗中存在英雄崇拜，如对被叶显恩先生称为"古徽州第一伟人"的汪华（587—649年）的崇拜。汪华出生于古徽州绩溪县瀛洲汪村，隋朝末年，群雄割据，生灵涂炭，汪华发动兵变占据了歙州，击退官府围剿，相继攻占了宣、杭、睦、婺、饶六州，拥兵十万，号称"吴王"。其时虽然正值国家动荡，割据纷战不断，民不聊生，但汪华所治之地，十年不见兵戈，出现了一派和平景象，百姓得以安生。汪华为政宽宏，政清人和，且尽力调和土著与移民之间的矛盾，使得百姓安居乐业，史称其能够"镇静地方，保境安民"。后来，汪华又顺应民意，于622年奏表归唐，使徽州之民免去了战乱之苦。徽州人由衷敬爱这位乡土伟人，其死后被尊为徽州的地方神。在民间，他被奉为"汪公大帝""花朝老爷""太阳菩萨"等名号，徽州一带祭祀汪公的行祠不计其数。据传汪华生有九子，个个身份显赫，均有赐封，故各地又陆续建有"太子庙"一同祭祀，徽州"游太阳"民俗活动就是对汪华及其儿子的祭祀。

五是徽州时代。该阶段是徽州民俗全面形成和基本定型的发展阶段。宋徽宗宣和三年（1121年），改歙州为徽州，从此"徽州"的地名就一直被沿袭了下来，徽州民俗演变和发展的第一个阶段是宋元时期，基本可以概括为以下三个方面：第一，社会民俗重文轻武，民风淳朴；第二，山

---

① 《三国志·吴志·诸葛恪传》。
② 《武陵吴氏重修宗谱·武陵基址图》。

区经济民俗特征明显；第三，民俗地域性差异开始显现。① 第二个阶段即明清时期，是徽州民俗随着徽州社会经济以及文化变迁而不断发生变异的过程。可将这一时期的徽州民俗划分为三个时期：第一，明代中叶以前是徽州社会与经济相对稳定的发展阶段，整个徽州社会民风淳朴、安居乐业；第二，明代中后期是徽州社会经济以及民俗变革较为剧烈的发展时期，由于徽州人口急剧膨胀，徽州人遇到了前所未有的生存危机，为摆脱危机，寻求生存之道，徽州人大量外出经商；第三，清代前中期是徽州民俗发展经历重创时期，明末徽州以宋乞为首的佃仆武装起义，沉重打击了徽州"以佃为仆"的风俗，清军进入徽州以后进行的风俗革易也一度影响了徽州传统风俗的发展，尽管如此，徽州主要的社会风俗依然保持着，并未发生根本的变异；第四，清代中叶以后是明清时期徽州社会风俗发生变化较大的时期，清朝乾隆年间，社会奢侈之风盛行，蔓延到了徽州这片净土，使得徽州民俗发生了很大的变化；另外，这一时期"棚民"大量进入徽州，也对当时徽州社会风俗的革易起到了较大的影响作用。②

新中国成立以后，土地改革的进行、公有制的建立、男女老幼人人平等的观念，以及许多封建制度被彻底废除，使得徽州社会及其民俗发生了翻天覆地的变化。当然在"破四旧""文化大革命"等"左倾"运动中，徽州一些优秀民俗传统也遭到了破坏。

在世界经济一体化和现代化进程日益加快的今天，非物质文化遗产存在的社会基础日渐狭窄。加之现代生活方式对它的消解，以及灾害性破坏、建设性破坏等，都对其存在形态构成程度不同的危害，徽州民俗文化同样难以幸免。③

值得庆幸的是，如今国家倡导文化强国，注重文化自觉、文化自信。国人意识到了曾经作为人们生活方式、生产方式和思想、情感表达方式的非物质文化遗产，是千百年来同儒家、道家和佛教文化共同构成中华民族传统文化的主体，④ 是炎黄子孙们共同的精神家园。

今天，徽州民俗文化又被人们重新认识与重视。"徽州文化生态保护实验区"已被列入国家级文化生态保护范畴，这无疑对于徽州民俗文化的挖掘整理与发展研究起到重要的作用。

---

① http://www.doc88.com/p-6728720691609.html。
② http://www.doc88.com/p-6728720691609.html。
③ 王文章：《文艺研究》，2004 年第 1 期。
④ 王文章：《非物质文化遗产保护研究》，北京，文化艺术出版社，2013。

三、徽州民俗介绍[①]

（一）林业、农业物质生产民俗

唐宋以来，徽州社会经济取得了迅速的发展，最初主要依赖于徽州丰富的山区林业资源。徽州各地的山林贸易十分繁荣，大量的杉树和一些名贵木材以及山区特产等被运往江浙等地。由于山区经济的性质，使得相关的林业民俗开始出现。为了山区经济的可持续发展，在绩溪等一些村落制定了村规俗约，对盗砍林木的行为进行打击和限制。比如，村庄的水口林被认为是该村或该族的龙脉，绝对禁止砍伐；在休宁地区还流传着"杀猪封山护林"的传说等。此外，徽州山区素产桑树，为使蚕能成活，一些养蚕的禁忌和习俗便由此形成："俗重蚕，至熏浴斋戒，洁以饲之"，[②] 这一习俗在绩溪等地流传久远。徽州是典型的山区经济，山多田少，徽州先民开山辟田，创造了很多梯田。在歙县、绩溪和婺源等地有"安苗"的习俗，即在稻田秧苗发青之时，农家要做野艾稞到秧田边供请土地神，祈求丰收。此外，在徽州许多地区还流传着"春祈秋报"之俗等，这些活动组成了徽州山区农业经济生产中丰富独特的民俗活动。

（二）民居建筑、雕刻业民俗

徽派建筑作为徽文化的重要组成部分，以黛瓦、粉壁、马头墙为表现特征，以砖雕、木雕、石雕为装饰特色，以高宅、深井、大厅为居家特点。[③] 徽派建筑是古徽州独特的人文环境与优美的自然风光完美融合的艺术结晶。明中叶以后，随着徽商的崛起和社会经济的发展，徽派园林和宅居建筑也同步发展起来，并跨出徽州本土，在大江南北扎根落户。徽派建筑的工艺特征和造型风格主要体现在民居、祠庙、牌坊和园林等建筑实体中。[④] 徽式民居集中反映了徽州的山地特征、风水意愿和地域美饰倾向，其结构多为进式院落，一般因地就势、倚山面水。[⑤] 布局以中轴线对称分列，面阔三间，中为厅堂，两侧为室，厅堂前方称"天井"，采光通风，亦有"四水归堂"的吉祥寓意。[⑥] 民居外观的整体性和美感都

① 卞利：《徽州民俗》，合肥，安徽人民出版社，2005。

② 王昌宜：《宋代徽州的民间宗教信仰——以〈新安志〉为中心》，《合肥学院学报（社会科学版）》，2011 年第 7 期。

③ 刘静：《基于文化旅游创意视角下的铜陵江南文化园发展途径分析》，《赤峰学院学报（自然科学版）》，2013 年第 2 期。

④ http://www.tcmap.com.cn/anhui/xian.html。

⑤ http://wenda.so.com/q/1378482420073635。

⑥ 吴文静：《木雕——徽派建筑之魂》，《徽商》，2012 年第 8 期。

很强，高墙封闭，马头翘角，墙线错落有致，黑瓦白墙，色彩典雅大方。① 在装饰方面，大都采用砖、木、石雕工艺，如砖雕的门罩，石雕的漏窗，木雕的窗棂、楹柱等，整个建筑往往与自然之景高度融合、远看似山水画卷，近观如流动诗篇。

（三）徽州经商民俗

徽商作为一大地域性商帮群体的出现，崛起于明代中叶以后。明代成化、弘治年间，随着经济社会的发展，徽州各地的人口数量远远超过了耕地的承受能力。为摆脱自然环境所迫，大量徽州人外出经商，从而形成了经商民俗。徽州民谣云："前世不修，生在徽州；十三四岁，往外一丢。""徽州俗例，人到十六就要出门做生意。"②这种少小即背井离乡外出经商的民俗现象，直接产生了另一种民俗——"早婚"。在徽州，年少即早早成婚，辞别父母妻子外出经商。民国《歙县志》说："邑俗重商，商必远出，出恒数载一归，亦时有久客不归者。新婚之别，习以为常。"③因此，在徽州，大量《妇人怨》之类的民谣、诗歌等作品随之出现。

（四）岁时节日民俗

岁时节日，主要是指与天时、物候的周期性转换相适应，在人们的社会生活中约定俗成的，具有某种风俗活动内容的特定时日。④ 由于徽州特定的地理环境，历史上又经历了几次移民潮，使得徽州岁时节日习俗既有全国性的普遍特点，又有徽州地域性特色。徽州的岁时节日活动起源于徽州先民对天象和物候的认识以及与农事活动的密切相关。当然，和其他民族一样，徽州岁时节日习俗的产生发展还与当地各种巫术、迷信与禁忌有关。徽州岁时节日的内容及形式主要有以下几大类：一是农事性节日，是指以农业山林生产习俗惯制等为主要标志的节日，如婺源的二十四节气谚歌，徽州"春祈秋报"的社祭活动，以及立春时的"鞭打春牛"等习俗都属于农事性节日。二是祭祀性节日，主要以祭祀天地、神灵和祖先为主，以祈福攘灾、祛恶避瘟和趋吉避凶等信仰习俗为标志的节日。⑤ 徽州的祭祀性节日又可分为四类：(1)祭祀圣贤、先师、先哲的节日；(2)祭祀捍卫乡土的地方神灵的节日；(3)祭祀山川风雨雷电等自然神灵的节日；(4)祭祀孝悌忠义之辈的节日。三是庆贺性节日，主要以庆

---

①　沈小翌：《浙江近皖地区徽派建筑古村落群研究》，《浙江建筑》，2015年第8期。
②　http://www.iqh.net.cn/info.asp? column_id=8403。
③　殷明明：《徽商发展机制探析》，《安徽广播电视大学学报》，2014年第8期。
④　http://www.cpi.com.cn/zhuanti/2012flsx/mswh1.html。
⑤　乌丙安：《中国民俗学》，沈阳，辽宁大学出版社，1985，第302页。

祝丰收、祝福人们平安幸福为主题。庆贺性节日具有一定的连续性和周期性，比如传统的端午节、中秋节、重阳节和春节等。[①] 与其他地区的节日民俗相比，徽州节日民俗具有独特的地域性色彩：农林文化色彩十分浓厚，充满封建伦理观念和亲情等。徽州的民俗节日在内容和功能上，往往还具有复合性的特征。

（五）宗教民俗

民间信仰是一种文化现象，它拥有自己存在的空间和环境，以满足人们心理和精神的需要。徽州民间信仰的种类很多，从崇拜的对象来看，有对自然神灵的信仰（主要有元天上帝神、月神、土地神、城隍神以及水火神等神灵）；有对英雄的崇拜（如"新安之神"越国公汪华、忠状公程灵洗等乡土英雄）；有对祖先的崇拜，徽州各地的宗族祠堂就是徽州人祖先崇拜的最好物化体现。此外，算命、风水以及巫术等迷信在徽州地区也很盛行。

第三节　徽州民俗体育的特征及功能

一、民俗体育

关于民俗体育的定义，学界对此一直众说纷纭：《体育科学词典》将民俗体育定义为：在民间民俗文化以及生活方式中流传的体育形式，是顺应和满足人们多种需求而产生和发展起来的文化形态。[②] 张鲁雅认为民俗体育就是民俗活动中的体育。[③] 涂传飞等认为民俗体育是由一定民众创造，为一定民众传承和享用，并融入和依附于民众日常生活的风俗习惯（如节日、礼仪等）的一种集体性、模式化、传统性、生活化的体育活动，它既是一种体育文化，也是一种生活文化。[④] 陈红新认为民俗体育是一个国家或民族的广大民众在日常生活和文化空间中创造并为广大民众所传承的一种集体的、模式化的传统体育活动。[⑤] 邵荣、柯玲认为民俗体育是一定族群的人的生活方式之一，它不一定有显著的功利，但对特定的族群而言非常重要，甚至必不可少，民俗体育与孕育它的民俗

---

①　http://home.51.com/guyuanhanya/diary/item/10013446.html。

②　中国体育科学学会：《体育科学词典》，北京，高等教育出版社，2000，第45～46页。

③　张鲁雅：《论民间体育的内涵、外延与作用》，《论民族传统》，2014年第8期。

④　涂传非等：《民间体育，传统体育，民俗体育，民族体育的概念及其关系辨析》，《武汉体育学院学报》，2007年第8期。

⑤　邵荣、柯玲：《中国民间体育的文化思索》，《北京体育大学学报》，2004年第6期。

一起，起着传承、延续、发展人类自身的重要作用。① 台湾学者蔡宗信认为民俗体育是一个民族在其居住的地方慢慢共同创造形成传统而延续下来的一种身体运动的文化习惯。② 民俗学理论则认为，民俗体育是指在一个国家或民族中，由广大民众所创造、享用和传承的一种特殊的体育文化形态；民俗体育多表现为节令性的民间庆典活动，民俗性体育活动具有浓郁的地方色彩和鲜明的民族风格，有广泛的群众性和社会性，内容活泼、形式多样、场面热烈。③

民俗体育常常和祭祀、庆典等民俗活动融为一体，有时分界线比较模糊。"如果从民俗体育的视角来看待民间信仰仪式性表演的内容、形式、方法，就能从其表征现象下透视其中的民俗体育元素。因为民间信仰仪式性表演都是通过身体运动来完成一系列固定模式的仪式化动作，这种以人的身体活动为形式来完成的表演仪式与体育的身体运动本质特征是相同的，这些表演行为动作蕴含着众多的原始体育活动元素，是原始体育活动的雏形，具有丰富多彩的民俗体育文化内涵和形态特征，认真对待、深入研究这些民间信仰仪式性表演，对挖掘村落乡土文化中的民俗体育资源，开发村落民俗体育文化活动，对研究民俗体育类别，都具有重要的现实意义。"④

二、徽州民俗体育

综合当前人们对"民俗体育"所下的定义，可以将"徽州民俗体育"界定为，由徽州民众创造，为徽州民众传承和享用，并融入和依附于徽州民众日常生活的风俗习惯（如节日、礼仪等）的一种集体性、模式性、传统性、生活化的体育。⑤ 它既是一种体育文化，也是一种生活文化。由此可见，徽州民俗体育存在于徽州民俗之中，也是徽州民俗的一个重要组成部分。

三、徽州民俗体育的特征

（一）民俗性

学者盛昌繁认为，民俗⑥体育从来没有独立存在过，它总是依附于

---

① 邵荣、柯玲：《体育民俗学初探》，《体育与科学》，2006 年第 3 期。
② 蔡宗信：《民俗体育范畴与特性之探讨》，《国民体育季刊》，1995 年第 3 期。
③ 陶克祥：《徽州民俗体育的特征与价值研究》，《黄山学院学报》，2010 年第 5 期。
④ 郭琼珠：《民间信仰仪式性表演类民俗体育探析》，《武汉体育学院学报》，2009 年第 6 期。
⑤ 《徽州民俗-学术百科》。
⑥ 盛昌繁、潘华：《我国民俗体育的特征及其开发研究》，《西南师范大学学报（自然科学版）》，2009 年第 3 期。

民间赛会和岁时节令活动等得以开展。① 徽州民俗也是这样，它往往是依附于各种民间习俗而存在，如依附于生产劳动民俗得以沿袭的为护林而举办的杀猪封山护林活动；② 根据采茶动作而创造的采茶扑蝶舞，稻田秧苗发青时举行的"安苗"仪式等；由驱鬼敬神民俗而产生的傩舞、叠罗汉、打秋千等；依附于岁时节日的活动如春节、元宵节花灯、端午迎神赛会、划龙舟、中秋节板凳龙、城隍庙会等；由祭祀神灵祖先的观音庙会、地藏王菩萨诞辰日、纪念地方神汪华公的"赛花朝"，等等；所有这些民俗体育活动在当时都不是一个独立存在的活动。一个非常有趣的现象是，古代奥运会也是当时古希腊人为娱诸神而进行的一项祭祀活动，它同样依附于当时祭祀活动，直到现代才独立存在于其他活动之外。

（二）传承性

任何一种民俗事项都具有传承性的特征，因为民俗本身就是世代相传的文化现象，从而形成较为稳固的结构和内容，它也是民众的精神遗产以及希望寄托。③ 民俗体育经过不同时代的发展仍然保持原来某些特质，最根本的原因就是民俗体育在时间上具有传承的连续性，它是可以世代延续的一种社会文化现象。④ 民俗体育的传承性特征使民俗体育文化成为一种时空文化的连续体，形成了民俗体育文化的相互碰撞与吸收，融合与发展。民俗体育文化的传承性特征对于维系一个民族或群体的凝聚力和趋同意识具有重要意义。

徽州民俗体育文化历史源远流长，生活于徽州这片独特土地上的徽州人从远古一路走来，创造了灿烂辉煌的徽州民俗体育，并一代代将其传承至今。徽州这些民俗体育项目长期以来广为徽州人喜闻乐见，具有广泛的群众基础。如被舞蹈界称为"舞蹈活化石"的徽州傩舞，本是一种原始的图腾崇拜、部落战争和宗教祭祀的仪式，也是远古时期人与神灵交流对话的一种方式，传承至今已转化成为人们嬉戏娱乐、表达美好愿望的民间艺术活动。傩文化现在徽州很多地方都有遗存，其表现形式有"舞"也有"戏"。徽州"地戏"是流传至今的徽州民俗体育活动项目之一，由村民们化妆成历史上熟悉的戏剧人物，亮相游行于村庄、街巷的民俗活动，在地上行走表演的活动形式称为"地戏"，乘马表演的活动形式称

---

① 王琳：《晋中民俗体育特征及其发展途径研究》，《体育文化导刊》，2011 年第 10 期。

② 邵本坤：《源远流长话护林》，《海阳漫话续集》，1983 年第 10 期。

③ http://www.doc88.com/p-6728720691609.html。

④ 中国体育史学会：《中国近代体育史》，北京，北京体育学院出版社，1992，第 12～20 页。

为"马戏"。徽州"踩高跷"中的高跷原是人们雨后在泥泞道路上行走使用的一种工具，后来变成了一项表演活动，称为"高脚马"，流传至今已被一些大型运动会选取作为一项表演竞赛项目。起源于徽州叶村的"叠罗汉"活动，原意是指欢娱神佛、祈福禳灾，带有浓厚的宗教祭祀色彩，如今宗教色彩逐渐淡化，流传范围逐渐扩大，内容变为体现一个集体项目的优美造型和创新难度，表现了徽州人追求健康愉快的生活方式和团结一致、积极进取的精神。徽州山区商旅运输的一个重要途径是通过河流的水路运输，在民俗活动中重要的一项为"龙舟竞渡"，经过漫长的历史传承与演变，发展成了今天的"徽州龙舟竞渡"。[①]

（三）地域性

民俗的地域性是指同一民俗事项在不同的地域中所具有的不同特点，也就是指在空间上所呈现出的基本特征。这种特征被称为民俗的"地理特征"或"乡土特征"。传统文化需要借助于各种民俗事项作为传播的载体，而各种民俗事项必须具有一定的文化内涵才有价值，应该说任何民俗事项都不可能脱离其生存发展的地域环境。[②]

在徽州流传这样一句古话："十里不同风，百里不同俗。"游览过徽州的人们都会发现，翻过一座山，分处两地的居民所使用的方言就会不同，有时彼此也很难听懂对方的意思。徽州民俗体育作为徽州民俗活动的重要组成部分必然会受到当地自然环境和社会环境的影响，这些差异构成了徽州民俗体育鲜明的地域特征，体现了不同区域徽州人民生活的精神风貌和文化特点。徽州独特的民俗体育形成原因之一是受当地自然环境的影响，人为适应各种不同的自然环境，创造了许多与之相适应的民俗活动，从而使民俗事项具有了个性鲜明的地域特征。从地理环境上看，徽州自古以来就是一个群山环绕，相对独立的区域。早在南宋淳熙时代，《新安志》里就有"山限壤隔，民不染他俗"的说法，徽州是一个独立性很强的地域社会，逐渐成为一个大的独立的民俗单元，形成了自己独特的风俗和民情。[③] 与此同时，在徽州这个大的封闭区域内又形成很多相对独立的风俗民情。如歙县三阳村地处一个"盆"形山坳，有一条叫梅溪的河流流过村庄，世代居住此地的人将自己称为"梅溪"人，"打秋千"活动

---

① 王晶：《城镇化进程中徽州民俗体育的保护与利用研究》，《安徽体育科技》，2014 年第 2 期。

② 王晶：《城镇化进程中徽州民俗体育的保护与利用研究》，《安徽体育科技》，2014 年第 2 期。

③ http://blog.sina.com.cn/s/blog_4efda9670101u71h.html。

就是在这里形成的独特民俗。社会环境的差异也是造成民俗活动地域特征的另一个重要原因。这里所说的社会环境包括宗教环境、语言环境、文化环境等多个方面,在徽州这片广袤的土地上,生活于不同区域的人们社会环境差异较大,有的为本地原住民,有的为外来迁入家族,有的整个村庄为一族一姓,如绩溪龙川就世代生活着胡氏家族,歙县叶村则主要生活着洪姓家族,"叠罗汉"民俗就产生于这里。①

（四）交融性

徽州民俗体育文化的交融性体现在以下两个方面:首先,徽州民俗体育文化注意兼收并蓄,广泛吸纳其他地域民俗文化,最终形成了自己的特色。② 特别是在明清时期,徽商的足迹遍及全国,使得徽州文化与其他地域文化之间交流变得十分频繁。如苏州与徽州的互动渗透到社会生产和生活的各个方面。"苏州与徽州的互动,江南山地、平原与海洋的互动造成了江南的繁荣,使 16 世纪以来的江南始终在全国居于领先。"③如徽剧一开始仅在徽州邻县流传,清代中叶完全超出徽州地域,由徽商带到北京,最终演变成京剧。其次,徽州民俗体育项目间的交融也很多,徽剧声腔就是在广泛吸收了弋阳腔、昆腔、秦腔等唱腔优点的基础上形成的;在表演上继承了目连戏翻台子、跳圈、窜火、飞叉、滚打、变脸等武打和杂耍技巧,这都是兼容性的体现。④ 再如,具有徽州特色的民俗体育项目叠罗汉,技术动作造型也被戏剧舞台所借鉴吸收;在明末风行的徽州目连戏里有"打堆罗汉"情节,其中一些造型与叶村叠罗汉非常相似。据叠罗汉的发源地叶村艺人介绍,当年各处演"打堆罗汉"的,一般都要演徽戏,以此推论两者存在渊源关系;龙舟竞渡当年在徽州地区不是比赛速度,而是人们比赛跳水和在水中捞物的技术,在与其他地区龙舟项目融合后变成了现在竞赛速度的龙舟竞渡。⑤

（五）多元性

在中国古代思想中最有影响力的主要是儒家和道家。在汉代,当儒学思想被确立为官学以后,道家学说则在民间产生了深远的影响。西汉末东汉初佛教的传入与本土思想文化冲突、融合后,逐渐形成了具有中国特色的佛教。儒、道、释（佛）在思维的深层次进一步融合,在徽州便

---

①　黄若然:《中国筝乐的民俗特征》,《大众文艺（学术版）》,2014 年第 5 期。

②　http://www.hstoday.com/lyjd_xx.asp? s_id＝8。

③　唐力行:《明清以来苏州、徽州的区域互动与江南社会的变迁》,《史林》,2004 年第 2 期。

④　http://www.hstoday.com/lyjd_xx.asp? s_id＝8。

⑤　刘文宁:《那重重叠叠的面孔》,《当代劳模》,2011 年第 5 期。

产生了"新安理学"。其思想是将儒、道、释融合为一个整体，建立了以儒学为主干的思想体系，又消化吸收了其他思想学说，在中国封建社会后期占据主要地位。受新安理学思想的影响，徽州民俗体育具有修身养性、伦理教化以及去竞技化等特征。另外，程朱理学中的"存天理，灭人欲"的思想也使得徽州民众重视社会群体的价值取向，即"重集体，轻个人"的价值取向。

徽州是一个移民社会，早期生活在这里的原住民是山越人。战国以后，统治者加强了对山越人的统治。秦王朝强暴的"迁徙"政策、苛重的赋税徭役，使徽州本土的山越人开始"入山为民"。他们"依山阻险，不纳王租"，刀耕火种，志勇好斗。① 因此，徽州民俗体育深受山地文化的影响，逐渐形成了勇猛搏击、刚健有为的文化特性。

宗教信仰和巫文化对徽州民俗体育也产生了深远的影响。主要表现在娱人及娱神的文化氛围中为体育提供了丰富的物质与精神营养；促进了徽州民俗体育文化的民族性认同，促使徽州民俗体育文化向表演性、艺术化方向发展。② 如流行于徽州的傩舞，是中国远古时腊月里驱鬼逐疫的一种祭仪，源于原始巫舞，人们戴着面具，把自己装扮成比臆想中的鬼疫更凶猛狰狞的"傩神"，跳着凶猛、狂热的舞蹈来驱邪。后来傩舞逐步向娱人悦众方面演变，加强了娱乐成分，内涵也大为丰富，其中包含了驱邪扶正、祭祀祖先、祈福求安、祝祷丰收等内容。③ 大约从清中叶开始，傩舞向"傩戏"方面演变，清光绪年间，休宁茗洲吴氏宗族于春、秋二祀请傩戏演员来演戏成为宗族定例，并且是搭台演戏，显然吴氏宗族所举办的傩舞已经是舞台表演，成为"傩戏"了。④ 到 20 世纪 80 年代中期，傩文化在徽州地区仍有比较多的遗存，既有舞，也有戏，系统地保存了傩由祭祀舞蹈到舞台戏剧的演变实态。歙县三阳乡的"打秋千"就是为纪念观音菩萨救苦救难而举行的祭祀表演仪式，后来演变成节日的庆典活动。许村大刀灯，是起源于太平军与清军在徽州的战争，当时徽州许村、上丰一带因有宋梦兰、吴定洲等领团练抗击太平军，当地死亡人数很多。战争结束，村中浮尸遍野，幸存者惊魂未定，一有风吹草动，即疑神疑鬼，流言四起。传说，有人看见种福厅巷路高墙上有长脚鬼怪

---

① 卞利：《徽州文化与文化徽州》，《新华月报》，2011 年第 3 期。

② 郭讲用：《中国传统体育文化的一体多元特性》，《上海体育学院学报》，2010 年第 1 期。

③ 孙志国：《安徽茶类地理标志与非物质文化遗产保护》，《安徽农业科学》，2011 年第 3 期。

④ http://baike.baidu.com/link? url＝yUAYaGKybuFM3nLAEFH9D0wufciShxuXoeoZv-CcowXtD3LGwhUqw6CFH2QOCcKUr。

专门在晚间垂下长脚害人，人们非常恐惧。于是，在江湖术士的指点下，许氏种福厅派人用大刀在夜晚举灯从巷子经过，以吓走鬼怪。周边各自然村竞相仿效，后来将大刀灯与传统的龙灯、长线灯、花灯、伞灯、旱船、秋千等活动有机地组合在了一起，于节日庆典进行庆祝表演活动，这属于民间的一个信巫驱鬼活动。还有道教的驱鬼耍钹，为庆祝丰收的舞板凳龙，为消除火灾的嬉渔灯等都在徽州地区同时存在，表现了这一地区民俗体育文化的多元性。

（六）竞技性

唯物主义生命哲学认为，竞争是生命发生和发展的动力。生命的发生和发展是一个竞争过程，生命以其竞争优势得以存在。因此，从生存竞争的角度来看，一部人类的发展史，就是一部人类的竞争史。赵承磊认为，[①] 从生命视域下来理解体育竞技的意义，人是种生命和类生命的综合体，体育竞技是人类种生命与类生命相统一的一项活动，它对人类整个生命的发展和完善有着重要的意义。

由此可见，竞技性是民俗体育活动的一个重要特征。民俗体育活动中的竞技性是指人争强好胜的心理，在具体的活动中表现为以斗奇制胜为快事。民俗体育活动的竞技性特征使参与者在相互竞争中最大限度地获得心理愉悦感。[②]

徽州众多的民俗体育活动，其竞技性表现为两个方面：一是相互竞赛，二是自我提高。相互竞赛类表现为赛龙舟、拔河等；单人竞赛的抵棍，斗鸡等；另外，自我提高类多表现为表演节目，如叠罗汉、打秋千、板凳龙等表演，一是不同村庄间的比较，二是自我不断提高的比较。其实，在很多娱乐类节目中也有竞技性。一般来说，如果一项民俗体育活动完全失去了竞技性，那么这项民俗体育活动就会缺乏生命力，将难以长期流传下去。

（七）集体性

民俗体育往往是集体性的，它存在于一定的民众群体之中，民众既是民俗体育的创造者、享用者和传承者，又是民俗体育的载体。从民俗体育的产生来看，它不是某人的个体行为，而更多是群众的集体创造。民俗体育活动的开展也是群众的集体参与，表现在各种传统体育项目中

---

① 赵承磊：《生命视域中的体育竞技散议》，《上海体育学院学报》，2011 年第 4 期。

② 王晶：《城镇化进程中徽州民俗体育的保护与利用研究》，《安徽体育科技》，2014 年第 2 期。

就是群体的一种行为。①

徽州民俗体育是生活在徽州的人们集体创造的一种群体文化，是徽州人调节生活节奏、健康心身的一种重要方式。徽州民俗体育活动多以村庄、家族、行业、行政区域等为单位组成的团体，往往无论男女老幼都可以是活动的主角、参与者和观众。如休宁的板龙舞活动举行时要求村中每家都要出一个男丁参加集体活动；"端午节"期间，徽州一般要举行龙舟大赛，方圆几十里的民众都到新安江畔，载歌载舞，观看龙舟大赛，驾舟者由各地区、商家等选派的几名至几十名青壮年男子组成，比赛时锣鼓喧天，参赛者和岸上观看比赛的人们互为一体，相互加油鼓劲，共同呐喊助威；祭祀汪越国公、程忠壮公、张巡、许远双忠战神等所举行的迎神赛会，有时更是分不清谁是表演者，谁是参与者的集体狂欢。②

（八）娱乐性

中华民族自古以来就在东亚大陆上休养生息，尤其是经过了几千年的封建统制及儒家思想文化的熏陶，使得生活在这里的人们逐渐形成了一种显著区别于西方文化的特征。在两种不同的文化背景作用下，东西方出现了不同形态的竞技体育，以古希腊为代表的西方体育以力量、速度、高度等量化指标为特征，具有明显的攻击性、冒险性、刺激性和极限性。而我国传统体育较少追求力量、速度、高度，更多地反映人与自然的和谐发展，很多项目都带有表演性质。

道教曾是中国的"国教"，儒学也曾是封建中国的"国学"。从西汉开始，历朝历代都是通过儒家学说来对国民进行教育和管理的。道家崇尚自然，儒家强调内省。孟子说："知其心者，知其性也，知其性则知天矣。"讲究对身体的"保"和"养"，讲究人体锻炼和保持内部的平衡，而不太重视对外练习。"中庸"是儒家思想的核心，儒家坚守顺其自然，崇尚中庸，导致了中华民族安于现状，守柔不争，长期以来形成了缺乏对立、抗争的现代体育精神。中国传统观念认为，人在道德修养方面的最高境界是"仁、智、勇"。中国传统体育的规则不是针对活动本身而制定的公平原则，更多的是从社会伦理角度对参赛者提出的道德要求。主张竞赛中胜负无关紧要，而要求参赛者要始终保持"谦谦君子"之风。这样的价

① 盛昌繁、潘华：《我国民俗体育的特征及其开发研究》，《西南师范大学学报（自然科学版）》，2009 年第 2 期。
② 曾祥慧：《九届全国少数民族传统体育运动会》，《原生态民族文化学刊》，2011 年第 8 期。

值取向，导致中华传统体育的竞争意识日趋淡化，娱乐性大大增强。①

徽州为程朱阙里，号称"东南邹鲁"，儒家思想和传统文化在这里得到很好的保存。因此，这里的许多民俗体育活动都与舞蹈、游戏等有关，而缺少直接的对抗性，许多民间竞技给人们最初的印象就是它们的娱乐性，如轩辕车会、跳钟馗、得胜鼓、打秋千、舞龙、嬉渔灯、叠罗汉等。② 在这些民俗体育活动中，人们可以激情畅快地表演技艺，尽情抒发情感，从中享受运动带来的无穷乐趣！③ 如徽州武术最早是为了防身抗敌，保家卫国，后来发展成众多的套路运动形式，使之具有很高的艺术性和表演性。这些民俗体育的娱乐性所展现的一个重要功能是，它能够吸引更多的人群参与，增强群体的凝聚力，同时也不伤害因激烈竞争而产生矛盾的成员。值得一提的是，所有这些活动的竞争性往往是自然存在的，如两人之间的比赛，最后必定分出胜负；同一个节目表演水平的差异，是去年和今年表演的效果比较等，只是不特别推崇对抗性，这些活动的对抗激烈程度较小而已。

四、徽州民俗体育的功能

民俗体育功能对于民俗体育至关重要。当前学界对于民俗体育的功能认识还不全面，并且存在很大差异。当然民俗体育功能的分类与特点也并不是一成不变的，它也会随着社会的发展而不断产生新的变化。只有正确把握民俗体育的分类标准，界定民俗体育的功能，才能有针对性地理解民俗体育的功能特点，为今后围绕民俗体育功能开展一系列相关研究奠定基础。④

功能主义理论认为，人类的任何文化现象都是为了满足某种现实的需要。民俗是最基本的社会文化现象，通过人们的身体力行而得到保持、传承和革新。民俗的功能是指它在社会生活和文化系统中的位置以及与其他社会文化要素之间的关系和它的客观效用。任何文化现象都是在特定的社会历史条件下产生的，是一个民族、社会需要的结果，这种需要可以理解为物质性和精神性的两个不同方面。也正是由于这些需要才构

---

　　① 王伟：《论儒家思想对中国传统体育竞技性的消极影响》，《河北体育学院学报》，2005年第4期。

　　② 任远金：《徽州民俗体育在村落社会的文化意蕴与存在价值》，《西安体育学院学报》，2013年第3期。

　　③ 王晶：《城镇化进程中徽州民俗体育的保护与利用研究》，《安徽体育科技》，2014年第3期。

　　④ 刘曼航：《民俗体育功能分类及特点研究》，《山东体育学院学报》，2012年第5期。

成了一个民族独特的文化价值系统，产生了对其具有实际社会影响的功能作用。历史上任何事物都不是一成不变的，随着历史的发展、社会的进步，民俗体育的功能也随着社会的演进发生相应的变迁，涉及观念、制度、形式及内容的变迁，这些都会导致其功能的嬗变。

根据钟敬文先生《民俗学概论》对民俗功能的界定，民俗具有规范功能、维系功能、调节功能、教化功能。① 结合体育的特殊性质，王若光将民俗体育分为：健康功能、规范功能、娱乐功能、社会维系功能、经济功能、信仰功能。②

综上所述，结合徽州历史情况，笔者将徽州民俗体育的功能归纳为以下七个方面。

（一）信仰功能

信仰，是指人们对某种主张、主义、宗教或某人极其相信和尊敬，拿来作为自己行动的指南或榜样。③ 中国人普遍存在着信仰，信仰是人们精神生活中不可或缺的重要组成部分。信仰都具有神圣性，这种神圣性使得信者的目标具有崇高性，从而使信仰者的行动更具积极性。④ 有相同信仰的人，具有心理的认同性，感情上具备亲近性，关系融洽、和谐。信仰可以是一个偶像或是一种信念、思想等。我国民众的信仰活动一般都体现在人们的日常民俗活动之中，这些活动具有很强的渲染性，可以激发信仰者内心的力量；而且同一信仰的人，会形成一个团体，这样的团体具有很强的纽带性，使共同信仰者的内心产生强烈的归属感。⑤

徽州民俗就是徽州人信仰的一种表达方式，徽州民俗体育是徽州人信仰表达最为直接的方式之一。表现为各种原始崇拜驱鬼的如"傩舞""跳钟馗"等，表现为宗教信仰的，如佛教的"叠罗汉""打秋千"，道教的"钹舞"，英雄（祖先）信仰的"轩辕车会""游太阳"，等等。民俗体育的信仰功能在产生那一天起就发挥着强大的作用，并且始终为民所用。王若光认为，我国民俗体育的信仰功能在现代化过程中大体上经历了和谐、对立冲突以及融合统一三个阶段，其中融合统一正处于进一步的深化过程之中，此阶段还未完成。而时代发展到今天，中国社会中存在着精神信仰危机、伦理缺失以及生态安全等问题，这些问题直接影响到人类的生存

<hr>

① 钟敬文：《民俗学概论》，上海，上海文艺出版社，1998，第27页。

② 王若光、刘旻航：《我国民俗体育功能的现代化演进》，《武汉体育学院学报》，2011年第10期。

③ 百度百科，http://baike.haosou.com/doc/5367218-5602971.html。

④ 风清扬：《人生幸福须等，事业成功靠"潜伏"》，《健康生活》，2012年第5期。

⑤ http://blog.sina.com.cn/s/blog_783b4e4e0102vbf7.html。

与发展。徽州民俗体育具有强大的渲染性，其信仰功能有望在重塑中国人精神家园上有所帮助。

（二）社会维系功能

民俗体育的社会维系功能，首先表现为民俗的族群认同功能，是指在一个特定的群体内民俗成为其成员的思想言行、宗教文化以及社会关系、社会秩序黏合的标志，也是该群体与其他族群相区别的符号之一。这些标志和符号是群体内部保持向心力和凝聚力的纽带，民俗越是悠久、丰富，它对社会系统稳固所起的作用就越大，它对群体成员的团结所发挥的效用就越强，所彰显的认同功能也就越大。民俗体育作为民俗之中生性最为外显的民俗事项，它所表示的民俗符号、语言、行为、信仰等久而久之自然成为一个族群、地域得以认同、维系的重要依据。②

徽州民俗体育的族群维系功能表现在语言上，最突出的特点是徽州各地区人群的语言有典型的不同；表现在符号上既有中华民族共同的符号，也有自己独特的代表符号；如龙舟赛所画的龙，就是中华民族共同使用的符号，但"轩辕车会""叠罗汉""打秋千"等器具和人物所画的符号就是徽州地区所特有的符号；其形式也有所不同，如全国各地均有舞龙，在徽州就有比较独特的"香草龙""板凳龙"和"舞孝龙"；"灯会"有比较独特的"大刀灯"等。在信仰方面徽州地区既有中华民族对儒、道、佛的共同信仰，也有对自己祖先英雄的崇拜信仰，如地方神程灵洗、汪华、张巡、许远等。

历史发展至今，在现代化、经济全球化、文化大众化的时代背景下，尤其在现代传媒下民俗体育的维系功能已经发生了很大变化。王若光认为，① 民俗体育在经过第一次文化现代化洗礼之后，其族群维系功能已经式微，而凸显出了国家维系、民族维系的功能；当我们离开生养自己的故土远到异国他乡，这种文化的标志和认同功能就自然表现出来，人们对于祖国的观念、故土的观念会较容易浓缩在最为表象的民俗体育之中。

（三）教育功能

生活在社会中的每个人自出生之日起，就在生活中接受着民俗的模塑，社会的人其实就是"社会的产品"。民俗的教育功能正是促使儿童成为"社会的产品"，成为一个合格的社会人。民俗作为一种文化现象，在

---

① 王若光、刘旻航：《我国民俗体育功能的现代化演进》，《武汉体育学院学报》，2011 年第 10 期。

个人社会化过程中占据着非常重要的地位，尤其是对于青少年儿童，民俗文化教育有着其他学科教育不可替代的作用，将民俗文化的精华转化为学生的认识，并以此引领他们的行动，对培养他们的优良道德品质非常重要。美国学者露丝·本尼迪克特曾说：[①] 个体生活历史首先是适应由他的社区代代相传下来的生活模式和标准。从他出生之时，生于其中的风俗就在塑造着他的经验与行为，到他能说话时候，他就成了自己文化的小小创造者，而当他长大成人并能参与这种文化活动时，其文化习惯就是他的习惯，其文化信仰就是他的信仰，其文化的不可能性亦就是他的不可能性。[②]

由此来看，民俗的教育功能可使生活在其中的个人不仅接受了民俗教育，还维护和加强了人们对它的认知，确保了民俗的效用，从而使这一文化得以强化和保存。教育性是民俗文化在传承和发展中的主要属性，这种教育对于了解和掌握我国传统优秀文化是非常必要的，[③] 因为我国是一个历史悠久的文明古国，五千年历史长河孕育出极为丰富的民俗文化。另外，发挥民俗的教育功能，还可以起到抵御外来强势文化的影响，保护并弘扬中华民族先进文化的作用。[④]

徽州民俗的教育功能体现在民俗体育活动的过程之中，有的采用隐喻式教育，有的采用直接式教育。如"赛龙舟"主要为祭祀伟大的爱国诗人屈原，表达了人们对忠君爱国者的崇敬之情；"打秋千"活动主要是对观音菩萨救苦救难的感激之情，教育人们要有感恩之心；而"木莲戏"更是直接宣传"孝道"的剧本教材；"采茶扑蝶舞"在表现采茶姑娘被蝴蝶吸引拿着扇子扑蝶舞蹈时唱着十二个月的花名与农事，其实这也是在欢乐休闲的同时教育人们不忘耕作的时间；还有纪念汪华、张巡、许远诞辰的迎赛会等，徽州人在祭祀性节日里开展这些民俗体育活动，其目的是对英雄的赞美与感恩，也是为后人树立榜样，教育后人崇拜英雄、学习英雄。

（四）经济功能

民俗体育的一个重要特征就是集体性，民俗体育活动的开展往往需要人们聚集到一起，有竞技表演，有观看欣赏等。由此可见，民俗体育

---

① ［美］露丝·本尼迪克特：《文化模式》，王炜译，北京，社会科学文献出版社，2009，第1页。

② http://www.lunwenzhu.com/minsuwenhua/2012/0507/35262。

③ 冷瑞光：《充分发挥传统道德在国家文化软实力建设中的作用》，《学习论坛》，2013年第2期。

④ 李培华：《数轴的功能有哪些》，《语数外学习：七年级（上旬）》，2011年第2期。

活动的举办往往为民众创造了集会的客观条件。在信息、交通不太发达的情况下，民众有定期集会的需求，人们常常会利用这些周期性的集会来实现自己对日常生活必需品的交换，这时民俗体育的经济功能也就得以实现了。但在开始，经济功能是附属功能，也显得比较微弱。

徽州群山林立，山路崎岖，人们的交通出行、交往尤其不便。而这里定期开展的民俗活动给人们提供了一个难得的相聚、集会、交换商品的契机。如端午节赛龙舟活动，住地很远的人们往往带着自家的产品，早早就来到新安江桥头集会，小商、小贩更是准备好了各种商品来到这里。赛龙舟活动在热闹的气氛中进行着，这里的商品交换活动也进行得热火朝天，经常是在赛龙舟活动结束后，商品交易活动还仍然在持续进行着。

中国自改革开放以来，随着社会信息化、商品化、市场化的迅速发展，人们的思想观念也发生了较大的变化，民俗体育活动为市场服务的现象越来越普遍，往往很多地方在举办民俗体育活动时，经济功能已成为社会民众所追求的首要功能。民俗体育的经济功能固然重要，但它毕竟是从属性的，在经济功能过度发挥与人们物质文化价值观的引导下，完全有可能引发民俗体育其他功能的消退及其本身发生质的变化。

（五）娱乐功能

弗洛伊德精神分析认为，人的本能在群体生活中必然受到一定程度的压抑，而这种被压制的情绪总是在寻找各种机会和场合，以适当的形式表现和发泄出来。[①] 民俗体育运动就是众多民俗中最能够给人以彻底释放压力、宣泄情绪的一个有效途径。民俗体育早期往往依附于民俗节日，并与其他民俗节庆活动杂糅在一起，中国大多数民俗节日如寒食、清明、端午、重阳等总与祭拜祖先、追思故人相联系，如端午竞渡，原为屈原投汨罗江日，人伤其死，故聚集以舟楫于江上打捞；又如清明踏青是对先灵坟冢举行拜扫；重阳节为的是登高祭祖等。然而，无论竞渡还是踏青或登高，大多数民众后来参与民俗活动的心理更多的是游戏、竞赛、赏春（秋）、游玩等。可以说很多民俗活动无论本初面目如何，最终都是趋于娱乐的形式，但传统中国民俗体育在娱乐价值表达上却是含蓄的、隐晦的。民俗文化属于大众文化范畴，大众文化通常是一种浅层次的文化，往往在娱乐性上占据绝对地位并为主要目的。当社会发展至

---

① 冷瑞光：《充分发挥传统道德在国家文化软实力建设中的作用》，《学习论坛》，2013年第8期。

娱乐文化成为大众传播媒体的主流时，民俗体育的娱乐价值及功能便不再含蓄、隐晦了，而是以大众文化的潮流形态公开呈现于世人面前。民俗体育娱乐功能的公开化使更多民众的参与由信仰、禁忌向娱乐性过渡。① 徽州民俗体育在起源时的内容和功能是单一的，随着时间的推移，这些单一性逐渐向复合性发展。② 如祭祀徽州地方神程忠状、汪越国，祭祀保卫徽州这片疆土而战死的双忠战神张巡、许远所举行的迎神赛会等。这些活动当初目的在于娱神，祭祀灶神的目的在于媚神，祭祀五猖神在于驱疫等，后来慢慢变成了人神共乐，最终变成了人们的娱乐项目。③ 徽州众多的民俗体育活动正是由于娱乐功能，并与当地的自然社会风情相融合，既陶冶了民众的情操，又促进了人们的交往，提高了社会风气，还缓解了人们劳动时的疲倦，因而传承至今，成为一个民族宝贵的精神文化遗产。

（六）健身功能

有民俗体育研究者认为，① 在我国民俗体育发展的漫长岁月里，出现了一个较为奇特的现象，就是大多数民众并没有将参与民俗体育活动的动机归于健身，人们对于身体健康的观念是在现代医学、卫生学、教育学的指导下逐渐树立起来的。事实上，民俗体育的健身功能从产生之日起便客观存在着，只是民俗体育的健身功效一直不是民众追求的目标，但是社会民众始终在无意识地受用着。民国期间一批体育教育家、学者结合体育健身的事实，肯定了民俗体育的健身功能，此时民俗体育的健身功能才由原初的无意识转变为活动组织者们的普遍认同。发展至今，民众参与民俗体育的健身动机已由无意识过渡到流行的健身意识，使得民俗体育始终客观存在的健身功能从隐性功能转向显性功能。徽州民俗体育的健身功能是最显著特点之一。在西方体育传入中国之前，这些民俗体育活动如踢毽子、跳房子、抓子、斗鸡、打弹弓、玩秋千等伴随着大多数徽州人的孩提时代，伴随着儿童生命的律动节奏，且在极其自然的状态下进行着，它不但增强了民众的体质，而且滋养了大众的心灵。如端午节的龙舟竞渡，健身强身功能十分明显。龙舟竞渡自古就有竞赛"夺锦标"的惯例，夺锦标要求龙舟竞渡参与人员不仅要有体力、耐力，还要团结协作、机智灵活，更要熟悉水性，这些都是长期锻炼的结果，

---

① 王若光、刘旻航：《我国民俗体育功能的现代化演进》，《武汉体育学院学报》，2011年第10期。

② http://home.51.com/guyuanhanya/diary/item/10013446.html。

③ 卞利：《徽州民俗》，合肥，安徽人民出版社，2004，第210页。

绝非一日之功。端午龙舟竞渡能对群众性的水上运动、强身健体起到很好的推动和促进作用。① 其他一些集体性民俗体育项目如舞狮、龙舞、叠罗汉等活动也具有很复杂的套路动作，还有武术拳械套路、戏剧舞蹈动作等，这些活动集技术、体能、心理、配合为一体，有效地发展了表演者身体素质，能起到很好的强身健体功效。

（七）审美功能

审美功能是指民俗体育对社会成员心理产生的悦耳悦目、悦心悦意、悦志悦神的审美作用。民俗体育的审美功能与调节功能是密切相关的，民俗体育文化中的许多事项，不仅可以满足人们心理的需要，而且从内容到形式上都具有民间审美的意义。

在这个过程中，参与者所展现的身体美、姿态美、运动美、力量美、精神美以及服饰美、器械美和环境美等都体现和满足了人们的审美需求，这种体育美的特征是综合性的，通过对民俗传统体育的参与和欣赏，使大众在获得审美愉悦的同时，培养了审美能力，塑造了审美境界，从而使心灵和性情也得到了陶冶。② 采茶扑蝶舞是流传在徽州祁门县的一种民间舞蹈，舞蹈所表现的是一群采茶姑娘在采茶时被身边的彩蝶所吸引，丢下茶篮去扑捉彩蝶的情节。③ 茶园、飞舞的彩蝶、追逐彩蝶的姑娘共同构成了一幅纯真、秀美的流动画卷，表演者在表现美的同时也让观众感受到了美景、美人、美情；甩流星是徽剧中一个较为多见的舞蹈动作，表演者双手抓住两端拴有铜钱的长绳中部甩动，加上脚步和身体动作，左右跑动、时上时下，两端雪亮的铜钱便随着长绳的甩动，金光闪闪，如同万点雪花迎风飞舞，扑面而来；当表演者双手交错起伏甩动时，又似双槌擂鼓，万马奔腾；当双手上举交叉甩动时，又似千万条银蛇绕身飞舞，令人目不暇接，叹为观止！徽州傩舞的表演者戴有面具，动作朴实浑厚，刚劲有力，充分表现了表演者在运动中所展现出的力量美、节奏美与形体美，人们在欣赏傩舞时往往被其原始质朴的美所感染；叠罗汉表演时，通常男人们赤膊上体上台，展示肌肉的强健，由众多人体叠成的各种造型常以人的伏、仰、卧、立、拉、骑、支等动作组合而成，人与人之间互相连接，纵横交错，配合流畅，动静结合，充分表现出了集体动作的力量美、静态美造型与运动流畅美。人们在展示与观看这些表演或竞赛时，实际上也是在对运动美的欣赏。

---

① http://news.163.com/08/0608/07/4DTAAE9E000120GU。
② 邱丕相：《民族传统体育概论》，《高等教育出版社》，2008 年第 6 期。
③ http://baike.so.com/doc/2175246-2301687.html。

第四节　徽州民俗体育项目介绍

徽州民俗体育活动历史久远，内容丰富。追溯起来，它们或起源于徽州先民的渔猎与采集，或起源于早期的争战，还可能起源于某些祭祀性仪式活动，等等。这些民俗体育活动当初在极其自然的状态下进行着，形式多为非竞争性，且与政治和经济利益不相关。然而，随着时代的发展，社会的变迁，人们思想观念的转变，尤其是当今中国现代化、城市化进程的加速，使得这些古老的徽州民俗体育活动正在被边缘化，正在被年轻一代所淡忘，有不少项目甚至已经消亡，这些凝结着徽州人集体信仰、智慧、追求的中国传统文化遗产正在面临着消逝的危机。令人欣慰的是，近年来国家相关部门对此已有警觉，而且正在进行抢救性挖掘整理与保护。安徽省、徽州地方相关部门以及一些研究机构和个人对此也做了大量的挖掘整理和研究工作，现在部分徽州民俗体育项目已成为体现徽州文化的国家级或省级、市级非物质文化遗产。笔者经过田野调查、走访、电话采访、查阅文献资料等方法，综合现有相关研究成果，对部分徽州民俗体育项目进行分类及介绍。以期让更多的人对徽州民俗体育有较全面的认识并产生兴趣，同时希望引起更多方家重视、共同研究。

据体育社会学研究专家王凯珍教授对徽州民俗体育项目的最新统计研究，[1] 这里现存民俗体育项目 105 项，其中有详细记载的 52 项，记载不详的 53 项，她将这 52 项民俗体育项目分成了 6 类：舞蹈类、游艺类、民间信仰类、竞技类、民间杂技类、民间武术类。[2] 笔者将徽州民俗体育现在流行的项目以及已经消亡但有文献记载或口头流传较为详细的项目进行了部分梳理，将其划分为 5 类：信仰类、娱乐类、竞技类、戏曲类、武术类，并对其中一些项目进行了较为详细的介绍。

一、信仰类民俗体育项目

徽州民间信仰同其他地区的民间信仰一样，大都是萌芽于原始社会的新石器时代。从崇拜的对象上来看，主要有对自然、祖先、英雄以及神鬼、巫术的信仰等。徽州的地方神有程灵洗、汪华、张巡、许远等。

---

① 王凯珍等：《徽州地区民俗体育的分布与特征研究》，《体育文化导刊》，2014 年第 7 期。
② 樊玲：《哈萨克族民俗体育文化的特征及功能》，《安顺学院学报》，2011 年第 6 期。

（一）轩辕车会

轩辕车会，[①] 又称"车会""车公会"或"滚车""火轮车"。关于"轩辕车会"的由来传说有二，第一是纪念中华人文始祖轩辕黄帝。[②] 据《黄山志》记载：上古时代，轩辕黄帝打败了炎帝和九黎部族，初步统一了北方之后，开始追求长生不老之道，于是就向大臣容成子、浮丘公请教练丹之术。浮丘公说："炼成金丹，必资山水，山水灵秀，丹药易成。臣尝遍历名山，惟黟山（黄山原名'黟山'）为神仙都会，山高林茂，可资炭炼药，灵泉甘美，能煮石成丹。"黄帝很高兴，于是便同容成子、浮丘公一道来到山灵水秀的黟山，烧炭炼丹，经八甲子（一甲子60年，共480年）而成，黄帝吞下七粒金丹后，顿时感觉神清气爽，然后至温泉洗浴，返老还童、白发变黑。这时天降白龙，三人便骑龙升天而去。[③] 唐天宝六年（747年），为了纪念轩辕黄帝，唐玄宗下令将黟山改为"黄山"，黄山因黄帝而得名。黄帝来此修仙的同时也带来了以"车"为代表的中原先进文化。徽州古山越人为纪念黄帝，山越部族将轩辕黄帝尊称为"车公"。太平县人为纪念轩辕黄帝而建庙，[④] 轩辕车会就是为纪念黄帝来此将"车"带入越地而开展的祭祀活动。

关于"轩辕车会"的第二种传说是为纪念唐代大将军许远、张巡而进行的祭神性活动。许远、张巡在"安史之乱"中力守睢阳，因兵少粮寡，难以守城，传说他们制造了一种武器叫"火轮车"，威力巨大，能以少胜多，距敌数月。最终，虽然许远、张巡在内无粮草、外无救兵的情况下失败捐躯，但他们拖住了叛军南进的脚步，使江淮人民免遭战乱。故而徽州人为纪念许远、张巡创造了当时在抗击战中使用的"火轮车"退敌的舞蹈。因此，现在黄山太平等地的表演又称"滚车"。自唐天宝年间徽州太平设县以来，仙源、甘棠一带民间就一直有以"车会"的形式纪念轩辕黄帝的民俗。[⑤] 两处存在的祭祀轩辕庙各有车会，每庙各拥有"火轮车"八辆。大家公推当地经济实力雄厚、威望较高的人当"会首"出面主办，他主要负责组织、安排具体的活动事宜及担任车会仪式的主持人。

---

① http://image.baidu.com。

② http://baike.baidu.com/view/1129676.htm。

③ http://www.360doc.cn/article/16514166_369383267.html。

④ http://news.hsq.gov.cn/wenha/yc/20071214/2450_5.html。

⑤ http://www.baike.com/wiki/%E8%BD%A9%E8%BE%95%E8%BD%A6%E4%BC%9A。

轩辕车会①

　　"轩辕车会"正式举办时间为每年农历七月十八日至二十四日，共七日会期。"火轮车"表演在白天进行，程序是从"洗车""落地车""正车""祭车"到"收车"进庙共五个步骤。首先是"洗车"，农历七月十八日，从供奉"车公菩萨"的庙中请出滚车，在河里进行洗净浸泡并晾晒。十九、二十日"落地车"，包括"试车""试路"（有事先检查车况、路况的意思），会首给车披红挂绿，将头年收藏的八九寸宽，八尺到一丈长的红绿色布缠绕在车的二道档上。二十一、二十三、二十四日"正车"，先在轩辕黄帝塑像前焚香、烧黄表纸、放鞭炮，之后"请"车出庙上路（路线通常是预先设定好的），三天的"正车"活动，是按固定线路，走遍村（镇）内所有能够通车的祠堂、商店、住户门口，以示驱邪降福。② 车到之处，家家鸣放爆竹迎接，有的给车披红，有的杀鸡祭车。还有固定的人家或商店准备好稀饭、点心等款待出车会的所有人，每日有两餐招待。二十二日休息一天，同时检查车，若有损伤，即时进行修复。二十四日傍晚"祭车"，滚车完毕在庙宇的香火堂门前"祭车"，人们将车整齐地靠放于庙宇墙边，将披红的滚车和写有"公孙轩辕"的牌位供奉起来设案祭祀，摆上香炉、蜡烛、猪头等祭品，由会首带领车手们进行祭拜，除了烧香、烧纸、大家喝酒外，还杀一只公鸡并将血淋到每辆车上，称"祭车"，然后将车放回原处"收车"，此时一届车会方告结束。③

---

　　① http://baike.baidu.com/view/1129676.htm。

　　② http://www.baike.com/wiki/%E8%BD%A9%E8%BE%95%E8%BD%A6%E4%BC%9A。

　　③ 任银梅等：《滚动的信仰——略论文化人类学视角下的特色民俗轩辕车会》，《阜阳师范学院学报（社会科学版）》，2014年第3期。

　　"火轮车"车身圆形、木质材料(常用生长于此处的河边阔叶杨树制作)，全高八尺四寸，宽六寸。由大圈、子圈、车轴、幅条、头道档、二道档、短撑、木栓和铁嚓组成；大圈两面漆黑底绘朱红色火焰图案(风向左右一致)，子圈漆蓝底白花，铁嚓本色，其余均用朱红色。每辆车重五百多斤。

　　"车手"(滚车人)很多，都是参加车会的当地男性青壮年，均无报酬。一般是两人同时滚动一辆车，技术高的则一人独滚一车。滚车技艺多样，方法独特。这里介绍常见的六种滚车方法：(1)"平滚车"。车手两人一左一右，各以一手抓住车轴沿口，让沿口徐徐从手心滑过，车身平衡向前滚动，因此称"平滚车"。平滚车方法主要是掌握好车的重心，一手扳车档或推车轴，两人配合要协调，用力要一致。这种方法多为车队一条龙前进时使用。(2)"夹篱笆阵"。车轮向前滚动时隔一车轮穿花前行，车手操作方法同前，如同在篱笆墙里左右穿编使其成夹联在一起的织条而得名。(3)"飘反车"。一人一车，表演多在广场开阔之地进行，车在外，车手在内(靠广场中心)，车身朝里倾斜约40度角转大圆圈。车轮快速转动时因离心力的作用，车轮半飘空中如将要翻倒之状，因而得名。"反"在这里用作"翻"字通假，因翻字不吉利，故名"飘反车"。(4)"发绕车"。表演时一人一车在大街或广场等开阔地带活动。车和人运动起来的位置如同"川"字，车身在运动中忽左、忽右向两边倾斜摆动如蛇游前行；左倾朝左前方滚，右倾朝右前方滚；车轮整个行进走"之"字形路径。该技术全靠车手娴熟技法，及时扳、推车轴和车档操作，往往劲力越顺、车速越快、车身越稳。因车轮前行时左右绕行，人在车的左右跑动时头发也随之左右飘摆，故名"发绕车"。(5)"拍绕车"。一人一车，人在轮后，车一旦启动前行，车手便两手轮换猛拍车轮大圈离地约两尺绘火焰图案的地方，拍时手掌用暗力稍带上提兼推力。拍左边，使车头受震动向左倾斜约30度，向左前方滚动；拍右边，使车身右倾向右边滚动，使车轮走"之"字形路径，由于是驾车者用手掌拍动使车轮左右绕行，故名"拍绕车"。(6)"螺旋车"。一人一车，两手操作头道档，车手在原地转圈，车身越转越快，逐渐向里倾斜，车身逐渐从直立到倾斜约45度角旋转；车手也由直立移步到半蹲移步，车轮和人均如陀螺旋转，故名"螺旋车"。刹车时车手趁车速稍缓猛抓二道档将车就势竖直，再徐徐向前滚动，稍事休息后又可重复表演。滚车表演时，任何一种滚法都要注意车身上的火焰图案的风向，要"顺风"前行。一辆火轮车五百多斤，要操控自如，让它随意快速滚动并不是一件容易的事，两人合滚一辆车难度相对较小；

一人独驾一辆，如"发绕车""拍绕车"则需要车手有较娴熟的技巧。"螺旋车"滚法是民国时期所创的一种新的滚车技法，[①] 当时有一位号称"滚车王"（王观火，1912—1994 年）的人，滚车技法娴熟，加之有较为雄厚的武术功底，在滚车实践中勇于大胆创新，自创"螺旋车"滚法。[②] 据说这位"滚车王"每一次出场均会赢得观众如雷掌声和啧啧称叹！

车会表演以涂满鲜红色彩的大车轮为道具，以力与美为主要表现形式，配有江南民间舞蹈、器乐、傩面具及纹身涂彩装饰，场面气势宏大、参加表演人数少则几十人，多则上百人。[③] "滚车"所用车轮之高大、坚实、笨重，加之滚动时的技巧、气势、奔跑速度以及队列的前后穿插变化，表现出一种滚滚向前、势不可挡力量。[④] 滚车时锣鼓伴奏，一粗一细，分别在车队前后，主要是烘托热烈紧张的气氛。尤其是"绕车""螺旋车"在广场表演时，往往车手和上千观众齐声呐喊助兴，锣鼓声、鞭炮声震天动地。在车会表演的同时，还有唱戏，往往庙外滚车，庙内唱戏。日场是车不进庙，戏不散锣。农历七月下旬正值农闲季节，由于当时农村文化生活较为贫乏，方圆几十里的男女老幼都来观看车会表演。当地俗语有"七月二十四压断街"，形容车会观众之多。车会盛况也带来了本地商贸的繁荣，不仅本地商家的生意兴隆，且四处商贩云集、百货俱全。看热闹的人们甚至还在附近搭起凉篷，清唱京剧予以助兴。[⑤]

"轩辕车会"在黄山区仙源镇仙源村、麻村和甘棠镇大屋村和凤凰村一带年年开展，[⑥] 直到 1950 年停止活动。1981 年，原县级黄山市政府组织安排人员对"轩辕车会"进行采风，搜集了大量的资料素材，记录了"轩辕车会"的活动过程。1987 年，黄山市文化部门再度挖掘民俗"轩辕车会"，并将车会详细内容修订在《黄山市文化志》中。2003 年起，黄山区人民政府、黄山区文体局安排资金，组织人员，聘请专家对"轩辕车会"进行了系统性深度挖掘和整理，培训了人员队伍，购置了相关道具，基本恢复了"轩辕车会"面貌和特征。随后，"轩辕车会"先后在第六届黄山国际民间艺术节、第八届黄山国际旅游节、环球洲际小姐大赛等活动上演出，多次获得专家和学者的好评，并在中央和省级电视新闻栏目中进

---

① http://www.baike.com/wiki/%E8%BD%A9%E8%BE%95%E8%BD%A6%E4%BC%9A。

② http://www.360doc.com/content/13/1020/23/13381122_322905577.sthml。

③ 马聪：《"蓝·创未来"超出你的想象》，《中国汽车市场》，2011 年第 5 期。

④ http://www.doc88.com/p-052288307436.html。

⑤ http://www3.hsq.gov.cn/Article/ShowArticle.asp?ArticleID=2471。

⑥ http://news.hsq.gov.cn/wenha/yc/20071214/2450_4.html。

行了报道，大大提高了这项民俗活动的知名度。①

　　轩辕车会的传承以自发传承和自然传承为主，较为随意。在车会传承谱系上，根据老手艺人回忆，可以追溯到（清）光绪年间。车会的传承主要是仪式过程、制作工艺、滚车技法三个方面。仪式主持人称"会首"，负责集资、人员组织、活动安排以及主持仪式等，多为村中德高望重的长者。仪式过程通过自发观察、口口相传的方式传承，没有明确的传承体系。② 制作工艺主要是通过当地工匠自然传承。仙源当地的木匠、铁匠对滚车的制作都非常熟悉，他们往往在学徒期间，就要学习相关火轮车构件和结构的设计制造。滚车技法的传承比较正规，有自发传承和家族血缘传承，父子之间、亲戚之间相互学习传授较多，技法高超的艺人可以授徒，如"滚车王"当时就收了不少徒弟，但也没有严格的师徒关系。

　　车会现在的代表性传承人有：吴观祥（1916 年生），他本人亲历"轩辕车会"20 余次，连续 15 年作为滚车手参与滚车，熟知滚车相关内容。王长生（1929 年生），亲历"轩辕车会"，18 岁开始参与滚车，熟知滚车技法和车会仪式过程。王国英（1936 年生），是民国时期"滚车王"王观火之子，随其父亲学习滚车技术，熟知滚车技法和仪式过程。项元林（1936 年生），亲历"轩辕车会"多次，曾自发搜集和整理"轩辕车会"史料，参与黄山区文化部门关于"轩辕车会"的采风和挖掘，是目前最重要的传承人之一。项炜（1969 年生），项元林之子，随其父学习"轩辕车会"，熟知祭祀和滚车程序、制造工艺及滚车技法。③

　　"轩辕车会"在黄山区（原太平县）流传了 1200 余年，由于岁月的变迁，当初的祭祀活动逐渐演变为集观赏性、趣味性、参与性为一体的大型喜庆集会，并走上了艺术舞台。2006 年"轩辕车会"入选安徽省非物质文化遗产名录。④

　　（二）叠罗汉

　　"叠罗汉"又称"打罗汉"，流行于徽州歙县三阳乡叶村的一项民俗体育活动。这里是一个山坳中的小山村，整个村子呈一片树叶状，因而称为叶村，村民中以洪姓为主。据说该活动起源于明朝末年，距今约 500 年。"叠罗汉"活动在每年的元宵节进行演出，小年小演（演出部分套路），大年（即闰年）大演（演出全部套路）。"叠罗汉"表演是在"罗汉头"的带领下经过

---

① http://www.360doc.com/content/13/1020/23/13381122_322905577.shtml。
② http://news.hsq.gov.cn/wenha/yc/20071214/2450_6.html。
③ http://news.hsq.gov.cn/wenha/yc/20071214/2450_7.html。
④ http://travel.anhuinews.com/system/2009/02/10/002205810.shtml。

精心排演，在全体叶村村民齐心协力参与、协助下完成的一项集体性艺术表演活动。叠罗汉一直作为这里元宵节庆祝活动的主打节目，能够将方圆数十里的山民吸引过来，把整个元宵节日庆祝活动推向高潮。①

作者采访方恩集先生

关于叠罗汉的起源传说不一。目前，有三种起源说。第一种，相传明朝末年有个叫惠安的游方和尚，来到叶村村郊"和尚寺"挂单，看到这里青山绿水，环境清幽，流连忘返。适逢科举考试，回想起自己出家前曾多次参加科举考试，屡考不中，受人讥笑才出家学佛的往事，心有不甘，遂突发奇想以原先俗名去南京科考应试，居然中了举人；之后再参加京城殿试，中了第二名"解元"。朝廷欲封他为官时，他自述"欺君之罪"，将报考过程及其苦衷和盘托出，请皇上恩准他仍回叶村和尚寺为僧。皇帝念其诚实，不但没有治罪，反而亲笔御赐"解元寺"匾一块。惠安和尚回叶村后，"解元寺"名声大振，乡人纷纷把子弟送入寺内学习，僧俗之间结下许多善缘，解元寺香火也因此而十分旺盛。某年，有强盗来劫叶村，惠安和尚带领僧、俗子弟奋起御寇，强盗退走。强盗知道有庙内和尚帮忙，遂痛恨"解元寺"。之后纠结匪众放火攻寺，由于庙内有乡里俗家子弟，惠安和尚与众弟子只好通过搭人梯方式帮助乡人翻墙逃入山中脱险。最后，寺庙在火中被焚，惠安和尚与弟子罹难。② 为祭祀惠安和尚及僧众，叶村百姓决定每逢闰年的元宵节，模

---

① 吴灵萍：《徽州叶村叠罗汉研究》，《体育文化导刊》，2013年第1期。

② 柯灵权：《歙县民间艺术》，合肥，安徽人民出版社，2006，第4~7页。

仿当初和尚们用"人叠人"方式救人动作，编排出舞蹈表示纪念，从而代代相传，形成了独特的"叠罗汉"民俗。第二种传说是，明朝末年这里原来有座庙，庙里的当家和尚是曾经参加过科举（武举）考试中了第二名的"解元"①，因仕途不顺，在这里出家当了和尚，人称"解元和尚"，而这座庙被命名为"解元寺"。解元和尚虽然出家当了和尚，但他生性不善，在周边恃强凌弱，无恶不作，他武功高强，官府腐败，老百姓虽然非常痛恨他，但也拿他没有办法。一年的元宵节晚上，当地百姓以"闹元宵"为掩护，悄悄地来到解元寺，分别在庙门口和庙内各处放起火来。一时间，整个庙内火焰腾空、大火弥漫，因庙门被大火封住，和尚们无处出逃，便采用人叠人的方法翻墙逃出。大火过后，整个庙宇被烧为灰烬，"解元和尚"和他的徒弟们因无处容身便离开了此地。后来人们为了庆祝当地一害消除，于元宵节模仿和尚"人叠人"出逃时的情景动作表演，称为"叠罗汉"或"打罗汉"。② 第三种传说是，叶村叠罗汉取材于《罗汉救火》的传说，明朝末年，这里有个"解元寺"，一年元宵节失火，大火封住了庙门，村民便采用人叠人的方法翻入寺内救火，大火被扑灭后，庙内的和尚们为了答谢叶村村民奋勇救火的义举，于每年元宵节表演村民救火时人叠人上墙救火的动作，和尚又被人们尊称"罗汉"，因而该表演就被称为"叠罗汉"。后来"叠罗汉"这项表演活动被村民们代代相传了下来。在众多的起源中，最为人们传道的是第一种传说。

　　徽州歙县叶村的叠罗汉表演活动有着一整套程序过程，也有其规定的表演动作。③ 叠罗汉表演分大、小年举办，所谓"大年"即闰年，举办活动的时间长，叠罗汉套路内容要全部演完，连旅居在外的洪姓族人也要尽可能赶回村子参加表演活动。小年即非闰年，叠罗汉表演则可选择整个套路其中的部分动作进行表演，旅外的洪姓族人也不一定要求回乡参加活动。叠罗汉活动由叶村罗汉班（现称罗汉组或罗汉团）承办，主持该活动的人称"罗汉头"。过去的"罗汉"扮演者皆为本村洪姓男子，人员名单是由村中几位德高望重的长者在春节前后商量确定，然后将名单交给"罗汉头"。"罗汉头"接到推荐名单后，对被推荐为"罗汉"者的年龄、

---

　　① 吴灵萍：《徽州民俗体育项目"叶村叠罗汉"的特征与价值》，《北京体育大学学报》，2011 年第 2 期。

　　② 作者在当地考察时，根据方思集口述整理。

　　③ 吴灵萍等：《徽州民俗体育项目"叶村叠罗汉"的特征与价值》，《北京体育大学学报》，2011 年第 2 期。

健康状况、力气、体重、灵敏度、协调性、胆量等进行全面考察后确定表演者；之后，向入选表演"罗汉"的每个人发出《罗汉帖》。现任罗汉头洪声琦先生有一份《罗汉帖》，其内容如下①：

　　×××：

　　　　兹定于××月××日起，在叶村叙伦堂进行打罗汉排练、演出，接帖之日起，请准时无误参加，做好准备。

叶村罗汉班
××年××月××日启

通常接到《罗汉帖》的人都感到非常光荣，将帖子供于堂前几案，并立即放下手头所有事情，准备参与罗汉表演。"罗汉"的组成人员以身强力壮的青壮年为主，另外，还有3～4名10岁左右的男童参加。

叶村——叠罗汉"六柱牌坊"（正面）②

"叠罗汉"活动一般每年正月初六开始到正月十八结束，为期13天。要提前进行9天的动作套路排练，正式演出2天时间，另外再加演2天。在此期间，被选中的已婚"罗汉"们要清心寡欲，禁止房事，以示对该活动的尊崇恭敬。大年初六傍晚，敲起锣鼓，放响爆竹，罗汉头领众"罗汉"去解元寺（村里人在原址处重建的一个约3平方米的小庙）请"罗汉老郎"（惠安和尚的称谓）牌位。

众人对着牌位焚香烧纸参拜后，将牌位取下，交由"尖顶"又称"金

---

①　洪愿：《叶村"叠罗汉"的调查与思考》，南京，南京体育学院硕士论文，2013。

②　方思集提供。

顶"（表演时叠在众罗汉最上层的小罗汉）捧着回村。① 接罗汉老郎牌位队伍回村时，村民们手里拿着点燃的棒香夹道迎接，簇拥着将牌位安放在排练叠罗汉动作套路处（通常在洪姓祖祠叙伦堂内）的香案上。② 此时，整个现场锣鼓喧天，爆竹震响，群情欢腾。当晚，罗汉们便开始按《罗汉谱》所载程式套路"练谱"。之后每天进行，直至初十结束。十一至十四日为彩排阶段，所有表演"罗汉"者皆上体赤膊，头戴布罗汉帽，腰束长布彩带，穿彩色灯笼裤，着老布山袜，此间练习唯不"开脸"（脸部化装）。排演动作要同时配上锣鼓节奏，按顺序将各种程式套路动作连贯排练。③

叶村——叠罗汉"六柱牌坊"（背面）④

正月十五上午，"罗汉"们要"开脸"，⑤ "开脸"就是脸谱化妆，这项技术也属于叠罗汉艺术的一部分。"十八罗汉"脸谱各不相同，用色主要采用红、白、黑为主色，所有罗汉脸谱分为四类：下架、二架、三架、尖顶。每个类型的最大区别体现在颜色的运用上。画好脸谱后的"罗汉们"有装扮成大肚的、有矮腿的、有肥胖的、有嬉面的，还有怒容的、哀怨的、哼哈的等各种奇形可笑的模样进行亮相。⑥ 最下面一层的罗汉一色着红裤，系黄腰带，称为"下架"。第二层称"二架"，罗汉衣服颜色不

---

① http://www.colourhs.com/html/huizhoucunluo/xiexian/2010/0208。

② 吴灵萍：《徽州民俗体育项目"叶村叠罗汉"的特征与价值》，《北京体育大学学报》，2011年第5期。

③ 柯灵权：《歙县民间艺术》，合肥，安徽人民出版社，2006，第4～7页。

④ 方思集提供。

⑤ 吴灵萍：《徽州民俗体育项目"叶村叠罗汉"的特征与价值》，《北京体育大学学报》，2011年第5期。

⑥ http://hs.wenming.cn/jwmsxf/201601/t20160126_2300553。

变，但图形风格有所改变。第三层称"三架"，加入了蓝色和绿色，绘制五色的"碎脸"。最上面的一层称"尖顶"，只绘金脸，着绿裤，扎红腰带，又称"金顶"。据说演"六柱牌坊"刚开始给"罗汉"绘脸谱的时候，为每人画不同的脸谱废了不少周折，"六柱牌坊（楼）"总共需要 19 人来共同完成，与我们平常所说的"十八罗汉"不相符合，那么多了一个人怎么办呢？于是当时专门负责罗汉脸谱绘画的洪道专想出了一个妙招，首先为 17 名罗汉都画了整张脸谱，而另外两人只画半张脸谱，两个半张脸拼起来就是完整的一张了！① 罗汉脸谱画好之后就要进行游村了，该活动通常与其他表演活动配套组合同时进行。罗汉游村时的队伍序列为："尖顶罗汉"捧"罗汉老郎"牌位走在最前面，并伴有锣鼓相随开路，紧接着是各种彩灯相随，有滚灯、五兽灯、动物灯、人物灯、十二生肖灯、花草虫鱼灯等。跟在彩灯之后的是化了妆的罗汉队伍以及由众多（四五十个）男、女村童饰扮成的各种地戏式的人物，如唐僧师徒、包公、白娘子、郭子仪等，整个地戏人物只作化妆游乡，不作戏剧表演，② 在队伍的最后面是锣鼓队。游行队伍要游遍全村的每一条街巷、每家每户。当队伍游行到各家各户门口时，每户人家都要燃放爆竹迎送纳吉，该活动往往一直要进行到下午。整个游行过程起到渲染气氛，壮大声势以及预先告知村民晚上表演的作用。游村毕，即把"罗汉老郎"牌位供奉于戏台正壁香案上，焚香化纸点燃蜡烛再次祭拜，接着是将各种参游花灯依次登台分列左右。

直到晚上，表演活动才开始，各"罗汉"手执一灯绕着舞台走三圈，谓之"走台"，走台毕，叠罗汉活动正式拉开序幕。③ 此时，在激烈的锣鼓声与悠扬的僧侣法器音乐声中表演开始。叠罗汉表演整个过程分成上、下两段，上段采用戏剧表演形式——"演罗汉"，由 12 个"罗汉"分组出场亮相，每组罗汉上场表演几套拳脚功夫。接下来的节目叫"出菩萨"，由道教护法"王灵官"、佛教护法"韦陀"出场，圆场扫台后，惠安和尚、观音菩萨偕二童子上场。观音菩萨登殿后，十八罗汉相继出场，拜过观音后分列打坐；紧接着上场的是一老罗汉与两个小罗汉，拜过菩萨与十八罗汉后，开始拭面、扫堂、鸣钟、击鼓、诵经。等整个佛事活动结束时，

---

① 洪愿：《叶村"叠罗汉"的调查与思考》，南京，南京体育学院硕士论文，2013。

② 茆耕茹、曹芷生：《皖南歙县三阳乡叶村元宵"打罗汉"》，《徽州社会科学》，1998 年第 2 期。

③ 吴灵萍：《徽州民俗体育项目"叶村叠罗汉"的特征与价值》，《北京体育大学学报》，2011 年第 5 期。

表演老罗汉的用禅杖打桑葚给小罗汉吃，此谓"演老罗汉"，表演非常生活化。至此，整个上段表演结束。

下段为"叠罗汉"表演，罗汉们依次上场，用身体堆叠成各种人体造型，其动作按顺序由易到难依次进行。开始由 8 名罗汉表演"童子拜观音"——4 名小罗汉在四名大罗汉肩上打坐，绕场一周，朝"观音老母"拜三拜就结束了。接下来表演"金鸡飞"，是 4 个小罗汉改坐为站，摆出金鸡展翅欲飞的造型……整个叠罗汉表演依次递进，动静结合，逐步推向高潮。叠罗汉表演最为独特的技术要算"竖牌坊"：从 4 个罗汉叠加而成的"一柱牌坊"到 19 个罗汉叠加而成的"六柱牌坊"，其变化之巧，造型之奇，让人难以想象这完全是一支临时组建的业余表演队伍！叠罗汉表演难度最大、最为壮观的是"六柱牌坊"，该动作由 19 人共同叠加完成——人叠人，人拉人，纵横组合，最后叠成六层造型。"竖牌坊"表演每叠好一层后，表演者们都要在舞台上转动表演一圈，立在表演人群最顶峰的罗汉由年龄小、体重轻的稚童扮演，合掌向大家祝福："众生吉祥如意！"[1]

叠罗汉表演整个过程不说不唱，全靠人的身体组成各种造型表现艺术。对表演者有较高的身体素质要求，其中很多动作要有较扎实的身体基本功方能完成。如在表演"双牛蝱"转"单牛蝱"的架势中，表演者在肩驮两人的情况下，要单腿旋转十几圈；在演"五柱牌坊"动作时，身处位置正中柱底座的人，一人要肩驮 5 人，左、右互挽 12 人，连续转动 5圈。如对处于"正三架"核心位置的人也有很高要求，正三架是指正二柱肩上的人（正二柱是正中柱肩上的人，叠牌坊中柱最低的中间罗汉是正中柱），居此位置的人要求肩上可托 5 人，胯下还要缠住两人，才能在叠罗汉的造型变化中起着承上连下稳定的关键作用。如"吊边"表演，是指在牌坊两侧的人，要求能够在牌坊旋转的过程中飞身跃上，单手攀住左（或右）边的罗汉肩，一只脚踩住罗汉腰，身体悬空，另一手和脚向外伸出；该动作要求表演者身轻如燕，平衡感强，能准确把握着力点方可完成。"叠罗汉"中的动作表演有的要求力量大，有的要求技巧强，有的要求平衡好，有的要求身体灵……完成动作的难度之大，对于没有一定运动天赋以及不通过专门练习的人来说是难以做到的。

据考证[2]《罗汉谱》里最早记载的表演套路动作只有 20 套左右；清末，洪玉书（1872 年生）将其改编增至 53 套；但后来由于历史原因停演

①　吴灵萍：《徽州民俗体育项目"叶村叠罗汉"的特征与价值》，《北京体育大学学报》，2011年第 5 期。

②　洪愿：《叶村"叠罗汉"的调查与思考》，南京体育学院硕士论文，2013。

多年，有很多动作失传，后经洪允文整理恢复了52套动作；近年来，在现有负责人洪声琦的带领下，又创造出了一些新的架势动作，加上原有的经典造型共有66套表演架势，寓意"六六大顺"。这66套叠罗汉表演架势造型大致是根据"神佛传说""世俗生活情景""器物珍宝""徽派建筑"四大类划分的。属于"神佛传说"的共有24式：童子拜观音、过仙人桥、宝塔莲、普陀崖、石猴出洞、金鸡飞、耸长人、滚灯、观音岩、观音井栏、刘海戏金蟾、麒麟送子、七仙山、树荷花、地荷花、如来打坐、观音下凡、童子朝普陀、龙驹马、兔儿望月、莲花座、独角兽、三角蟾、三尊大佛。属于"世俗生活情景"的共有5式：饮酒侍宴、摆渡、单牛蜢、双牛蜢、大春笋。属于"器物珍宝"的共有18式：太师椅、旗杆、金鞭转托靴、秋千架、铜锣架、大角旗、三宝印、香炉花瓶、大元宝、秤砣、净瓶、单戟、双戟、单烛钎、双烛钎、锡杖、笔架、钵盂。属于"徽派建筑"的共有19式：小一柱牌楼、大一柱牌楼、二柱牌楼、三柱牌楼、小四柱牌楼、大四柱牌楼、单洞桥、双洞桥、锅阁、五凤楼、解元寺、大四洞桥亭、凉亭、五柱牌楼、蜂窠、六柱牌楼、八柱牌楼、三洞桥亭、水阁。

　　叠罗汉正式表演为正月十五、十六两天晚上。从开始表演到全部表演结束，往往已是五更天气、东方吐白，两个整晚表演场面惊险热闹、高潮迭起。正月十七至十八，白天继续游村，晚上还要继续表演叠罗汉，一是人们欣赏表演余兴未尽；二是照顾前两天有事未能前来观看表演的观众。直至正月十八晚，叠罗汉表演全部结束，观众散去，罗汉们在锣鼓、爆竹声中参拜罗汉老郎牌位，谓之"收台"。收台毕，众"罗汉"送罗汉老郎牌位至解元寺庙内供奉，此时，一年一度的"叠罗汉"活动告一段落。①

　　叠罗汉整个表演过程均有乐器伴奏。在每一架势（套路）表演进行时，都要用大小唢呐、京胡、笛子、琵琶等伴奏《小开门》曲牌；待造型完成后，则以锣鼓《四击头》作结。在两种架势之间，众罗汉上下场时，均以锣鼓《慢长锤》过渡。

　　叠罗汉活动自明代以来一直在这里流传着，"文化大革命"期间，叠罗汉被批为"四旧"，禁止演出。1978年歙县文化部门组织文艺工作者和民俗专家到三阳乡进行全面挖掘整理，这项活动才得以重新面世，随后发扬光大。②

　　罗汉团自创始以来，在清末之前，"罗汉头"主要由洪氏族人担任，

---

　　①　吴灵萍：《徽州民俗体育项目"叶村叠罗汉"的特征与价值》，《北京体育大学学报》，2011年第5期。

　　②　吴灵萍：《徽州叶村叠罗汉研究》，《体育文化导刊》，2013年第1期。

所有参与表演者的确切姓名已无从考证。现有记载①的是 1925 年以后的每届罗汉头，其人员名单记录如下：

时间（年）	罗汉头姓名
1925—1930	吕　遂
1931—1937	罗有元
1938—1949	洪瑞元
1950—1956	汪明澡
1957—1966	洪道成
1966—1976	"文化大革命"禁演
1978—1986	洪道恢
1987—2004	王经水
2005—2008	洪道成、洪允忠
2009 年至今	洪声琦

自 1925 年之后，参加叠罗汉项目人员名单确切记载的有：洪道恢、洪芳广、洪芳远、洪芳岳、洪泽泉、洪允文、洪祝民、洪光通、洪允忠、洪妙根、洪学日、洪道成、洪灶有、洪道犬、洪日东、洪有顺、洪荣发、洪桂青、洪灶生、洪道山、洪道飞、洪道荣、洪灶亮、洪志峰、洪道路、洪道田、洪灶来、洪灶伙、洪声齐、洪声仲等。

2012 年恢复叠罗汉演出时的参演人员②

---

① 洪愿：《叶村"叠罗汉"的调查与思考》，南京体育学院硕士论文，2013。

② 方恩集提供。

随着国家对传统优秀文化继承发扬的重视，叠罗汉表演已从地方性的表演活动走出了大山，多次参加黄山市、安徽省以及各种民俗表演活动，并且作为一项独特的民间表演艺术成为黄山市旅游文化的保留节目。中央电视台、香港凤凰电视台、安徽电视台先后到叶村拍摄了"叠罗汉"专题片，《人民日报》《安徽日报》《黄山日报》《台湾民俗曲艺》等先后刊发报道。叶村叠罗汉已被列入国家级非物质文化遗产名录，叶村也成为"全国民俗文化村"。①

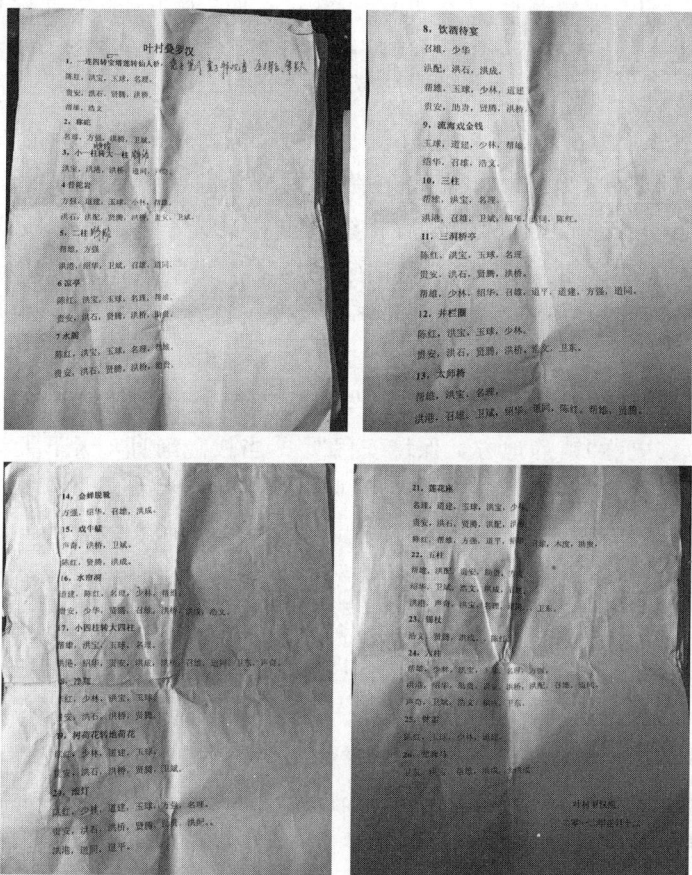

2012 年恢复叠罗汉演出时的动作名称②

（三）游太阳

"游太阳"属于古代巫舞中的一种，流传于徽州祁门县东乡莲花塘、社景村、金字牌乡以及黟县的渔亭镇等山村古镇。

---

① 吴灵萍：《徽州叶村叠罗汉研究》，《体育文化导刊》，2013 年第 1 期。

② 方恩集提供。

"游太阳"起源有多种说法：第一种，祭祀徽州地方神汪华。汪华生有九个儿子，后裔在国内分布非常广泛。居于歙县、黟县的汪氏多为汪华长子建和第八子俊之后；居于婺源、休宁、祁门县的汪氏多为汪华第七子爽之后；居于绩溪的汪氏多为汪华第九子献之后，构成徽州汪氏放射形分布，而且汪氏人口众多。故人称"黟、歙之人，十姓九汪，皆华之后"。① 汪华的庙原称"大王庙"，后改为"太阳庙"。因为当地将"王"字常发成"阳"字音，"大"字在《说文解字》中称"凡言大而以为形容未尽则作太"，故"大王"在徽州当时又可称"太阳"；而"大王庙"又可称作"太阳庙"。另说，据《五石脂》载："汪氏源出汪芒之后。"汪芒氏为禹之夏部，后裔崇敬太阳，由此演进的结果是"大王"最终与"太阳"合为一神。徽州汪氏将"大王"最终变成了"太阳"就使得对祖先、英雄、自然的崇拜融合为了统一的整体。第二种，汪华在隋末天下大乱，群雄割据时发动兵变占据歙州，先击退官府围剿，后相继攻占宣、杭、睦、婺、饶六州，拥兵十万，号称"吴王"。当时正是国家动荡，群雄争霸，纷战不断，民不聊生之时。而汪华所治之地，十年不动兵戈，百姓得以安生，一派平和景象。汪华拥有六州之地，得割据之实，成为一方最高统治者。他"为政明信，远近爱慕"。他尽力调和原住民与移民之间的矛盾，使得所制之地百姓安居乐业，史称"镇静地方，保境安民"。② 当战乱渐息，天下大势趋于统一之时，他又主动放弃割据和战争，归顺唐朝。后被封为歙州刺史、赵国公。汪华娶四妻生九子，正室为湖州巢国公、左监门大将军钱九陇次女钱任，生长子建，任朗州都督府法曹；次子璨，与建双胞胎，分别任费州、涪州令；三子达，以征贺鲁、龟兹、高昌有功，袭封上柱国、越国公，留守巩昌；四子广、五子逊，皆任左卫府飞骑尉；六子逵，任薛王府户曹；七子爽，任歧王府法曹；八子俊，任郑王府参军；九子献早卒。徽州人后来对汪华的称谓有"大王神""太阳神""太阳菩萨""汪公大帝""花朝老爷"等，进而在徽州各地每年有多次举行纪念汪华父子的活动。这些活动主祭汪华，分祀九子，如祭"八灵王"即为祭汪华第八子汪俊。九子汪献虽早年辞世，但传说他颇有父风，少时曾拽弹射水中野鸭，鸭张口衔之，以其神异，在徽州多立"九相公庙"祀之。③ 第三种，据南宋洪迈《夷坚志》中的《四志》记载：此仪式最初举行的目的是：在"元·大德正元年间（1297年），婺、祁蝗灾叠见，祁人迎神驱蝗"。开始时是为了迎神驱逐蝗灾，后来演化为祈求

① http://bbs. hefei. cc/thread-977126-1-1. html。
② http://baike. so. com/doc/5814337. html。
③ 汪兴吾：《徽州的太阳》，http://blog. sina. com. cn/s/blog_4c5fc313010009en. html。

"五谷丰登"的傩舞表演仪式。另据《四志》记载，该项目在整个发展过程中曾一度停止："至明季已无出，民国初年'犹循而行之'。"①第四种，在明朝末年，祁门县东乡双溪流山冈上住着一位王公，此人文韬武略具备。王公生有九男一女，九个儿子个个身怀绝技、本领高强，他们在国家危难之际驰骋疆场，冲锋陷阵，屡建战功。但朝中奸臣却诬告王公的九个儿子想要谋反，皇帝听信谗言，传王公带九个儿子进京问罪，王公悲愤异常，但为表忠心，他当着皇帝面，在殿上用宝剑亲手砍杀儿子，当杀掉第八个儿子后，皇帝终于不忍心再看下去，出面保了第九个儿子。直至此时，皇帝才真正明白王公是忠心耿耿、国之栋梁，于是免了第九个儿子一死。王公带着仅剩下的一个儿子，忍辱负重，出征疆场，后来父子都战死沙场，为国捐躯。皇帝为旌表其忠，下旨为王公立庙树碑，并封王公前八子为"八灵王"，封第九子为"九相公"。在所有起源说中，被人们普遍认同的是祭祀徽州地方神汪华和他的九个儿子。②

　　每年农历六月十二至十四日（人们认为是太阳菩萨汪华的生日，也有认为汪华的生日是正月十八或三月二十八，还有认为农历八月十三日靖阳节是他的生日），村民将两尊菩萨像抬到露天晒太阳，所以又称"太阳菩萨"，并举行隆重的"太阳会"。"游太阳"就是太阳会中的舞蹈表演。担任舞蹈表演的主要角色称为"跳童"，也称"罡童"，由四位男性青年扮演。跳童上身赤膊，穿黑色或蓝色短裤，腰系一块二尺见方白布按对角折成的三角巾，穿草鞋。双手各执一把专用的铁斧，称作"罡斧"。跳童们的师父是会法术（巫术）的人，他将世传罡斧传给四跳童，并教会他们操练表演仪式。表演的基本动作有"单跪揖拜""单颤步""双颤步""藏翅双飞燕""背翅双飞燕"等。主要操练仪式有"开天门""跳火瀑伞""拨油锅"等。太阳会每年一届，历时三天，第一天（六月十二）要举行启动仪式，参加表演的人们将菩萨雕像擦洗后涂金，用轿子抬到东家家里，东家托着一盘米、一盘茶叶，点燃三炷香，一路鞠躬迎接，直至东家厅堂供奉，称为"接神"。这时巫师开始传罡斧给四位"跳童"，教他们仪式和表演动作。第二天（六月十三）一早，表演者们又从东家家里将菩萨抬进祠堂，仪仗队（由大锣、唢呐、轿、龙凤伞、蜈蚣旗组成）鸣锣开道，四跳童挥斧起舞，东家随队后，口喊"风调雨顺、五谷丰登"等吉祥词语，并撒五谷相送。③ 到祠堂后，村民按辈分大小排定，分列两边向菩萨跪拜。然后主祭巫师念毕咒语，跳

---

① http://blog.sina.com.cn/s/blog_4d5fed510102enfx.html。

② http://www.china.com.cn/chinese/zhuanti/zgnwh/412865.htm。

③ http://blog.sina.com.cn/s/blog_4d5fed510102enfx.html。

童开始舞蹈。舞蹈气氛紧张、热烈，节奏渐快。跳童做"藏翅双飞燕""背翅双飞燕"，并在跳起时用斧刃在前额（也有记载在胸前）划破见血，称作"开天门"。这时，跳童手中铁斧的碰击声、喜乐声、鞭炮声、口哨声大作，整个祭祀活动进入了高潮。第三天（六月十四）表演者用轿子抬着菩萨挨家挨户表演。跳童边走边舞，有的村民在门前挂着一种圆筒状的"伞"，"伞"内挂着鞭炮，表演队伍依次在每户村民门口停下来进行表演，跳童们双手执斧挨个在燃放的鞭炮下舞蹈，称为"跳火爆伞"，意为降福消灾。这天下午还要表演惊心动魄的"拨油锅"。"拨油锅"一般是在祠堂门前进行，当游行队伍游遍整个街道和村庄的每家每户到达祠堂门前放好神轿后，在神轿前预先准备好一口铁锅，锅内盛满平时做菜用的菜油，下面用干柴点火，用烈火将锅里的菜油烧沸，然后向锅里放进豆腐，四跳童围锅环跳，巫师将手伸入烧沸的油锅内先取出少量豆腐送给东家；再伸手入油锅中将豆腐拨出，让围观者抢食，传说凡是抢食到这种豆腐的人，能消灾长寿；巫师直至将锅内豆腐全部拨出而手不灼伤。最后，将菩萨送到下届作东家的人家里过夜，到六月十六，再将菩萨送回祠堂，这一年的太阳会即告结束。通常表演者多由住在村里的杂姓、小户、佃仆等地位低下的人充当，如巫师、跳童、乐工、仪仗及杂役等。①

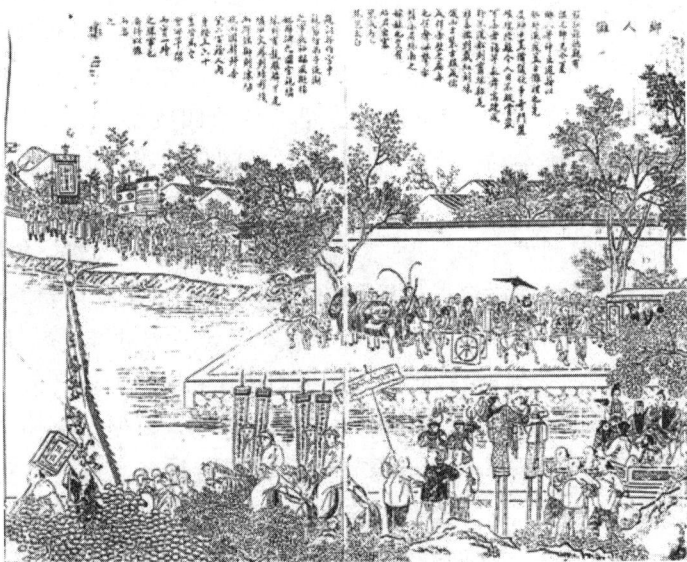

祁门游太阳②

---

① http://blog.sina.com.cn/s/blog_59c3b91001012mp2.html。

② http://www.newconcept.com/jixi/mingren/wanghua/wanghua_10.html。

　　历时三天的太阳会气氛热烈而庄严，尤其是在东家院里和祠堂内举行仪式的情景，更给人一种神圣肃穆之感。巫师和跳童的舞蹈动作神秘、古朴、粗犷，特点鲜明，有远古巫舞的形象。如在跳"单颤步"时，要求顺手顺脚，这在现代舞蹈动作中是不常见到的；还有在跳"藏翅双飞燕"时，双斧刃要触及前额（或胸肌）一定要划破见血，以表示对神的虔诚。舞蹈表演时跳童双手铿锵作响地敲击铁斧，并伴以有节奏的"嗬嗬"喊声。伴奏乐班的器乐演奏主要是为了增强场面的热烈气氛；一个有趣的现象是，伴奏乐班的乐曲和打击乐的节奏、速度与舞蹈表演者的动作并没有直接关联。① 黟县的"游太阳"被列入黄山市非物质文化遗产名录。

　　（四）黎阳仗鼓

　　黎阳仗鼓，又名"得胜鼓""仗鼓""战鼓""仗鼓舞"。流行于古徽州屯溪黎阳、休宁五城和榆村一带，是一种以鼓槌打击鼓乐器为主的民间欢庆舞蹈。

　　关于黎阳仗鼓的由来，第一种传说是在 7 世纪初（隋末），保境安民的英雄汪华每每在军队出征和激战沙场时，就启用"仗鼓队"，负责擂鼓的士兵们擂起战鼓以壮军威；军队得胜归来之日，则跳起整齐欢快的"仗鼓舞"以欢庆胜利。② 另一种传说是为了纪念唐代大将张巡、许远，在睢阳保卫战中，以少胜多，每次抗击安禄山叛军时，都以"仗鼓"助威，鼓

黎阳仗鼓③

①　http://www.china.com.cn/chinese/zhuanti/zgnwh/412865.htm。
②　http://www.ahage.net/fengsu/23253.html。
③　http://tupian.baike.com/84477/1.html。

舞、激励士气。黎阳仗鼓在进行表演时，首先映入眼帘的是一对大红灯笼，一人持纛（音：道，古代军队里的大旗），上书"得胜鼓"三个大字，后面跟着一队蜈蚣旗幡，接着就是由数十位武士装扮的人，紧身打扮，身披红衣，右手持短而粗的鼓槌，左手握健铃，一边行进一边击打拤于颈下的鼓面或鼓边（扁圆形皮鼓，边有双层炮钉）。同时有十数人手持檀木夹板，伴随着鼓声边行进边击拍，发出雄壮、清脆的响声。①

在民间，黎阳仗鼓一直被视为"神祇"一般，平时不得轻易擂响，只有在祭神、祀祖、庙会等隆重庄严的场合才能组织队伍演奏：明清时期，在重大节庆典礼或迎接重要官员时也借用黎阳仗鼓作仪仗。仗鼓以杂木作围，用牛皮蒙双面，上下鼓边镶嵌着两圈密集的铜钉包（便于击打）；鼓呈扁圆形，直径约 40 厘米，高约 20 厘米，样式古朴。击打时，一人一鼓用红缎带斜背于身前，左手持鼓环，右手执鼓槌。一般庆典表演仪式不得少于一班人（四鼓、两笛、一锣为一班）。往往场面越大，庆典越隆重，启用的仗鼓班数就越多。黎阳仗鼓在古徽州久负盛名，为了祭祀先祖，黎阳人每年都要在汪华当年练兵的八月举办隆重的大型庙会，也叫作"八月靖阳"节，"跑马""磨豆腐"等传统民俗往往伴随着"打仗鼓"同时展开。庙会的正日是农历八月十三，黎阳仗鼓从庙会开始一直要表演到庙会结束。击鼓奏乐、轮流上阵，从白天表演到深夜，走遍当地的大街小巷。在"咚，咚，咚"的仗鼓声中，村民们扫村落、接亲友、筹庙会，喜庆的气氛被烘托起来。② 到了庙会的前一夜，在"太阳菩萨"出游时，有 24 位武士打扮的年轻人同时上街集体表演打"仗鼓"出游，③ 雄壮威武的集体鼓点，急时排山倒海，缓时声声如雷，声响九天，气势如虹；再伴以悠扬的曲笛、清脆的云锣，地面壮观的队伍，整齐划一的舞蹈动作，表演气势大有当年汪华"沙场秋点兵"的遗韵。④ 仗鼓舞在演奏时可以根据当时的现场情况周而复始地进行。仗鼓的击法有单击，双击，前、后、左、右绕边击等多种击打方法。黎阳仗鼓已被评为安徽省首批非物质文化遗产。

2010 年上海世博会上，以安徽地方戏剧、特色文化为元素的"安徽风情，欢乐世博"大巡游每天下午在世博园进行。走在整个巡游队伍最前

---

① http://wenda. so. com/q/1462770215498645。

② 孙志国：《安徽茶类地理标志与非物质文化遗产保护》，《安徽农业科学》，2011 年第 2 期。

③ http://zy. zwbk. org/index. php? title ＝％ E5％ AE％ 89％ E5％ BE％ BD&·diff ＝ 55120&·oldid=55118。

④ http://www. b181. com/chuantonwenhua/fwzwhyc/fwzwhyc-1628. html。

面的，一支古朴雄健的"鼓队"吸引了沿途数十万中外游客的眼球，这就是休宁黎阳仗鼓表演，作为徽州的传统民俗为世博会献上了一份特殊的礼物。①

（五）芦溪傩舞

傩舞，亦称"鬼舞""舞鬼"，源于原始巫舞，是中国远古时腊月里驱鬼逐疫的一种祭仪。流行于古徽州祁门县芦溪村的傩舞当地人叫"跳回"（hua）又称"平安舞"或"地戏"。据祁门傩舞艺人回忆前辈流传的历史，②祁门的傩舞源于周朝，兴盛于清末，兴盛时期城镇还出现过专门雕制傩舞假面具的作坊。在过去，祁门二都、五都、六都、八都等地都有跳傩舞的习俗。在汉代徽州傩舞被称为"方相舞"和"十二神舞"。

在远古时期，徽州原山越人对各种自然现象和身边所发生的种种事情缺少正确的认识，人们要战胜自然灾害，只好借助"神""鬼"的威力与妖魔疫鬼进行斗争，乞求神灵的庇护和保佑。基于人们对"万物有灵"的认识，产生了一种以驱鬼逐疫、迎神纳吉为目的的原始祭祀活动——傩。③ 于是人们戴着面具，把自己装扮成比臆想中的鬼疫更凶猛狰狞的"傩神"，跳着凶猛、狂热的舞蹈，做着驱邪逐鬼的动作，认为这样就可以驱除鬼邪，迎来平安。

祁门傩舞④

①　http://www.xiuning.gov.cn/html/news101_58663.htm。

②　http://news.sina.com.cn/o/2006-06-02/02129093999s.shtml。

③　http://blog.sina.com.cn/s/blog_3f66f888010007jk.html。

④　http://image.haosou.com。

祁门县芦溪村是现黄山市海拔最低的地方之一，群山环抱，阊江、沥水流经这里，环绕其中。这里山势险峻，水系阻隔，交通蔽塞。据《中国大百科全书》(戏曲曲艺卷)记载：傩戏的形式和流布主要集中在安徽、江西等地。祁门地处皖赣交界之地，傩的活动由来已久，形式多样。据同治《祁门县志·风俗》记载，正月元日、立春和端午这里均有傩舞表演："正月元日，集长幼列拜神祇，鸣钲出行，饮屠苏酒，谒祠宇，交相贺岁，傩以驱疫。""立春日，宫长祀太岁，行鞭春礼，傩。"①"端午日⋯⋯乡间有木制神船，彩画装金，肩舁游村落驱疫(相传亦以驱蝗)。"由此可见，明清时期，祁门傩舞活动非常丰富。在内容上，傩舞最初是人们用来驱逐鬼疫的活动，后来在历史发展的选择中逐渐加入了娱乐成分，开始向娱人悦众的方向演变，内涵也大为丰富，其中慢慢增添了驱邪扶正、祭祀祖先、祈福求安、祝祷丰收等内容，还出现了表现劳动生活与民间神话故事、传说等方面的内容，② 以至于最终发展成了有具体故事情节的"傩戏"。从活动时间上看，由原先只在腊月举行的大傩(即乡傩)活动发展到立春、正月和端午等多个时节均要举行的活动。③ 祁门傩舞活动至明清时期更为盛行。大约从清中叶开始，傩舞开始向"傩戏"方面演变。清光绪年间，休宁茗洲吴氏春秋二祀祖先一定要请傩戏演员来本村演戏，甚至将其确定为宗族活动定例，而且是搭台演戏。显然吴氏的傩舞已经是舞台表演，成为"傩戏"了。④ 另据调查，在祁门、婺源历史上曾有傩班数十个，在一些偏僻的地方，至今仍保留着百年前的傩面具、傩神图、傩神斧等道具。明清时期，祁门县立春前的一天，县令要率领下属到城东郊占卜水旱，老百姓则扮戏相从；立春日则祭祀太岁行傩，在周边其他县也是如此。如果说当时的春祀傩仪带有古傩驱鬼逐疫的意义，而在民间迎神赛会中出现的傩舞活动，则纯粹变成了一种娱乐。⑤ 明嘉靖时期，在歙县、休宁二月二十八要举行迎神赛会，以纪念徽州地方神汪华，在整个游行活动中同时伴有傩舞表演——人们戴着面具在队伍中边走边舞。⑥

祁门芦溪的傩舞，演出时间在每年的正月初二、初三、初六，也有

---

① http://ah.ifeng.com/human/huifeng/detail_2014_11/26/3207342。

② 徽州傩舞 CNKI学问。

③ http://ah.ifeng.com/human/huifeng/detail_2014_11/26/3207342。

④ http://baike.baidu.com/link? url=yUAYaGKybuFM3nLAEFH9D0wufciShxuXoeoZv-CcowXtD3LGwhUqw6CFH2QOCcKUr。

⑤ 李平：《刍议民间音乐》，《文艺生活》，2012年第1期。

⑥ 陈琪：《徽州傩舞》，《安徽日报》，2006-06-15。

在正月十五元宵节前后进行的，有时也在较为重要的庆典活动时演出。演出地点多以汪氏祠堂为中心，有时到野外场地上或大户人家厅堂里进行表演，还到本村许了平安愿的人家表演。

傩舞正式演出前，在农历腊月三十晚掌灯时分，演傩人即从傩头家的神龛中请出"老郎先师"祭拜，然后打笅问神，又叫掷笅（jiǎo），是一种古代占卜的仪式。依据传统习俗，仪式内容是将两个约手掌大的半月形，一面平坦一面圆弧凸出之笅杯掷出，以探测神鬼之意。凸面为"阴"，平面为"阳"。打笅时先向神灵点烛上香膜拜，然后向神灵说明掷笅的原因，拿起笅经双手合十参拜之后，在香炉内的香上绕一圈，然后往地上一掷，即是一笅，合掌谢过神灵之后，再拾取地上的笅，再往地上一掷，须连掷三个"圣笅"，才算是神灵许诺，[①] 阳笅即开始出行。[②] 黎明前在门口晒谷场上"放纸码"，即用红、蓝、黄、绿彩纸剪成方寸大小，折成三角、四方、元宝等形状，用铁丝钩托在稻草火堆上烧放，"纸码"趁火而上，五彩飞天，此时傩人在村中燃放火炮。村人听到火炮响，亦纷纷燃放爆竹，霎时间全村火炮连天，此谓驱邪逐疫。正月初二为正式跳傩，在本村正义堂中悬挂起"十大元帅图"（将"四季"面具两两合一，以其犄角支撑着画轴的两端），设香案，诵《请愿词》请神。《请愿词》全文据倪国华调查，杨泽如口述如下："伏以，神通仁善威灵圣众，天怨不同，凡间相见，下马一言敢擅长，将凭新香一心加敬，发源土地正气金光，四金降劳，今年今月今日今时奏事功曹，起福起善，又劳神义，随慈信香，今去中华国，安徽江南祁门龙溪太世珠，盟下众事人等，蟠桃会上，关圣帝君，汪王越公，文号皇帝，章王圣帝，务事灵光大帝，行劳九相兹神，郑一灵光马元帅，精忠报国赵元帅，太保无私温元帅，精忠报国岳元帅，婴元帅、胡元帅、黄元帅、九天送子柯元帅、天下大总王元帅，拜定：一场五猖，中猖黄帝；二场五猖，东边青帝；三场五猖，南边赤帝；四场五猖，西边白帝；五场五猖，北边黑帝。[③] 五五二十五位诸兵大将，六六三十六路各位天皇，开路将军，把笔判官，拨棍童子，十八郎君，金花小姐、梅花小娘、天雷公、地雷母、杭州桥上二十四位老郎先师，一文、二武、三生、四旦、五丑、六净、七相、八仙、九千、十（七），千里眼，顺风耳，洪山祖师，奏事功曹，启马一齐，消灾增福寿，下马保平安，一年四季，四季保平安。"香案设在一张祠堂专用长约 10 米的巨

---

① http://www.haosou.com。

② http://baike.so.com/doc/7100191-7323173.html。

③ http://www.wang-shi.com/?848/viewspace-3503。

型长案上，案上供奉香炉、蜡烛，鱼、肉、鸡三牲，各家送长命灯（灯盏下放一碗清水以防火）、添香、叩头、揖拜。此时祠堂内大厅灯火辉煌，瑞气融融。芦溪村至今用牛皮筒装存着一幅十分神秘的"十大元帅图"。此图是布制彩绘，长约二丈，画有九重云天和六十余位人物。其中有各路神仙、十大元帅及"五猖"神像，腾云驾雾，驰马操戈，神采飞扬。最底层绘有傩人仪仗，共 10 人：前一人身背画卷，手执画叉，这是背图人；第二人击扁鼓，第三、四、五人击小锣、大钹与大锣；第六人执牙板；第七人吹笛；以上为乐队；第八人肩挑四季面具，手持折扇，可能是演员代表；第九人背布袋，系表演收取钱米者；最后一人挑行头箱。①相传某年"十大元帅图"曾从壁上滑落，掉在灯盏上，盖住了灯盏火，等人们重新拾起挂图后，灯火又复亮，全图竟丝毫未损。村人言此图为"神图"。据说此图是清末民初临摹，现不轻易示人。②

　　礼拜请神之后，鞭炮锣鼓响起，演出正式开始。一场傩舞演出时间2～3 小时。傩舞的典型动作有："开四方""拜四门""杀四角"等。动作要求演员四面八方均要面对观众表演，含有"天地四极"的意思；同时也能照顾到观众从四面观看表演的需要。③ 傩舞表演有单人表演，有双人表演，也有三人或多人表演。单人表演有："魁星开天地"，亦称"盘古开天地"，表演者戴魁星面具单人独舞；双人表演有："刘海戏金蟾"，戴面具两人分别饰"刘海"和"金蟾"对舞；三人表演有："刘海逗金狮"，三人表演，一人饰"刘海"另两人舞"金狮"等。④ 傩舞的传统精彩节目有：开天辟地、刘海戏金蟾、双猴捉虱、后羿射日、张飞祭枪、判官醉酒、美猴王降耗子精等。傩舞节目内容多为民间神话和传说故事，其表演动作简练、粗犷、夸张、形象。如开天辟地，表演者头戴象征"盘古氏"的面具，手持大斧，动作有四面砍劈之势，表现出盘古在开创乾坤、劈开天地时勇往直前、无坚不摧的英雄气概；⑤ 判官醉酒表现的是判官与小鬼嬉耍斗酒，贪杯多饮，最后酩酊大醉的场面，饶有生活情趣；舞花表现的则是一组大型舞剧，演绎秦二世胡亥篡夺皇位的历史故事，情节纷繁，场面气势磅礴。⑥

---

①　http://www.chntheatre.edu.cn/xqzl/xxjj/zxjslxj/zyxjxyjslwtms。

②　倪国华：《祁门芦溪傩，祭礼·傩俗与民间戏剧》，《98 亚洲民间戏剧民俗艺术观摩与学术研讨会》，1988 年第 2 期。

③　http://cn.bytravel.cn/art/xqh/xqhhsw/index.html。

④　http://www.ahqimen.gov.cn/DocHtml/1/2010/10/19/1675626416316.html。

⑤　朱洲平：《婺源傩舞亲历记》，《风景名胜》，2011 年第 2 期。

⑥　http://www.chinawy.net/Item/372.aspx。

流传于祁门、婺源的傩舞节目原来有一百多个，傩面具有两百多个。芦溪村傩舞共有九种面具，盘古面具一枚，青面大眼，头暴青筋（一说是魁星）；两仪面具两枚，一阴一阳，即和合二仙，又叫刘海，笑脸；凶星面具一枚，白脸，也称土地；吉星面具一枚，红脸，也称将军；四象面具四枚，即四季脸，春、夏、秋、冬各一枚。春为绿色，夏为赤色，秋为棕色，冬为青色。四季面具均在头上生有两犄角，额上装饰三个人头，双眼深陷，大嘴齐耳，顶部可插翎子。这些面具均为竹雕，造型生动，夸张怪诞。现整理恢复于婺源秋口镇长径古村"驱傩神班"的面具有三十余个，[1]其中还有早期遗留下来的四个原始木雕面具，该傩戏班可演节目24个。值得一提的是，在徽州很早就有"傩仆"的制度，有的大户人家还专门组织"傩戏班"。傩戏班在每逢庙会、祭祀、送灶、秋醮、迎春以及一些重要大型活动时，均会派出傩戏、傩舞班演出。[2]

新中国成立后，傩舞一度作为封建迷信活动被禁止。20世纪80年代末，祁门芦溪村傩舞又被挖掘整理出来，尚健在的老艺人仍能表演这种舞蹈。据老艺人杨泽如讲，祁门芦溪村的傩舞已有百余年的历史，师承关系多为同姓本家的"祖传"。据他回忆，过去在祁门南路有24个"地戏班"，每年正月都要演出。该村至今还保留有过去演出傩舞时用的部分假面具和服装以及一幅珍贵的"十大元帅图"，说明祁门历史上傩舞活动非常兴盛。[3][4]

祁门傩舞的主要特点是演员戴木刻（或竹刻）彩色面具。傩舞的面具过去有四五十种之多，脸谱绘画生动，忠奸贤愚、喜怒哀乐均在面具上直接表现出来。这些面具刻工精细，栩栩如生，人物性格特点跃然面上，美丑突出，爱憎分明。有研究认为，祁门傩舞似为《周易·系辞上》第十一章的大部分文字而作。它的表演程序为：盘古定太极→太极生两仪→两仪生四象→四象生八卦→八卦定吉凶→狮子告平安，现在的芦溪傩舞表演基本沿用了这个程序。具体表演是：盘古（也称魁星）手持大斧出场，前后左右杀开四方，奋力劈开混沌世界，此为"盘古开天地"；紧接着是一对刘海欢跃上场（其中一持金蟾，一持拂帚），两人舞蹈节奏轻快，动作对称，表演滑稽，引人发笑，此为"刘海戏金蟾"；之后是"将军（吉星）

① 朱静：《论中华民间舞蹈艺术的生命文化情韵》，《群文天地》，2011年第3期。

② 倪国华：《祁门芦溪傩. 祭礼·傩俗与民间戏剧》，《98亚洲民间戏剧民俗艺术观摩与学术研讨会》，1988年第2期。

③ http://news. sina. com. cn/o/2006-06-02/02129093999s. shtml。

④ http://ah. ifeng. com/human/huifeng/detail_2014_11/26/3207342_0. shtml。

杀土地（凶星）"，代表吉星美好的"将军"与代表凶星邪恶的"土地"交战，最后将军手刃"土地"，代表美好战胜邪恶；最后是刘海牵出一头狮子，围绕场地转圈数周，在锣鼓、鞭炮声中，"刘海"时而逗玩于狮子面前，时而骑跨于狮身之上，此为"刘海逗金狮"，舞蹈活泼欢快，情节风趣幽默。整个舞蹈表现了英雄崇拜、驱邪扶正、祈祝平安、向往美好的思想。一个有趣的现象是，这里的一些老人们把这种表演称作"空来空去"，也就是世间万物从无到有，从有到无的意思。所谓"无"，是指上古无天地，由盘古开出；阴阳两仪繁衍人类，金蟾、拂帚代表生物；四象色彩各异，代表四季分明。① 有了人类，又生凶恶。凶星欲灭五谷，致民于水火，是为"有"；后吉星杀凶星，邪恶除尽，天下安定，又谓之"无"。② 傩舞形象地再现了关于人类起源的远古神话，反映了当时人们对世界的认识，表现了人们爱憎分明的思想以及对幸福美好生活的希冀和祝愿。③ 傩舞虽然初步具备了人物形象（以面具区分）和简单的情节，但演员始终不说不唱，只用肢体表演舞蹈动作。傩舞表演全部使用锣鼓伴奏，节奏鲜明，加之所到之处家家点燃爆竹，火光四射，噼啪作响，气氛非常热烈。④

2006年5月，祁门傩舞经国务院批准列入第一批国家级非物质文化遗产名录。近年来，这里的人们又创编了新的祁门傩舞节目"山越人"，表现徽州先民冲开混沌世界，搏击于天地之间，追求光明和美好的生活。⑤ 充分展现出了古代徽州先民勇敢、智慧、一往无前的雄浑气度；也表达了人们祈求消灾免难、风调雨顺、五谷丰登、人畜兴旺、平安幸福的良好愿望。⑥ "山越人"是新时期傩舞表演内容的创新与拓展，现代的舞台灯光效果、表演艺术设计以及音乐伴奏都较以往的表演大大提高了一步。

（六）徽州舞龙

龙是中华民族的图腾，中国人认为自己是龙的传人。舞龙在中华大地上流传广泛，历史久远。

著名的徽学研究专家方利山先生在《徽州与"龙"》一文中，详细介绍了徽州"龙"文化的民俗历史渊源。研究表明，徽州在历史上"龙"文化非常丰富，并且很有地域特色，"既承传了华夏上古'龙'文化的文脉，又有

---

① http://cn. bytravel. cn/art/xqh/xqhhsw/index. html。
② http://www. ahqimen. gov. cn/DocHtml/1/2009/9/18/200909181436106853。
③ http://www. colourhs. com/html/yingrenfengcai/minsu/2011/0825/3945. html。
④ http://www. colourhs. com/html/yingrenfengcai/minsu/2011/0825/3945. html。
⑤ 李钟洋：《徽州文化内涵浅析》，《经济研究导刊》，2012年第3期。
⑥ http://blog. renren. com/share/242677726/1414036872。

不少徽州地方的生动表现"。① 徽州民谚："黟县蛤蟆歙县狗，祁门猢狲翻跟斗；休宁蛇，婺源龙，一犁到磅绩溪牛。"古徽州带有"龙"的地名、物名至今仍随处可见，如绩溪"龙川"、休宁"右龙"、婺源"龙源""黄龙"等地名；还有来龙山、来龙降等山名；黄山有"九龙峰""九龙瀑""龙爪松""卧龙松"等景点，甚至连农民生产工具水车上的连接板也称"龙骨"。

关于徽州舞龙的起源可以推算到明清时期，距今 500 多年历史。据道光六年《祁门县志》记载，在中秋节"前后数日多演剧报赛，又缚稻草龙，插香周遍，数人共持舞之，至溪涧东向送之，以祈丰年"。②

有研究认为，③ 徽州民间舞龙的动机主要有四种：一是祈祷风调雨顺，五谷丰登。龙有布雨功能，在黄山市徽州区岩寺镇的潜口村流传着许真人召龙布雨除旱的传说；二是为了消灭火灾，如在村庄、广场上舞龙，有召龙兴波灭火之义；三是希望人丁兴旺，平安幸福，龙是神物，能够护佑人们；四是强调团结合作，兼容并包。就"龙"自身而言，它是集合了多种动物最美的部位（马头、蛇脖、鹿角、龟眼、鱼鳞、鹰爪等）和最强的功能（能在天上飞、水里游、陆上跑），舞龙需要多人集体配合，龙的精神事实上包含了团结合作与兼容并包的精神。

徽州舞龙表现形式多样、别具一格，有单人独舞、两人对舞、多人共舞等。龙的形制主要有手龙、草龙、布龙、板凳龙等。徽州舞龙在正式开始前，一般都要在宗祠或社屋举行祭祀仪式，祭天地、祭社公、祭祖宗，以表示对天地、社公、祖先的敬畏和尊重。④

手龙，属于单人独舞或两人对舞。这种"龙"的骨胎一般用竹篾、铁丝扎成，外面用纸糊成或用布缝制而成，之后，再加上彩绘美化即制作成功。手龙全长约八尺，龙体较小，在龙头后下方有一便于舞龙者抓握舞动的手竿。手龙表演通常是两人或三人配合，一人舞一龙或两人各舞一龙，另一人舞龙珠。手龙舞动时可充分发挥个人灵活自如的特点，动作上下左右翻转游荡，盘绕腾跃，可以根据个人特点表现出很多种动作花样，表演时一般还配以打击乐伴奏，气氛热烈、轻快活泼。

---

① http://blog.sina.com.cn/s/blog_59c3b910010111ww.html.

② 汪俊祺：《徽州村落舞龙的伦理内涵及基本价值》，《西安体育学院学报》，2011 年第 2 期。

③ 任远金等：《徽州民俗体育的文化特征与民间遗存》，《军事体育进修学院学报》，2013 年第 2 期。

④ 汪俊祺：《徽州村落舞龙的伦理内涵及基本价值》，《西安体育学院学报》，2011 年第 2 期。

手龙①

草龙，又称"香龙""绳索龙""冬瓜龙""香火龙"等，是用稻草扎成，上面插满点燃的棒香，故又称舞草龙为"舞香龙"。②据《中华全国风俗志·安徽黟县之中秋节》载："八月望为中秋节，是日，小儿早起，呼朋唤友，取田中稻草，扎成龙形，糊以色纸，夜间插烛于龙身，游行街市。草龙大小不等，大者十余人共舞，小者一人独舞，锣鼓声喧，爆竹满地，极奔走之热闹。"草龙由于取材方便（田野稻草），制作也较简单，因此非常受孩子和年轻人喜爱。草龙的名称因制作的形状不同而有不同的称谓。如用一条很粗的草绳连接龙头、龙尾的叫"绳索龙"；把龙身扎成一节节形如冬瓜，再用草绳连接头尾的叫"冬瓜龙"；用三根草绳连接头尾，中间撑以十几个约1尺3寸高用篾做成的龙身，叫"空心龙"。将扎好的草龙身上插满香火（有的在草龙身上插满细竹管，再在竹管里插香火或蜡烛），因此草龙又叫"香龙"或"香火龙"。草龙长度根据参与舞动人数的多少，可长可短，体积上一般较小，因而，舞起来短小的灵活多变，长大的气势磅礴。草龙舞动的套路有："打草惊蛇""银蛇越岭""穿越龙桥""白蛇出洞""黄龙过江""二龙出水""海底捞月""二龙戏珠"，等等。舞草龙一般在中秋之夜进行，主要是为了庆祝丰收。歙县一些村落舞草龙时还要依辈分按顺序往草龙身上插香火，总祠、总社献香可插于龙头；支祠、支房堂派依次往后插香。③等龙身所有香火插毕后，擂鼓放炮，大家撑起草龙进行游村。歙县晔岔村舞草龙，每到一户门前，持龙珠武士即高喊："龙来，龙来，四季大发财！"所到之家听到后随即放爆竹迎接，焚香

---

①　http://image.haosou.com。

②　http://www.baike.com/wiki/%E5%86%B6%E7%88%B6%E5%B5%B1。

③　汪俊祺：《徽州村落舞龙的伦理内涵及基本价值》，《西安体育学院学报》，2011年第2期。

草龙①

拜龙，然后把香插入龙身。如此巡演于家家门前，龙身上的香火越插越多。香火多、香火旺反映的是本宗族人丁兴旺、发财发达。有趣的是，舞完草龙后，一定要将草龙投入村外的溪水中，使之回归大海，以期风调雨顺。② 草龙在夜晚舞动，香火点点，如同繁星满地，银河落九天，呈现出一幅丰收喜悦的画面。③

　　布龙，是徽州最常见的一种舞龙。一般用竹篾、铁丝扎成一节一节圆篓形的龙身，然后用一条长布筒套起来，在布筒的外表绘以彩色龙鳞，再连接上绚丽多彩的龙头和龙尾即成。布龙舞动时龙体内点满蜡烛，由数十人手执支持龙身的撑竿，在擎"龙珠"（火球）人的引领下，边走边舞，配以锣鼓、鞭炮伴奏。当表演来到广场和空地时就集中起来，表演比较复杂的动作。布龙表演常见的套路动作有："蛟龙戏珠""金龙盘珠""水中沐浴""横穿龙门"等，布龙的舞动时而翻滚，时而盘转，时而大圆场，时而小串门。

　　板龙，又称"板凳龙"，是一种流传于徽州潜口、许村等地具有比较典型徽州民间特色的舞龙。板龙的龙头、龙尾由竹篾扎制，外面再用纸（或布）糊在木板上，龙身均由一块块长约 1.5 米，宽约 0.2 米的杉木板（或板凳）连接而成。④ 在徽州较大的村落往往是参与人数（每户 1 人）

---

　　① http://image.baidu.com。

　　② http://www.baike.com/wiki/%E5%86%B6%E7%88%B6%E5%B1%B1。

　　③　汪俊祺：《徽州村落舞龙的伦理内涵及基本价值》，《西安体育学院学报》，2011 年第 2 期。

　　④　张志峰：《金蛇狂舞迎新春》，《钱经》，2013 年第 3 期。

最多、气势最大的一种舞龙。龙身以木板（或板凳）为托，每条板长4至6尺，两端有孔，两板之间在孔上穿棍相连（舞龙者手持撑棍），连接木板的龙身俗称"龙段板"。在徽州有些村落的龙段板固定为12节（含一年12个月之意），制作费用由大家共同承担；有的村落是每户1节，分户制作，费用自理。① 共有龙段的若干户及私有龙段的户内有多少男丁，即在固定于龙段板的灯座上点上相应数量短而粗的蜡烛；或在一列安置于龙段板上的4～5只扁圆形灯笼内各点上1只蜡烛；也有在每节龙段板上固定3瓣南瓜，在南瓜上插上点着的香火。龙段的制作费以及烛火和香火费用由每户自行解决；龙头、龙尾制作费用由村里富户或族长承制，或由祠堂公共承担。徽州休宁县有一种板龙，习惯上是"一丁一龙"。15岁以上的男子叫一"丁"，每一丁人家要自制一节龙身，表演时龙头走在最前面，经过各家门口时，各家的"丁"就将自备的龙身接上去，于是越接越长，直到最后一丁接完，再接上龙尾，遍村游舞。② 村大人多的龙长，村小人少的龙短。过去在这里的风俗是村子大、人口多，表示人丁兴旺，是值得炫耀的。板龙以个体"一丁一凳一小龙"，连成同姓"一村一姓一长龙"。板龙在徽州山区是团结的象征、力量的展示，以巨长为美。徽州舞板龙套路有："搅龙潭""神龙出海""地龙望月""玉龙行雨""金龙盘柱"，等等。③ 板龙舞龙时必须配有打击乐器、吹奏乐器及燃放烟花礼炮。有的板凳龙长达120余米，舞龙人加上乐队，共有100多人，舞动时灯火闪烁，礼炮飞扬，烟雾缭绕，人声鼎沸，场面十分壮观。板龙的制作和表演均要遵照严格的制作程序和表演仪式。④ 整个过程包含"做龙""接龙""游龙""舞龙""拆龙"等内容。"做龙"即龙的制作。通常，龙头和龙尾由各村用公款（或富户主动承担）邀请专业工匠制作，制作完成后放在祠堂里；龙身要根据族长给出的统一尺寸与样式由各家各户自行制作，族长验收。每段龙身均由板凳、手柄和灯笼三部分组成。凳面首尾两端各凿有圆形孔洞，一端洞眼用于舞龙者穿入手柄撑杆，另一端的洞眼则用于与后一龙段手柄的连接。凳面上所装红灯笼的数量各不相同，每个凳面上红灯笼的数量代表各家男丁的人数。灯笼点亮，寓意着人丁兴旺。"接龙"仪式通常在祠堂前举行。将龙头朝"来龙山"方向放好，每

① 王建华：《舞龙运动文化研究现状与动态分析》，《当代体育科技》，2014年第2期。
② 李宝：《安徽花鼓灯的说唱艺术》，《大众文艺（学术版）》，2013年第2期。
③ 汪俊祺：《徽州村落舞龙的伦理内涵及基本价值》，《西安体育学院学报》，2011年第2期。
④ 张志峰：《金蛇狂舞迎新春》，《钱经》，2013年第3期。

许村板龙①

家每户派出一名代表扛着自家的龙段，按辈分大小依次排成长队。族长下令"接龙"！先接龙头，次接龙身，每接一段龙身，舞龙者都要高喊一声"接龙啰"，最后接上龙尾。② 接着，族长下令"点烛"！顿时鼓乐齐鸣，龙身上的红灯笼依次点亮，此时，族长领众人向"来龙山"及社屋行三拜礼后，舞龙队伍开始出行进入"游龙"阶段；游龙队伍沿着村路蜿蜒经过村里的每家每户，最后要返回乡场中央进行"舞龙"表演。在锣鼓声中，舞龙者们一会儿舞出"神龙出海"，一会儿舞出"地龙望月"，一会儿舞出"翻江倒海"……"舞龙"结束时，族长下令"拆龙"！紧接着各家各户的舞龙者会迅速拆下自家的龙段，争先恐后地奔跑回家。传说先跑回家者，当年就会添丁、发财。③ 由于整个舞龙时间较长，舞龙过程中大家（包括观众）可互相替换着撑舞龙身（龙头一般由专门人员舞动）。

在每年农历正月十五元宵节舞板龙一天。在徽州板龙的发展过程中，随着时间的推移，表现出不同的时代特色，现在舞板龙可在平时娱乐、喜庆活动、佳节庆典中举行。舞板龙成为一项全村人人参与、集体同乐的文娱活动，深受广大群众喜爱。④

---

① http://www.colourhs.com/html/yingrenfengcai/minsu/2012/0220/4175.html。

② http://toutiao.com/i6254011373227868673/。

③ 江志伟：《百米徽州板凳龙 添丁祈福庆佳节》，《中国文化报》，2013-06-03。

④ 张志峰：《金蛇狂舞迎新春》，《钱经》，2013年第3期。

平时放在许氏宗祠里的板凳龙

　　值得一提的是，在徽州祁门历溪村舞的是"孝龙"，这里有位叫王祥的人，继母生病想吃鱼，冬天河里的水结冰了，王祥破冰下水抓鱼，给继母煨汤养病。为此，晋朝皇帝特赐予王祥"孝子"匾。至今，历溪村的"合一堂"门前仍悬挂有"孝子"匾。每年春节，祠堂的大门还贴上绿色对联，以示对祖宗孝道的推崇。①"孝龙"用麻布扎成，舞"孝龙"时，以"十番锣鼓"调伴奏，并在纸扎青狮、白象等"五兽"簇拥下，由村头舞至村尾，"孝龙"所到之处，家家开门迎接，鞭炮声响不断。

　　此外，徽州有些地方还有"请龙烛"的风俗，就是久婚未孕之家的男人，在龙舞到自家门口时，以新烛换下龙体内的火烛拿回家中，意为"烛营"，其义盼子如同黑夜盼烛之明一样迫切。"烛龙双引入香闺"——以一对大红灯龙代替"龙"走进新娘闺房，高举遍照，以寓"送子入室"之意。②徽州板凳龙，2009年入选安徽省非物质文化遗产名录。

　　（七）五福神会

　　"五福神会"是一种流行于原太平县，现黄山市黄山区必吉岭地区的一种民间迎神赛会。五福神会起源于明初，距今约600年历史，是黄山

---

　　①　汪俊祺：《徽州村落舞龙的伦理内涵及基本价值》，《西安体育学院学报》，2011年第2期。
　　②　汪俊祺：《徽州村落舞龙的伦理内涵及基本价值》，《西安体育学院学报》，2011年第2期。

区永丰乡苏姓一族为祭祀"五福神"而举办的活动。①

关于五福神会的由来起自明代初年。《苏氏宗谱》记载：大约在明洪武初年，朱元璋得天下，定都南京后，大兴土木建造京城。苏显荣的父亲承建了其中一项仓库工程，因阴雨连绵，工程没有按期完成，误了期限，被关进大狱，只等问罪。② 苏显荣前往南京替父辩冤，并要求代父坐牢。② 苏显荣的孝心感动了皇帝，皇帝遂将其父释放，同时也赦免儿子苏显荣无罪。③ 父子一道坐船回家，船来到芜湖段江心，只见江水中有一尊雕像漂在水上。父子一起捞起木雕神像，原来是一尊"五猖菩萨"像，民间将五猖菩萨称为"五福菩萨"，④ 父子二人非常高兴，大难不死肯定是因为"五福菩萨"的保佑。二人决定将神像挑回家乡，行至必吉岭头，扁担"啪"的一声折断，神像掉在了地上。苏显荣父子认为这是菩萨看中了这块宝地，于是约众人在此建立了"五福庙"。

五福庙⑤

当时，这座庙就处于苏姓村庄的附近。不想后来苏氏一族果然人丁兴旺，这里显得地方太小，为了家族发展，家族中一支搬到了岭上村，另一支则搬到了岭下村，最后这里只剩下单独的一座庙宇。庙始为砖木

---

① 《黄山市非物质文化遗产代表作——五福神会》，《黄山区新闻网》，2011-03-06。

② 陈元贵：《非物质文化遗产视域下的文化展演——以徽州五福神会为中心的讨论》，《文化遗产》，2013 年第 5 期。

③ http://www.360doc.com/content/16/0309/01/13381122。

④ http://baike.so.com/doc/7016157-7239046.html。

⑤ http://www.ahage.net/fengsu/19743_3.html。

结构，由于这里岭高风急，容易损坏，后人将其改为全石结构。① 苏氏一族兴旺发达、人才辈出，大家都认为是"五福菩萨"显灵保佑的原因。时间一长，这里的香火越来越旺，最后演变成一种大型庙会，并伴随着一系列的庙会活动。② 另一个传说也大致相似。在明朝初年，朱元璋初登大宝，国家逐渐繁荣安定。苏姓一族居于永丰必吉岭，苏家有个叫苏振玉的人在南京为官，主管粮仓。因奸臣从中挑拨陷害，加上连日下雨，苏振玉未能在限期内完成粮库建设，奸臣抓住把柄，向皇帝参奏，说粮库根本没建。皇上龙颜大怒，将苏振玉打入死牢。苏振玉的儿子苏显荣是位孝子，在得知消息后，匆忙赶往南京，途经长江时，忽见江面上飘来一只木匣，捞起来一看，藏有六个菩萨头像。于是苏显荣跪地祷告，祈求菩萨保佑父亲性命，并承诺为菩萨建庙供香，随后将木箱藏匿于江边。苏显荣来到南京，冒死面见圣上，陈述其中事由，恳请皇上允许自己为父亲抵罪。皇帝得知事情真相后，感其孝义，遂赦免其父死罪，但将其革职为民。苏显荣回家途经江边时，认为是这六个菩萨显灵保佑，他没有忘记自己许的愿，为了还愿，他就将这六个菩萨往回挑，挑到斜山岭头时，扁担快断了，于是苏显荣就对这六个菩萨说："你们还没有到我家，如果扁担在哪里断了，我就在哪里为你们建庙。"结果在岭上村与岭下村的交界处，扁担彻底折断了。苏显荣就地把菩萨放下后回到村里，四处募集钱款建庙。族人听到苏氏父子讲的这个故事后，非常感动，有钱的出钱，无钱的出力，许多村民把大石头抬到这里，很快这座完全由石头建成的"五福庙"就建成了。这座庙是三开间的硬山式建筑，宽5.55米，深5.2米，檐高3.25米，脊高4.95米。③ 庙内有两根巨大的石柱，要两个人才能合抱。整个建筑不用一木一砖一瓦一铁，全部用花岗岩石料立柱穿榫横梁为结构，上覆弧状条形石以为瓦。当地民谣："石头瓦，石头梁，石头柱子，石头墙。"说的就是这座庙巧夺天工的奇特风貌。④五福庙建成后，村民们在庙内供奉了五福菩萨牌位，顶礼膜拜常年供香。由于这个五福庙里的菩萨非常"灵验"，因此，香火越来越盛，以致后来演变成了一项大型的祭拜活动——五福神会。⑤

　　"五福神"共有正神六尊，小神五尊。正神分别为："平浪王"（当地又

① http://baike.so.com/doc/7016157-7239046.html。

② http://www.ahage.net/fengsu/21074.html。

③ http://wenda.so.com/q/1370950541068125。

④ http://whw.hsu.edu.cn/s/84/t/134/12/0d/info70157.htm。

⑤ http://news.hsq.gov.cn/wenha/yc/20071214/2449.html。

称"娘舅""宴公"），头戴帅盔，酱色脸，花白长须，手执两把七星长剑；"和合五郎"，头戴侯盔，黑色脸，怒目、短须，执两把方形竹节钢鞭；还有"了角四郎""草野三郎""灌口二郎""得胜一郎"，均戴文阳盔（或扎巾额子），其中三郎脸色鲜红，手执双刀，四、二、一郎脸为淡红色，手执双剑，其面均有较长（约 1 尺长）黑须。各尊神分别穿着缎质蟒袍，颜色与脸色相同，腰佩玉带，下身穿大红灯笼裤，高底皂靴。随行的小神有五尊："和合""利市"（由两个男孩扮演），"和悦"（又称七星），"土地"和"判官"（由孤寡老人扮演），其服装有相应的布质戏服。五尊小神空手，脸式（连帽）较小。

"五福神会"于每年农历八月十三、十四、十五日举办大型活动。挑选苏姓壮年，头上戴着面具扮神出巡。"五福神会"整个活动过程有固定的程序，为"出橱""降神""出巡"和"退神跑橱"几个部分组成。

第一步，"出橱"。农历八月十二，苏姓保管道具的人家从保管面具、衣服的"神橱"里将表演的相关道具"请出"，用白酒喷洗面具，然后用新毛巾擦拭干净，做好一切准备。十三日各族到各自祠堂供奉和祭拜祖先神灵。

第二步，"降神"。十四日晨，众神的扮演者身穿表演服装，手捧脸式面具，有人拿着神的武器，大家都聚集到五福庙，举行"降神"仪式。首先，大家将带来的脸式、武器摆放在各神像前的神架上，同时供桌上摆满供品。"降神"仪式由村中德高望重者主持，主持人高呼"降神！"此时庙外鞭炮点着放响，主持人即率各宗祠长辈老者焚香跪拜，恭请众神"下界"；庙外同时还要杀猪进行公祭。杀猪时，在祭猪的前面摆放一些黄表纸，由一人拉住拴在猪后腿上的绳子。杀猪需请村中刀法高超的屠夫前来，猪不捆绑，只用一麻绳拴住后腿，在神像前的广场或天井里，将猪捅一刀，由还愿者将绳子拉开让猪在满场地跑圈，血尽倒地，让猪血溅到黄表纸上；同时还要宰杀公鸡，并将鸡血淋在黄表纸上，称"血祭"。在祠堂公祭以后，各家也要杀猪宰鸡"血祭"。[①] 在五福庙香火旺盛时，祈愿、还愿者众多，因而十四、十五两天，这里往往要杀猪四五十头、杀公鸡几百只之多，进行血祭。接着众人再三叩九拜后，"降神"仪式完毕。此时的脸式和武器即正式代表"神"降附在上面了。主持人手持五郎钢鞭，将上端抵住门左上角，人侧身站在门右，按照五、四、三、二、一郎、平浪王的顺序喊神，请神出门，扮神者手捧脸式昂首出庙门，武

---

① http://www.360doc.com/content/15/0124/11/4160062_443292135.shtml.

器由另外一人随着帮拿。

第三步，"出巡、祭坛"。众神从山上庙里被"请"下来后，到村头集中，表演的人将脸式戴好，此时表演的其他道具如黄龙伞以及各种旗帜、锣鼓等都聚集到各神周围，准备完备。然后开始正式"出巡"，即菩萨巡视各处，消灾降福。菩萨出巡是要按照顺序排列前进：五尊小神走在最前面，无仪仗跟随，步法可自由行走，所戴的脸式也不严肃，有的为了方便行走，甚至将脸式顶在头上也没有关系；接着是六尊正神，五郎走在最前面，接下来是四、三、二、一郎，最后是平浪王。正神行走时的步伐为"方步"，即要迈大步行走，每走一步，脚都要踢起很高，轻轻落下，所谓"高起稳落"。在迎神赛会观众集聚、人数很多时，队伍前进的速度就要放慢，正神表演者这时要做"走三步、退一步"的特殊表演步法。正神各自双手横握着柄朝外的武器，在行走的同时上下挥摆，高过头顶，动作威武夸张。演员的这种行走姿势很消耗体力，因此，每走一段路后要略事休息。正神在休息时，两腿可放松站立，但两手要微曲平伸，手中拿的武器要呈"×"形在胸前交叉；另外两名扮神人员，这时要一左一右，各出一手托住"神"的肘部，另一手托住兵刃的交叉处，以减轻扮神者手臂的负担。还有人给神扇扇子。扮正神者行走时步法要稳固，不能趔趄，武器也不能碰触到别人，否则会被认为不吉利。出巡路线是预先设定好的，通常要集中会合到村中广场，并在规定的几个地方设有祭坛。神巡游到广场后要转三圈表示"巡视"，随即接受供奉。广场上有祭祀供桌，供桌后面放有六把带有椅披的太师椅，椅后有一条长长的神架。此时，可将正神的脸式安戴在神架上，远远看去就像正神坐在椅上一般。小神的脸式可放在供桌旁边。供碗里的物品以珍贵、大重为上，（历年也有一定规定）。还有一种供品叫"薏米茶"，是用薏米、糯米煮成米饭，上面再放两个剥壳的熟鸡蛋，用红、绿丝摆成各种好看的图案。此外，各家各户都端来一碗（8～12 个）米粑敬神，以祈祝五谷丰登。此时众神的扮演者对放在这里的供品只是看看，而由村中孤老扮演的"判官"，可以在每只供碗里拿两只米粑回家享用。摆在碗里最上面的第一个米粑，是给众神专门享用的祭品，不能拿走。① 到了十四日晚上，将众神由广场"请"至苏氏宗祠内，端坐台上。在整个"出巡、祭坛"过程中，唢呐吹奏，锣鼓铿锵，神会队伍晚上休息时，伴奏乐队与戏班此时变成了主角——演唱昆曲，通宵达旦，继续表演乐神娱人。这天晚上，前来看戏的人很

---

① 　http://www.360doc.com/content/15/0124/11/4160062_443292135.shtml.

多，据说家住青阳、泾县的老百姓也翻山越岭前来观看，祈求福佑。表演出巡时有一套仪仗队：由几十名童男身背神的"印绶""令箭"，提香炉走在队伍的最前面作引导，三名穿着同样神袍的扮神者居中（因扮神者耗费体力较大，由三人轮流扮演，替换休息），每尊正神后面跟有十几顶绣有花鸟人物的黄龙伞以及各种旗帜（伞、旗的颜色和各神蟒袍的颜色相同）；队伍中还有打锣鼓的，放鞭炮的，走在整个队伍最后的是一杆两丈多高的锡顶大舵旗。①

五福神会②

　　第四步，"退神跑橱"。八月十五下午，队伍出巡完毕，众人聚集在五福庙前，行"退神"仪式。仪式与"降神"相仿。此时，扮神者换上短衣、便鞋，各自拿着退神后的脸式，由两位青壮年男士手拿五郎钢鞭交叉拦在庙门前，厉声高喊："五郎！"接着喊四、三、二、一郎和平浪王名号，被喊到者要一一从鞭下钻出，此为"退神"，就是将"神"从表演道具符号里退回庙里。与此同时，鞭炮点响，扮神者各自端着神的脸式向各自的祠堂里狂奔，此为"跑橱"。路上可有接应脸式继续跑的，如同接力赛跑一般。当拿着脸式的人跑进祠堂门时，放响鞭炮，以宣告到达时间。大家认为最早将脸式送到宗祠的，可得到菩萨更多保佑，家人和本族将会人丁兴旺，五福临门。因而，各宗祠都会选出身体健壮、善跑的男子参加跑橱。"跑橱"的人都全力以赴，围观的百姓也一齐呐喊助威，往往一场神会下来，很多观众都呐喊得喉咙嘶哑、咳嗽多天。在跑橱中拿到好名次的人，其族人欢呼雀跃，将跑橱者视为功臣，并于当天晚上准备好

---

①　http://www.360doc.com/content/15/0124/11/4160062_443292135.shtml。

②　http://www.ahage.net/fengsu/19743.html。

酒、好菜庆功祝贺；跑在后面的人深感愧疚，其代表的族人也垂头丧气。"跑橱"完毕后，主持人将正神脸式收进神橱里，而五尊小神道具各自拿回家中收藏，不参加跑橱。至此，本届神会才告结束。

"五福神会"活动中使用多种相关神器及服装、器械用品。有6个"脸式"面具，用夏布和生漆制作。面具上的耳目口鼻仿照真人面孔轮廓制成，五官向外突出，其制作线条粗犷流畅，面具表面用颜料油漆钩染而成；脸式宽（连耳）一尺，高（连盔）二尺四寸，胡须约有尺余长；眼部不开孔，佩带时，面具外端略向外斜，使扮演者能见到脚前几步路。头盔共6个，其中帅盔、侯盔各一顶，文阳盔（或扎巾额子）四顶，头盔也相应地加大缝连在面具上；七星长剑2把，方形竹节钢鞭2把，短戒刀1把，双剑4把；酱红色、黑色、红色蟒袍各1件，淡红色蟒袍2件，蟒袍上用金丝线绣有腾龙图案，四周祥云围绕，下摆为波浪水纹。盔、袍、裤、靴和手中武器如戏曲中服装。活动中所用的仪仗器具还有印绶、令箭、香炉各12个，香炉上有柄，木质，刻成龙形，龙头处悬挂香炉，龙尾悬挂香囊，约3尺长。黄龙伞6个，绣有花鸟图案；锡顶大舵旗6面，旗幡24面；打击乐、唢呐成套；神架2个，放在供桌和太师椅之后，用于摆放脸式和盔头。

"五福神会"为自然传承，由苏姓一族口耳相传。其活动程序、仪式、规程等均通过口授、观察学习等方式世代相传，过去一直没有确切的文字记载。[1] 旧时苏姓子孙都虔诚地信仰五福神，每年都会亲历"五福神会"活动，并把这个活动当作他们的盛大节日。因此，很多村民在很小的时候就对众神的脸式、造型、服饰、动作、仪仗等十分清楚、熟悉。甚至连附近青阳县、泾县的观众也清楚仪式的大致过程。因而，活动的仪式规程，虽无文字记载，但也得以从明初世代相传至今。

"五福神会"活动每年由苏姓三甲祠、五甲祠、六甲祠、八甲祠、松川怀古堂轮流主办。[2] 神会主持人是由族众公推产生的，通常由各宗祠中德高望重的长者轮流担任。主持人负责组织安排活动的整个过程，分配参加表演人员的工作和筹集资金。[3] 过去苏氏各宗祠根据惯例，都留有专门的神会活动资金，并有专人负责保管。主持人不正式授徒，但在每次主持时，都要有一名帮其"打下手"的随从。"打下手"的人通常由主

---

① http://whw.hsu.edu.cn/s/84/t/134/12/0d/info70157.htm。

② 陈元贵、魏雪苑：《迎神赛会场域中的宗族盛典——明清徽州民间舞蹈的二维解析》，《南京艺术学院学报》，2012年第1期。

③ http://www.360doc.com/content/15/0124/11/4160062_443292135.shtml。

持人的儿孙担任，在活动中要紧紧跟在主持人的身后，为其拎包拿物、端茶送水，还可为主持人传达指令。因此，"打下手"的人对整个活动的各个方面都比一般人更熟悉，尤其是对于活动中一些需要注意的特别之处也比较清楚。其中不少"打下手"的人在年长后也成为该活动的主持人。苏氏三甲祠嘉会堂最后一名主持人名叫苏致芽(1880—1950年)，12岁起跟随其祖父、父亲左右，担任随从20余年，50岁开始主持"五福神会"活动，共主持过4届。苏致芽的儿子苏蒲生也担任其父亲随从多年，在1950年最后一次"五福神会"时，苏致芽年老体弱，主持此项活动基本都由苏蒲生代劳。现在，岭上苏家和岭下苏家尚存的"五福神会"传承人有：苏蒲生，1930年生，苏致芽之子，岭上三甲村，1950年曾代其父主持"五福神会"活动；苏功烈，1935年生，岭上八甲村，亲身经历"五福神会"活动，熟知相关程序及历史渊源；苏镜辉，1936年生，岭下村，亲身经历"五福神会"，熟知相关程序及历史渊源。

"五福神会"过去每年举办一届，一直延续到新中国成立后的1950年停办。1981年，原黄山市政府组织人员对"五福神会"进行采风，搜集了此活动的大量素材，记录了活动过程。1987年，原黄山市文化部门再度挖掘整理民俗"五福神会"，并将其详细内容修订后放在《黄山市文化志》中。2003年年初，黄山区政府、黄山区文体局安排了专项调查人员和资金，并聘请相关研究专家对"五福神会"进行了系统、深度挖掘，整理恢复；购置了相关道具，培训了活动人员，基本恢复了"五福神会"原有的面貌和特征。2003年8月，在恢复和重现"五福神会"祭祀程序的基础上，还制定了"五福庙""苏氏宗祠"的保护措施，设立了隔离带，请专人看护管理，并将其申报为省级文物保护单位。2005年，"五福神会"相关祭祀、出神表演在首届黄山民俗文化节上演出，获得观众好评；[1] 2006年，"五福神会"入选"黄山市非物质文化遗产代表作"名录。[2] 后入选为"安徽省第三批非物质文化遗产代表作"名录。

（八）南坛胜会

南坛胜会，[3] 又称南坛盛会。在黄山市黄山区新明乡小河里(当时这里有12个自然村，后因太平湖修建水库被淹没，村民现已移民)，由五姓家族合办的与"五福神会"相似，但又各具特色的迎神赛会。

据说在明代洪武年间，当地观绿潭有个姓郑的船户，在长江行船时

---

①　http://www.360doc.com/content/15/0124/11/4160062_443292135.shtml。

②　http://news.hsq.gov.cn/wenha/yc/20071214/2449.html。

③　焦石如、程先通等：《黄山市文化志》，第100～101页。

遇到大风暴，危急中，突然一只大王桶（圆形木桶）向船飘来，船上水手用竹篙将桶推开，但屡推屡拢。这位姓郑的感到很奇怪，遂用绳索将其套住，将大木桶拉上船，打开一看，竟是 36 尊菩萨木像，里面还有面具、袍、盔等，还有一本"判神簿"。"判神簿"上面写有菩萨（称南菩萨或南尊坛神）的名称和祭祀的礼仪。此时，长江乌云密布，似有更大的惊涛骇浪来临。姓郑的船家当即对着菩萨合掌许愿，如能平安回家，即将菩萨请回乡里，供奉万年香火。郑船主许愿刚结束，只见长江上很快云开雾散、天朗气清。然后他一路顺风，平安到家。郑船主虔诚还愿，在家乡建起了"南坛神庙"供奉起这 36 尊菩萨。据说这里供奉的菩萨非常灵验，后来，香火越来越旺。此后，人们为了更大、更多的祈福消灾，便兴起了"南坛胜会"——以庙会活动祭祀祈福。

南坛胜会有每年农历八月初一、初二、初三 3 天会期，后因天气炎热改为农历九月进行。人们戴着 36 尊菩萨的面具，穿着相应的各种戏服，举行祭祀仪礼，并沿街、村游行，以驱走不祥，祈求平安。

南坛胜会活动表演者所戴的面具、头盔均为杨木雕成，外面用油漆彩绘，比真人的脸要大，较重。昔日曾在这里使用过的面具、头盔均已遗失。据经历过该活动的人士回忆，整个盔高达一米多长，重达三四十斤（表演的人穿戴好后只坐在那里）；盔上还有似金銮殿的建筑，内置万岁牌，表明神乃皇帝所封。面具上端有一小铁钩，并系一根细绳，便于在受祭时将面具钩在帽架子上；行走时，取下挂在胸前。表演者所着的服装均为戏装，手持兵器有刀、剑、铜、锤、戈等，除"火山七星"神所用的兵器是用铁打造成的宝剑外（据说可以镇邪），其他每人一把兵器，均由木质制成（武器为单数）。扮神的演员共有 36 位：一、二、三、四、五郎，土地，判官，和悦五位，七星有七位：金山、银山、亥山、昆山、阴山、茅山、火山，还有开路先锋，天娘子（女），压坛炳灵公，晏公大元帅，黑虎将军，河清巡使，海地仙曹，杨戬，亦成等 36 位尊神称为"南坛胜会三十六尊神"。南坛胜会的活动程序分为三个部分：聚会出坛、坐坛受祭、班师散坛。

第一，聚会出坛：九月初一上午为出坛日。从五姓中共选出男性青壮年 36 人，分别扮成 36 位尊神，在叶姓祠堂里聚会集中，然后出坛。尊神队伍前面有几对男童提香炉、背印，拿令箭、令旗。36 尊神排队游行时，扮神人员将面具挂在胸前，里穿甲，外穿袍。尊神队伍的最后有大帅旗和几十把黄龙伞，锣鼓队、唢呐等随后演奏，队伍要到各村并从各户门前经过游行。游行队伍将至各家各户门前时，那户人家便放起鞭炮迎接。因此，游行队伍所至，锣鼓鞭炮之声不断。游行结束后即到河滩去坐坛受祭。

第二，坐坛受祭：九月初一、初二游行结束后，紧接着为坐坛受祭。坛址设在晏公庙边的河滩上。人们预先在河滩上放好 36 把椅子，摆成半圆形，神像按顺序依次排列。神像前设香案、供碗、整猪、整羊祭祀。祭祀开始时，扮神人员站在椅子前面，侍神人员站在椅子后面。在香案前有专人焚香跪读"判神簿"（传说是点将出征），一个一个神的名字宣读，请神入位。当每读到一个神的名字时，即有传呼者高喊："请某某尊神入位！"某神（表演者）即从椅前站立坐到椅子上，由椅后服侍的人给戴上某神面具。村中德高望众的长者（这次活动的主持人）率来此的村民们向尊神们跪拜、祭典。当天晚上，就在河滩上请戏班演戏。"尊神"们在接受村民们跪拜后，将面具、帽子放回木架挂上，依次排列，意为让神看戏。每尊神的面具和兵刃只有一副，但穿袍着靴准备替换的男性青年人很多，大家以能够扮神为荣，当年结婚的新郎具有扮神的优先权；替换扮神的人员为同姓青年。第二天上午，再次请 36 位尊神游村，结束后仍旧回到河滩观戏。河滩演戏为两个通宵。

第三，班师散坛：九月初三晚举行班师散坛。坛址仍设在晏公庙河滩上。36 位尊神扮演者如前天听到点名再次穿戴好道具神衣后坐在椅子上。当"判神簿"读完，"报信菩萨"起立，向中潭（地名）飞奔，他的前后各有一个青年人拿着一面锣边敲边跟他一起跑，跑到中潭后又立即往回跑，一口气要跑约两公里远。报信菩萨在来回跑步期间不能停步，更不能跌倒，否则，被认为不吉利。当报信菩萨跑回原位坐到椅子上时，得胜一郎立即取下小面具，露出带笑容的大面具，意味着已将瘟神恶鬼打败了。这时锣鼓乐器奏响、鞭炮齐鸣，主祭人上祭，这里有公祭，也有去年许愿的家庭今年来还愿祭祀的。观众说这是一郎得知打了胜仗，表现出高兴的样子。祭毕，扮神者取下帽子、面具放在架子上，由各姓执事人扛回祠堂，这届庙会才告结束。

（九）舞回

舞回，又称舞"犼"，起源于古徽州绩溪县伏岭镇伏岭村，该村始建于北宋绍兴二年（1131 年），因村子坐落于伏岭东麓故名。①

"犼"是人们凭空想象创造的代表一种动物的名字，因字典上没有，后来多用"回"替代，是由当地人创造出来的一种似狮非狮，似虎非虎，

---

① http://www.my365.cc/forum.php? mod＝viewthread&tid＝1540。

凶猛超过狮虎的猛兽，是过去伏岭人用来除邪镇魔，消灾祈福的瑞兽图腾。

　　关于舞回的起源：① 据传在南宋绍兴年间，邵氏先人百二公举家从歙县井潭迁徙伏岭下村定居。伏岭下村，是个依山傍水的村落。村对面，有一座海拔 1300 多米的鸡鸣尖。百二公定居后，人丁欠旺，第三世孙世泽只得一子。同时，先于邵姓来伏岭居住的成、唐、许、丁、周五姓也因故或日渐败落，或徙居他乡，导致伏岭下村人烟稀少。② 每到冬季，山里野兽时常出没于村中觅食，噬畜伤人。当地村民有用竹编火桶取暖的习惯，导致村里经常发生火灾。另外当时的村子环境卫生也较差，瘟疫时有流行。那时人们对于发生在村子里的灾难现象无法理解，于是他们请来风水先生观看风水，风水先生观后认为，村庄面朝大山巨石挡门，邪气太重，鸡鸣尖上有巨石形成的"石狮""火虎"作祟所致。③ 要消灭灾害必须用相"克"的东西镇住石狮、火虎，让其不敢妄动方得安宁。狮子、老虎本是动物界的王者，百兽惧怕，如何才能镇得住它们？风水先生与村民们经过商议，在村北、村中、村东挖了三口水塘，名为"火烛塘"，以克火虎。而对付石狮，聪明的伏岭人大胆臆想创新，创造出了一个"狪"的动物——用彩布缝成一只似狮非狮，长着巨型大口的猛兽形状。据说，"回"比狮更凶猛，只要回一出现，狮就会卧在原地不敢出来害人。所谓"回"，就是将"回"字演绎，一个巨大的"口"里面装着一个较小的

舞回

---

①　http://www.jixinet.com/thread-225624-1-1.html。

②　http://www.my365.cc/forum.php? mod=viewthread&tid=1540。

③　http://blog.sina.com.cn/s/blog_6147778401013fr5.html。

"口"。取回字大口套小口的形状，认为狮口宽阔为大口，虎口窄小为小口，合起来既有狮口又有虎口，再加上一只锋利的角（也有双角的），就成为一个比狮虎更厉害、使所有动物望而生畏的"王中之王"——"狍"。

据说刚开始时只是画了个"狍"的图形，世泽公张贴于堂上，每逢初一、十五都要虔诚供奉朝拜，后来邵氏一族果真人丁渐渐兴旺。① 而真正的"舞回"活动起源于清道光十年（1830 年），至今有 180 多年历史。早期的"舞回"，是由两名年轻人披上布制有巨大"回"字的衣披，面对火郭山跳跃奔舞，群众在一旁齐声呐喊，同时伴以敲锣打鼓、放鞭炮向石狮、火虎示威，并绕村游行一圈以驱赶邪气，后来人们又增加了火把游行，也许是这种大规模的活动使山中野兽受到了惊吓远遁，从此不敢在村中出没，人畜伤亡大大减少。② 村民们为纪念镇石狮，压火虎的胜利，决定每年的元宵节都要举行这项庆祝活动，定名为"舞回"，并形成了惯例。在正月十五元宵节夜晚，大家点起松明火把，集中在村中祠堂里，由两名身强力壮的小伙子头顶着制好的"回"披，沿着村子每家每户跳舞，以求驱逐邪恶，迎来吉祥。由此可见，"舞回"是源于一个古老的宗族驱邪祭祀活动。

舞回的道具

早期的"舞回"活动包括举火把游行、舞回和演戏。到了清代道光年间，活动衍化为"舞回跳狮"（简称跳狮）和演戏两项，其中的"跳狮"就是

---

① http://www.my365.cc/forum.php? mod＝viewthread&tid＝1540。

② http://blog.sina.com.cn/s/blog_6147778401013fr5.html。

进一步延续了早期的"舞回"活动。咸丰元年（1851 年），改游行为聚集在祠堂舞回、演戏。①

伏岭过去是一个聚族而居的邵氏独姓村。建有邵氏宗祠，分上、中、下三门（即邵氏宗族的三大支派），各门都建有支祠（俗称老屋）。光绪元年（1875 年）各门都成立了舞回班，分别演出。② 舞回活动一般在农历正月初三、正月十四到十七举行。每年农历正月初三要到各家各户登门表演，而正月十四到十七则要在老屋同时进行舞回表演。这期间每晚还要排五个节目，即开台、跳狮和三个折子戏，分三班进行。头班演三个节目，开台、跳狮后再演一个较长的折子戏；中、末班各演一个相对短一些的折子戏。整个演出以元宵节夜晚最为热闹，下午约四点，小演员们就吃好晚饭集中在各门的老屋内开始化妆，约五点半表演队伍开始游灯，游行队伍按各门演出次序排列，每门都用两只火篮（用铁制成口径20～30厘米的篮子，里面燃烧松明）和锣鼓开道，演员们手执各式各样的花灯，跟着各自的队伍缓缓前行，绕村一周。沿途鸣放鞭炮，敲锣打鼓。当游灯队伍到达村头戏台前时，三十岁值年（当年 30 岁生日的男性）早已等在台前接灯，拿回老屋第二晚使用。此时头班演员上台，中、末班演员则在戏台对面的大佛殿和土地庙内稍事休息。当头班演员演戏登台的一瞬间，蓦然锣鼓、唢呐齐奏，烟花鞭炮齐鸣。这时三十岁值年开始"请台"，戏台中央搭起了二重高台，两边八把交椅，八字排开。披上大红绣花桌围椅披，桌上摆满了五事（锡箔制祀祭用具）祭品，红烛高烧，值年们（当年 30 岁的所有邵姓男性）衣着整齐，神情肃穆，手拿线香上到台前一字排开向天地祝祷，祈祝村民们人寿年丰，吉祥如意。请台仪式一般在20～30 分钟之间，视值年人准备的烟花爆竹多少时间放完为止。接着正式演出开始：第一个节目称"开台"，大都是短小的徽、昆神话舞蹈剧目，惯常演的有"万花献瑞""五子夺魁""大财神""齐天乐""四海升平"等。开台戏的最大特点是行头多，演员多，一般要有三十多人同时出场。第二个节目是"跳狮"，当开台的伴奏尾声音乐刚停，马上响起了粗犷响亮的跳狮鼓，这是沿袭原始舞回镇邪压灾演出的节目。整个节目分为四个小节，刚开始时较为简单的"舞回"动作增加了很多舞蹈元素，如将舞狮中的游狮、摇头、摆尾、前后翻、竖银锭、立腿、爬柱、横滚、抓痒、打瞌睡、捉蚊子、踢球、过桌子等难度较大的动作也融入了跳狮表演套路

---

① 中华舞蹈志编辑委员会：《中华舞蹈志·安徽卷》，上海，学林出版社，2000。
② http://blog.sina.com.cn/s/blog_4c5276a10100089n.html。

之中，① 使其表演观赏性更强了。这时的"狮"比以前"回"的道具要精细得多，狮身用丝线、金线绣成，狮头能张口瞪眼，尾能摆动，两个年轻的跳狮人都穿上形似狮腿的裤子，一个掌握狮头，一个负责狮尾，行动一致，形象逼真，这个节目表演约需一小时。第三个节目是折子戏，时间约为晚上八点多，这时台下观看人群已经到了高峰，翘首以待小演员们的演出。这里一般都选演一个时间较长的折子戏，如"失空斩"（失街亭、空城计、斩马谡）、"连环套"（盗御马、天霸拜山、盗双钩）、"骂杨广"连"南阳关"，"苏三起解"带"会审"等，这些剧目演完一场一般都在一个半小时至两小时之间。头班演出结束，中、末班接着各演一个折子戏，此时已近午夜，有时大人们在末班演完后还即兴演出，称为"土戏"，一般要演一些情节复杂的大戏，如"生死板""九更天""蔡鸣凤""杨乃武与小白菜"等。等到演出全部结束，往往已经是五更天，东方泛白了。

"舞回"经过近百年的不断丰富与发展，培养了一批水平较高的演员。演员们一般从小练习，都要经过七八年的专门训练才能熟练掌握一些高难度的动作技巧，如三层高台跌银锭或前空翻而下，从桌子上插交而过，在台柱上倒挂卷帘、盖八对、仰身跌、朝天蹬等许多高难度动作。

1926 年春，伏岭舞回班应汪村南观花朝会斋官汪老永的邀请，赴大庙汪村与休宁新阳春专业戏班对台演出。为保证这次演出的圆满成功，邵氏三门有关人员联合商议决定合并组班，挑选出演技较好的小演员 62 人，小的 7 岁，最大的 16 岁，排了"万花献瑞""英雄义""长坂坡""黄鹤楼""霸王别姬"等 18 个京、昆、徽剧目。选用了最新的戏装道具。花朝会首场演出开锣戏万花献瑞，是一出适时应景歌颂升平的大型神话舞蹈剧，上场演员达 56 人，剧中云童、功曹、花神的扮演人数比在村中演出时增加了一倍。剧终，全体演员齐集台前，一字排开，齐声朗诵"天上神仙集会，人间福寿双全"。② 一时间掌声雷动，叫好不绝。这次演出，由于演技纯熟，服装、道具新颖，小演员们扮相娇美，赢得了广大观众的赞赏。新阳春班虽在对台演出，但数以万计的观众向舞回班一边倒，新阳春班有时因失去观众而停锣息演，此次演出盛况空前，轰动了绩、歙两县，大大提高了伏岭舞回的知名度。

伏岭舞回还有三个其他地方没有的特点：第一，是"三十岁值年"制度。早在邵氏三门分班舞回起，经过族众商议，认为三十岁是人生"而

---

①　http://blog.sina.com.cn/s/blog_6147778401013fr5.html。

②　http://blog.sina.com.cn/s/blog_6147778401013fr5.html。

立"之年，正当黄金年龄，年富力强，精力旺盛，敢于担当，由他们来负责舞回活动是最适合的人选。因此，将"三十岁值年"约定俗成，沿袭至今，形成了制度。住伏岭的男丁，每人都有一次"值年"义务，而他们把这次义务看成是自己一生中最大的事情，一种荣誉，千方百计要把这个"值年"当好。三十岁值年的具体任务是：农历的正月十八接手，与上年的值年人办好交接手续，如舞回使用的各种行头、道具等按原来的登记册簿，逐件清点，行头请裁缝熨帖入箱，妥善保管，至下半年农历十月中旬，值年人负责邀集导演、抄曲、文、武场等有关人员打并伙（聚餐），商议舞回表演剧目和有关事宜。① 确定专人抄曲（即分角色抄写念白、唱词），曲抄好后，又由值年人邀集演员（7～16 岁儿童）晚上集中在老屋内发曲（由导演分发每个角色的台词）开始教念白、唱腔。教唱期间会有一些戏曲爱好者主动参加帮教，值年人轮流供给茶水。到了腊月初八，值年人负责在老屋内搭台排练舞回动作和唱戏。一直到大年三十，值年人除供茶外还供应夜宵，通常是菜粥或面条。每晚还要协助、陪侍到排演结束，再帮着收拾好锣鼓、道具才能离开。从新春正月初三开始，增加排练时间，每天下午和晚上都要进行排练，少数主角上午也由导演单独授教，为了使表演人员准时集中，值年人开始供应午餐（包括导演、文武场等有关人员及主要演员），通常的午餐都有 5～6 桌。到正月十三，三门值年人集中，各推选一人抓阄，决定四夜舞回的出场次序，另外，还要负责订制游灯用的各式花灯。

第二，是"上门跳狮"和"接茶"。正月初三，值年人带领跳狮班挨户上门跳狮，其意为各家驱邪、消灾、祈福。各家在自愿的原则下捐献狮金（给米或给钱），多少不论，舞回所收狮金全部用作补充舞回费用。同时从即日起，三十岁值年开始轮流"接茶"。所谓"接茶"，就是请本门所有男丁上门吃鸡蛋茶面。堂前摆好几张八仙桌，桌上摆满了花生、瓜子、芽蚕豆、麻糖、麻片、糖支、糖塌、糖饼、如意糖、麻酥糖、云片糕等各色糕点，进门先吃鸡蛋，再吃茶点，然后吃碗面，另有因故不能上门者，还要将面送上门。"接茶"活动值年者每人一天，时间长短要看三十岁同龄人数而定。② 通常有 5～7 天，如果哪一年三十岁出生的人多，"接茶"活动甚至要到舞回结束后才能结束。接茶活动提高了家族的凝聚力，增添了春节的欢乐气氛。

---

① http://blog.sina.com.cn/s/blog_4c5276a10100089n.html。
② http://blog.sina.com.cn/s/blog_6147778401013fr5.html。

第三，除接茶外，三十岁值年还要轮流设一次宴席，大宴宾朋。所有参加舞回活动的人员都在受邀之列，还有值年人的亲戚朋友，左邻右舍也要参加。一般这样的宴请都在 10 桌以上，有的多达三四十桌。在宴请中，要推舞回导演为嘉宾上座。宴席一般是九碗六盘或十碗八盘，其质量比一般的婚庆宴席还要高。因当事人都正值壮年，不想落后他人，而且一些小演员们在吃完后，聚在一起要议论谁办得好，谁办的差。这样一来，当事人都不惜代价购买海参鱼肚、开洋干贝、火腿、木耳、香菇等上乘食材制作宴席。这样的宴请有两层含意：一是值年为自己庆祝三十岁生日；二是对舞回导演和有关人员表示答谢。

"请台"，有请演员上台表演的意思，也是三十岁值年的任务，四夜的舞回，每门都有一夜头班，也就是说都有一次"请台"机会。其中所用的祭品、蜡烛、爆竹等费用全由值年人承担。直到正月十八，舞回活动结束，下年三十岁值年人成为新的承办人，至此，本届三十岁值年人的任务就算圆满完成。此外，三十岁值年人还要捐助舞回的行头。经济条件好的一人认捐一件，条件较差的几人合捐一件，困难的可以免捐或捐一件价格较低的道具，捐助的行头在其背面要写上捐助人的姓名和时间。

舞回活动自从出现，流传至今长盛不衰，最根本的因素是这里是徽商的发源地之一，过去整个村子有很多人在上海经商，有比较雄厚的经济基础。二是有一种自然形成的心理竞争机制。每年各门的值年、导演和有关人员都暗下决心，希望把本门的舞回活动搞得比其他两门好，正是这种互相竞争、攀比的心理促进了舞回向高质量发展。三是在这里有一批舞回爱好者，他们是舞回、戏剧的积极分子，对舞回有着特殊的感情和无私的奉献。主动学习表演技艺、唱腔和文武场演奏技术，不计得失，无怨无悔。[①]

在 20 世纪 30 年代，住在这里的邵茂定、邵之颜、邵萍友、邵思明、邵炳林等人建立了"鸡鸣寻声社"（相似于票房一类的组织）。这些人有的是舞回导演，有的是司鼓、操琴和文武场人员。在业余时间，他们经常聚集在一起吹拉弹唱，吸引了众多爱好戏曲的青年人参加活动。[②] 那时他们就备有留声机，还有许多京剧名家唱片，戏剧知识书刊、剧本。"鸡鸣寻声社"的活动培养出了一大批导演和文武场演奏人才，这些人都成为了舞回活动的中坚分子，对舞回的发展提高和改革创新起着重要的

---

① http://blog.sina.com.cn/s/blog_4c5276a10100089n.html。
② http://blog.sina.com.cn/s/blog_6147778401013fr5.html。

作用。①

伏岭舞回，从祭祀活动逐渐发展成为一项供人们娱乐的庆典活动，除了每年春节按惯例时间演出外，还在一些重大的社会活动中演出过。如历史上记载 1935 年 4 月 4 日，绩溪举办有史以来第一届小学生运动会，应时任县长陈必觊邀请，舞回班到县城城隍庙义演两晚；1937 年抗日战争期间，伏岭村建立了抗日救援会，10 月，舞回班组织了一次为抗日将士募捐寒衣的两晚演出，收入 200 多大洋，用于制作寒衣，支援抗日前线；1938 年元月和三月分别在当地驻军十三师六十五团和汪村驻军七十一师师部进行了两次慰问演出，以鼓舞士气，团结抗日；② 1945 年8 月，为庆祝抗日战争胜利，伏岭舞回班赴县城城隍庙演戏三晚；1949年 8 月和 1950 年 10 月，为庆祝绩溪解放和中华人民共和国成立一周年，在县胜利台演出两夜。③

（十）许村大刀灯

许村大刀灯，④ 又称大刀舞，始于清同治年间（约 1864—1865 年）。关于大刀灯的起源有两种传说，第一种传说，⑤ "舞大刀"是为了追怀许氏先祖——唐代的忠义公许远。据《唐书·忠义传》记载，许远智勇双全，精通兵法，自创了一套"许家刀法"，一刀在手，舞动生风，出神入化，冲锋陷阵，所向无敌！唐安史之乱爆发后，天下大乱，叛军一时攻城略地，无人能挡。时任睢阳太守的许远，在叛军将领安广绪带领 23 万大军围城压境的危急关头，与援军主帅张巡一起协力同心，誓死守城。许远凭着令叛军闻之胆寒的许家刀法，带着守城军士，冲锋陷阵，以少胜多，打退了叛军一次又一次的猖狂进攻。虽然，最后因粮绝援断，以身殉国，但为唐朝大军最终取胜赢得了宝贵时间，也有效地阻止了叛军南侵的步伐。他的忠烈壮举，广受后人称赞，从唐到清，先后得到了 23 位皇帝的褒奖。五代时，中原战乱频仍，许远之孙许儒举家由河南迁至徽州，定居许村，繁衍生息，后来家族日渐兴旺。为缅怀忠烈，教育后人，不让"许氏刀法"失传，许氏后人遂定于每年正月十五为许远公纪念日。当天晚上，许氏所有宗祠都得派出一支舞大刀队伍，擎举着两丈高的大刀，走上十里长街，⑥ 举行大刀舞来祭祀先烈。第二种传说，在清咸丰同治

---

① http://www.jixilxs.com/zixunxx-692.html。

② http://amay200.blog.163.com/blog/static/100753352009101761719963。

③ 邵培琦：《绩溪伏岭舞回琐记》，http://www.ahage.net/fengsu/21998.html。

④ 根据许村镇吴文海口述整理。

⑤ http://amay200.blog.163.com/blog/static/100753352009101761719963/。

⑥ 吕贤清：《明清徽州"武昌"现象分析》，《黄山学院学报》，2013 年第 8 期。

年间，太平军与清军在徽州曾有多次激战，徽州死于兵燹的人很多。[1]
许村、上丰一带因有宋梦兰、吴定洲等人带领团练抗击太平军，因此，
这里的人民罹难状况更为惨烈。战争结束后，村中断壁残垣，浮尸散野，
幸存者惊魂乍定，一有风吹草动，即心惊胆战、疑神疑鬼。许村有人说，
看见种福厅巷路高墙上有"长脚六"垂下长脚，夹走行人的帽子，夹住人
头颈用脚趾剜人耳朵，虽为无稽传说，但令人毛骨悚然。阴雨天住在这
里的人们早早关门闭户，甚至晚上无人敢出家门。于是，许氏家族长者
出面请江湖术士指点。首先在许氏六份种福厅派兴起"大刀灯"会镇妖，
即用竹子扎成"刀"形骨架，外面用纸糊上，里面点上蜡烛，众人晚上出
来舞动游行，冀以驱妖镇邪。未几，周边各自然村派竞相仿效，并尊种
福厅派领先兴起的大刀灯为"天王刀"。每到晚上，村村都出来舞大刀灯。
从此，流言消失，人心安定。后来，大家将大刀灯在正月十五闹元宵时
再搬出来表演，并与传统的龙灯、长钱灯、花灯、伞灯、旱船、秋千等
活动有机地组合起来，使之变成了一项休闲娱乐的活动。

大刀灯[2]

　　大刀灯一般用一根毛竹（最大号的刀有时要用几根毛竹）将前端剖开
分支扎成月牙刀形骨架，并留有长柄（有时在长柄处装上一根杉木杆作
柄），在骨架上安装电线、电灯，外面再用白布糊成面子，在布面画上各
种图案。大刀灯通常按照形体分大、中、小三号刀灯，现在表演一般只
用大号灯和小号灯两种。最大号的刀灯长约30尺，重达200多斤，过去

①　http://blog.sina.com.cn/s/blog_6147778401013fr5.html。

②　http://www.t960.com/image-1367-2265-5.html。

最大刀内点 48 支蜡烛(现在用电灯、蓄电池);中号刀灯长约 18 尺,内点 36 支蜡烛;小号长 12 尺,内点 24 支蜡烛。大刀灯舞由于灯体重而庞大,因而舞动起来十分费力。大号刀灯舞是要通过多人协调合作方能完成,一般需要 7~9 人;最小的刀灯也有 3 米多长,10 多公斤重,单个人舞动非常费力,如果起风则更加难以控制。因此,舞刀者平时需要练习臂力,并且有些技术动作要通过多次排练方能自如舞动。另外,组成大刀队伍的还有彩旗 1 竿,长钱 4 串,小刀 8 把,大刀 1 把,并由锣鼓伴奏开道。还有跟队服务、换手(舞刀手累了换班的人)人员约 10 余人。刀舞表演者一律穿红色上衣和裤子,头扎黄色头巾,腰中系有黄色布腰带。

许村大刀灯会正式开始在每年正月十五举行,但要从正月初八开始训练、准备,直到正月十四彩排结束。整个选人、训练、表演程序通常分为三个部分:① 兴刀、游刀和舞刀。首先是"兴刀"。通常由村中长者指派几名年轻人敲锣打鼓跑遍全村通知、召集全村村民;紧接着,一人手捧着木制的,外糊红纸上面写有"许远大王位"的牌位,在锣鼓声、爆竹声中走进许村祠堂,将牌位供奉后,参与舞刀的相关人员一起跪在牌位前参拜,并向"许远大王位"祈祷保佑许氏族人健康、幸福、平安。众人在焚香烧纸参拜后,由村里公推德高望重的长者主持成立舞刀队,挑选参加大刀舞表演的男性年轻人,从正月初九开始至正月十四,各参演人员要按照大刀舞的活动程式集中进行排练,这一过程称为:"兴刀"。兴刀结束,紧接着就是"游刀"。正月十五上午,舞刀队开始游村,当第一遍锣声响起,舞刀队的全体成员纷纷跑向祠堂集中,做好游刀前的各项准备工作;不久,第二遍锣声响起,大刀队从祠堂走出,开始游村;一长者在前引路,一人扛着上面写有"许村大刀舞"的彩旗跟随其后,在彩旗后面的是 4 人各持一串长钱,挂长钱的细竹竿顶部留有一蓬竹叶,有"四季常青"之意。之后是 8 人各持一杆 3 米多长的小刀按顺序前行,再后面是 7~9 人共同抬着一杆 10 米长的大刀,还有锣鼓队伍等从宗祠逐一出行。挚举大刀灯人员和锣鼓手们在鞭炮声中边舞边走。紧随其后的是蛤蜊、旱船和各种鱼灯,还有扮成丑角的老渔翁、老艄公分别表演着划桨、撒网、提网、抓鱼等各种滑稽动作,不时逗得观众阵阵大笑。游刀的游行路线是:从许氏宗祠出门沿街(右)前行,途经各门各户后再返回社屋。大刀灯表演通常与这里的板凳龙表演相结合,最后游行队伍

① 卢玉、陶丽:《许村大刀舞的文化特征及其价值——一项民俗体育的田野考察与文化学解读》,《成都体育学院学报》,2012 年第 11 期。

到宗祠后盘龙结束。整个游行队伍有时长达数里，队伍来到每家门前，人们都要燃放鞭炮，表示欢迎和纳祥接福。游刀活动一次要持续约两个小时，直到下午才结束。最后是"舞刀"。正月十五傍晚，大刀队按照游刀出场的顺序，从宗祠先后来到许村南头"八角亭"前的广场，举行舞刀表演，整个舞刀表演分为上、下两段，上段主要舞小刀，下段舞大刀，同时小刀也配合表演。舞刀时，锣鼓伴奏，4串长钱分别立在场地的四角，写有"许村大刀舞"的彩旗立在场地中央，小刀舞表演时，大刀立于场地中央，8把小刀围着大刀变换队形表演，叫"走阵"。小刀走阵表演是边走、边舞，走阵如同军队出征和战前的布阵，其阵势主要有：八卦布阵、白刃翻飞、金蛇狂舞和锋芒众砺等；小刀演员们不停地跑动变换着队列队形，有如千军万马驰骋疆场；下段大刀舞由9人合力舞刀，刀王"日月大刀"被几位刀舞者舞得虎虎生风，在平地上划出了一道道精彩的弧线。其中，难度最大，也是最为典型的动作为"大刀割麦"，也叫"横扫千军"——将大刀挥成秋收割麦的样子，整个刀身与地面约成15度的夹角，舞动一周。这时大刀处于力矩最大的状态，舞动最为费力，也最难控制。许村大刀表演队的队员们踩着时而急促，时而缓慢的鼓点，时而聚拢，时而分开；8把小刀时而众星捧月地将大刀围在中间，时而排成两行阵势。一时间，锣鼓喧天，刀光闪耀，彩纸飞洒，漫天飞舞，众人欢腾，群情振奋。大刀灯舞从傍晚出游，表演直至深夜方告结束。表演结束后，大刀队还要回到本村宗祠还福，直到此时，整个活动才宣告结束。

平时放在许氏宗祠里的大刀灯道具（左二为代表性传人吴文海）

许村有唐头（前溪）、金村、环泉（湾里）、东升（山下坦）及楼下大宅祠、大六份等地段自然村派，各村派出灯、看灯互不干扰，早年对各派出灯的时间段经公议，进行了统一安排，一直延续至今。大刀灯于2007年被列入黄山市级非物质文化遗产名录。

（十一）打秋千

打秋千是一项流行于古徽州歙县三阳乡的民俗活动，据该项活动的省级非物质文化遗产传承人洪孝廉先生介绍，此项活动的产生距现在约有400年历史。这里有民谚："叶村罗汉，中村灯，三阳秋千传万村。"

据传"打秋千"活动起源于明朝末年。崇祯十二年时，古徽州曾发生大面积旱灾，庄稼颗粒无收，炊烟断缕，饿殍遍地，鸡犬绝声，一片凄凉景象。三阳村的灾民们靠吃"观音豆腐""观音粉""观音石耳"来度日续命，终于逃过了这一劫难。大灾过后，为纪念观音菩萨救苦救难、普度众生的慈悲心怀，三阳村的民众在村子的西南面山崖上开凿出一块平地，自发兴建了一座"观音阁"。观音阁背西面东，气势雄伟，如同观音菩萨自西天而来，到此保佑三阳这块土地上勤劳善良的人们。随后，每逢农历闰年二月便举行接观音菩萨、打秋千等系列民俗活动。后来逐渐发展为每逢春节、元宵节等节日，为祈求风调雨顺、四季平安、五谷丰登而举行的节日庆典活动。

三阳秋千①

打秋千的道具是特制的秋千架（也称秋千亭），是依据一般"荡秋千"和"磨秋"发展而成的艺术形式"秋千"。这里的秋千也称"车形秋千"，是先用硬木制一圆形横轴，长约3尺，两端分别有两根4尺8寸长对称的秋千架，其中点交叉安装在横轴的两端，形似纺车。秋千架四个顶端均用红绸系好坐板，横轴两端放在底盘木架上的轴承里，底盘有4个大木

---

① http://www.xinhs.cn/article.asp? id=19807。

轮，由 6 个成年人推着秋千架前行。木架上面再装上制作考究、雕刻精细、色彩华丽的"亭子"。整个亭子高约丈余。亭子两边还各有一根长木杠，也可以将亭子抬起行走。秋千架的主体部分油漆成充满喜庆的红色，底盘架上雕有"如意"状纹饰，寓意为"事事如意"。其他地方还雕刻有各

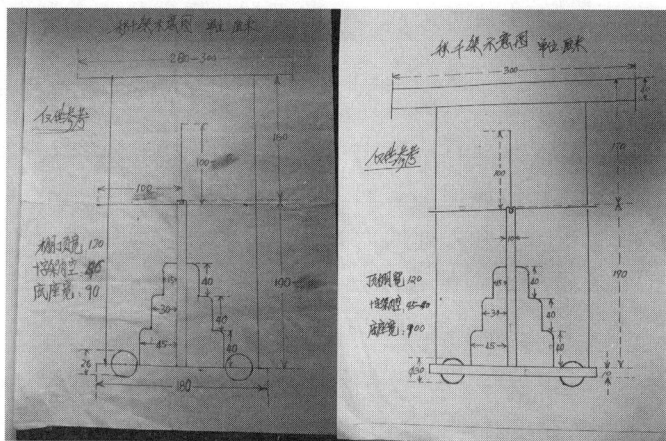

秋千架制作示意图(洪孝廉先生提供)

种花纹图案，漆上彩色油漆。亭子顶部有彩球、彩花、彩绸装饰。晚间表演一般还要饰以数盏小宫灯，内点蜡烛(现在多用电灯)。打秋千表演要挑选 4 个年龄、体形、体重基本相当的少女坐在秋千上，称作"秋千姑"，又称"采花女"。"秋千姑"在 1955 年以前均为 8～9 岁的男童。秋千姑的基本条件是相貌俊俏，嗓音清脆。秋千姑的选择分别从洪姓家族中名声好的"积善之家"且居住在村子东、南、西、北四个方位的人家中各选取一名 8～9 岁标致男童，如符合条件、情况相当的适龄儿童较多时，则采用抽签的方式决定人选。孩子被选为秋千姑的人家通常感到非常自豪，自己掏钱为孩子制作服装，购买首饰，有时还可能花钱雇人帮忙，尽可能地将孩子打扮得花枝招展。秋千姑的化装是有模式的，通常服装是上穿斜领上衣，下穿长裤，腰扎彩带，脚穿绣花鞋。四个秋千姑各穿绿、红、黄、白(象征春、夏、秋、冬)色衣裤，发际插钗戴花，头顶心披一道与衣裙同色的彩绸，并饰有彩绒花一朵，脸涂胭脂花粉打扮成美丽、优雅的仙女模样。[1] 另外一说是穿白衣的秋千姑，扮相颇似"观音菩萨"，她也代表着观音菩萨接受着一个村子男女老幼的朝拜和祝福。其余

---

[1]　http://www.aiweibang.com/yuedu/14979286.html。

三人为观音侍女，分坐在秋千板上，腰间彩带固定在吊板索上。① 秋千姑选定后首先要教其唱"秋千曲"，秋千曲主要有《普陀庵》《八仙会》《人间美景胜天堂》《三月三看龙船》《五月五戏龙舟》《七月七银河相会》《采莲》《赏荷》《采桑》九套曲谱。表演时均用地方方言，唱腔用昆腔、徽调。秋千姑人员选定后，如果体重不同，轻的可在秋千架坐板上装些重物加以调节，这样四个秋千架上受力平衡，便于秋千转动。四人分别坐在附于秋千圆轮四个顶端坐板上，两手握紧系在坐板上的红绸。整个秋千架由六个男性壮汉推着缓缓前行，秋千架两旁各有一人，轮流用力推动巨大的秋千转轮，使转轮由后向前、向上、向下均匀地转动，从前面看上去秋千姑在转轮上缓缓下降，如同天女下凡。秋千姑们含笑齐唱，结合地上的舞者长绸彩带当空，鲜花吐艳，飘然若仙。秋千旋转时则成圆形，停止转动时成方形，意为"天圆地方"。

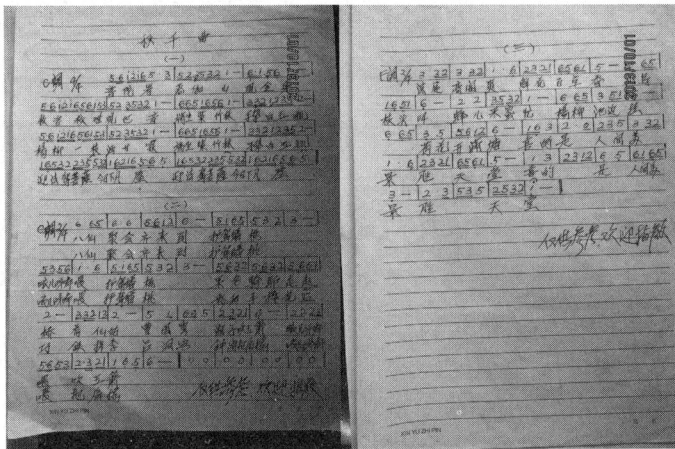

秋千曲（洪孝廉先生提供）

打秋千是一项须大人小孩配合的多人运动，而未被选上秋千姑的孩子可另有角色担当：10～15岁的参加地戏班；8～9岁的参加站肩戏班（穿戏剧服，站于大人肩头）；2～4岁的参加行香班，手拿竹制棒香，由大人抱着走。秋千架前后，各有若干少女穿红着绿，施朱敷粉，手持鲜花和四秋千姑同声高唱。秋千姑演唱的秋千曲是昆腔、徽调时曲，主要有《普陀庵》《八仙会》《人间美景胜天堂》等九套。② 有时边转十字架边唱秋千曲，有时唱唱停停。演唱歌词优美感人，歌声委婉动听。部分秋千

---

① http://hs. wenming. cn/kjyy/201310/t20131012_853357。

② http://blog. sina. com. cn/s/blog_673fa8aa0100xmbg. html。

曲唱词如下，《普陀庵》："普陀岩，珞珈山，现金身，救苦救难观世音；端坐紫竹林，手执白玉瓶，迎法驾，菩萨今日下凡尘。普陀岩，珞珈山，现金身，杨柳一枝度众生；端坐紫竹林，手执白玉瓶，迎法驾，菩萨今日下凡尘。"《八仙会》："八仙聚会齐来到，护驾蟠桃哇，咿尔呀得咿哟，护驾蟠桃哇。果老骑驴走赵桥，何仙姑，曹国舅，湘子吹玉箫。咿尔呀得咿哟，吹玉箫。八仙聚会齐来到，护驾蟠桃哇，咿尔呀得咿哟，护驾蟠桃哇。采和手捧花篮巧，铁拐李，吕洞宾，钟离把扇摇。咿尔呀得咿哟，把扇摇。"《人间美景胜天堂》："凉庭高阁爽，鲜花百草香，小鸟枝头叫，蜂儿采蜜忙，杨柳池边挂，荷花开满塘。喜的是人间美景胜天堂，喜的是人间美景胜天堂。"……从秋千曲词可以看出，唱的或是对佛仙的歌颂，或是对人间向往。无论哪首曲子，表达的都是人们对美好生活的希望，抒发的都是整个村子对幸福平安的祈求。[1]

打秋千表演时前面有大锣开道，中间有众人伴歌伴舞。身穿古装，脸带彩妆的少男少女称为"地戏"，跟在秋千姑左右保驾护航。后面跟着锣鼓器乐伴奏乐队，参加人数通常在20～30人。打秋千的游艺队伍从洪氏宗祠出发，活动路线是在三阳村洪氏宗祠、水口庙、观音阁、坦场（一片较大开阔地）及全村主要街道。只见上转如嫦娥舒彩袖奔月，下转如花团锦簇纷飞，音带吴侬软语，歌似出谷娇莺。

打秋千这项具有地方特色的古民俗活动在三阳村一直流传至20世纪60年代，在"文化大革命"中被当成"四旧"，活动道具秋千架及各种行头全部被烧毁，活动停止。[2] 打秋千活动在"文化大革命"前的最后一次演出是1962年，直到改革开放后的2010年2月，三阳村的打秋千活动经过挖掘整理后才正式恢复。三阳打秋千的省级非物质文化传人三阳村人洪孝廉先生，在挖掘整理恢复工作中贡献最大。

洪孝廉，1936年生，高中学历，三阳乡三阳村14组人，自幼在三阳学校读书，后在歙县中学求学。1958年毕业后进入三阳乡文化站工作，先后任三阳人民公社文化馆馆长，兼任文工团团长，负责编导及演出等工作。1961年在广播站工作，后因工作需要调为电话总机接线员，直到1966年公社下放回家务农。洪孝廉年幼时，其兄长曾经参与打秋千活动并被选为"秋千姑"。当时洪孝廉就跟着兄长学曲，后来每逢打秋千活动都积极参与。1960年3月，三阳打秋千曾被作为独立的推陈出新唱

[1]　http://hs.wenming.cn/kjyy/201310/t20131012_853357。

[2]　http://www.zybang.com/question/8df6f6fea86c10580898c。

笔者采访打秋千传人洪孝廉(左二)先生

新歌节目参加了歙县大会演，获得了一等奖。而此次打秋千活动就是当时在乡文化站工作的洪孝廉先生组织的。因此，他对打秋千活动非常熟悉。1999 年，在县文化局、乡党委政府的关心支持下，经过三阳村百姓的共同努力，自筹资金 2 万元，村"两委"组织打秋千老艺人参与指导秋千架的制作和秋千曲的授唱，当时就寻找到了洪孝廉先生，洪先生虽然年纪较大，身体也不太好，但积极性很高。① 洪孝廉先生一直保存着部分打秋千的曲谱，他将其原存有的一部分有关资料提供出来，但因年份太久，大部分材料丢失，部分材料破损不堪，难以辨认。洪孝廉先生通过回忆并凭自己多年从事文化工作的基础，将原来不全的秋千曲目进行

---

① http://www.ahshx.gov.cn/DocHtml/1/2015/8/13/7928907059208。

编制、完善、教唱。最终整理成《普陀庵》《八仙会》《人间美景胜天堂》《三月三看龙船》《五月五戏龙舟》《七月七银河相会》《采莲》《赏荷》《采桑》九套秋千曲谱。我们在采访时见到洪孝廉先生身材高大，言谈憨厚，很难想象这样美妙的民间小调来自于洪孝廉先生之手，他所谱写的秋千曲委婉动听，朗朗上口，具有浓厚的三阳民间艺术特性。[1]

　　（十二）跳钟馗

　　"跳钟馗"又称"嬉钟馗"或"斩五毒"，[2] 是在黄山市徽州区、歙县等地广为流传的民间舞蹈。据说，明万历年间这些地方就有这种习俗。每年的端午节为跳钟馗演出时间。在端午节前后，有不少乡村自行组织跳钟馗舞，表演的目的就是驱邪恶、降福祉，保佑村民平安。[3]

　　钟馗，是中国民间传说中一个能打鬼驱除邪祟的神——赐福镇宅圣君。[4] 我国民间有关钟馗的神话和故事历代流传，据说唐朝德宗年间，有个叫钟馗的人，生得豹头虎额，铁面环眼，脸上长满虬须，相貌比较难看。钟馗外貌虽丑，但他文才出众，武艺超群，是一个学有所成、文武双全的年轻人。这一年，钟馗赴京参加秋季科举考试，他首次来到长安，见京城楼台园林，景象繁华，十分高兴！心想，大唐皇上圣明，人尽其才，我在其治下为民，也是一件幸事，今天来京赶考，定要取得功名，施展才华，为大唐出力报效。一时高兴，便在街上游逛起来。他见街上有个测字算卦的摊子，前面坐着一位仙风道骨的老者，于是就走到摊子前面说："先生，我是赶考的举子，请你给我卜个卦，算算前程。"测字先生让他写一个字，于是他便写了自己名字中的一个"馗"字。测字先生仔细看了看"馗"字，沉思片刻，脸色大变说："相公此次科考，文章一定独占鳌头，但你时运不济，到时不但名落孙山，而且凶多吉少，甚至身首异处啊！"测字先生说："先生你看'馗'字拆开是两个字'九'和'首'，现在时序'九'月，你来京应试，一定名列榜'首'。[5] 但是，这个'首'字被抛在一边，你想首哪能分离独立呀？恐怕你旬日内必有大祸临头，望相公千万谨慎才是。"[6]钟馗听了不以为然，心想：大丈夫处世，只要行

---

①　打秋千内容根据洪孝廉先生口述编写。

②　http://baike.so.com/doc/5906065.html。

③　http://www.anhuinews.com/history/system/2002/03/29/000003796。

④　http://photo.china.com.cn/city/2015-01/23/content_34638676.htm。

⑤　http://zhidao.baidu.com/link? url＝LW_eafv6ZJQzqne9g-2c_nI1pwF8vHlCyefSTB1-pawAyiwD6xE1iHRW2zFZvkeVLABoYGYbNjhrb99oqVmoz6j0dAnmTE7DBFPb-ZCVIiRC。

⑥　http://zhidao.baidu.com/link? url＝nNW0MKqtdbTDc5rCjI-JQT1mPuCN-dC2ZSkc-20PIxXaetLhemDxTNaYN3-T0xFQ_TtJw8_oLUbEVHAIjkcQJgq。

得端、走得正，何来大祸降临？因此，他便笑了笑，付了银子，扬长而去。[1] 几天后，钟馗进考场应试，他看了考题，立即才思似涌泉，下笔如有神，一气呵成写完文章交了上去。[2] 当日主考官乃是吏部侍郎韩愈，副主考官是大学士陆贽，均为时代巨儒、饱学之士。两人看了钟馗的卷子，不由眼前一亮，异口同声地说："奇才！奇才！答卷字体遒劲，文章优美，其才不在李太白、杜子美之下！"于是将钟馗点为第一名。德宗皇

雄村跳钟馗

帝听韩愈禀奏后，说新科状元钟馗才华出众，非常高兴，便在金殿上召见钟馗。德宗一看钟馗真人吓了一跳，怎么是一个五大三粗，相貌丑陋的大汉？顿时心中不悦道："我朝取士，全在身言书判，此等丑陋之人，如何点为金科状元？"韩愈连忙跪奏道："人之优劣，全不在貌，圣主岂不闻晏婴三尺而为齐相，周昌口吃而能辅汉，孔子以貌取人，失之子羽，万望陛下三思啊！"德宗皇帝听后沉吟片刻说："韩爱卿之言虽说有理，但我朝太宗帝时，曾有十八学士登瀛州之美谈，此人为状元，恐世人笑朕不识人才也。"[3] 当时的宰相叫卢杞，此人心胸狭窄，妒贤嫉能，而且专门揣摩皇上心思，他听了皇上对钟馗有点不悦的话，忙跪奏附和道："我大唐金科状元应内外兼修，才貌双全，今科考生三百人众，岂少其人？[4] 何不另选一个替换他。"钟馗一看此人虽位居宰相，却如此信口雌黄，不由怒发冲冠，指着卢杞大骂道："如此昏官在朝，岂不误国？"说罢，挥拳

---

①　连若斐：《作业本里的故事》，《天天爱学习（五年级）》，2012 年第 6 期。

②　http://mt.sohu.com/20150906/n420507986.shtml。

③　http://www.zybang.com/question/ed17fed38a8e1d09311cf0b04cdb0aae。

④　连若斐：《作业本里的故事》，《天天爱学习（五年级）》，2012 年第 6 期。

向卢杞打去。德宗见状，大怒道："胆大举子，竟敢大闹金殿，速速拿下！"钟馗盛怒之下，顺手拔出站殿将军腰间的宝剑，高声叹道："失意猫儿难学虎，败翎鹦鹉不如鸡。"说罢，自刎而死。德宗见钟馗一怒之下竟自刎而死，大出意外，毕竟是自己的过错，也非常后悔，为了笼络人心，他下旨将钟馗以状元官职殡葬，又封钟馗为驱魔神，以祛人间邪魔。①

　　民间另外一种传说，② 钟馗是唐初终南山人，生得豹头环眼，铁面虬鬓，相貌奇丑；然而，他却是个才华横溢、满腹经纶的热血青年，平素为人刚直，不惧邪恶。唐玄宗登基那年，他赴长安应试，作《瀛州待宴》五篇，主考官誉称其为"奇才"，取为贡士之首；但殿试时，奸相卢杞以貌取人，迭进谗言，从而使他状元落选。钟馗一怒之下，头撞金殿玉柱而死，此事震惊朝野。于是德宗下诏封钟馗为"驱魔大神"，遍行天下"斩妖驱邪"，并用状元官职加以殡葬。传说唐明皇睡梦中见一小鬼偷了杨贵妃的紫香囊和自己的玉笛，绕殿而奔，忽然来一个大鬼捉住小鬼后，把他吃了。大鬼相貌奇丑无比，头戴破纱帽，身穿蓝袍、角带、足踏朝靴，自称是终南山落第进士，因科举不中，撞死于阶前。他对唐明皇说："誓与陛下除尽天下之妖孽。"③唐明皇惊醒后得病，病愈后下诏画师吴道子按照梦境绘成《钟馗捉鬼图》批告天下，以驱邪魅。吴道子挥笔而就，原来吴道子也做了个同样的梦，所以他在听到皇上说这件事时"恍若有睹"，因而一蹴而就画成此图。④ 民间悬挂的钟馗，原来都在除夕，后来在端午节也有将钟馗画像买来在自家挂上或赠亲戚朋友的。据考证，这种改变源于乾隆二十二年（1757 年），那年因瘟疫死了不少人，民间在无可奈何的情况下，只好将钟馗"请"出来施威捉鬼，此后逐年相沿成俗。⑤我国成语中有个家喻户晓的"钟馗捉鬼"的故事，此成语的出处是宋·王莹《群书类编故事·梦钟馗》：传说唐明皇从骊山狩猎回宫得了疟疾，神志昏迷时见一个小鬼龇牙咧嘴地进来戏弄，并称自己名叫虚耗。⑥ 唐明皇吓得满头大汗。这时钟馗进来抓住虚耗就吃了，唐明皇对钟馗感激不

　　① 　http://wenda. so. com/q/1366184851064928? src＝130。

　　② 　http://wenda. so. com/q/1367731356061982。

　　③ 　杨春梅：《关于杨慎的云南民间传说》，《黑龙江生态工程职业学院学报》，2015 年第 3 期。

　　④ 　http://zhidao. baidu. com/link? url ＝ nNW0MKqtdbTDc5rCjI-JQT1mPuCN-dC2ZSkc-20PIxXaetLhemDxTNaYN3-T0xFQ_TtJw8_oLUbEVHAIjkcQJgq。

　　⑤ 　http://news. 163. com/15/0619/16/ASG1RPTE00014AED. html。

　　⑥ 　http://www. fantizi5. com/chengyu/cy12616. html。

尽，惊醒之后，病就痊愈了。① 当然，民间关于钟馗故事的传说还有很多。钟馗的故事在民间也被演绎得丰富多彩，每至新春、端午，钟馗肖像的年画都卖得很火，民间常挂钟馗的像赐福镇宅，跳钟馗舞祈福祛邪。

"跳钟馗"活动的演员众多，通常需要 15 人，钟馗 1 人，小鬼 5 人（五鬼，也称五毒：分别代表蛇、蝎子、蜈蚣、壁虎和蟾蜍），彩婆 1 人，撑伞的 1 人，引蝠的 1 人，挑酒的 1 人，扇扇子、撒纸的 1 人、打鼓 1 人（在村里行走表演时要两名抬鼓人、两名鼓手），打锣 1 人，打钹的 1 人，吹唢呐 1 人等。演员们的妆容更是夸张吓人，就是为了镇住各路妖鬼。宰相故里雄村表演的是"钟馗出巡"，以壮观威武的气势取胜，原始古朴、寒气逼人的杀气震慑各路妖鬼。② 表演开始，五个头系稻草（也有系白毛巾的），身披红、紫、绿、灰、黄五色包肚，手持棍、叉、脚蹬软底绣鞋的邪恶小鬼，③ 在锣鼓声中上场，他们先是龇牙咧嘴，又蹦又跳地绕场两圈，然后各自摆开架势，呐喊逞威；④ 紧接着钟馗面涂青绿，口带长髯，头顶乌纱，足蹬草鞋，筐篮垫肚，畚箕挂股，外罩大红袍，右手持宝剑（或朝官玉板），前有蝙蝠引路，后有黄罗伞盖（破油纸伞），旁有酒坛侍者，亦步亦趋；⑤ 钟馗踏着锣鼓点的节奏上场，手中的宝剑不时挥舞，有时"仙人指路"，有时"海底捞月"，有时"金鸡独立"，"仰卧探海""秋风扫落叶"……剑锋所指，势不可挡，与五小鬼展开激烈较量。跟随其后的酒坛侍者，有时将酒递来，钟馗接酒就喝，有时甚至用口对着侍者的酒坛豪饮，虽步履跟跄，醉态可掬，但胆豪气壮，醉而不乱，胸有成竹。在钟馗"醉酒"一段，好的表演者需要很高的单腿平衡能力和醉而不倒的"醉步"行走方法；"戏蝠"表演更是动作快捷灵活、活泼有趣；"吐火"有杂技和魔术表演的成分，表演者有时一口酒喝下，猛地向空中吐去，口中立即喷出一团燃烧的焰火，热浪扑面，观众哗然。钟馗"斩鬼"一段更是惊心动魄。五小鬼开始色厉内荏，群魔乱舞，有翻筋斗的，有从台上跳上跳下的，有倒立的，有的将手中棍舞得呼呼生风，有的将手中叉欲刺众人；面对钟馗的宝剑负隅顽抗，继而畏缩逃避，最后穷途末路、束手就缚。⑥ 这里的人们将"钟馗出巡"表演称"武钟馗"——剧中

---

① http://wenda.so.com/q/1378413742073795。

② http://ah.sina.com.cn/zt/travel/huizhouguonian/index.shtml。

③ http://www.gov.cn/jrzg/2006-01/31/content_176118.htm。

④ http://www.baike.com/wiki/%E5%AC%89%E9%92%9F%E9%A6%97。

⑤ 马聪：《蓝·创未来"超出你的想象》，《中国汽车市场》，2011 年第 7 期。

⑥ http://hscf12.blog.hexun.com/74887772_d.html。

充满了武打的场面。① 此外郑村、堨田等地表演的是"钟馗嫁妹"，是说钟馗虽然成了鬼王，但仍关心他在阳界的妹妹，有一天他感应出一名恶霸要强娶他美丽的妹妹，担心之余，立刻带着众小鬼赶到阳间，抢在恶霸强娶之前准备好一切，把妹妹嫁与他同时进京考试的同学杜平。钟馗要部下鬼卒们抬花轿、搬嫁妆、提灯笼，把正要去抢亲的恶霸和打手们吓个半死，仓皇逃走，再也不敢胡来了。② 郑村表演的"钟馗嫁妹"这里人称其为"文钟馗"——剧中更多的是演绎了人间的爱情。据说这里古时叫"嬉钟馗"，以木偶"钟馗"架在肩上嬉耍，后来发展到由人扮演钟馗，在村中巡游表演。③ 跳钟馗在村中巡游表演时，有"开光钟馗""赐福镇宅""中榜得魁"多种程式。在"钟馗"表演到来之时每家以鞭炮迎接，有的还要请入院中，搬出太师椅，让钟馗开光赐福。④

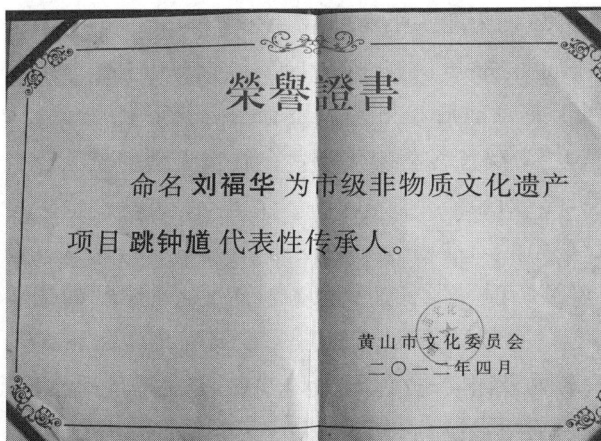

据考证，徽州的跳钟馗活动，在堨田村自明朝万历年间就有活动记载，到现在已有 400 多年的传承，除特殊历史原因外，堨田村从未中断过这项民俗活动。⑤ 现在，徽州的跳钟馗活动主要集中在堨田、郑村、雄村、上朱村、渔梁坝、岩寺镇等地；徽州"跳钟馗"活动已被列入安徽省级非物质文化遗产名录。

（十三）石川船会

石川船会又称"船会""善会"。源于古徽州绩溪县伏岭镇中心地带的石川村及周边村落。石川船会是纪念唐朝为抗击安史之乱叛军而死守睢

---

① 根据雄村跳钟馗传承人朱锡涛、刘福新等人口述和表演整理。

② http://baike.so.com/doc/5066348-5293776.html。

③ http://wenda.so.com/q/1462770215498645。

④ http://blog.voc.com.cn/blog_showone_type_blog_id_826636_p_1.html。

⑤ http://blog.voc.com.cn/blog_showone_type_blog_id_826636_p_1.html。

阳，壮烈殉国的张巡、许远和南霁云等英雄先烈为题材的大型船会祭祀游艺活动。

石川船会每两年举办一次。该项目据说从宋朝开始出现，其后延传于江南一带，在徽州古村落石川村周边尤为盛行。石川的"船会"与伏岭的"徽剧"、北村的"祭社"、湖村的"秋千台阁"在这里并称为徽州民间艺术中"四大精粹"。

石川船会包括"游龙舟""抬五帝"和"跳旗"三部分活动内容。过去该活动一般在农历大年（有闰月年份）的六月举行。现在每逢春节，由"三十岁值年"（当年三十岁生日的男性）的青壮年牵头组织举办。称此为"船会"，是因为其主要内容有"游龙舟"。这里的"龙舟"不是在水中划的龙舟，而是在旱地中由人抬着行走的一种特制的木质结构龙舟。龙舟上有二十四位神像，分别为船头的大王雷万春，船尾的小王南霁云，船的中央还有一个"小庙"，庙里供有张巡和许远神像；还有十多尊形态各异的勇士神像分列于龙舟前后；另外，还有一尊奇特的神像，叫"二脸驮太子"，相传"二脸"为观音菩萨的化身，在她肩上坐的是太子。龙舟的两边还有八名水手，呈划船姿势。

石川船会整个活动过程分为游龙舟、抬五帝和跳旗三个部分。各隅（这里主要住着洪、程、张三姓族人）选派出身强体壮的值年壮汉，组成140余人的游艺、竞技队伍，抬着供奉有张巡、许远和南霁云等神像的神船走村到户游艺。同时进行以纪念"五帝"为主题的跳旗比赛。

在"船会"活动中，游龙舟为重头戏，龙舟要从村头抬到村尾，又抬回到村头，根据时间和当时情况，来回抬2～3次。每抬到一处宽阔地带或坦场，抬舟的几十人便把龙舟放在手肘上，身体依靠着龙舟，将龙舟荡游起来打着圈子表演，称为"荡船"。这是一项既讲究技巧又很费劲的运动，要求抬龙舟的人相互配合、协调用力、节奏一致，方可把"荡船"动作做得既顺畅又优美。

"跳旗"，是船会最后，也是最精彩的一天，上午是"跳旗"，就是高擎着画有"五帝"的大旗赛跑。[1] "五帝"代表我国古代五个帝君：东隅青帝、南隅赤帝、西隅白帝、北隅黑帝及中隅黄帝，分别代表传说中的司春之神伏羲氏、火神炎帝神农氏、太白之精黄帝之子少昊、司水之神黄帝之孙和枢纽之神黄帝轩辕氏。[2] 五帝神像画在大旗上，威严肃穆。跳

---

① http://www.yqahsh.org/News_show.asp? id=82。
② http://www.86y.com.cn/news-229255-3.html。

旗就是擎着大旗赛跑，旗上分别画有五位帝君，大旗面积约有 10 平方米，旗杆长约 3 丈，每面旗帜有 7 名举旗手和 12 位护旗手分 7 拨接力，从村头跑到祭旗坛。此项活动犹如当今的火炬传递接力赛跑，是展示体力、速度、耐力的综合显示。① 下午"祭旗"，各隅旗手扛着大旗围着"祭旗坛"跑圈，这是一项考验旗手速度和耐力的项目，比较哪隅跑的圈数多，坚持到最后，哪隅就获最终胜利，认为今年的幸运便会降临到该隅族人。最后，把旗扯下、烧掉，祭旗和整个船会活动结束。②

2010 年，"游龙舟·抬五帝·跳旗"被宣城市人民政府列为宣城市第二批市级非物质文化遗产名录项目，同年 7 月，入选第三批省级非物质文化遗产名录。③④

二、娱乐类民俗体育项目

徽州民间娱乐类体育项目，是徽州人在节日、喜庆、农闲等进行的娱乐休闲活动，主要是舞蹈类项目，并以身体的"舞动"为主要表现形式。

（一）嬉鱼灯

嬉鱼灯是一种民间灯会，在古徽州许多县、乡镇、村每逢春节、元宵节或一些重大节日，都有嬉鱼灯表演活动。徽州的嬉鱼灯最为有名的首推歙县溪头镇汪满田村和歙县北岸镇瞻淇村的元宵鱼灯会。据传这里的嬉鱼灯活动流传至今已有 800 多年历史。

嬉鱼灯⑤

① http://wcwy.ahxf.gov.cn/village。
② 章丝雨：《皖南晨刊》，2013-03-16。
③ http://www.xcsshy.com/news/html/? 483. html。
④ http://www.yqahsh.org/News_show.asp? id＝82。
⑤ http://image.so.com。

　　关于古徽州嬉鱼灯的由来，据相传和新修的村志记载，瞻淇嬉鱼灯的习俗是汪氏先人于宋朝时就在此处兴起。古徽州人相信风水，汪氏先人认为瞻淇村水从东往西流，而他们的姓"汪"字就带有三点水，①且其祖先就是因为左手有"水纹"，右手有"王纹"而得姓。清代学者汪琬在《尧峰文钞》卷一《汪姓缘起考》中记载："吾汪当从姬姓裔为正。又按旧谱，鲁成公庶子生而有文在其手，左水右王，故名曰汪。②其后子孙遂氏之。"水里有鱼则水活、水肥，"嬉鱼"有利于汪姓子孙兴旺而秀美。于是就在村里兴起了元宵节扎鱼花灯、扎大鱼灯的表演，从那时起一直延续至今。汪满田村的嬉鱼灯由来，传说是因为村庄北山上有一块光滑平整的石头，能够将照在上面的阳光反射到村子，人们看上去如同一面"火镜"，故而这里的人们称其为"火镜石"。风水先生认为，这块大石头对汪满田村庄的防火和平安不利。而汪满田村的房屋建筑多为木质结构，经常发生火灾，人们的生命财产常受到威胁。大家认为是"火镜石"作怪所至。为了破除这一影响，智慧的汪满田人利用鱼灯的"鱼水"之意，来冲抵"火镜石"带来的火灾。鱼灯在村庄的大街小巷上嬉游，就像群鱼在水里面嬉游一样，满村、满街的"水"对着山上那个"火镜"，就能够把火熄灭，把火患给抵消掉了。③后来由于人们的防火意识增强了，火灾自然减少。但嬉鱼灯这项活动却成了这里一项祈福娱乐的休闲项目。每逢节日庆祝活动人们就用来表演娱乐，最终被延续了下来。④

　　鱼灯的制作，是用竹篾做成的鱼身骨骼架子，再糊上锦纸，在纸上用彩色绘画画上鱼头、鱼鳞、鱼尾等。鱼头上常写有"王"字，鱼嘴两边多用竹篾丝（现多用铁丝）翘成两根鱼须。鱼灯样式有鲤鱼灯、青鱼灯、鲢鱼灯等，最大的约有6～8米长、4米多高，分五六节扎成，节节相连，整个鱼身在舞动时还可以"活动"，大的鱼身内过去点蜡烛可达100多支（现在多用电灯），要有12～16个青壮年擎举方可嬉游。

　　汪满田村现有2000多位村民，一共分为6个组，6个组分成6个鱼灯会，各个鱼灯会由各组村民筹资制作一至两只大鱼灯，各家各户自行糊制较小的鱼灯、狮灯、蛇灯等，配合大鱼灯一起嬉舞。⑤

　　"嬉鱼灯"一般为晚上天黑时开始。夜幕降临时，一阵雄浑的锣鼓过

---

①　谢佳：《中国传统鱼纹样的文化内涵与现代设计》，《山东纺织经》，2011年第4期。

②　http://www.92to.com/wenhua/2016/04-16/3418321.html。

③　http://www.newshs.com/html/201102/1_7/20110217144656.html。

④　陈双、任远金：《古徽州"鱼龙舞"的文化内涵与现代流变》，《军事体育进修学院学报》，2008年第3期。

⑤　http://www.ahshx.gov.cn/DocHtml/1/2013/2/25/3291028613984.html。

后，6 路鱼灯就像 6 路鱼群，你来我往地在村子里的大街小巷中游走。鱼灯出行时，有十几个大松明火把照明，走在最前面的是一盏薄刀形垂直扁灯，灯上三面写有"五谷丰登""风调雨顺""国泰民安"的字样。后面是两头狮子，边走边舞；狮子后面是大锣大鼓，再后面就是鱼灯；鱼灯后面紧跟着细锣密鼓助威。① 每个鱼群都由一条"鱼王"灯引路，鱼王灯后面是各家各户扎的小灯，有鱼灯、兔灯、象灯、花篮、绣球灯等，千姿百态，争奇斗艳。最后是儿童手提各式小灯跟随。大鱼灯摆动行走，一边走一边左右"游动"身体，像鱼在水中摇头摆尾一样。大鱼灯嘴里还放有鞭炮（一种响炮），在舞动到高潮时点燃，还可以发出尖脆的啸声，配合鞭炮齐鸣，锣鼓喧天。6 条"鱼王"相互穿插游走，或上蹿下跳，或左摆右摇，或对嘴嬉闹，穿着盛装舞鱼灯的村民集体叫喊着来回穿梭。通体透明的鱼灯在村中游动，就像是一群大鱼在大海里尽情遨游。②

嬉鱼灯行走的路线预先有规定，先在村里按规定路线打转嬉游，各种鲤鱼摇头摆尾、穿街走巷，各色杂灯前呼后拥。嬉鱼灯不能丢掉村里的任何一家，每至一户人家，鱼灯都会放慢脚步，踩踏着鞭炮的纷屑起舞跳跃，伴随鼓声把幸福吉祥送入每户人家。通常鱼灯将至的那家人都要放爆竹迎接，首事（主持人）者即从鱼灯里拔下两支蜡烛，入门插入主家堂前烛台上，换下主家新烛插入鱼灯内，谓"鲤鱼送子烛"，这时第一盏鱼灯要扭头与第二盏鱼灯相互摆头三下，谓"得子"。嬉鱼灯先在村里打转游遍，然后游至村中坦场（即广场），大鱼灯开始绕场飞跑，杂灯则排成彩色的一圈，称"跑嬉鱼灯"，又称"戏水滩花"，冀兆鱼生子、宗族丁旺。嬉鱼灯正月十五以后撕破灯纸重糊，改绘成青鱼鳞，晚上出灯如前，表示新一年的开始。"嬉鱼灯"中的"鱼"谐音"余"是庆祝丰年、"年年有余（鱼）"的意思。③④ 汪满田鱼灯现已入选黄山市非物质文化遗产名录。

（二）采茶扑蝶舞

被列为省级非物质文化遗产的祁门县"采茶扑蝶舞"原名"扑蝶灯"，是流行于古徽州歙县西乡彭龙村的一种民间舞蹈。⑤ 舞蹈表现的是一群

---

① 牛芳：《非物质文化遗产视角下徽州民俗体育的传承——以徽州嬉鱼灯活动为例》，《上海体育学院学报》，2014 年第 5 期。

② 江伟民：《歙县汪满田村嬉鱼灯闹元宵》，http://www.newshs.com/html/201102/1_7/20110217144656.htm。

③ 谢佳：《中国传统鱼纹样的文化内涵与现代设计》，《山东纺织经济》，2011 年第 4 期。

④ http://www.ahshx.gov.cn/content/news_view.php? ty＝20&id＝23838。

⑤ 孔义平：《徽州民俗体育的文化特色研究》，《合肥学院学报（社会科学版）》，2013 年第 5 期。

采茶姑娘在采茶时被身边的彩蝶所吸引，因而丢下茶篮去扑捉彩蝶的情景。

采茶扑蝶舞起源于民间传说，每年到了采茶的季节，由于壮年男子大多出门经商，山村妇女就成为采茶的主力，她们成群结队前往山里采茶。她们采茶之时看到美丽的蝴蝶飞来，有时会放下手中的茶篮去抓飞来的蝴蝶；采茶休息时姐妹们还聚在一起进行一些娱乐活动。年轻的姑娘和少妇们打扮得非常漂亮，她们嘴里唱着山歌翩翩起舞，很自然地模仿起采茶时和扑打蝴蝶时的动作。后来，有人把这种采茶山歌谱成曲子，将姑娘们的舞蹈编成套路，从而"采茶扑蝶舞"就广为流传了。[1]

采茶扑蝶舞[2]

舞蹈开始时，随着节奏活泼的音乐，姑娘们舞动着健美的身姿，像是脚踩雨中的山路，发出脆响的脚步声，脚步声时缓时急，如同行走在通往高山彩云中翠绿的茶园。来到茶山，她们便分成两列队形，穿行在茶花盛开、翠叶芬芳的茶园，一面唱着动听的山歌，一面喜悦地提着精巧玲珑的茶篮开始采茶。采过一山又一山，山山采茶乐忘返。突然茶山上飞来了一只色彩斑斓的大蝴蝶，围绕着采茶姑娘们身边左右飞翔，有时还落在她们手提的茶蓝上，像是故意逗引采茶女的兴趣。[3] 采茶姑娘们经不住彩蝶的诱惑放下手中的采茶花篮，打开彩扇欢快地扑起蝴蝶来。舞蹈队形此时也随着扑蝶的姿态而变化，姑娘们的步形身姿有一些典型的穿花动作："芙蓉水圈花""蜻蜓双水圈花""蚯蚓行花""螺旋八字花"和

---

① http://baike.haosou.com/doc/2175246.html。

② http://www.qmwg.gov.cn/chl/news.asp? ArticleID＝1595&classid＝9&parentid＝8。

③ http://www.wangchao.net.cn/xinxi/detail_1311174.html。

"篱笆花"等，从而充分展现出了女性的活泼和柔美的艺术形象。[①]

该节目最初在元宵节闹花灯时表演，由 4 个姑娘一手拿着花蝴蝶，一手拿着圆纸扇，作采花和拍蝶状，且歌且舞。唱词一般为一年里 12 个月的花名和农事，意在欢庆新春佳节的同时，安排好一年的农事，具有浓郁的乡土气息。[②] 表现了人们热爱生活，热爱劳动的喜悦心情。

新中国成立后，采茶扑蝶舞经过歙县文化部门整理编排，于 1955 年 5 月参加安徽省工农青年业余文艺会演，获得了节目奖和演出奖。[③] 1956 年元月，安徽省《会演通讯》第 5 期对该舞蹈进行了较为详细的介绍。同年 12 月，安徽省人民出版社将该舞蹈出版印刷成《扑蝶舞》单行本。[④]《采茶扑蝶舞》旋律优美流畅，欢快自然，多次被国内音乐创作者所借鉴，被称为"皖南旋律"。[⑤] 近年来，采茶扑蝶舞不但在多次重大节日里演出，而且被现代广场舞所采用，非常流行。该舞蹈被收录为安徽省非物质文化遗产名录。

（三）云舞

云舞又称"云端舞""扯云端""舞云端""跑云灯"。云舞流行于古徽州郎溪县姚村乡以及休宁县海阳、万安、五城一带。

云舞[⑥]

关于云舞的由来有两种说法：一种是作为云舞的发祥地之一郎溪县姚村乡，群峰连绵，飞瀑泻银，林木茂盛。尤其是在石佛山巅云雾缭绕，有"石佛撑云"美景，这里的人们常年过着出门抬头见云彩的生活。于是，

---

① http://www.wangchao.net.cn/xinxi/detail_131117。

② http://baike.so.com/doc/2175246-2301687.html。

③ http://www.tsingming.com/culture/show/828152377011。

④ http://baike.so.com/doc/2175246-2301687.html。

⑤ http://www.baike.com。

⑥ http://image.haosou.com。

有人用竹片和硬纸扎成云朵状的玩具给孩子们玩耍。儿童们游玩时手执"云朵"，奔跑追逐，嬉戏舞蹈，便形成了"云舞"的雏形。当地民间艺人从儿童游戏中获得了创作的灵感，创作出了这种独树一帜的舞蹈。①

另一种传说是，这种舞蹈是从浙江由徽商传入徽州的。舞蹈原为徽剧中插入性的表演项目，用以表现仙、佛、神、龙以及风暴等出现时的场景，演员们手里拿着道具"祥云"在场上周边跑动的表演。后来逐渐成为一个独立的载歌载舞的表演节目。

早期的云舞仅仅是作为龙灯、马灯的伴舞，后来逐渐发展成为能在广场和舞台上独立表演的一种舞蹈艺术形式。姚村乡的云舞表演一般需要 15 个演员，其中"跑云"角色 10 人，"捧花"角色 5 人。跑云角色男、女各半，各执两朵"彩云"。男演员扎白头巾，穿白色短裤或白灯笼裤，代表白云。女演员穿彩衣彩裤，代表彩色云朵。捧花女为 5 名少女，她们的衣着与跑云女演员相同，道具则为花篮，篮内插满鲜花和五谷，象征着吉祥美满、五谷丰登。古时云舞属于"字舞"表演的一种。演员们两手各持一块"云朵"，主要场面是穿花跑四角或摆字亮相。其基本舞式有："大翻云""排云""漫云""漫头""推拉云""竖云""跑云（又称铺云）""跑五朵梅花""云片摆字""搭对联"等。由于表演人多、场面较大，队伍时而集中，时而分散，集中时如祥云朵朵，分散时似乱云翻滚。通常在舞蹈尾声，表演者用手中的"云朵"排成汉字造型。一声锣响，在三秒钟之内排成一个字，如依次排出："天""下""太""平"等字。② 在云舞整个表演过程中锣鼓节奏始终作为主旋律，音乐采用流行的民乐伴奏，有唢呐、笛子、二胡等，③ 具有浓厚的乡土气息。另外，云舞的曲调有"云调"和"五更调"等。云舞表演通常穿插着舞龙、舞马。在郎溪县姚村乡过去每年的农历七月三十是石佛山的庙会节，方圆百里数以万计的群众纷纷前来石佛山敬香拜佛，以祈求上天保佑风调雨顺、国泰民安、家庭幸福。男人们手持盆钵不停敲打，女人们手持用竹片做成的云朵，绕场欢跳，随敲打盆钵的节奏边歌边舞。④

云舞在徽州休宁县的流传过程中形成两种表演形式：一种是秀阳乡钗坑村道具用"云片"表演；另一种是洪里乡唐川村和潜阜乡里余村道具用"云旗"表演。云旗表演时由一人执大旗翻筋斗领舞，8～12 人执小旗

① http://tieba.baidu.com/p/4129558267。
② http://tieba.baidu.com/p/4129558267。
③ http://baike.haosou.com/doc/570244.html。
④ 李轻侯：《360 云安全解密》，《互联网周刊》，2015 年第 9 期。

跟随变化各种队形。休宁县境内过去由民间组成的一种叫"灯棚"的戏剧表演，每到一地白天舞狮、舞叉、舞水流星、舞刀枪棍棒，并表演其他歌舞、杂技、武术等，晚上演徽戏、昆曲。为了吸引观众，演出队伍不论白天或晚上都要表演"云端舞"以活跃气氛，招徕观众。①

宣城郎溪县姚村乡的云舞，近年来传承人和民间艺人们在继承原有舞蹈动作的基础上，从民乐伴奏到舞式编排都进行了大胆的创新和改编，使得"新版"云舞简洁、流畅、大气、优美。据编创人员之一的姚良友介绍："新版云舞的音乐特点主要是以吹奏打击乐为主，旨在表现人们在欢庆丰收时载歌载舞的喜悦心情。舞蹈节奏，从舒缓、平稳渐进到欢快、激昂。形式上从走云到变形，到跑云，再到龙、马、云齐舞共欢。"②姚村乡的云舞2008年成功申报为安徽省非物质文化遗产。③

（四）抬阁

抬阁又称"抬角"，是流行于古徽州歙县、绩溪、休宁、屯溪一带的一种民间游艺活动。④

关于抬阁的来历，据传，在尧舜时期，祭祀活动就有了固定形式和特定日期，到夏、商、周时期，祭祀活动的仪式更为频繁与复杂，被人们视为至尊的土、木偶像图腾，被人们不时地转移着供奉。因而，"社火"也就伴随祭祀活动得到了发展，后来演变成抬着坐有偶像的亭台楼阁或人扮神，之后就叫作"抬阁"。另一种传说是隋朝时期无道皇帝隋炀帝，整天花天酒地、极尽声色之乐，在宫廷内建了很多亭台楼阁，叫歌伎舞女们在台上、阁前为他表演取乐，日久成习。隋炀帝还常常外出游山玩水，但凡出门，一定要带着歌伎舞女随时为他表演。为适应流动表演的需要，手下人为他打造了专门的"流动舞台"，也就是今日的抬阁。当时只是抬"阁"而不抬人，歌伎舞女表演时登台，演毕后下台转移。还有一种传说是，在唐代（约712年）百戏杂耍比较兴盛，在民间农闲之时，有扮演百戏于村、社进行祭祀和娱乐活动。因民间少有亭台楼阁，就搬来几张桌案临时拼成舞台，让扮演者在桌案上表演，这就是"台"。⑤ 但只有"台"没有"阁"，不能遮风避雨，因而人们又在"台"上设置了简单的遮盖物"阁"，整个装置就成了"台阁"。后来又因为不时地由人抬着移动，

① 歙县文化局编纂委员会：《歙县民间艺术》，合肥，安徽人民出版社，2006。

② http://tieba.baidu.com/p/4129558267。

③ 利成志：《郎溪非遗云舞　美轮美奂的"原生态"民间舞蹈》：http://baike.haosou.com/doc/570244.html。

④ http://blog.renren.com/share/242677726/1414036872。

⑤ http://www.baike.com/wiki/%E6%8A%AC%E9%98%81%20。

人们就习惯地称为"抬阁"。① 据考证，南宋时即出现了抬阁最早的文献记载——《武林旧事》："以木床铁擎为仙佛鬼神之类，驾空飞动，谓之台阁。"可见当时的台阁已与现代抬阁形态基本相同。明清是抬阁艺术的繁盛时期，其详细的表演程式在明代刘侗、于奕正的《帝京景物略》上有记载："又夸儇者，为台阁。铁杆数丈，曲折成势，饰楼阁崖水云烟。"②

徽州抬阁据说是在清代嘉庆年间（1796 年）由徽州商人从浙江淳安将其引入家乡的。抬阁进入徽州后融入了当地的徽文化和地方文化艺术风格，最终形成一种独特的徽州民间艺术。

抬阁③

抬阁的制作是一门学问，它涉及多方面知识。一台抬阁要表现得栩栩如生，关键在于对铁棍（拐）的周密设计和精湛的制彩工艺。铁棍（拐）分主棍、支棍、根棍、梢棍，形式上分有"凤凰单展翅""凤凰双展翅""莲花棍""大转棍""小转棍""兔棍""鸡棍""镯子棍""吊棍"等。制彩，一般应根据故事情节所需要的道具、景物而设计。彩的制作，既要符合故事的主题思想，又要精巧美观，一目了然。内部装置要做到隐而不露，才显得奥妙奇异。制彩大体可分为三种：一种是纯工艺制彩，如《桂香研磨》的"磨子"这种重大的物体，就是纯工艺制彩的。一种是半工艺半实物制彩，如《武松打店》所站的"凳子"，就是实物凳子贯以铁芯。一种是纯实物制彩，如《天女散花》的天女手中所提的"篮子"等轻巧物件，就是实物。

---

① http://www. xiangfen. gov. cn/news/rwxf/mswh/2008/1119。

② 姬彬霞：《河南安阳曲沟抬阁考探》，《河南教育学院学报（哲学社会科学版）》，2009 年第 5 期。

③ http://img851. ph. 126. net/bmku6AK6Nj0ozlCtO5o-zQ＝＝/2722707449723078691.jpg。

制彩的步骤：首先要做出模样，接着裱糊，最后装饰。如"时迁盗鸡"中的"公鸡"，"嫦娥奔月"中的"玉兔"，先用硬纸板或铁皮做成形体，再用稀糯糊内掺入草纸泥调匀，塑成大体结构，最后用鸡毛或兔皮沾上即成，眼睛可用绿色手电灯泡装上。如用活鸡、活兔实物制彩，可先将动物的腿拴在肚下固定，再制假腿，贯以铁芯装上。装彩的方法有三种：一是穿装法，将各种彩都要在适当位置上留一小孔，铁棍顺孔穿过，用皮垫固定；二是合装法，将所制作的彩分成几瓣，装时包在铁棍上，合成整体；三是分装法，将所制的彩分成几个部分，依次装上铁棍。以上均为传统的装法，现在还用机械、电动、药物等制成的彩，更显得天衣无缝，精巧奥妙。① 抬阁就是用优质铁锻制成（现在多用各种型号的钢筋焊接而成）高达 10 米，低 3 米左右的大框架，再在钢铁框架上连接不同的棍、拐、卡等，整个器具安装于一个方形桌式的木质底座上。在铁棍、铁拐上卡扎着男女儿童所扮演的各种秀丽人物或戏剧、杂技、动作的表演道具等。最后将方形底座上安有两根抬扛，可由数人抬起。② 过去每一架抬阁需用 4～16 个壮年男子抬着表演，抬阁的人身着彩衣，在乐曲的伴奏下缓慢前进。③ 现在抬阁有的还巧妙利用车轮（将车轮藏于下面）滚动，以减少抬阁的重量和人数，在街道或广场上行进游行表演。④

抬阁以扮演故事、传说为主要内容，人物造型多汲取于戏曲人物。扮演的故事内容多为传统戏曲曲目，如《木兰从军》《穆桂英挂帅》《天仙配》《白蛇传》《宝莲灯》等。抬阁里所表演的戏曲人物造型离不开"脸谱"。其中生、旦、净、末、丑都是通过彩色脸谱展现出来。善、恶、忠、奸也演绎于脸谱之上。如表忠绘以正貌，奸邪画成丑相。在抬阁中人物的"装扮"首先是勾脸、涂抹。脸的勾勒与戏曲中的人物脸谱基本相同，使用的颜料也相同，只是相比于戏曲装扮更为简单一些，但上妆后所取得的表演效果也是一样的。表演者的服装与装饰，如水袖、大带、靠旗、翎子等道具和脸谱以及在戏曲中所表现的人物形像相辅相成，不可分割。抬阁人物的服饰与戏曲服饰的作用相同，都是通过服饰来刻画戏剧中形形色色的人物。抬阁服饰还有一个非常独特的作用，就是隐藏或掩盖用于捆绑、支撑抬阁小演员的支架，以此创造奇巧的艺术造型。⑤

① http://www.baike.com/wiki/%E6%8A%AC%E9%98%81%20。
② http://blog.tech.ifeng.com/article/35034062.html。
③ http://www.zwbk.org/MyLemmaShow.aspx? lid=78271。
④ 杨迎祺：《平阳民间社火》，2008-11-19。
⑤ 姬彬霞：《河南安阳曲沟抬阁考探》，《河南教育学院学报(哲学社会科学版)》，2009 年第 5 期。

抬阁的人物扮演者一般为 3～6 岁的小孩（有男、有女根据剧情而定），演出前先化妆，① 然后被人抱于台上，立于支架的踏蹬上。腰的上部与铁棍顶部的卡子紧贴，再以布条从脚到腰与铁棍绑牢，外穿戏装，掩盖住支架。根据抬阁造型的故事情节，小演员们装扮成某种造型姿态，内容一般都是老百姓熟悉的造型，人们只要看到小演员的装扮就能理解抬阁要表现的内容。抬阁上还会立一牌子，上写抬阁所表现的内容，如《宝莲灯》《大闹天宫》《花木兰》《穆桂英挂帅》《桃园结义》《战吕布》《三岔口》《断桥》《水漫金山》《昭君出塞》《铁弓缘》等。② 小演员全身固定，只有头和手臂可以跟着锣鼓节奏活动。为了安全起见，两三个抬阁之间还有一到两人手持长柄的"台叉"，对抬阁上的小演员进行预防性的保护，如在下坡时护住小演员的腰，在巡游的途中拨开电线或广告牌等。小演员们在阁上的舞蹈动作是由老艺人们预先传授，并在表演前经过精心排练的。由于抬阁造型的需要，小演员被绑扎成或坐或站、分层而居的姿势；手中也根据人物内容安排了表演道具，如孙悟空的金箍棒、白蛇的剑、仙女手里的提篮以及拂尘、手帕、扇子、书等。在表演时，小演员们随着音乐节奏水袖摆动，手中器物上下飞扬，服饰也随风飘动、流光溢彩非常逼真。③ 现在抬阁上有的还采用了电动装置，可以使抬阁某一部分旋转、升降、移动、喷烟等。④

徽州抬阁其表演一般于元宵节和一些重大节日期间进行。⑤ 民间巡游队伍从宗祠出发，沿着村镇的主要道路巡游表演。抬阁从宗祠出来时有一个焚香祈福仪式，然后在一片鞭炮齐鸣声中巡游表演开始。前面有锣鼓开道；抬阁表演通常有多抬抬阁一起游行，走在前面的抬阁上通常用较长的标语书写上祝福的话语和抬阁出资人的姓名单位。抬阁一般与"秋千"表演项目同时进行，还伴以各种花灯表演等。抬阁后面紧跟着音乐伴奏，乐器有笙、箫、笛、管等，能够根据演出内容演奏出各类乐曲。⑥ 徽州抬阁被列入安徽省非物质文化遗产名录，近年来还创作了"戴

---

① http://wenku.baidu.com/link? url=StzV4yWompLLFY9U2kZU3zk-ezTK191IP9yJk-BuCkt09xmZrowSzrpiVHiD21MeTrYE1PLPvNj6Baae。

② http://www.xzbu.com/1/view-5168083.htm。

③ http://wenku.baidu.com/link? url=StzV4yWompLLFY9U2kZU3zk-ezTK191IP9yJk-BuCkt09xmZrowSzrpiVHiD21MeTrYE1PLPvNj6Baae。

④ http://www.ah.xinhuanet.com/2013-03/28/c_115192627.htm。

⑤ 刘少宁：《古徽州里闹抬阁》，《旅游》，2008 年第 2 期。

⑥ http://www.zwbk.org/MyLemmaShow.aspx? lid=78271。

震还乡"表演节目，以纪念一代国学宗师。[1]

（五）徽州狮舞

狮舞传入徽州，历史久远，据记载：[2] 歙县黄备圣狮，相传始于北宋宣和年间，由此算来已有八百多年历史了。徽州以歙县为主的舞狮活动种类较多，分有青狮、彩狮、火狮、吊狮等。还有夹杂在庙会、灯会游行队伍中的狮舞表演，这些狮舞表演动作一般比较简单，多以摇头摆尾随队集体游行为主，被称作"地狮"。徽州的舞"青狮"，据说是从"舞回"衍化而来的，其狮毛为庄青色或淡绿色，其名有"青出于蓝，而胜于蓝"的意思；"彩狮"，顾名思义，其狮皮色彩斑斓，有的与京狮相似，有的像南狮；"吊狮"又称"吊吊戏"或"木偶戏"，吊狮表演的道具"狮子"以粗麻、棕毛制作而成，形象逼真，长约尺许；同时，还要结合一些配套设施，有一座以竹木扎成骨架、外面装以锦缎彩饰或在表面画上彩绘制作而成的精巧玲珑亭阁，亭阁由人抬着，可以移动表演。阁内伸出一段约两尺长的木棍，棍头有多根丝线悬吊着狮的不同部位，舞吊狮者在亭后通过木棍拉线操纵吊狮动作进行表演。吊狮表演，有一人表演狮子独舞的，也有两人或多人同时在后台操纵表演狮子与多种人物故事情节相结合的戏剧；过去徽州吊狮表演以歙县郑村最为著名。除吊狮表演外，其他三类舞狮表演节目又可分为四种，有单狮、双狮、三狮和多狮表演。单狮（有单人和双人表演一狮）表演一般还要加上一个人手拿狮球与狮子

舞狮[3]

---

①　高庆樵：《徽苑谱春秋》，合肥，黄山书社，2005。

②　http://wenda.so.com/q/1462770215498645。

③　http://image.so.com/i? q=％E8％88％9E％E7％8B％AE&src=srp。

玩逗；双狮表演，两个狮子分别为公狮和母狮，它们时而调玩嬉戏，时而抢球争花；三狮表演，三个狮子分别为一公一母一崽，拟人化地表现狮子的"家庭"生活；① 而多狮（三个狮子以上）表演主要是集体阵式。狮舞表演的典型动作，就单狮表演来说，一般开始是开庄（武术开庄）、睡醒、洗脸、梳胡子、刷牙齿、出洞、玩耍、肚饿、找食物、找到食物。还有喜青、惊青、探青、刷青，四门探、食青（食青分为拿青、拆青、食青），食饱睡觉，睡完洗脸，拜狮，回洞，等等。② 其他如双狮、三狮表演除单狮动作外，还要加入一些拟人化的表演情节等。舞狮表演有的在舞台上表演，有的要上几层高台（桌子或木桩上）表演。在徽州狮舞中，最具地方特色的要算古徽州绩溪（现为宣城市）的"火狮"表演了。③ 在绩溪的上庄镇旺川、余川村有一种非常独特的"火狮舞"。因表演时狮子通身明亮，玩狮人在嬉狮时要举火把喷撒火焰，故称"火狮"。④ 据传火狮舞起源于明代，最早源于岭北布狮舞。当时岭北狮舞在白天表演，有的是在徽戏上演前进行。由于夜晚天黑看不见，不能进行狮舞表演，有一纸扎师傅突发奇想，他根据夜晚玩灯以及仿照当地的舞布狮扎制了一对"火狮"，在中秋节夜晚"火狮"便可以随龙灯表演了。"火狮"一经表演，村民们非常喜欢，之后很多村庄纷纷仿效，于是"火狮"这一民间艺术在岭北很快流传开来。⑤

火狮舞⑥

"火狮"骨架以竹篾扎制而成，用棉皮纸糊身，由狮头、狮身、狮尾

---

① http://www.jixinet.com/thread-206400-1-1.html。
② http://wenda.so.com/q/1364215266063533。
③ http://xc.wenming.cn/jcdt/201210/t20121018_385035.html。
④ 何其敏：《民间礼俗是传统文化传承的重要途径》，《中国宗教》，2015 年第 7 期。
⑤ http://www.baike.com/wiki/%E7%81%AB%E7%8B%AE%E8%88%9E。
⑥ http://xc.wenming.cn/jcdt/201210/t20121018_385035.html。

三部分连成。狮头和狮尾内各安装约两尺长的撑竿木柄，供舞狮人撑擎表演。狮头及狮身、狮尾照平常狮舞形象彩画并贴挂五彩绒毛。狮头、身、尾的篾架上安装有铁钉，用以插蜡烛。夜晚表演时，狮体内点燃蜡烛，整个狮身变得通体明亮，五彩斑斓。

火狮表演通常需 5 人，两位男青年撑杆表演一只狮子，另有一人为嬉狮人，手持火把逗狮。嬉狮人手持熊熊燃烧的火把，火把由松树或杉木制成，过去曾用三至六层表纸包卷猪油成纸筒状插入铁筒，装上木柄。在一阵激烈的锣鼓声中，雌雄两头火狮威风凛凛地奔跃上场，嬉狮人举火把逗狮，火狮紧跟火把，以各种舞步踩着锣鼓点，在火把的舞动指挥下表演"狮下山""狮饮水""狮相逗""狮奔跃""狮翻身""狮仰啸"等舞蹈动作。嬉狮人不时向火把撒以松香、硫黄、木炭配制的"火焰粉"；撒火焰的方法有：横撒、低撒和高撒。当横撒火焰时，火狮表演"翻滚"动作；低撒火焰时，火狮表演"奔跃"动作；高撒火焰时，火狮则要表演"跳跃腾空"动作。① "火狮"在锣鼓点和唢呐曲牌中，随着火把时而跃舞，时而翻滚，时而来个 360 度的大回转。其场面惊险壮观，喜庆热烈。现在整个火狮舞套路节目表演约需 20 分钟。

自清代以来，余川村在农历六月初六的"安苗节"，旺川村在闰年六月初六的"火把节"，以及中秋、春节等重大喜庆节日都要表演火狮舞。② 火狮舞在岭北周边享有盛名。余川村在清末民初还成立了"同乐狮会"。当地流传着一首民谣："想看火狮舞，快到余川和七都（旺川）；看了火狮舞，回家做事不辛苦。"③

2008 年，火狮舞入选第二批安徽省非物质文化遗产名录。

（六）麒麟舞

麒麟，是我国古代传说中的一种神兽，一种祥瑞的动物。古徽州麒麟舞流行于歙县南岔口、歙北承狮两处。④ 相传始自清乾隆年间，距今约 250 年历史。这里原有狮舞，民间有"武狮文麒麟"之说，后人们创编了麒麟舞与狮舞相结合，意味着"文武双全"。

麒麟舞的道具与狮舞的狮帔相似，但头像龙有角，颈像鹿，尾像狮，身颜色呈庄青色，背部有鬃毛，颈部及身体腹部遍缀镶金边或红边的鳞甲。口内还安装有喷火装置，麒麟的头内部在眼睛处还固定有小灯，使

---

① http://www.bxsdgl.cn/sw/news39593.html。
② 何其敏：《民间礼俗是传统文化传承的重要途径》，《中国宗教》，2015 年第 7 期。
③ http://baike.haosou.com/doc/2175332.html。
④ 根据歙县富堨镇承狮村江维松、程树辉口述整理。

两眼发光。麒麟舞表演时由两人一前一后套上麒麟帔，表演者下身穿的是绘有麒麟甲的连袜裤。麒麟舞看上去虽然与舞狮相似，但其表演的方式、内容与舞狮有较大区别。锣鼓管弦伴奏曲目也不相同。

麒麟表演时，同时上场的还有8人，表演神话中的"八仙"，手执画有代表八仙各自使用的兵器灯笼，灯笼扎成圆扁鼓形，周边扎有白丝绸云朵。开始时八仙执灯上台表演"八宝舞"，舞毕立于一侧。有一男一女二童子分别手执写有"日""月"字的灯笼，一左、一右排列着引领麒麟上场。"日"灯四周用红绸扎有火焰状。先是日、月童子与麒麟各自分别单舞；继而是日、月童子戏麒麟，麒麟追逐日、月灯舞；八仙此时也参与进来围绕麒麟共舞。其舞蹈动作有"腾云驾雾""涉水渡河""登高山、跃平川"等，在麒麟舞的表演过程中，麒麟还不时地从口中喷出火来，与舞台上按活动需要喷放的烟雾相辉映。最后，众表演者与麒麟各做动作，形成多种集体造型；之后日、月童子前引，众仙欢拥麒麟下场。麒麟舞伴奏有专用乐曲，打击乐器有小堂鼓、大锣、小锣、钹、吟锣（小云锣）五件，其中吟锣很小，只作击拍用。管弦乐器有长笛、唢呐、徽胡、二胡、月琴等伴奏。麒麟舞被收入黄山市非物质文化遗产名录。

舞麒麟①

（七）打莲湘

打莲湘，又名"打连厢""花棍舞""打花棍"等，还有一些地方称为"霸

---

① http://www.gov.cn/jrzg/2006-11/03/content_432322.htm。

王鞭""将军棒""金钱棍""爆火鞭""浑身响"等。是古徽州歙县、祁门等地广泛流传的一种民间舞蹈。祁门西乡的打连湘相传起源于清朝早期，是由安徽凤阳民间说唱舞"莲花落"演化而来的，在清代前期由逃荒要饭的凤阳民间艺人传入徽州。打连湘表演，徽州最初是在正月元宵节闹花灯时与其他灯会一起表演。后来在一些重要的节日及庆典活动中也有表演。表演者女性居多，她们一般边舞边唱（使用浓郁的祁门西乡方言演唱），用来抒发人们喜迎新春，欢庆丰收，共祝吉祥的喜悦心情。① 其实打连湘活动非常古老，在全国一些其他地方也有流传，如北京、东北等地。关于花棍舞的由来，据传为明朝开国皇帝朱元璋童年所创。朱元璋幼时家境十分贫寒，很小的时候常同穷孩子们一起放牛，聪明调皮的朱元璋每次和伙伴们玩耍都能想出新鲜花样来。有一次他让小伙伴用泥巴搭成土台子，将其称作"金銮殿"，将自己称作"皇帝"，而将其他牧童扮成"文臣武将"。他叫同伴们把柳枝做成的放牛棍当作刀枪进行操练，为使放牛棍舞起来好看，他们将柳枝每隔三指处削掉二指宽的表皮，使其变成青白相间的"花棍"。久而久之，这种"花棍"自舞或对打的舞蹈动作变得丰富多样，当地老百姓也竞相效仿，最后，相沿成俗，称"打花棍"。② 另外，关于打连湘的起源，全国其他地方也有不同传说，如相传从前，乞丐在逢年过节的时候，到人家的门前乞讨，手拿一根短棍（打狗棍）又唱又跳，说一些恭维、奉承、吉祥喜庆的话，讨主人欢心，讨得一些食物充饥。慢慢地，有钱人家为讨吉利，在过年过节的时候请一些人专门到家里来说唱，赏些红包。后来，人们把乞丐用的打狗棍改成了在竹棍上装有铜钱，敲打时铜钱相互撞击发出响声，③ 使表演变得更加热闹，发展至今就成今天的打连湘了。④ 另有研究"打连湘"起源于清代，在毛奇龄所著的《西河词话》里描叙打连湘时记载有"连湘词者，带唱带舞，以司唱一人，琵琶一人、筝一人、笛一人，列坐唱词，谓之连湘，亦曰打连湘"。"将军棒"则出自三国后期的传说。蜀国后主刘禅降魏后，举家东迁到洛阳，在那里建造了一座安乐宫，当起"安乐侯"，整天吃喝玩乐。有时刘禅想到自己身为"将帅"，应该练习刀枪棍棒，可他这时已无力挥枪，只好以竹竿代戈，也要求卫兵们把刀枪换成了竹竿，相互练习对打耍弄。这种花拳绣腿似的操练，慢慢形成了一种舞蹈。后来流传到民间，渐演

---

① http://old.cflac.org.cn/zggjmjysj/2004-10/04/content_2974478.htm。

② http://fengsuwang.com/minjian/huagunwu.asp。

③ http://blog.163.com/xcsy_xuelban/blog/static/21048116620135491241700。

④ http://baike.so.com/doc/7581643.html。

成花棍舞，人们戏称"将军棒"。"霸王鞭"的说法则要追溯到楚汉相争。①
说西楚霸王项羽会使用黑虎钢鞭，英勇无比，后人敬仰其勇猛气概，时
常手舞"霸王鞭"跳舞模仿，因此有了"霸王鞭"的说法。② 从以上这些民
间传说中可以看出，打莲湘历史悠久，源远流长，早在清朝、明朝，甚
至三国、西汉时期就有其踪迹。③

打莲湘④

　　徽州的打莲湘最初有两种表演方式：一种是由一人打凤阳花鼓或竹
板在前面表演说唱，后面由二至四人表演花棍舞蹈作说唱伴舞，舞花棍
者不时也与说唱者对答或为之帮腔；另一种是没有单独说唱的表演，直
接由舞花棍者舞一段花棍，间一段说唱。所用的花棍也只有一根。打莲
湘在后来的发展中，还增加了左右手各有一根花棍的双棍表演，多人按
动作套路顺序同时整齐划一地集体花棍表演等。

　　打莲湘所用的花棍制作由约1米长的小圆竹棍（通常用在水里蒸好的
紫竹为材料，也有木制的）制成，在棍两端处分别钻上两个孔，孔长为两
个铜钱的直径长度，每个孔内并排安上两排铜钱，每排两个，当花棍舞
动起来时铜钱间便相互撞击发出连续的声响，⑤ 所以，当地老百姓有的
就称为"连响"。棍身用红、绿、黄三色纸条成螺旋形将棍缠绕裹紧糊实，
整个棍看上去三色交叉形成"花棍"。有的还在棍的两头扎上红绿绸子制
作的小花。

---

① http://fengsuwang.com/minjian/huagunwu.asp。
② http://www.52sihong.com/whyc/7676.html。
③ http://www.zwbk.org/MyLemmaShow.aspx? lid=187771。
④ http://news.163.com/10/0928/07/6HLC87I700014AED.html。
⑤ http://blog.163.com/xcsy_xuelban/blog/static/21048116620135491241700。

打莲湘者以花棍击打身体的各个部位或地面，由于铜钱间互相撞击，同时发出有节奏的"哗哗"响声。[1] 花棍舞的动作节奏明快，舞蹈起来，人体从头肩、身体到腿脚都能得到充分活动，而且棍子击打身体各个部位，也对身体有按摩保健的作用。

打莲湘常见的表演程式动作有：靠肩、碰手、顺飞脚、反飞脚、左手花、右手花、顿地、横天、斜背棍等。花棍击打人体的部位主要分为上下两部分，一是上身的肩、背、臂和手；二是下身的腿、胯、脚和地。上身打法有单打肩、双打肩、上臂打、下臂打、拦腰打等；下身打法有踢腿打、端腿打、顺打腿、反打腿、金钱脚、外花脚、旋风脚等。这些动作的连接也不是一成不变，有时可随意将几个动作连接在一起，就成了一个小组合；有时一气呵成，从头打到脚。当舞花棍完成较大难度动作时，随着人体腾挪跳跃，彩棍也上下翻飞，棍端铜钱同时随之"嚓嚓"作响，有时还夹入表演者"嘿嘿"的喊声，令人感到很强的阳刚之气和娱目之美。打莲湘表演一般以唢呐伴奏，随着唢呐的节奏表演者边唱、边舞、边打。花棍舞集体表演时要求队伍整齐，节奏一致，更能呈现出壮观热烈的气氛，后有人总结其集体表演时的运动特点："大舞大动大队形，节奏鲜明脚步轻。队形变化跟头走，对打串场背身行。"[2]

（八）十绣鞋

流传于歙县徽城街、渔梁一带。明清时期，徽州姑娘最兴穿绣花鞋，她们从童年开始就练习绣花做鞋，出嫁前必须亲手绣出七八双甚至十多双各种花样的红绣鞋，带到婆家显示自己是绣花做鞋的能手。因此，绣花鞋便成了徽州姑娘的传统工艺。"十绣鞋"表现的就是一群姑娘在一起做鞋绣花、互学互赞的欢乐场面。表演者多为年经女性，过去通常为8人（现在根据舞台大小人数可多可少），村姑打扮。穿绿（白）色软缎绣花边斜襟上衣和同样色料的绣花裤，大红缎绣花鞋，梳一条长辫子，戴花，戴耳环，手里还拿一只表演道具绣花鞋。基本动作有"端针匾""穿针引线""绣鞋""绣花拉线""开花手势"等，在舞蹈的同时唱出以十个月花名表现绣制花鞋的《十绣歌》。《十绣歌》是徽州人流传下来的一首口口相传的原生态民歌，具有徽州独特的韵味，其中的"哈哈腔"是最有徽州本土特色的唱法。其歌词为"一绣红绣鞋呀，正月那个梅花开，开了梅花绣一双红绣鞋。二绣红绣鞋呀，二月那个杏花开，开了杏花绣一双红绣鞋。三

---

① 庞玥坤：《舞动的精灵（外一篇）》，《东方少年》，2015 年第 6 期。

② http://www.zwbk.org/MyLemmaShow.aspx? lid=187771。

绣红绣鞋呀，三月那个桃花开，开了桃花绣一双红绣鞋。四绣红绣鞋呀，四月那个蔷薇开，开了蔷薇花绣一双红绣鞋。五绣红绣鞋呀，五月那个石榴开，开了石榴花绣一双红绣鞋。六绣红绣鞋呀，六月那个荷花开，开了荷花绣一双红绣鞋。七绣红绣鞋呀，七月那个水仙开，开了水仙花绣一双红绣鞋。八绣红绣鞋呀，八月那个桂花开，开了桂花绣一双红绣鞋。九绣红绣鞋呀，九月那个菊花开，开了菊花绣一双红绣鞋。十绣红绣鞋呀，十月那个芙蓉开，开了芙蓉花绣一双红绣鞋。"[①]十绣鞋就是边唱《十绣歌》边舞的表演。其动作轻盈细腻、柔美典雅，体现了姑娘们勤劳纯朴、温柔善良的性格和对幸福生活的向往。伴奏乐器有笛子、高胡、二胡、低胡、三弦(或琵琶)、木鱼等。[②] 据余卓英女士介绍，该项目是在 1953 年到 1954 年间由徽州公社文艺工作团在歙县渔梁民间挖掘整理出来的。当时唱曲发音是渔梁当地方言，现在的一些普通话唱腔是经后来翻译整理出来的。

十绣鞋[③]

(九)跳竹马

跳竹马是流传于黄山区耿城镇村等地的一项传统民俗活动，相传距今已有约 500 年历史。[④]

关于跳竹马的故事起源有两种传说，一种是说三国时期刘备在打天下的时候遇到奇才谋士徐庶，他帮助刘备战无不胜、攻无不克。后来曹操知道了，将徐庶的母亲抓去，骗徐庶到他那里去服务。刘备虽然不舍，

---

① 操明花：《广播歌选》，2011 年第 6 期。

② 来源于互联网。

③ http://image.so.com。

④ http://www.6665.com/forum.php? mod=viewthread&tid=3268536。

黄山耿城镇的"跳竹马"①

但为了救徐庶母亲只能忍痛割爱送徐庶去曹营。刘备与关羽、张飞等人一路相送，依依不舍，送了一程又一程，徐庶深受感动，就在送行的路上遂将自己掌握的作战阵法传授给刘备等人的故事。后来民间艺人将徐庶传授给刘备、关羽、张飞等人作战阵法的故事用竹马的形式进行舞台创编，编成了"一字长蛇阵""龙门阵""文、武梅花阵""铁壁合围阵""五子登科阵""赤壁铁索网阵""四面埋伏阵""耙子珑阵""腾云驾雾阵"等阵法来进行舞台表演，后传承至今。另一种传说是说，世居歙州（原籍歙县，后寄籍睦州青溪）的北宋末年农民起义军领袖方腊，在歙县七贤村起义。方腊那里有位姓汪的军师，人尊称他"汪公"，此人足智多谋，可惜方腊未能采纳他的计谋，最后兵败南山。汪公仙逝后百姓就尊他为"汪公老佛"，并修了一座庙来供奉他，以祈求保佑百姓的平安和五谷丰登。明太祖朱元璋起义时骑有一匹战马，为千里马，朱元璋非常喜爱，平时将战马散放任由它糟蹋农民的庄稼，老百姓敢怒而不敢言，只好到汪公庙拜请汪公老佛帮忙。汪公老佛"知道"就显灵劝阻战马爱护庄稼，可这匹马依仗主人权威骄横跋扈，置之不理。汪公老佛大怒，显神威将朱元璋坐骑朝庙门口一掌击去，这匹马立即被神掌击飞粘在庙门上，成了没有生命的马形图像。朱元璋得知此事后，自认理亏，并真诚地去汪公老佛庙祭拜，深表自己的过错和内疚，汪公老佛念朱元璋知错能改，就托梦于他，赐予好马一匹，拂晓送达门前。朱元璋起早来看，见是一匹用竹子扎成架子的纸糊彩马，顿时怒火中烧，挥鞭就打，哪知它竟是匹神马，见马鞭挥来昂首长嘶，疾风快驰。后来祖朱元璋就是骑着这匹神驹打败了元军，

---

① http://www.6665.com/thread-3268536-1-1.html。

坐上皇帝的宝殿。后来老百姓就照着这匹神马的模样，用竹篾编制成竹马，逢年过节用来教育后人，表演娱乐，以求平安。①

竹马的制作是用竹篾编制而成，外面糊上彩纸，或糊上白纸再画成各种图案，在竹马的腹中点燃蜡烛，成为"竹马灯"。开始时只当成一种祭具，后不断改进翻新，直至最后搬上舞台。后来"跳竹马"的道具是用红、绿、黄、白、黑五色布糊在篾编制成的竹马骨架外表，分前后两节，吊扎在表演人的腰间。表演跳竹马人活动起来像人骑着马，自由地翻腾跳越。②

徽州民间传统的跳竹马表演通常由三男两女组成。竹马分红、黄、绿、白、黑五种，表演者全部以古装戏人物打扮。头马为红马，由戏剧须生扮跳，表演沉着稳健；二马为黄马，由戏剧青衣扮跳，表演冷静庄重；三马为绿马，由戏剧小生扮跳，表演潇洒风流；四马为白马，由戏剧花旦扮跳，表演婀娜多姿；五马为黑马，由戏剧小丑扮跳，表演彪悍勇猛。③ 人物的服装颜色可因地而宜，跳竹马的表演有模仿戏剧《三国演义》中的人物刘备、关羽、张飞以及刘备的两位夫人。跳竹马表演讲究"阵式"，以"五朵梅花形阵"为主，后来发展成多种阵法，如"开四门""五马盘柱""一字阵""铁索环"等，最多达108种表演阵法。其中最基本的舞蹈步法为退一进二，三角交叉，四边兼顾，梅花五点。跳竹马，突出是一个"跳"字，表演者不说不唱，是单纯的舞蹈动作，后来发展到讲彩话，又叫"利是话"。如"跳马跳归堂，福寿万年长"，"跳马跳三圈，个个都健康"等，④ 使得表演内容更加丰富。⑤ 黄山太平跳竹马被评为黄山市级非物质文化遗产。

（十）雉山凤舞

雉山凤舞，又称"凤舞"，是古徽州黟县雉山卢村的一项民俗表演活动。凤舞表演者均为女性，她们戴着道具"凤头"，穿着"凤衣"在欢乐的乐曲声中跳起舞步，整个表演如彩凤翻飞、上下翱翔。

---

① http://baike.so.com/doc/7628955.html。

② http://www.chinabaike.com/z/shenghuo/kp/2016/0704/5548339。

③ http://www.whsyxx.com/inedu3in1/Components/news/infoshow.aspx? id = 946&.Newsid =415281。

④ http://www.iflying.com/youji/191560.html。

⑤ http://baike.so.com/doc/7628955.html。

雉山凤舞①

凤舞发源于黟县宏村北边的雉山村，雉山村是一个卢姓聚族而居的村落。相传卢氏祖先因路过雉山，发现一只罕见的五彩雉鸡落在一个山坡上，便认定那儿一定是块风水宝地，于是举族迁居这里，开始一代一代繁衍生息。为了纪念这只神奇的雉鸡，他们便在逢年过节的喜庆日子里玩起一种"雉鸡灯"。时间长了，人们觉得雉鸡灯虽然很漂亮，但名字却不大好听，因为"雉鸡"又称作"野鸡"，难登大雅之堂。于是，卢氏祖先便把它改称为"凤灯"，凤是我国传说中的吉祥鸟——百鸟之王，是中华民族与龙齐名的另一种动物图腾。只是谁也没见过真正凤的模样，因而，扎出的灯仍然是雉鸡形状，只不过名字改成了"凤灯"。人们拿着凤灯游玩、舞动，发展到后来便逐渐演变成了"凤舞"。

黟县雉山村女人们会舞凤，除了以上原因外，还因为黟县是徽商的重要发源地之一，大多数男人"十三四岁，往外一丢"出门经商去了，留在家乡的大多是妇女、孩子和老人，于是他们便设计出这种"凤舞"，让女人们自娱自乐。如果说舞龙、舞狮显现出的是男人的阳刚之气，那么，雉山凤舞展示的则是女人的阴柔之美。

凤舞的凤凰是用竹篾扎成骨架，下方安装一根手拿的撑竿，外面糊上白纸或白色绸布，再画上彩色凤凰外形，凤尾则用几根长长的彩绸拴在凤身后面。

凤舞表演由当地女性村民身着统一服装，手持凤凰撑杆进行舞蹈。凤舞的基本动作采用的是"进三退一"步法，舞凤表演的程式动作有"凤点头""凤飞翔""凤盘旋"等。表演时以锣鼓、唢呐等乐器伴奏，表演者踩着音乐的节拍翩翩起舞。②

---

① http://byz.yixian.gov.cn/zjby/ShowInfo.asp? InfoID=352。

② http://www.ahta.com.cn/xinxi/html/13/130919180717.shtml。

（十一）山越之秋

"山越之秋"又称"赶野猪"，是古徽州黟县农村农民在秋收季节里重要的保护庄稼任务。人们在保护庄稼获得秋季丰收成功后，模拟此项活动跳起了庆祝的舞蹈，久而久之，就演变成了一项民俗娱乐性健身项目。

"山越"是汉末三国时期对分布于江南部分山区古越族后裔的通称，是秦汉之交百越（粤）的一支后裔，古徽州地属山越地区。①

古黟县的疆域较今天县域面积要大得多，原住民多为山越人之后。古黟县自古人多地狭，山区田地更少，民谚有"七山一水一分田，一分道路和庄园"之说。而且这里的山地多为旱地。因此，山民主要以垦山种苞谷（即玉米）为主。清代著名学者、黟人俞正燮在《黟山竹枝词》中写道："两般胜贵米与钱，大业从来说垦田；人众真难为造物，包芦已植到山巅。"生动地描述了当时黟县农村社会状况，诗中提到的"包芦"就是指玉米。山民垦山种粮，除了指望上天赐予风调雨顺外，还需提防山中野兽的糟蹋侵扰。以种"苞芦"为例，七月打苞，八月灌浆，九月才能成熟收割。在此期间，正是山中野兽出没活动频繁季节，那时的黟县山里野猪很多，经常在深夜出没，将大片大片农田的苞芦扳倒，甚至连根拱起，弄得一塌糊涂，农民辛苦种的庄稼被损毁殆尽。甚至有的野兽还潜入山庄，掀翻鸡笼，叼走小鸡，或者拱垮猪圈，吃掉猪仔，山民们每到晚上提心吊胆。最后，大家轮流结伴晚上出门手持竹梆敲打上山赶野猪，看护即将成熟的庄稼。清代黟人王元瑞有一首描绘当时农村情景的诗句"山

赶野猪②

---

① http://blog.sina.com.cn/s/blog_3c4d0d430102vfx7.html。

② http://www.icaijing.com/wemedia/article731206/。

后山前畏虎狼，苞芦终夜守鸣梆"。① 多少年来，"赶野猪"成了徽州黟县男性山民夏秋之际重要活动之一。

赶野猪舞蹈表演的内容主要是表现徽州山民为了保卫辛苦种植的庄稼，在每当夜幕降临之时，就集体出发来到山脚下，然后分别手持火把、竹梆，边敲边爬上各自山头的山棚，并燃起篝火，嘴上不停地喊叫吆喝，手中不时地敲打竹梆发出响声，一方面驱赶野猪，一方面也是与其他山头的同伴联络。饥饿的野猪有时成群结队来侵扰，单个人的驱赶往往不起作用，于是便联络上各村的人，从各山头集中分几路同时驱赶，并用火把威胁，最终将凶恶的野兽驱赶走。到凌晨，大伙又从各自山头来到山脚集中，交流昨晚赶野猪的情况和心得，总结经验，以便明日再赶。

赶野猪正是徽州山民基于劳动生活实践，将与大自然相处的劳动生活逐步演绎成百姓喜闻乐见的艺术活动，表现了山民们勤劳智慧的本色与精神。其表演形式有"群舞"和"巡游"。赶野猪舞蹈特点是人们敲打着竹梆，扭动着身体，脚步动作踏地，节奏感十分强烈、生活气息鲜明，是对当时人们生活情景的艺术再现。舞蹈表现出原始、粗犷、厚实、坚韧不屈的风格。在第九届中国黄山国际旅游节暨徽文化节上，黟县将此作为民俗节目参加民俗活动表演，成功地获得当年的民俗表演优秀奖。

近年来，为了既不伤害野猪，又使庄稼免受其害，当地农民因地制宜地想出了许多驱赶妙招：用旧衣裳扎成稻草人，稻草人手执竹条随风飘动；在田间安装录音喇叭，一天到晚播放"哇嗥、哇嗥"的驱赶声；庄稼四周挂上臭烘烘的猪骨头，让野猪闻之却步；或者漫山遍野倒挂着一只只热水瓶胆，经月光、灯光等一照，耀眼的反射光足以震慑野猪，再加上瓶胆表面如哈哈镜一般，野猪看到水银面上另一个变大变形的自己，还当是遇见了何方怪兽，被吓得逃之夭夭。或者用水槽、接水桶、铁制撞击物三部件组成，由放水槽将水注入接水桶，接水桶水装满后就会翻转撞击铁器，所以，隔几分钟就会发出"哐、哐"的巨响，吓得野猪不敢靠近农田庄稼。② 虽然"赶野猪"活动在当今现实生活中已经不再实用，但是基于上述历史背景和生活实践而创编产生的原始而古朴的生活艺术舞蹈，具有非常浓郁的徽州地域和民族特色。③

---

① http://www.cnepaper.com/hsck/html/2014-07/22/content_12_1.htm。

② http://www.cnepaper.com/hsck/html/2014-07/22/content_12_1.htm。

③ 胡时滨：《赶野猪的背后艰辛——探寻古黟民俗表演的实践基础》，《文化周刊（徽风贵韵）》，2014-07-22。

（十二）破寒酸

破寒酸又被称为"戏丑舞"，流传于古徽州绩溪县杨溪村一带。绩溪方言"寒酸"是贫困、可怜的意思。民间常有说人穷得一脸"寒酸相"。关于破寒酸，当地流传下来两首歌谣："九村八王堂，年年锣鼓响；破除寒酸苦，不再闹饥荒。""敬太子，拜八王，破除寒酸保吉祥。"

"破寒酸"的由来，第一种传说是明朝末年，在绩溪县城有位戴姓的豪绅依仗财势，欲强行霸占杨溪村的一片良田，杨溪村的老百姓团结起来奋起抗争，最后取得了胜利。于是在农历七月二十五这天，杨溪村民们为庆祝胜利，举行化妆游神活动。第二种传说是在明末清初，绩溪县杨溪村一带连年灾荒，地里庄稼颗粒无收，此时瘟疫流行，死者无数。活着的人饥寒交迫，衣衫褴褛，勾腰驼背，精神萎靡，日子过得极其"寒酸"。众人认为此系"寒酸"妖孽作祟。杨溪共有9个自然村，供奉一座八王庙，称"八王堂"（传说是汪华的第八个儿子）。在每年的七月二十五日，九村民众齐集八王堂，抬着庙中的太子像跳起舞蹈，遍村游舞，以求五谷丰登，人丁兴旺，破除"寒酸"。因此，就将此舞命名为"破寒酸"。①

破寒酸表演由五人联合表演，其中三人化妆成古代武士形象。一位武士手持花棍，走在最前面开路；一位武士肩上驮着太子神像走在中间，还有一武士撑着龙凤伞跟在后面。其他两人化妆成"和、合二仙"，伴随在太子像两边。表演者头上均戴着木雕面具。"破寒酸"舞的基本动作为"搭袖转跳"。表演时舞者站成四角形，随着锣鼓的节奏，按逆时针方向以各自规定的基本动作边跳转边前进。一般是跳三圈一次反复，第一圈较慢，第二圈稍快，第三圈快。每自跳一小圈，表演者和伴奏者同声高喊"嗬"。表演时伴奏乐器有大扁鼓两面和大筛锣两面。鼓和锣均由两人抬起，另外两人边走边配合敲击。破寒酸表演中有个侍卫驮着太子像，在太子的手中有杆方天画戟，戟上挂有一个药葫芦，据说里面就装有专治"寒酸"和瘟疫的灵丹妙药。②

破寒酸表演时间为每年农历七月二十五，这天要游舞一天。后来改成七月二十四、二十五、二十六遍村游舞三夜。破寒酸表演要到村中每家门口表演，当来到某家门口时，这家便要烧香放鞭炮朝拜太子，表演者必须在每家门前转跳表演几圈，不能丢掉一户，否则，这家就认为寒

---

① 朱万曙：《卡利》，《戏曲·民俗·徽文化论集》，合肥，安徽大学出版社，2004，第12页。

② 中华舞蹈志编辑委员会：《中华舞蹈志·安徽卷》，上海，学林出版社，2000。

酸未破，大不吉利；跳过了，就自信破除了寒酸，万事如意了。[①] 破寒酸表演时须连续放爆竹以助兴，爆竹放完，舞蹈停止。[②] 表演完毕，还要撒禄寿纸（用五色彩纸裁剪而成）表示财寿到来，家家发财安康。1982年，绩溪县文化部门将"破寒酸"改编成了小舞剧，还参加安徽省农村业余会演，获得了创作奖和优秀演出奖。[③]

（十三）蚌壳舞

蚌壳舞也称"蛤蜊舞""嬉蛤蜊""蚌壳精""蚌舞""蚌壳灯""戏蚌壳"等。相传蚌壳舞自明代便流传到徽州这里，歙县四乡均有流行。一般为民间庙会、灯会活动的组成部分之一，较少单剧演出。蚌壳舞体现的是生殖崇拜，故大多数地方禁止未婚男女扮演。

蚌壳舞[④]

蛤蜊舞表演一般为蛤蜊仙子两人，老渔翁一人。蛤蜊仙子，其装束道具是蛤蜊壳，用竹片扎成蚌壳形，用绵纸（或白布）层层糊裱，以青黑色染料遍涂外壳，并勾画出一圈圈如蛤蜊外壳的纹路。两瓣壳口沿处各镶一道粉红色绸缎边，象征外露之蛤蜊肉。壳里面糊以银灰色锡箔纸，使之发光，也有内衬白缎，上缀粒粒珍珠的。每瓣壳内皆扎有竹拉手，便于表演者双手擎握启闭蛤蜊。蛤蜊仙子为女性装扮，身穿相应彩色服饰，两瓣蚌壳背部相连，系在仙子腰上。蛤蜊仙子开壳时全身外露，闭壳时上半身隐于壳内，只见表演者双脚。老渔翁的表演者，通常为一白

---

① 张学文等：《绩溪县杨溪镇傩舞〈破寒酸〉》，《徽州社会科学》，2000 年第 1 期。

② http://item.jd.com/1394105853.html。

③ 胡宁、汪炜：《咱们的母亲河：新安江文化调查》，合肥，合肥工业大学出版社，2011，第 12 页。

④ http://image.haosou.com。

眉毛白胡子装扮的老者，上身穿庄青色茶衣，下穿黑裤，头戴斗笠，身背渔网。在悠扬的管弦乐伴奏声中，两个蛤蜊仙子上场翩翩起舞。二仙子时而独舞，时而对舞，舞步轻柔，风情万种。接着老渔翁上场，表演在水上摇船打鱼的情景，渔翁表演观蚌、理网、撒网、收网、涉水、摸捞等擒捉蚌壳动作；渔翁通过网打、手抱均抓不住蚌壳；而蛤蜊仙子故意戏弄老渔翁，她扇动蚌壳时而夹住打鱼人的头，时而夹住打鱼人的手脚戏耍。① 渔翁与蚌壳的对舞，有如现代的交谊舞步，你进我退，左右旋转，动作协调，节奏一致；面部表情随着身体动作而逗玩嬉戏，充满情趣。最后，老渔翁干脆下水撒网捕捉，终于将蛤蜊仙子擒获，满载而归。

该舞蹈表演者始终不发一言，整个表演是通过舞蹈语言表达剧情的，动作诙谐、幽默。一些地方还有一种三人表演的称为"鹬蚌舞"，分别是蚌壳仙子、渔夫、鹬鸟，三人配合表演成语"鹬蚌相争，渔翁得利"的故事。② 现在表演还有将蚌壳表面装有发光电灯的，夜晚表演称"蚌壳灯"。蚌壳舞表演诙谐幽默，情趣盎然。其音乐伴奏一般有竹笛、二胡以及锣鼓等打击乐器。演员表演只舞不歌。

三、竞技类民俗体育项目

徽州民间竞技类体育项目，是徽州人在节日、祭祀、喜庆、娱乐等活动时进行的两人或多人间的竞争性民俗体育活动。

（一）屯溪龙舟

中华民族自称龙的传人，龙作为一种中华民族的精神图腾，早在我国原始社会就已存在。据说在湖南沅陵的龙舟距今约有 5000 年的历史，③ 关于龙舟的古文献，最早可追溯到公元前 318—前 296 年，在先秦古书《穆天子传·卷五》中有："天子乘鸟舟、龙舟浮于大沼。"④关于龙舟竞渡产生的具体时间至今虽尚无准确定论，但龙舟无论是作为先民的水上运输工具还是攻战御敌之器在我国秦汉之前就早已盛行了。⑤

---

① http://www.china-315.com/offerDetails_144181.html。

② http://tieba.baidu.com/p/2004540818。

③ 《划龙舟并非纪念屈原》，http://dragonboat. sport. org. cn/lzwh/2005-02-27/55635.html。

④ 《穆天子传》中注曰：沼池龙下且有舟，皆以龙鸟为形制。《文渊阁·四库全书》，子部，卷五，上海，上海人民出版社、迪志文化出版有限公司共同出版。

⑤ 单慧：《从行舟到龙舟——刍议龙舟的发展源流及其设计特点》，苏州大学硕士论文，2013。

　　龙舟，是民间端午节的主要水上祭祀、竞技、娱乐习俗。关于端午节的由来，说法众多。这里介绍流传较为广泛的四种传说：第一种是纪念屈原说，据《史记》"屈原贾生列传"记载，屈原是春秋时期楚怀王的大夫。① 他倡导举贤任能，富国强兵，力主联齐抗秦，遭到楚国贵族子兰等人的强烈反对，他们排挤陷害屈原，楚怀王听信谗言，把屈原赶出了都城，流放到沅、湘流域。② 屈原在流放过程中，写下了忧国忧民的《离骚》《天问》和《九歌》等不朽的爱国诗篇，其诗歌言辞优美，独具风貌，影响深远。因此，端午节也被人们称为"诗人节"。公元前 278 年，秦军攻破楚国都城。屈原眼看着自己的祖国遭到了侵略，行将灭亡，心如刀割，但还是始终不忍舍弃自己的祖国。他于农历五月初五，写下了绝笔之作《怀沙》后，怀抱石头投汨罗江而死，以自己的生命谱写了一曲壮丽的爱国主义乐章。得知屈原死去的噩耗，楚国百姓悲痛异常，纷纷涌到汨罗江边去凭吊屈原。渔夫们划起船，在江上来回打捞他的真身。有位渔夫拿出为屈原准备的饭菜、鸡蛋等食物，抛撒入江里，说是让鱼龙虾蟹吃饱了就不会去咬屈大夫的身体了，人们见后纷纷仿效。③ 一位老医师拿来一坛雄黄酒倒进江里，说是要药晕蛟龙水兽，以免伤害屈原大夫。后来为怕饭团为蛟龙所食，人们想出用楝树叶包饭，外缠彩丝，逐渐发展成了今天的粽子。后来，在每年的农历五月初五，就有了龙舟竞渡、吃粽子、喝雄黄酒的风俗，以此来纪念爱国诗人屈原。④ 唐代诗人文秀在诗中写到"节分端午自谁言，万古传闻为屈原"，⑤ 纪念屈原说是目前国内龙舟文化的主流。第二种是纪念伍子胥说，在江浙一带流传较广，说的是纪念春秋时期（公元前 770—前 476 年）的伍子胥。⑥ 伍子胥名员，原为楚国人，父兄均为昏庸的楚王所杀，后来伍子胥投奔吴国，助吴伐楚，五战而入楚都郢城。当时楚平王已死，伍子胥将楚平王的墓穴掘开，拖出尸体，用鞭抽打三百下，以报无道昏君的杀害父兄之仇。吴王阖闾死后，其子夫差继位，伍子胥指挥的吴军士气高昂，百战百胜，越国大败，越王勾践向吴请和，夫差许之。伍子胥建议，应该彻底消灭越国，夫差不听。越王勾践贿赂吴国大臣，谗言陷害伍子胥，吴王夫差听信谗言，不辨真假，赐伍子胥宝剑自尽。伍子胥本为忠良，视死如归，在死前他

---

①　http://wenda.tianya.cn/user? userid＝27749231&tab＝followed&start＝100。

②　http://www.yuwenmi.com/lizhi/mingyan/220145.html。

③　雷龙飞：《端午节的思索》，《中华活页文选（初三）》，2013 年第 10 期。

④　卢丽：《论古代赛龙舟运动的起源与发展》，《兰台世界》，2012 年第 10 期。

⑤　唐末江南僧人文秀《端阳》诗句。

⑥　http://www.yuwenmi.com/lizhi/mingyan/220145.html。

对邻舍人说："我死后，将我眼睛挖出悬挂在吴京之东门上，以看越国军队入城灭吴"，便自刎而死。夫差闻言大怒，下令将伍子胥尸体装在皮革里于五月初五投入大江之中。后来吴国果然被越国所灭，夫差也死于勾践之手。人们为了纪念忠良伍子胥，便将五月初五作为他的祭日，在水中进行祭祀。第三种传说源于纪念一位叫曹娥的孝女。东汉时有位孝女名字叫曹娥，她的父亲没于江中，多日不见尸体，曹娥当时年仅 14 岁，昼夜沿江号哭。过了 17 天，在五月初五日她也投江了。① 此事传为神话。后人为纪念曹娥的孝节，在曹娥投江之处兴建一座曹娥庙，她所居住的村镇改名为曹娥镇，曹娥殉父之处定名为曹娥江。第四种是源于古越民族图腾祭，据考古发现：② 长江中下游广大地区，在新石器时代，有一种以几何印纹陶为特征的文化遗存。该遗存的族属，据专家推断是一个崇拜龙图腾的部族——史称"百越族"。由出土陶器上的纹饰和历史传说显示，他们有"断发纹身"的习俗，且生活于水乡，自称是龙的传人。他们所用的生产工具，有大量的石器和各种小件的青铜器。在他们作为生活用品的坛坛罐罐中，烧煮食物的印纹陶鼎是该民族所特有的器物，是他们族群的标志之一，而五月初五端午节就是他们创立的用于祭祖的节日。在数千年的历史发展中，大部分百越人已经与汉民族相互融合，其余部分则演变为南方许多少数民族，因此，他们的"端午节"便成了全中华民族的节日。而古徽州一度是古百越人（山越）的属地，从时间上推断，古徽州可能就是端午和龙舟的最早起源之地。③ 学者闻一多先生在其文《端午考》和《端午的历史教育》中列举的百余条古籍记载及专家考古考证也认为，端午的起源是我国古代南方吴越民族举行图腾祭的节日，要比纪念屈原时间更早。④ 但由于千百年来，屈原的爱国精神和感人诗词已广泛深入人心，端午纪念屈原之说在民间影响最大，也占据了主流地位，所以现在人们将端午节与纪念屈原联系起来。⑤

在徽州民间有一则流传广泛的神话故事，是关于"乌龙精"和"斩龙尾"挂纸的传说。关于斩龙尾的传说，讲的是在古徽州府的时候，府城东面有座大山，叫作"问政山"，相传在北宋时期曾有一位皇帝来这里拜访一位智者，寻求治国理政的良策，因此而得名。歙县有一道观叫"问政

①　佚名：《端午节的来历》，《内蒙古林业》，2014 年第 8 期。

②　《2006 年度南方地区考古新发现》，《南方文物》，2007 年第 4 期。

③　http://wenda.so.com/q/1370921422063099。

④　杜宁：《关于端午节的起源》，《文史杂志》，2004 年第 8 期。

⑤　http://www.yuwenmi.com/lizhi/mingyan/220145.html。

屯溪龙舟①

观"，里面住着一老一少两个道士。老道士从山中采来了一只长了九千年的大何首乌，据说吃了可以成仙，老道士叫小道士将何首乌蒸在锅里，小道士趁老道士不备偷吃了一点，老道士知道后，干脆成全小道士，让他把整个何首乌吃了。小道士吃下那千年何首乌后，成了一个神通广大的"真人"。② 这位道士姓许，人们就称他为"许真人"。当时有一位举人叫王荥的被任命为徽州知府，他偕同夫人家眷经钱塘江、新安江、练江来到河西桥下，被这里的一个乌龙精诱骗下水吃掉了。乌龙精摇身一变变成知府替身，这位新来的"知府"在徽州制造了许多冤、假、错案。许真人知道后便去找他，替身知府一见许真人，吓得退堂溜走。许真人知道新来的知府是七里垅的一条乌龙精变的，决定在端午节那天收拾乌龙精，事前叫知府夫人将衙门里所有水缸、碗里的水统统倒掉，一滴不留——因为龙可以借助水逃遁。端午节到了，许真人手执宝剑，来到衙门，乌龙精一见，吓得掉头就跑。许真人紧追不舍，乌龙精一时找不到水难以跳脱，急得在大堂上蹿下跳，猛见大堂案上的砚台里有水，就从砚台里逃了。说时迟，那时快，许真人也跟着跳进砚台追赶，一直追到江西，这时许真人看见观音菩萨已经捉住了乌龙精，并将它锁在了镇妖井里。许真人回到徽州府，知府夫人已与乌龙精有了后代，正在分娩。接连生下八条小乌龙，许真人见此，手起剑落把生下的这些小龙都给斩了，当夫人生下第九条小乌龙时，知府夫人流泪求情说："给我留个上坟的吧！"③许真人听了，动了恻隐之心，只斩了小龙的尾巴，被斩尾巴的小乌龙腾空而起向江西飞去，张天师见了便把它收到龙虎山去了。知府

---

① http://www.newshs.com/a/20130611/00210.htm。
② http://blog.sina.com.cn/s/blog_449730e10102vjuc.html。
③ http://www.aiweibang.com/yuedu/22953248.html。

夫人死后葬在问政观左边的山坡上，被斩尾的乌龙，清明节前后都要回来给它母亲扫墓挂纸。每到此时，徽州都会有一次风灾，会出现昏天黑地、电闪雷鸣、暴雨狂风的景象。① 据说就是那个小乌龙腾云而来引起的。因此，年年到此时节，人们都要说"斩尾龙来挂纸了！"②

另外，据说歙县蓝田叶氏是叶公（沈诸梁）的后裔，因"叶公好龙"的典故，蓝田叶氏与"龙"也就有了很多联系。③

古徽州龙舟赛较多，有竞技性的，也有表演性的。如屯溪龙舟的跳水与抢鸭；歙县北岸镇白杨汪村"驮龙舟"为陆上游龙舟赛；还有休宁的赛龙船，歙县渔梁的龙灯船，南源口游龙舟及薛潭村划龙船等水上游龙舟活动等。④ 这里着重介绍徽州的"屯溪龙舟"赛。

徽州端午节龙舟竞渡历史悠久，由于新安江从屯溪流过，屯溪大桥一段沿岸商贾云集、热闹非常，因而这里是举办古龙舟赛——"屯溪龙舟"的最为著名之地。据史料记载，⑤ "端午日，观龙舟竞渡，是日，迎神船袭画似鳅，载而游诸市，钲鼓导引"。屯溪端午节龙舟竞渡，⑥ 古以新安江船户参加为主。每年端午节，凡沿河城镇均举行赛龙舟，以屯溪龙舟赛最为盛大。屯溪每年农历五月初一，便有龙船出水，逐日增加，端午日多达 6 艘。"龙舟"是利用民船在其前后装上龙头和龙尾，在敞篷船架上插满各色彩旗，中间安上跳水架改装而成的。⑦ 赛龙舟前（也有在竞渡赛后）要举行跳水比赛，俗称"打漂"，凡有一定跳水技巧的人都可参加。⑧ 至少由 3 条（有时多达 6 条）船组成，通常由"罗汉松"段江面起航竞渡，逆流而上。每条船上有 20 名精壮的水手，在锣鼓和鞭炮的助威下奋力划桨，破浪而行。⑨ 龙舟穿过屯溪大桥后，再掉头泊于小澎湖江面，这时高昂的龙嘴里喷吐出一股袅袅的黄烟，站在岸上的徽州富商、大亨们便向水中抛洒银圆、金币等。龙舟上的水手开始大显身手，他们从 2 米高的木架上用各种姿势轮流跳入江中，潜水寻宝，捞起银圆、金币的

---

① http://blog.sina.com.cn/s/blog_573968220102vqi7.html。

② http://tieba.baidu.com/p/2967379851。

③ http://blog.sina.com.cn/s/blog_59c3b910010111ww.html。

④ 李昌军、李谋涛：《徽州民间"游龙舟"传承与现代转型研究》，2013 年第 3 期。

⑤ 卞利：《徽州文化全书·徽州民俗》，合肥，安徽人民出版社，2005，第 216 页。（清）刘汝冀：《陶甓公牍》卷一二《法制科·祁门风俗之习惯同·岁时》。

⑥ http://www.lejiewang.com。

⑦ http://tieba.baidu.com/p/1024176497？pid=11572345509&cid=0。

⑧ 李竹丽：《徽州民间体育文化旅游开发的优势与机遇》，《体育科学研究》，2013 年第 8 期。

⑨ 许一新：《屯溪老街砚台情》，《国际市场》，2012 年第 8 期。

水手将战利品高高举起，惹得两岸围观群众不时发出阵阵的叫好声。①
此时，江上岸边的人潮声、击鼓声，此起彼伏，非常热闹。②

徽州龙舟赛发展至今日，已变成了一项大型的、正式的体育比赛项目。其项目特点也由过去带有表演性质的比赛变成了具有完备竞赛规则的现代龙舟赛。当然，参加比赛的团队之多，观看比赛的人群之众也都是以往比赛所不能比拟的。

（二）跳五猖

跳五猖又称"跳五帝"，流传于古徽州宣城市绩溪县荆州乡的一项类似于越野接力赛跑的项目。绩溪县荆州乡的地理位置与浙江省临安市接壤，面积约50平方千米。境内四周群山环绕呈"舟形"盆地，荆州河自西南向东北贯穿全境，流入天目溪，村庄和田园分布在沿河两岸，这里气候为冬寒早雪，夏凉宜人。③ 在这个山坳里，全乡居民约7千人，过去每逢闰年二月都要举行此项活动。历史上曾一度被当成"迷信"活动而遭到禁止。近年来，当地人们通过挖掘整理出包括该项目在内的"石川船会"（包括游龙舟、抬五帝与跳旗）活动，在2010年7月，入选第三批安徽省非物质文化遗产名录。④ 现在整理出的"石川船会"中的"抬五帝"项目为多人抬着偶像表演，其竞赛接力的内容发生了一些改变。据说该项目从宋朝开始兴起并一直延传于江南一带，后来在古徽州的荆州村尤为盛行。⑤ 关于跳五猖的起源，第一种传说是为了纪念唐代大将张巡和许

跳五猖⑥

---

① 安徽省地方志编纂委员会：《安徽省志·民俗志》，合肥，方志出版社，1998。

② http://wenku.baidu.com/view/5e4bfb9951e79b8968022638.html。

③ http://baike.so.com/doc/1559992-1649041.html。

④ http://www.ahage.net/fengsu/27767.htm。

⑤ http://www.yqahsh.org/News_show.asp? id=82。

⑥ http://image.baidu.com。

远，他们被敌困于睢阳，民众装扮成象征各路援兵的"五帝"，率领千军万马，不畏险阻日夜兼程驰救他。① 另一种传说是跳五猖活动始于西周，是在古代神灵出巡、祭祀的基础上衍变而成的一种古典民间舞蹈。所谓"五猖"，是指金、木、水、火、土五行的五方神灵，也称"五方帝君"，② 这五路神各自司护一方平安。旧时在古徽州道路要冲地带，往往都盖有五猖神庙，庙内供奉着泥塑金身或木雕面具的五个帝君——五猖神位。五猖是青、赤、黄、白、黑五样面孔，个个威严狰狞。古人认为人间凶祸灾难，均是妖魔鬼魅作祟，在路上塑造了五猖神像，妖魔鬼怪就不敢入侵为害。③ 还有一种传说是明太祖朱元璋在没有建立明朝之前，曾与陈友谅在徽州打了几年的硬仗，死了很多将士。朱元璋当了皇帝后，想起他的皇帝宝座是士兵们用尸骨垒起来的，心有不安，就下一道圣旨叫江南的老百姓，村村建起"尺五小庙"，因为士卒是5人为"一伍"的，所以庙中立有"阵前神祇五猖"，要老百姓供奉这些阵亡后的兵士。④ 明代以后经过改朝换代，这些供五猖的事在江南各地也都荒废了，也许是徽州地处大山深处消息闭塞，也许是徽州人怜悯那些尸骨无存的阵亡将士，五猖庙会在徽州依旧一代代传了下来。⑤

"跳五猖"为每年农历二月初八庙会日表演。跳五猖活动期间，徽州方圆百余里的群众，翻山越岭前来观看。活动内容和规则大致如下：当时荆州全乡有 36 个自然村，按地理位置分为东、西、南、北、中"五隅"，每隅挑选善于奔跑、身强力壮的男选手 36 人，合计 180 人，在全乡范围的山坡、田野上划定比赛路线，沿线设立 36 个点，也称作"博"。每个点上各有"五隅"中的一名选手在等候。比赛开始，先由 5 名选手穿单衣、短裤、赤脚，分别肩扛着篾扎骨架、外面糊纸、并有彩绘的"五帝"偶像之一。⑥ "五帝"也代表我国古代的五方圣君：东隅青帝、南隅赤帝、西隅白帝、北隅黑帝及中隅黄帝。⑦（现在的"船会"将五帝神像画在大旗上，人们擎着大旗赛跑⑧）沿着预先划定的路线快速奔跑，每到一个

---

① http://www.doc88.com/p-052288307436.html。
② 王平川：《毛泽东人民观的历史文化底蕴》，《陕西教育学院学报》，2004 年第 7 期。
③ http://www.langxi.org/thread-63013-1-1.html。
④ http://www.anhuinews.com/history/system/2002/03/29/000003796。
⑤ 安史：《徽州文化研究院》，http://www.ahage.net/fengsu/342.html。
⑥ 孔义平：《徽州民俗体育的文化特色研究》，《合肥学院学报（社会科学版）》，2013 年第 7 期。
⑦ http://3y.uu456.com/bp_4ry8z6pjjn3j4lf875lj_2.html。
⑧ http://wcwy.ahxf.gov.cn/village。

点即由守候其处的选手接过五帝像扛起继续奔跑。一路上要爬坡涉水，穿越荆棘，无所畏惧；遇到沟河，只能涉水，不准过桥，最先到达目的地的队伍获胜，奖豆腐一板、菜油一碗、酒一坛。获胜的一隅被认为来年会交好运，参赛者将豆腐烧熟，大家共同吃着豆腐，饮着酒，欢庆胜利；其他隅队员到达终点后，每人领到一大碗甜酒酿煮豆腐，大家共享。竞赛队伍全部到达后，在活动结束前将五帝像燃烧，敲锣打鼓，称为"送五帝升天"。①

（三）挤油

流传在徽州很多地区的乡村，是一种用身体相互挤推并将对方挤出规定区域的游戏。青少年儿童比较喜爱这项活动。

挤油可为"两人挤""三人挤"和"多人挤"。"两人挤"在墙上或地上划三道线，即两边线和中线。两人于中线两边（贴墙的背靠墙）肩并肩站立，当听到开始"口令"时，双方以身体互挤，一方把另一方挤出边线为胜。"三人挤"比赛有两种方式：第一种，中间人位于中线上，其他两人紧靠在中间人两边，三人可向任何一方用力挤，直到把另一方挤出边线为止，之后变成"两人挤"，将另一人再挤出边线为胜；第二种，处于两边的人同时向中间挤，把中间人从背靠墙面挤出，然后两人再相互挤，直到把另一方挤出边线取胜。"多人挤"大家排成一排背靠墙面（或在地方划定的区域内），当听到"开始"口令时，可向不同方向挤，离开墙面（或挤出划定区域）或被挤出边线的人出赛，留存规定区域的最后一人胜出。

挤油②

---

① 歙县文化局编纂委员会编：《歙县民间艺术》，合肥，安徽人民出版社，2006。
② http://image.so.com。

（四）牧球

牧球是过去徽州农村放牛娃喜爱的一项体育活动。放牛娃们在放牛时，小伙伴们聚集在一起分成两队，用自制的放牛棍打球进球门取胜的一种游戏。

牧球①

牧球的球是用结实的杂树根制成的，与鸡蛋大小相似。球棍是一根约1米长的树棍，一头为手握的杆端，另一头用作击球部位为弯镰形。比赛时选一块平地，两端用石块或衣物设置成"球门"，门宽一般为三至五步。双方人数相等，约三至五人，也可以有更多人参加，每方各有一名守门员看守球门。比赛开始时，球放于中场线中间，开球时双方各有一名队员拿棍站于球旁，当听到"开始"口令时，同时将球击向对方球门或我方队员，其他队员则互相配合将球击向对方球门，比赛中只能用棍击球，不准用手击球和用脚踢球，违者由对方就地开球，比赛时间不定，总的比赛时间双方约定，以攻进对方球门为一局。最后，以攻进对方球门多者为胜。胜方选一名击球准、力量大的击球员，将球击得越远越好。负的一方选一人将球追回，要边跑边唱牧球歌，把球拾回。

四、戏曲类民俗体育项目

民间歌舞往往与体育联系非常密切，两者都是以身体运动为主要表现形式的同源性运动，同时也都是将人的身体运动变化作为展示其意义所在的手段。所谓"同源性"，是指在进化过程中源于同一祖先的分支关系，是由于进化上或个体发育上的共同来源而呈现的本质上的相似性，

---

① http://image.so.com。

但其最终所表现的功能不一定相同。①

徽州戏曲是一个具有悠久历史、艺术遗产丰富的剧种。徽州戏曲剧目十分丰富，据统计，② 传统剧目约 1404 个，目前能见到的脚本有 753 个。③ 徽州戏曲的特点是集舞蹈、杂技、武术、说唱、音乐为一体的综合表演艺术。④ 徽戏的表演艺术丰富多彩，技艺精湛。其武戏表演，粗犷热烈、动作惊险。尤其是包含大量的身体动作、舞蹈、武术、杂技等体育元素，表演功夫精深之处令人叫绝。徽州戏曲中的体育元素主要体现在角色行当之中、武打技巧表演之中以及歌舞伎艺之中等。⑤

从明代开始，徽州艺人就以惊险动作和超强武艺赢得观众的喝彩。在张岱《陶庵梦忆》中就有这样的记载，"徽州戏子工夫超群"，能在舞台上表现多种难度较大的武艺动作，这个技艺和传统被徽戏继承了下来。⑥ 如著名徽戏表演者王锦泉在舞台上"跌扑便捷"；三庆班李双喜的"《打店》跌扑，身轻如一鸟飞过；《宛城》一战，尤堪叫绝"；三庆班苏文广也是"跌扑矫健自由"；春台班的曹升官"踏踽跌扑，鸾飞鸿赛，霞骇锦新，武旦中能品也。习见其《擂台》《打店》，目眩神驰，星流电掣"等。徽戏的这些动作、武技表演无疑为京剧的形成奠定了坚实的基础。直至今日，我们见到的京剧中不少动作及武打内容就是直接来自于徽戏。徽戏中以动作和武打为主要剧目的有：目连戏、七擒孟获、八阵图、八达岭、英雄义、铁笼山、盗铜旗、白鹿血、贵飞醉酒、水淹七军、大闹天宫、武举场、牛头山、花果山、界牌关、快活林、醉打山门、神州擂、扈家庄、借靴、闹江州……⑦

徽戏中以动作和武打为主要表现形式的项目内容很多，其中最为典型的有：⑧ (1)平台武功：平台武功有独脚单提、叉腿单提、跑马壳子、刀门、飞叉等惊险的精彩套路。(2)高台武功：演员要从三、五、七、八张桌子垒成的高台上劈叉跳下，有的甚至以"僵尸"状态，覆面或仰面直条条地跌下。⑨ 如《英雄义》中演史文恭的演员要从七张桌子上翻下来，

---

① http://zhidao.baidu.com/question/485899888.html。

② 《安徽民风民俗——徽州戏曲》，http://tieba.baidu.com/f? kz=71955155.。

③ http://tieba.baidu.com/p/4631466213。

④ http://www.zwbk.org/MyLemmaShow.aspx? lid=78271。

⑤ 王波等：《徽州戏曲中的体育元素探析》，《运动》，2011 年第 20 期。

⑥ http://www.doc88.com/p-986700364482.html。

⑦ 朱万曙：《徽州戏曲》，合肥，安徽人民出版社，2005。

⑧ 歙县文化局编纂委员会：《歙县民间艺术》，合肥，安徽人民出版社，2006。

⑨ 张新：《安徽地域文化》，《湖北广播电视大学学报》，2014 年第 9 期。

一身两人①

功夫差的演员也要从三张桌子上翻下。②（3）一身两人：即用特制的服装道具，使一个演员背上或面前似有另一个人物角色，通过演员的各种步伐，一人（真人）给另一人（假人）扇手帕、擦汗、喂吃果子、摔跤等动作，使一个人的戏变成两个人的戏，产生以假乱真的效果。（4）变脸：提到变脸，不少人知道川剧有变脸，但徽剧也有变脸。徽剧变脸一般分自然变脸和油彩变脸两种。自然变脸主要通过僵眼、吊眉、凹鼻、歪嘴等倏然的脸部肌肉变态技法来达到变脸的效果，往往用手一抹即成，故又名"一把抹"；油彩变脸，是角色乘场上松香起火冒烟的刹那间，把事先藏在身上的油彩，按顺序涂在脸上，快擦快涂，浓烟一散，变脸完成，技艺高超者准确无误、毫无杂色。徽戏变脸最多的一次能变七张脸，令人眼花缭乱。（5）飘如纸人：多出现在鬼魂显灵戏中，如《活捉三郎》中张文远，被阎婆惜鬼魂抓住衣领，身子随即如钟摆左摇右摆，原地打转、转圈，给人看了有"飘如纸人，轻如袅烟"的感觉。（6）穿桌扑虎：角色双手扶住案桌两角，两脚用暗劲一挺，上身一窜，从案桌上窜出去，落地扑虎。（7）鲤鱼滚草：角色头上顶一只装满米的碗，米上还放两个鸡蛋并插上一支点燃的小蜡烛，在长方凳上钻上钻下，钻进钻出。此表演在徽戏中一般作为小角色受罚时被惩罚的手段，碗落地或蜡烛熄灭均要挨打。演此特技要求演员"头功要稳，腰功要软，腿功要韧"。（8）斜送秋波：表演中角色左眼与一人物交流，右眼又与另一在场人物调情，是徽戏特殊的眼功表演。（9）双龙出海：角色双鼻孔中能伸出一尺甚至两尺长的鼻涕，且

---

① http://image.baidu.com。
② http://www.doc88.com/p-986700364482.html。

可伸可缩，缩而又伸。多表现角色受惊恐或病起沉疴的现象。(10)踢鞋穿鞋：角色坐地，左脚上踢，将鞋子踢到头顶，一番寻觅后，始将头一耸，鞋子准确无误地套回脚上。(11)巧打飞锣：徽戏《大卖艺》中卖艺人的表演手法，卖艺人边打锣边唱，边唱边用左手将铜锣抛起于半空之中，飞锣下降时，右手敲飞锣一至数下，并能打出节拍来配合演唱。之后接住又抛，悬空打锣。(12)带蹻翻跌：蹻，即用木头或铜制成的三寸金莲。窄小，脚尖低，后跟高，将它绑在角色脚上，然后外套红绣鞋，像小脚女人一样行走。蹻，不仅文戏旦角用，武戏刀马旦亦用，带蹻表演翻滚跌打，走前桥、劈叉、抢背、鹞子翻身、扑虎、乌龙绞柱等程式动作，可增加轻柔灵巧的身段美感。(13)蜻蜓点水：角色右手撑地，肘顶右腰，左手五指张开，全身斜倒立，右手一跳一跳向前移动。此技又称"蝎子爬墙"，多用于勘探地形、水源的表演。(14)飞穿火圈：角色用各种筋斗穿越一个或数个燃火的火圈。(15)斗鸡眼：表演时两眼直视，两眼珠同时向鼻梁看，一般用在角色表现受惊吓、紧张或装神弄鬼时演此动作，艺人因而别称为"鬼神眼"。(16)怒发冲冠(甩盔)：演员利用颈部及头部力量，向后猛一甩，将头上帽盔甩飞，多表现于角色受惊恐时的动作。(17)穿刀：一把钢刀，刀尖朝上插在桌上，约3尺高，武行角色运用窜毛、扑虎程式动作从刀刃上窜过，表现飞越刀山火海的惊险场面。(18)台提：在3张或5张桌子上，演员身携12个鸡蛋或瓷碗，即左、右手各拿三个，左、右肘部和左、右腋下各夹一个，下巴、颈部夹一个，嘴里衔一个，从半空桌上翻台提而下，鸡蛋或瓷碗完好无损。(19)两头跳：在一个直径一尺五寸的方圈内，连翻五六十个小翻。(20)十八吊：在舞台中央树三根高十余米的木柱，中间用绳子扎死，绳上缠绕悬挂长一丈余、宽尺许的白布。武打演员从布下端朝上表演：左手吊、右手吊、双肘吊、左肘吊、右肘吊、平腰吊、左膝吊、右膝吊、双膝吊、左脚吊、右脚吊、双脚吊、左侧吊、右侧吊、倒立吊、平身吊等动作。(21)面僵尸、背僵尸：角色从高台上面朝下笔直跌下，腹部运气先落地，称"面僵尸"；反之背朝后跌下，腰部着地弹起者称"背僵尸"。(22)变金刚：在戏剧《杨八姐盗刀》中，杨八姐破阵，金刚被一劈两半后，立即变成一长一矮两人。其矮子鬼的设计是先用大帽子盖到演员胸脯，将演员肚皮画成脸相，演员双手伸成帽翅。(23)变人：徽戏幻术特技，可以使枯骨变成活人，借物化成屋宇、人物、食物等，有魔术表演的成分。(24)变髯口：在烟火障眼下，角色可以迅速把黑髯变换成杂髯，又从杂髯变换成白髯。(25)三换衣：演员事先将衣服依次穿好，演出中背向观众快解快脱，抛向后台。(26)变衣:在戏剧《采莲》中,有8个舞女,舞到高潮时围成一圈,面向圈内,在顷刻间一弯腰,各舞女舞衣全部各变换一种颜色。方法是先穿好内、外衣,变衣时演员互相抓住对方衣领,用力一拉即脱去外衣,现出另色内衣。表演时要求演员动作快速、准确、一致。(27)滚钉板:在舞台上置一长形钉板,先用道具碰击,以示真钉;有时还用活公鸡一只,砸入钉板让它挣扎而死,以示钉子尖锐。然后演员脱去上装,赤身露体,在钉板上翻滚,有的还头顶灯烛在钉板上翻滚,谓之"滚灯"。(28)耍流星索:在绳子两端系上水碗、火球之类,角色手握绳子中部旋转舞动,做出各式动作,如"金蛇吐信""漫天飞星""天女散花"等。有时舞到高潮,演员猛地一下将流星索抛飞半空,角色一个抢背,翻身跃起接住,落地十八滚,然后翻身立定。(29)耍盘子:演员双手各托一个酒盘,一个盘中放一酒壶,一个盘中放一酒盅,中指或食指抵住酒盘底中央,猛一旋,酒盘即在指尖上飞旋,做出如鹞子翻身、金鸡独立、钟馗抹汗、玉兔捣药等惊险而滑稽的动作。(30)甩发:也称"耍辫子",角色头戴网巾,后拖一条三尺多长的发辫,辫梢系有黄发绳。表演时左旋、右绕,上身绕颈,跨腿偏身,飞弄辫梢,抽打台板,噼啪作响,旋子起飞,满台飞舞。(31)耍顶灯:角色头顶一只插烛火的锡烛台,在桌上、椅上、台面上表演甩腰以及各种倒立、筋斗等技巧。(32)耍花棍:角色用双短枪拨弄一根一尺五寸左右花棍,花棍在短枪上时而旋转,时而左右移动,有时用脚弹起,飞旋半空,始终不使坠地。(33)耍念珠:一般为和尚角色表演,先用颈部耍念珠旋转,随走随转,继而念珠甩离颈部,在空中飞旋,落下时用手接住手耍之,又用脚耍之,不停用各种方法旋转,直至旋转下场。(34)耍坛子:角色用高约二尺、粗约一尺的坛子,先抛接旋动,落下时趁势从背滚至手中;有时让坛子飞跃立于头顶,继而盘转回旋,上下左右身侧翻飞,还有在拳上滚、脚上滚等高难度动作。(35)耍牙:角色用两颗或四颗野猪獠牙分放两嘴角,用舌头翻滚和两腮肌肉的抖动,让獠牙上下左右、前后里外翻动。(36)武打对练套路功夫:有单刀破枪、双刀破枪等,并从中衍化出剑、棍、铜、锤、斧、鞭等对练的武打技法,以及空手入白刃(如空手夺棍、空手夺枪、空手夺刀等)套路。①

　　在徽州戏曲中最为独特的是徽州"目连戏"。"目连戏"起源于"目连救母"的故事,最早载于佛家经典。到了明代,祁门清溪人郑之珍希望借助

---

　　① 歙县文化局编纂委员会编:《歙县民间艺术》,合肥,安徽人民出版社,2006。

戏曲宣扬佛理，劝人为善，以正社会风气，在已有的杂剧、变文、传说的基础之上，于 1579 年撰写成《新编目连救母劝善戏文》3 卷共 100 出。剧中描写的是傅相一家人的命运变化故事，傅相因行善而升入天堂，其妻刘氏不敬神明，被打入地狱，其子傅罗卜孝母情真，到地狱寻母，历尽艰险，终于感动神明，救母脱离地狱。①

在祁门有着目连戏"出在环砂、编在清溪、打（即演）在栗木"的说法。即目连戏是以祁门环砂罗卜救母故事传说为原形，由清溪人郑之珍撰写成了剧本，在栗木村最早被搬上舞台表演。郑本目连戏一经产生，就在原徽州所属的六县广为流传，且流传到江苏、浙江、江西、湖南、福建、四川等地，被许多地方剧种移植上演，300 余年经久不衰。②

徽州目连戏表演在明代就已经以各种杂耍技艺见长而著称。长标、韶坑的目连戏班以武功表演出名，剧中所表演的"蜘蛛结网""叠罗汉""打桄"等动作，要求演员有非常好的身体素质和专业动作技巧，绝非一日之功。韶坑目连戏中的武术动作有："打拳""舞狮子""舞象""舞金刚""打筋斗""舞蛇""舞龙""舞火""打堆罗汉""摸罗汉""盘桌""盘蹬""跳白鹤""硬结网""软结网""舞叉""抛叉"等。③ 此外，目连戏中的"走索""跳圈""窜火""窜剑""蹬桌""滚打"等表演武戏的特殊招式，也为后来徽班的武戏表演奠定了基础。

徽州目连戏④

①　http://www.wtoutiao.com/p/1afJsYN.html。

②　王墨林：《浅谈民间音乐》，《北方音乐》，2012 年第 2 期。

③　http://baike.baidu.com/link? url = g5v686xkAI_w5EHDse194eeDJ7CLxma6zFJRtB8pqHbMeH0CXoBd。

④　http://image.baidu.com。

五、徽州武术类体育项目

古徽州武术源远流长，内容丰富。其尚武传统可追溯到山越时期，至明清尤盛。早在南宋时代，徽州就有"自昔特多以材力保捍乡土"的记载。[①] 徽州人程胤兆的《少林棍法阐宗》跋中指出："吾族自晋、梁、唐、宋以来，理学文章之外，间以武功显。[②] 即有未显，而不乏其人，说者谓是亦山水有自钟者。"许承尧在《歙事闲谭》中也有类似的说法："武劲之风，成于梁、陈、隋间，如程忠壮、汪越国，皆以捍卫乡里显。"[③]

当时的徽州社会，基于各种现实的需要，拜师习武在民间颇为寻常。在徽州各地都有一些专门从事武术教学的拳师，如在黟县从事武术教学的程大献（1860—1924 年）练的是南拳，"自幼习武，注重弓、马、刀、石英钟功夫，操练南拳，武艺高强……从他习武者达数十人。"[④]古徽州的尚武风气，一直延续到晚清、民国时期。[⑤]

徽州练武人群的广泛性与价值取向主要表现在以下六个方面。

第一，以武取仕。徽州人将武术列为古时学堂的教学内容。这些学堂将练武作为其中的重要内容具有多种意义，而培养武科举人才是其重要功能之一，从而为明清时期的徽州培养了大批的武进士和武状元。据统计，明代徽州考上武进士的有 56 人；清代徽州考上武进士的有 111 人。明清徽州武进士总数位居全国各府前列；[⑥] 徽州历史上还出现过 4 位武状元：程鸣凤、程若川、李知诚、黄庚。

第二，经商的需求。明清时期徽人常常不选"学而优则仕"的所谓人生正途，提倡商贾才是第一等生业，往往以谋利多寡来确定个人身价。[⑦]经商是徽州人除入仕之外最重要的人生价值追求之一。而徽州人常将习武作为其实现人生价值（或经商成功）的辅助手段。在徽州，男人往往"十三四岁，往外一丢"，小小年纪就要出门经商。徽商多为外出行商，过去多为行走肩挑，十分辛苦。而要取得成功，首先要有强壮的身体，练武

①　王振忠：《少林武术与徽商及明清以还的徽州社会》（徽学第三卷 2004-12-31：第 91～121 页），引淳熙《新安志》卷一《风俗》，《宋元方志丛刊》，第 8 册，北京，中华书局，1990，第7604 页。

②　http://www.wubei.com/bbs/showbbs.asp? bd=1&id=596&totable=1。

③　王振忠：《少林武术与徽商及明清以还的徽州社会》（徽学第三卷 2004-12-31：第 91～121 页），引《歙事闲谭》卷十八《歙风俗礼教考》，北京，中华书局，1990，第 602 页。

④　黟县地方志编纂委员会编：《黟县志》，北京，光明日报出版社，1988，第 577 页。

⑤　梁诸英：《明清时期徽州的水碓业》，《安徽史学》，2013 年第 8 期。

⑥　李琳琦：《徽州教育》，合肥，安徽教育出版社，2005，第 159～160 页。

⑦　章尚正：《徽州的生活情态与价值观》，《安徽大学学报》，1997 年第 3 期。

可以强身；另外，商人要去很多陌生的地方，会遇到各种复杂的情况，练武还可以提高对突发事件的防范能力。徽商认为"奔走之劳人，行经险道，遭难微躯……惟习乎拳……即身可守。"①

　　第三，社会生存的需求。关于在徽州习武是社会生存的需求主要表现在三个方面：其一，防御外敌入侵。自明代中期以来，倭寇不断侵扰我国东南沿海地区，并向内地延伸。如嘉靖三十四年（1555年），"岛夷自越突新都，且薄芜湖"，就是倭寇从浙江突袭徽州，将到达芜湖。"芜湖故无城，守土者束手无策。"当时，在芜湖经商的歙县岩镇人阮弼"倡贾少年强有力者，合土著壮丁数千人，刑牲而誓之……寇侦有备，而宵遁"。② 另外还提到，嘉靖年间，"时吴越间奉倭，旁及吾郡（徽州），郡中故无备，警至，率襁负入山，长公（休商程锁）宣言曰：'吾以岩郡阻上游，寇未必至，至则境内皆倭也，何避焉？'乃勒里中少年，召三老豪杰，分据形胜，列五营，长公军中军，营立一强干者为之长，乃分部伍，聚糇粮，课日为期，长公执牛耳，盟忠壮祠下……由是悉遵约束，人人幸自坚。顷之，寇略郡东，寻遁出境。"③ 由此可见，倭寇对于东南各地的侵扰，使得徽商和徽州居民不得不面对着保卫居住地和家乡生命财产的严峻考验。于是，徽商和徽州民众也开始习武以御敌。其二，抵御地方匪患、流氓。④ 徽州于崇山峻岭之中，地处偏僻，因而常有匪患。据《休宁县兵防志序》载："休宁之为邑，崇山邃谷，深林密箐，拥蔽周遮，其中则一水荦荦于砑参怪石中，百折迂回，以达于杭。其四出之道，亦皆溪涧盘互，岭嶂重叠，以此险巇，宜无事于守矣。乃界连江、浙，唐宋以来，崔符之聚，往往而有。粤自苏寇方戢，继以黄巢，厥后宋有睦寇、江东寇、常山寇，元有蕲黄寇，明有姚源寇。盖自元以前，无防遏消弭之兵，虽宋有郡守谢采伯调兵以御衢寇，而不能专卫乎邑。明巡抚何执礼设操兵于五城，邑虽有兵，顾积弛而谕，转为民累。"⑤ 在以下两篇当时徽州民众的"学武关书"中，可以直接看出当地民众习武用来抵御地方

　　① 黟县地方志编纂委员汇编：《黟县志》，北京，光明日报出版社，1988，第557页。
　　② （明）汪道昆：《太函集》卷三十五《明赐级阮长公传》，《四库全书存目丛书》集部第117册，济南，齐鲁书社，1997，第452页。
　　③ 王振忠：《少林武术与徽商及明清以还的徽州社会》（徽学第三卷 2004-12-31：第91～121页），引《太函集》卷六十一《明处士休宁程长公墓表》，《四库全书存目丛书》集部第118册，济南，齐鲁书社，1997，第22页。
　　④ http://www.wubei.com/bbs/showbbs.asp? bd=1&id=596&totable=1。
　　⑤ 道光《休宁县志》卷八《兵防·军制》，《中国地方志集成·安徽府县志辑》第52册，第139页。

匪患、流氓的目的：

> 立关书人△△等，今因地方蛮横，山窝犷野，凶徒习恶，三五成群，八九为党，故意生端斗扭，如此不合，是以邀集有能少壮之人，自愿拜到△△老师为徒，专学武事，各各防身后患。如有寒冬雨雪闲慢月来，务使用心精教，不可大略。如若不习，乃身之责；教之不精，是师之惰。其有供膳，轮流挨次，毋得推却……谨陈徒弟俸资名列于左。①

> 尝闻司徒造士，原尚文谋，而善人教民，亦兼武备。此非独戎行之列，亦以是为守望之须也。我村僻处乡间，远离城郭，倘不素娴武艺，则遭贼盗，何以戒不虞也哉。适有△△先生武功出众，拳法无双，是以邀同比户，会集连庐，自愿习学。一年谨奉修金△两，庶有备无患，不惟可保乡里无虞，亦足以为熙朝升平之一助云尔。②

其三，民间纠纷，也是人们练拳习武的一个重要原因。徽州山高地狭，在此居住的人们生产、生活彼此地域分明，故而因田地、山场和林木等方面的纠纷也相当频繁，而打官司并不是唯一解决问题的方法。解决纠纷，除了依赖官府外，还有民间调解，主要是纠纷双方实力的较量。曾有生员王国贞呈控，被告则"恶恨切齿，声言：'你有好笔头，我有好拳头'。"③这往往让原告非常担心自己的生命安全——"狭路相逢，必加残害"。④ 徽州地处群山之中，在僻远的乡间，官府鞭长莫及，很难事事躬亲。而自己练有武艺在身，则可随时保家防身。这里的一份徽州学武"关书"所表达的正是这种心境：

> 立关书人△△△等，窃惟持己接人，守分为奉；止奸御盗，用武防身。以故风淳俗美，在乎发政施仁；治乱持危，必也文兼武备。遇文王用礼乐，世以兴仁忍让之风；逢桀纣动干戈，诚有不得不然之势。由此观之，国以甲兵而卫外，民以拳棍而

---

① 《通用称呼帖式》。
② 罗会玮抄《议约》，晚清抄本。
③ 梁诸英：《明清时期徽州的水碓业》，《安徽史学》，2013 年第 8 期。
④ 《歙县民间诉讼案卷集成》中，三十都八图具察生员王国贞为匿名伤控奸猾异常再叩拘究事。原书私人收藏，书名据内容暂拟。

防身。此上下相同之理也。余等生居于世，守分安农。无如积弱成懦，事事受人欺凌；法远山高，每每被强掫制。法条虽肃，有理难伸；弱莫强何，含冤受气。诚有不立不生之势，常怀家倾事败之忧。是以无可奈何，爰集同人，敬请△△先生，恭迎敝舍，教演拳棍，惟冀循循善诱，俾得武艺高精，谨之防身，可使出人头地，庶几奸盗之辈，莫生觊觎。而持接之间，当存恻忍也已。①

第四，职业和半职业练武人。明清时期，徽州商人遍及海内外，在此期间有武功高强者专门为人保镖，如汪十四被人延请在四川为商队保镖；如清末民初新安江畔烟村的汪国镖在与歙县、休宁毗邻的淳安县开设镖局等。② 由于徽州民间有延师习武之风，在徽州各地都有一些专门教授武艺的拳师。在古徽州一段时间盛行"佃仆制"，在佃仆制中有一类佃仆住的地方称"拳斗庄"或"郎户"，拳斗庄的人可充当世族大户人家的家兵佃仆。祁门县查湾村，自明代起就建立了拳斗庄，凡 16～45 岁的佃仆男人，每年冬天农闲季节由主家安排武艺高强的拳师教习武功，每期 40 天。③ 这些拳斗庄的人通常赤手空拳可敌数人，如持一抽担或板凳则可敌数十人。这些具有武术技能的拳斗庄佃仆，具有充当徽商随从保镖和护卫宗族利益不受侵犯的双重作用。④ 他们为东家平时种地或当差役，特殊情况下充当保镖或战士。

第五，希望以武立功，有所建树。古人认为人生一世，要有所作为，而习练武术可以报国立功。古徽州人关于练武可以保家卫国，为国立功，实现人生价值的思想，在以下三篇"学武关书"⑤上有所体现：

立关书人△△△等，盖闻文学足以辅世，武事可以防身，

---

① 王振忠：《少林武术与徽商及明清以还的徽州社会》(徽学第三卷 2004-12-31：第 91～121 页)，汪泽民：《应酬类》"学武关书"，第 9714 页。

② 张银行、刘轶：《守成与思变视域下的徽州武术文化论绎——儒家文化的视角》，《上海体育学院学报》，2013 年第 6 期。

③ 汪俊祺：《徽州村落舞龙的伦理内涵及基本价值》，《西安体育学院学报》，2011 年第 2 期。

④ 卢玉、王国凡：《明清时期徽州武术发展特点辨析——兼论徽州武术与徽商的关系》，《体育与科学》，2010 年第 3 期。

⑤ 《日用类书(吕蒙正破窑赋)》。

武之一事，人生所不可少也。我党青春之辈，虽无文质，可立武功。如不修治，必流放荡，是以邀集青春十数位，会议集成△资△△元正，恭请△△先生降舍训练一场，以为薪水之劳。但愿投样之后，各遵教训，同里毋许参商，如有此情，凭师严责不贷，恐口无凭，书此为序。

立关书人△△△等，窃思文可定国，武可安邦。诗曰：清清多士，为国之祯。赳赳武夫，公侯干城。近世学堂，文有体操一科；武备学堂，每星期有作文一课，是知文武，固国家之要紧关头也。吾辈天资不敏，不能习文，则必习武，是以敦请△△△武先生降临草舍，训诲武力一厂（场），为徒者虽聪明，不善教，不能得其法，但愿教者诚意，学者专心，俨如桃李得春风，花枝畅茂，仿佛为亩逢时雨，秀实者多，是为序。

立关书人△△△，窃以文为经邦之略，武多保卫之方，然民国以来，各府州县，所以有文学武备学堂之设也，文学有体操一科，武备有作文一课，是知国家于文武之端，即为重要务也。吾党青年，天资不美，文不能习，武可以为，特以邀集数人，合集△资，敦请△处△△武先生降临寒舍，训练武功。为先生者虽有善教，不勤学，不能得其术，即为徒者，虽其聪明，不用功，不能知法。总之，教者努力，学者专心，日有就焉，月有将焉。所谓赳赳武夫，亦可以干城矣，是为序。生徒芳名束脩于后。①

第六，著书立说，弘扬国粹。武术在中国古代的教授方法多为耳提面命，口传心授。这种传授方法好处是便于学生掌握精髓；局限在于流传范围有限，如果掌握此技者出现意外，则非常容易失传。而将武术技术和理论变成图文，著书立说，就可以在大范围传播扩散，能够使武功绝学不至失传。程宗猷的叔叔程继康在《〈少林棍法阐宗〉后序》中指出："……'冲斗以深沉之资，负绝世之学，非炫一时名，其将有待也。'越兹《棍法阐宗》成，不致广陵散绝响之叹。"②将武术功法写成书籍以便百世流传，现在看来这是比较容易做到的事，但在古代却比较困难。因为，既要亲身修炼武功体验，达到炉火纯青的境界，还须兼以精深的文字功

---

① 陈瑞：《徽商与明清徽州保甲差役的承充》，《中国社会经济史研究》，2011年第5期。
② 王振忠：《少林武术与徽商及明清以还的徽州社会》（徽学第三卷 2004-12-31：第91～121页），引陈世竣：《少林棍法阐宗集序》。

底，能够准确表达武术思想内容；同时在动作图形上还要画出准确动作姿势路线；最后还要具备丰厚的资金方可完成。当时能够具备以上所有条件的人可谓凤毛麟角。而在徽州就出现了将自己的毕生精力倾注在武术上，苦心钻研，著书立说，对中华武术影响深远的武术名家。有南朝的"忠壮公"程灵洗，他首创太极拳；有唐朝的隐士许宣平创三十七式太极拳；宋朝高官程珌将其先祖程灵洗的太极拳根据易理改编为"小九天"；而明代武术家程宗猷是其典型代表。他曾遍访名师，学成绝世武功，潜心笔耕，著有武术名著：《少林棍法阐宗》《蹶张心法》《长枪法选》《单刀法选》，后合刊命名为《耕余剩技》；此外，他还撰写有《射史》八卷。① 民国时期，歙县昌溪人吴志青（1887—1951年）是中华武术会主要创始人之一，著有《科学化的国术》《国术理论概要》《弹腿国术教范》《查拳图说》《七星剑图说》《三路炮拳》《螳螂拳》《戚门十三剑》《六合刀》《练步拳》《太极正宗》《太极正宗源流》《少林正宗练步拳》《国术论丛》《国术理论体系》等十余种武术专著。② 这些武术著作对后世中华武术的传承起到了巨大的作用。此外，在"崇文抑武"的年代，不少徽州人虽多文武兼修却常常以文掩武，不少家庭或宗族聘请拳师前来传艺，但往往是各臻其密，不事张扬。③

　　在徽州的武术流传主要包括太极拳、少林拳、刀、剑、棍、枪等。另外，徽州民间也有不少独具地方特色的民间武术套路：舞抽担（又称"扁担花"）、板凳花、手巾花等。

　　（一）徽州拳术简介

　　徽州民间习武由来已久。早在梁朝被称为"忠状公"的程灵洗从小就喜爱练拳习棒，并创编有"十五势"拳术。吴图南先生在他的著作《国术概论》④中称程灵洗是太极拳的"鼻祖"。由此，如从时间推算，太极拳在1500多年前就起源徽州歙县。隋朝末年被喻为徽州地方神（太阳菩萨）的汪华，9岁开始随南山道士罗云仙习拳练武，能发飞镖打中空中飞鸟；唐代隐士许宣平练习道家功法，并根据他所隐居的南山山峰和瀑布创造了太极拳（原名长拳）"三十七势"。在2012年，北京举行的"全球功夫网杯"，"北京国际武术文化交流大会暨北京国际功夫交流大会"上，休宁县海阳镇参赛选手吴新华在徽州传统"许氏太极三十七式快架"单项比赛中

---

　　① 程宗猷：《耕余所得，习武圭臬》，《耕余剩技》散论。
　　② 昌沧、周荔裳：《中国武术人名辞典》，北京，人民体育出版社，1994，第318页。
　　③ 张银行、刘轶：《守成与思变视域下的徽州武术文化论绎——儒家文化的视角》，《上海体育学院学报》，2013年第6期。
　　④ 吴图南：《国术概论》，北京，中国书店（据商务印书馆版影印），1983。

夺得金牌。① 据说吴新华所练的"许式三十七式太极拳快架"就是根据唐朝许宣平当时所创长拳"三十七势"整理而成的。在唐德宗时，有位叫汪节的人武功超群，能"力举千斤"而闻名遐迩。明末曹登寅，精通少林拳法，自创"钱拳"；项元池，以双刀见长，有"天都少侠"之称；汪宗孝传说有"飞檐走壁"之功，在《元明事类赋》卷二十三《武功门》引《从信录》称："汪宗孝好掌捷之戏，缘壁行如平地，跃而骑，屋瓦无声。已，更自檐下屹立，不加于色。慢二丈竹，水上能往还数十过。此功夫，后世所谓'飞檐走壁'也。"②清代潘佩言，是一位著名的枪法家，其独创枪法，③ 他自言十之三受于师、十之七受于授徒时的得之无意。④ 清初歙人文学家张潮编撰的《虞初新志》中，收有载述明末清初歙人汪十四事迹的《汪十四传》，说汪十四骑马射箭百步穿杨。家住歙县之南昌溪的吴志清追随孙中山革命，曾任国民军武术总教练、南京中央国术馆董事、中央国术馆编审处长等职，擅长弹腿、查拳、太极拳等，著有《国术理论概要》《戚门十三剑》《太极正宗》《查拳图说》《教门弹腿图说》等武术专著十余部。⑤ 被毛泽东称为"伟大的人民教育家"的徽州歙县人陶行知在办学中，就把拳术作为"矫正体格"的学校教育具体内容。歙北潘济滨擅拳术，曾为新四军游击队治伤和筹集中药。歙南张寿贵（号小辣椒），幼投名师，擅轻功，有飞檐走壁绝艺。歙南张达 8 岁习武，武艺高强，后参加红军屡立战功（1983 年 11 月，获浙江省民间武术表演中"中杀杠""八仙拳"亚军，离休后兼任浙江省民间武术顾问）。歙南方梦樵擅点穴擒拿术，曾在屯溪街头制服欺压百姓的国民党军官；方梦樵之子方道行不仅习武，而且对徽州武术研究颇有造诣，撰写有《太极拳源于徽州》《不要冷落徽州武术文化》和《徽州武术的产业开发》等学术文章。据徽州民间老人介绍，在徽州过去在乡间劁（阉割）猪为业者多擅拳棍，不少人武艺高强。

1952 年，歙县各界人民代表大会召开期间，在县城胜利台举行武术表演，周家村代表张积和表演八仙掌，许村区代表蒋森茂表演猴拳等。同年，张积和还在中共徽州地委党校作拳术表演。1957 年，芜湖专区武术选拔赛在屯溪举行，歙县农民张水珠参加选拔赛，获少林拳第三名，决赛获少林拳冠军。⑥

① 朱卫胜：《我县选手吴新华在国际武术赛事中勇夺金牌》，2012-08-20。
② 昌沧、周荔裳：《中国武术人名辞典》，北京，人民体育出版社，1994，第 275 页。
③ http://www.chinaguoshu.net/userlist/guoshu/newshow-247.html。
④ 昌沧、周荔裳：《中国武术人名辞典》，北京，人民体育出版社，1994，第 223 页。
⑤ 昌沧、周荔裳：《中国武术人名辞典》，北京，人民体育出版社，1994，第 318 页。
⑥ 本段资料为黄山市歙县档案局邵宝振先生提供。

现在徽州流传的传统套路有传统太极易筋经和徽派 129 式太极拳、许式三十七式太极拳、徽州八仙肘和徽州黑虎拳等。徽州拳术套路特点是架势小巧，动作灵活，步法稳固，兼多肘法。套路练习运动轨迹路线多为原地及四方换转、四面出击，体现出山区地狭"拳打卧牛之地"的风格。目前，传统徽州武术的很多内容正在挖掘整理之中。

徽州黑虎拳①

（二）徽州武术器械介绍

徽州武术器械套路除了用传统的刀、剑、棍、枪等器械练习外，民间武术最大的特点是就地取材，将日常生活、生产用品作为武术器械进行练习，如舞抽担、板凳花、手巾花、钹舞等。这些武术器械既没有真刀、真枪显眼张扬，又能随时就地练习，健身防身。

1. 舞抽担

舞抽担，又称"扁担花"。徽州传统格斗武术器械套路之一，是一种使用日常劳动工具"抽担"作为器械创编而成，用来防身御敌、健身强体的武术运动。因徽州山区山林密布，人们过去伐木、打柴、采茶、运货等均靠人抬肩挑。"抽担"就是徽州山民主要用来挑运重物使用的工具。因此，那里的每家每户都有多条用来挑东西的"抽担"，也有一般农村将常用来挑东西的"扁担"当作抽担用，就叫作"扁担花"。过去在徽州地区的很多乡村农民都会习练。

抽担制作，常选用徽州山中硬度较大的杂木所制，长约 1.5～2 米，宽约 5 厘米，厚约 3 厘米，横截面呈椭圆形，两端稍尖细，整个抽担表面打磨平整光滑。

---

① 表演者为歙县叶祥炎。

抽担舞动作与棍法有不少相似之处，有个别动作与枪法也有相似。歙县叶祥炎所表演的抽担舞套路中所含的动作有"一棒飞雪""风来扫地""海底捞月""擂鼓撑门""左击右退""前进后撞""快步前击""斜退撂后""错步斜挑""指东打西""纵步击顶""旋身扫腿""蹲步盘舞""猛虎拦路""饿虎下山"等招式。① 练抽担的基本功是先练马步（通常为小马步，双脚距离约为肩宽）蹲桩，只有蹲桩步稳，才不会被对手的抽担格退，更不会被对手抓住抽担头推拉倒地。② 舞抽担平时练习可单个动作反复习练，以体会动作进攻、防守含意和劲力的运用；可按编排好的套路完整练习；还可双人根据动作攻守设定进行招式对练。抽担在实战运用中要根据实际情况，灵活使用招式。③

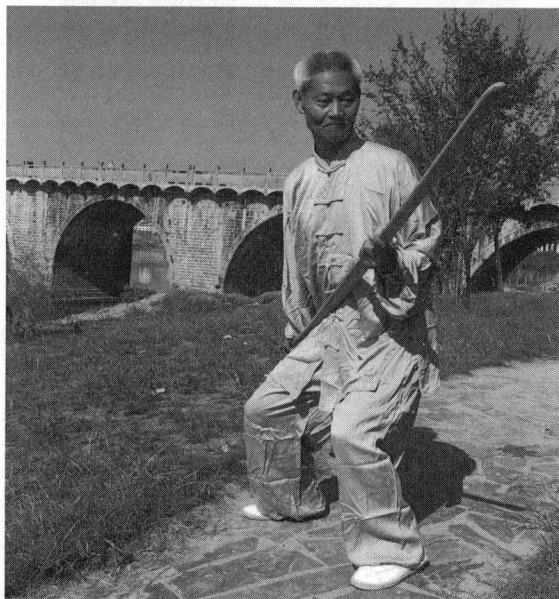

舞抽担④

2. 板凳花

板凳花就是一种利用家具板凳（多用双人坐的长条凳）作为器械编排的武术套路动作。在徽州地区曾非常兴盛，歙县是该套路流传最为广泛的地域之一。新中国成立前，徽州较多乡村农民皆有板凳花习练者。

板凳花套路动作招式有："撞凳""挡凳""晒凳""送凳""挥凳""架凳"

① http://www.doc88.com/p-986700364482.html。
② 歙县文化局编纂委员会：《歙县民间艺术》，合肥，安徽人民出版社，2006。
③ 根据歙县叶祥炎口述记录。
④ 歙县叶祥炎表演舞抽担。

"扫凳""飞凳"等动作。平时习练板凳花可单个动作反复练习，以体会动作的攻防和用力顺达技巧，也可以按照完整成套动作练习，

还有模拟实战练习，如对棍、对刀的攻防练习等。板凳花在实战中运用可以根据实际情况灵活掌握，见招拆招。板凳花练习时需要较大的上肢力量，对身体的协调性要求也较高。由于徽州过去每家每户都有多条板凳，随时可以用来练习和防身，其实用性强，但没有刀、枪、剑、棍的显眼和张扬。

板凳花①

3. 手巾花

"手巾花"是以古徽州民间日常生活中使用的一种较长大的"手巾"作为武术器械进行的一种套路武术运动形式。

手巾花所用的"手巾"是一条长约5尺，宽约1尺的白棉布大手巾。徽州民间常用它在劳动时擦汗，挑重物时还可以围在腰间起到稳定和保护作用，另外，有时还可以用它来包裹东西，甚至当作围裙使用。过去手巾作为徽州平民随身携带的日常生活用品，在徽州四乡随处可见。它既可作为健身器材、还可作为防身器具。

手巾花套路常见动作招式有："架""挡""缠""勒""摔""击"等。尤其当手巾蘸上水变湿后，其重量和硬度均会发生变化，变得可软可硬。在做回带击打动作时，手巾末端会出现"啪""啪"甩击的清脆响声，显得威猛无比。另外，还有特别制造的武器手巾，将手巾两端缀上铜钱、响铃等饰物，这样的手巾舞动起来既能如流星般迅捷，又能发出悦耳的响声。不但在实战中应用威力大大提高，而且还能够增加练习时的难度，增加表演时的气氛。手巾花属于武术器械中的软器械，其动作运动轨迹和击打的准确性较难控制，需要长期练习方可运用自如，练习者可先练熟单

---

① http://hi.baidu.com/heguangxin/item/a66d25ce2a60a63698b498f1。

个动作，反复体会器械的运动特点，再进行套路完整练习，最后，还要进行模拟实战练习，如手巾对棍、手巾对刀等。①

4. 舞叉

舞叉，民间又称"耍叉"，是流传在徽州歙具周家村乡、岔口镇一带的武术套路动作。②

舞叉③

据记载，④ 后汉三国时期即有一些武士习练耍叉，有时还列队表演叉技；同时这个项目在一段时间里也用来做古代宫廷中的娱乐、仪仗工具。后来渐渐流传到民间，成为街头巷尾老百姓喜闻乐见的杂技形式之一。⑤

关于徽州舞叉的由来，据传是清朝末年至民国年间徽州艺人从外地学习来的表演艺术。徽州擅长耍叉技艺的民间艺人，数周家村乡的凌利达。凌利达7岁即师从本县方村老艺人方学仕学习耍叉、甩流星技艺。由于他聪明刻苦，8岁即学成耍叉、甩流星技艺出师，随之参与村中每年元宵节菩萨游村活动及十年一次的菩萨开光活动表演。通过多年的表演练习，凌利达耍叉技艺十分精湛；之后，收徒教学，当地有很多人跟随他学习耍叉和甩流星技术，从而使得当地村庙会表演耍叉的人数由原来单人表演耍叉，增至多达6人同时上场进行集体表演。

舞叉器械所用的叉（又叫花叉、飞叉）一头有呈"山"字的钢叉三股（其

---

① 根据歙县叶祥炎口述记录。
② 歙县文化局编纂委员会：《歙县民间艺术》，合肥，安徽人民出版社，2006。
③ http://image.haosou.com/i? src=360pic_normal&q=飞叉。
④ 冯秉琦：《天下飞叉出苏桥》，《文史经纬》，2011年第10期。
⑤ http://www. lftour. gov. cn/huanying/langfanggaikuang/minsufengqing/2015-02-09/700. html。

他地方表演也有五股托天叉、三股环月叉、亮银叉、双头叉、双翅叉、短叉等），叉与杆相连接的叉座间镶有铁片或系有彩绸。叉杆木制，长度约为到人身高的鼻尖处。据苏桥飞叉制作介绍，叉杆制作是一门工艺，开始砍碗口粗笔直的杨木树做胚胎，放在阴凉处风干，每年用铇子铇直，经过约四五年时间，叉杆变为直径约 3 厘米左右才成型可用。杆身多缠以绕黄、黑两色布条。表演中还有拨棍两根，约一尺三寸长，棍身缠绕黄、黑布条。另外，表演中还有用竹木制成的圆箍两个，箍直径约一尺四寸，箍身亦遍绕黄、黑布条。

　　舞叉动作程式有拨叉、筛叉和飞叉三大项，各有套路动作。第一项拨叉，主要是耍叉的基本功，即双手各执一根拨棍，拨叉使之翻滚、飞旋、抛接，不使叉身落地；又配以扭腰、独立、腾挪等种种身法、步法等，使叉的跳跃、飞旋，在空中显得变化多端，令人目不暇接。耍叉的主要套路动作有："双拨""左手单拨""右手单拨""叉翻跟斗""一盏灯""连跌三跤""上马""下马""金鸡独立""抛叉""单手放高叉""双手放高叉"等。第二项筛叉，表演者双手各抓一个竹制圆箍，使之不停地旋动，如转筛筛米，将叉垂直投入箍中，以箍旋动的惯性离心力带动叉在箍中飞旋而不落地。表演难度较大，需拨叉基本功训练扎实后方可练成此技，耍叉艺人传有练习技艺俗语："拨叉没功夫，筛叉上不得手。"筛叉的主要套路有"双手筛""叉传左手""叉传右手""叉翻左躬斗""叉翻右躬斗""叉连跌三跤""上马""下马""种花盆""左单手接叉""右单手接叉"等。第三项飞叉，表演技巧难度最大。基本技巧有"手串儿""腰串儿""迎门花""倒流水""掏起腿""掏腿加迎外九窜""盘肘""鲤鱼打挺""四踢前后左右、软硬高矮""四踢反正打叉、左右打叉""单手打叉""双手打叉""珍珠倒卷帘""苏秦前背剑""苏秦后背剑""卧鱼儿""小鬼推磨""旱推磨""水推磨""怀中抱月""转鞋底""金丝缠腕""单指纺线""倒拉瓜秧""就地十八滚"等几十种。[①]耍叉者有的还能放开双手，使叉在自己脖子上、上肢、下肢、身上绕来绕去，十分惊险。叉上的铁环，耍起来相互撞击哗啦啦作响，银光闪闪上下飞动。舞叉分有单人舞单叉和舞双叉，以及两人舞三叉、多人集体舞叉等。

　　5. 舞流星

　　舞流星又称"甩流星"，是歙县周家村乡、岔口镇一带庙会活动中的杂耍节目之一，是一种以"流星"为器械创编的套路动作技术，多与"耍

---

　　① 　冯秉琦：《天下飞叉出苏桥》，《文史经纬》，2011 年第 10 期。

叉"配合表演。①

流星的制作，是用一根纤绳，两端拴上铜钱（也有使用装水的碗、盘、火球或其他物件）制成。绳的长度一般与表演者身高相等，有时每端还要拴铜钱 25～50 个不等，要求保证两端重量一致，甩起来才能用力平衡，动作得心应手。甩流星动作技术核心是用手抓住绳的中部，上下左右甩动，变换动作花样。甩力柔时，两端铜钱起伏升降"嚓嚓"作响；甩力重时，绳子拉直，如一根棍子在水面上下浮动。有时双手抓住绳子中部甩动，如使用武术中的三截棍，令人感到绳端铜钱金光闪闪，扑面而来；有时双手交错起伏甩动，又似双槌擂鼓；若双手上举交叉甩动，似雪花纷飞，又似千万条银蛇绕身飞舞，两端铜钱的闪光似那金蛇的双眼，不禁令人击节赏叹。甩流星技术中还有谓之"过五关"的，是流星的绳索可以在表演者手指上逐一绕指飞舞，难度较大。另外，"放流星"动作则更加绝妙，表演者甩到高潮时，双手将流星抛放上高空，只见流星凌空飞舞，"呜呜"带响旋转，表演者则以各种身法接住、再抛起。有扭腰接、翻身接、乌龙扫地接、翻筋斗接、打风车接等。甩流星主要套路动作还有："双打鼓""原地扭丝""顺扭丝""反扭丝""单手顺扭丝旋""单手反扭丝旋""雪花盖顶""双手梆棍""过五关""收四门""开四门""五龙盘胫""大闹天宫""黄蛇出洞""朝天举香""打功结束"，等等。甩流星集体表演有时可达到 10 人以上，动作密集，上下翻飞，令人目不暇接。

甩火流星②

---

① 歙县文化局编纂委员会：《歙县民间艺术》，合肥，安徽人民出版社，2006。

② http://st. haosou. com。

徽州的甩流星表演常常与耍叉结合，有时两项同时登台，有时两项前后上场，两种器械同时表演其艺术感染力大大增强。目前调查，这里的甩流星和耍叉技艺均由凌利达所传授。

6. 钹舞

钹舞民间又称"耍钹"，是清末流行于徽州歙县武阳一带的一种道教器械舞蹈。相传这项运动是由江西龙虎山道士传入徽州的，迄今约六百年历史。[①]

钹舞[②]

"钹"是道教法事活动中的一种法器（乐器），是由铜制的打击乐器呈圆锥形的两片大"钹"组成。钹舞的器械道具主要是两片乐器大"钹"，通过抛、接、滚、翻、旋转等手法，以及俯、仰、侧、翻、跨、跳等身段动作编制而成的器械练习套路。[③]

徽州是道教盛行的地区之一，全国道教四大名山之一的齐云山就在附近。过去徽州百姓经常请道士进行"打醮""拜忏"等法事活动。道教做法事活动通常是在白天抬着神像游乡出会，晚上做法事。法事活动结束后，道士们常舞钹做余兴节目表演。通常由一个或数位道士表演舞钹。套路动作有"单指转钹""放高低钹""单撩钹""双撩钹""八仙灯""单蛇吊鳖""双蝶飞舞""单（双）背飞""蜜蜂钻洞""金扁担挑水""踢钹亮相"等三十余种动作姿势，以及配有道教音乐《步虚韵》《主云飞》《大开门》等，有时还含有其他舞蹈成分。这项技艺多为道士掌握，但当时徽州民间有"跳五

---

① 歙县文化局编纂委员会：《歙县民间艺术》，合肥，安徽人民出版社，2006。

② http://image.haosou.com/i? q＝钹舞＆src＝srp。

③ http://www.doc88.com/p-986700364482.html。

猘""做道场"等活动频繁，故在徽州民间影响也很大。

7. 纸带舞

纸带舞是一种用纸做成带子而进行表演的动作套路。流传于徽州绩溪村，过去多为佛家和尚做守法事后的余兴节目表演。全国四大佛教名山之一的九华山临近徽州，因此，过去徽州信奉佛法的人很多，从而使得这里的佛教法事活动也非常频繁。纸带舞所用的纸带长约3丈，宽约3寸，用三层棉纸黏合而成。手握处用多层纸粘厚，再糊一层同颜色的绸布，使之牢固并便于手握。纸带舞的基本步法为前进、后退及左、右移动，其步法多为站立步、弓步、蹲起步和旋转步法等。

纸带舞①

纸带舞动作技术是右手握纸带把处，左手托住长长折叠的纸带多余部分，两手在右前上方将纸带抛出，手臂顺势利用腕力将纸带甩起舞动。纸带舞的套路动作有"右上平绕圆""绕8字""蛇行波纹""跳圈"等。这在过去也是和尚们的一项护庙防身训练的技艺，首先将纸带舞学好了，再练布带舞，最后练绳鞭。纸带舞表演时要纸带不落地、不沾身、不打结、不折断。这项运动与现代艺术体操中的彩带舞非常相似。②

---

① 中华舞蹈志编辑委员会：《中华舞蹈志·安徽卷》，上海，学林出版社，2000。
② 歙县文化局编纂委员会：《歙县民间艺术》，合肥，安徽人民出版社，2006。

第五节　徽州民俗体育历史人物简介

一、程灵洗

程灵洗[1]（514—568年），字元涤（亦有言"玄涤"），新安海宁（休宁）人，一说是歙县篁墩人。南北朝梁时有位叫韩拱月的人，他创编了一套"太极功"，韩拱月的太极功有《四性归原歌》："世人不知己之性，何能得知人之性。五性亦如人之性，至如天地亦此性。我赖天地以存身，天地无物不成形。若能先求知我性，天地授我偏独灵。"并传有用功五字诀："敬，紧，径，劲，切。"后为内家拳遵为用神秘诀。[2] 程灵洗在年轻时从韩拱月先生处学习太极功，苦练多年，功夫大成，步履轻快，能日行二百里。曾以徒手对搏数十人而气不长喘，他以自己学习领悟的太极功训练乡里子弟。如果按照时间推算，那么韩拱月、程灵洗就是中国太极拳的真正鼻祖，古徽州就是太极拳的最早发源地。[3] 500年后，程氏后裔中出了个进士程珌，程珌精通易理，并将太极功改名为"小九天"，当时共有十五势。[4]

程灵洗画像[5]

梁朝末年，由于侯景之乱，徽州休宁、黟、歙等县和宣城郡边界上盗贼蜂起，邻近各县深受其害。程灵洗由于超常的武功和在当地所具备的崇高威望，前后几任地方官都派他招募青年勇士，驱逐拘捕窃贼强盗。他聚集了几百个人守卫歙县，抗拒侯景之兵进攻新安，新安太守萧隐也来投靠他，程灵洗便推举他为主盟。因程灵洗作战勇敢，屡建奇功，兵威大振，为一方割据实力。

梁元帝在荆州登基后，程灵洗遣使上表效忠。梁军占领东阳、建义等县，程灵洗率部攻下始新，与梁军会合。梁元帝闻听捷报，特授程灵洗为持节通直散骑常侍，都督新安郡军事；后又授云麾将军、谯州刺史，

---

① 《徽州府志》卷十一之二，《人物志·勋烈道光徽州府志(2)(清)马步蟾纂修》，南京，江苏古籍出版社，2008，第286～287页。

② http://blog.sina.com.cn/s/blog_4932165101013rnc.html。

③ 昌沧、周荔裳主编：《中国武术人名辞典》，北京，人民体育出版社，1994，第33页。

④ 程鸣：新安程氏与太极拳文化钩沉　《徽州社会科学》2013。

⑤ http://blog.sina.com.cn/s/blog_a141674f0101p86a.html。

领新安太守，封巴邱县侯；后又加授持节散骑常侍，都督青、翼二州军事，兼任青州刺史。陈代梁后，程灵洗归陈，授兰陵太守。因击败徐嗣徽有功，授南丹阳太守，封遂安县侯，累迁太子左卫率，后征为左卫将军。程灵洗于天嘉四年（563年）率部击败周迪，迁中护军，都督郢、巴、武三州军事，兼任郢州刺史；光大元年（567年），封为云麾将军；后又因平定华皎叛乱，攻克北周的沔州，生擒沔州刺史裴宽，封为重安县公，号安西将军。① 程灵洗治军极为严明，兵有小过，必重罚，但能与将士同甘共苦，深受将士拥戴。程灵洗死后被赠为镇西将军、开府义同三司，谥"忠状"，配享武帝庙庭。② 程灵洗是徽州历史上第一个封爵加载正史的人物。

程灵洗死后被徽州人尊为神灵，在徽州还出现了一些关于他的神话传说。如流传至今的程灵洗"射鼍除妖"的故事：相传早年住在篁墩吕湖边的程灵洗，一天梦中见到一白衣道士，希望程灵洗能帮助他杀死住在吕湖中的恶蛟。第二天，程灵洗根据梦中道士所托，召集村中几个青年男子来到吕湖边，果然见到一白一黑两头水牛在湖边的滩地上搏斗。与他同来的青年都被吓呆了，程灵洗则淡定自若，他想起白衣道士梦中所说的，立即张弓搭箭对准黑牛射去，黑牛应声倒下，这头黑牛就是住在吕湖中的那只恶蛟。不久，白衣道士登门拜访，为程灵洗家指点了一处好风水，说他将来一定会加官晋爵。程灵洗不久就应了道士吉言，官运亨通。人们为了纪念程灵洗，便为此湖命名为"相公湖"。③ 南宋时，民间又出现了关于他的三个神话传说，一是向程忠壮公求雨灵验的故事："淳熙庚子辛丑年间，旱魃为虐，民不聊生，遍告群祠之余，里社祷于忠壮公祠下，雨即随至，槁而复苏。"④二是程忠壮公为民驱蝗的故事："嘉定戊辰己巳年间，蝗虫之来蔽空满野，公私扑灭，几于无策。里社群祷忠壮公祠下，随即蝗虫退，不留于境数百里。"三是忠壮公呼风唤雨的故事："甲戌乙亥，旱伤最甚，物无生意，民不遑居，群祷公祠，指挥云风，滂沛雨泽，其应如答，黎庶人民，悉蒙厚惠。"⑤这三个故事说的都是在徽州一些地方出现灾难时，人们想到了"忠壮公"程灵洗，当人们向他祷告乞求时，"忠壮公"便显灵救难。因此，徽州百姓，对"忠壮公"程

---

① http://baike.haosou.com/doc/1789734.html。
② 歙县地方志编纂委员会：《歙县志》，北京，中华书局，1995，第665～666页。
③ 汪靓：《徽州民间传说研究》，安徽大学硕士论文，2013。
④ http://anhui.kaiwind.com/xfwy/201510/15/t20151015_2949600。
⑤ http://www.xinhs.cn/Article.asp? id=70457。

灵洗顶礼膜拜。于是，徽州的地方官员纷纷上表奏状，陈述程忠壮公种种神奇事迹，并乞奏建造庙额等事。南宋皇帝们开始多次对程灵洗进行加封，由二字侯升至四字侯；继而又从四字公升为六字、八字。程灵洗死后的社会地位由此不断提高，连同其长子程文季也受到南宋皇帝的两次加封。程文季少年随父出征，勇猛过人，有"程虎"之称。程灵洗妻董氏，被封为"惠懿夫人"。南宋朝廷总共给予了程灵洗及其家族十余次加封。朝廷对程灵洗及其家族的褒奖，引发了古徽州更多封建士大夫参与祭祀活动。后有一方姓进士，出巨资为程灵洗在篁墩修建了豪华的庙宇。嘉定十六年，宁宗皇帝玉赐"世忠庙"匾额。当皇帝赐的匾额及"赐世忠庙额敕黄牒"送达篁墩的那天，世忠庙前人山人海，盛况空前。世忠庙里的建筑金碧辉煌，碑文林立。人们"坎其击鼓，黄牢之下，牲升于堂，乐作于庑，以斋以肃，以拜以俯"，对于程灵洗的崇拜现象达到了登峰造极的地步。从那时起，程灵洗在徽州"有二百余社，自夏及冬，或喧鼓吹，备鞍马以请，或设牲醴，立牌位以祭祀，委是显赫，著人耳目"。祭祀活动以篁墩为中心，向周围几个县扩展，遍及徽州各地。其祠堂庙宇多改称为"世忠祠"或"世忠庙"。元至正十二年（1352 年）黄墩世忠庙毁于兵燹。但随着明初徽州祀典的确立，程灵洗成为祀典中的神祇。黄墩世忠庙在洪武十七年（1384 年）得到官府的重建，"前后二殿，各四楹两庑，门楼巍然整肃。忠壮公像居中，正室董氏夫人像居后，都督忠护侯文季居左偏殿前……朝廷每岁春秋二仲，郡守县令祭山川毕，率僚属诣庙致祭……里社各刻二相，春正月、秋八月，鼓乐旗伞，迎请祈赛，厥有常规"。①

到了明朝中后期徽商勃兴，徽商们因为雄厚的经济实力，使祭祀活动由原先的士大夫们为主转变为由商人主导的态势。清朝以后的祭祀活动，又有了明显的宗族化倾向。原先流行于各地的世忠行祠，最终演变成了程氏宗祠。程灵洗由此逐渐进入徽州各支派的程氏谱牒，成为他们共同的祖先。② 篁墩的"世忠庙"直到"文化大革命"才被拆毁。而在绩溪的长塘坞村至今仍保存有一座"世忠庙"。③ 绩溪仁里村的"世忠祠"在清乾隆时期进行了扩建。时程氏族人程远作诗以贺："赐庙家山里，全书揭世忠。神功千古振，祀典一乡崇。荐藻来村叟，称觞进乐童。自应余泽在，歌舞遍东风。"咸丰年间，世忠祠毁于太平军的一场大火。清光绪十

---

① 章毅：《宋明时代徽州的程灵洗崇拜》，《安徽史学》，2009 年第 4 期。

② http://blog.sina.com.cn/s/blog_43ad2e9e0100r6l6.html。

③ http://anhui.kaiwind.com/xfwy/201510/15/t20151015_2949600.shtml。

六年（1890 年），族人程秉钊考中进士，举族欢庆，当即决定重建"世忠祠"。① 该祠在"文化大革命"期间毁损严重。2007 年，在多方人士的努力下，进行了重修恢复。据仁里村的一位老人回忆，他儿时曾参加过忠壮公求雨的游行活动。当时忠壮公塑像端坐在龙椅上，由四个年轻人抬着，前面还有两个彪形大汉用大秤杆抬着特大的铜锣，鸣金开道；后面锣鼓喇叭奏响，彩旗招展，有众多百姓簇拥着，沿着村里的青石板大道，向田畈走去，祈求老天降雨。② 1962 年，这里的粮食喜获丰收，对于刚刚经历过三年困难时期的人们来说，内心的喜悦之情无法形容。仁里村民认为这是忠壮公的"护佑"之功，于是重塑忠壮公像，并进行"开光"游行，当时场面热闹非凡。③ 后来这项活动被认为是迷信而被取缔，徽州其他县的祭祀活动也大多止于这个时期。④

二、汪华

汪华（586—649 年），名世华，字国辅，号英发，歙县登源（今属绩溪县汪村）人。汪华幼年丧父，寄居郑村舅父家。14 岁时与一群乡邻少年拜南山和尚罗玄为师，习拳练武，苦练刀剑弓枪，武艺超群。隋末农民起义爆发，他带一班人加入由郡府招募的官兵，参与镇压婺源地方叛乱。当时群雄割据，生灵涂炭，汪华发动兵变，一举占据新安郡，并相继攻下宣州、杭州、睦州、婺州和饶州，拥军 10 万，号称"吴王"。他将当时的新安郡治所由黟县迁至休宁万岁山；不久，又迁至歙县乌聊山（今徽城），并筑城池坚守。在此后的十多年间，汪华保境安民，政清人和，百姓安居乐业。⑥ 唐武德四年（621 年），国家行将统一，汪华顺应历史形势，上表归顺唐朝。唐高祖表彰他识时务、顺潮流和保六州的功绩，授予方牧，持节总管六州军事，兼任歙州刺史，封上柱国越国公。武德七年，奉召晋京。贞观二年（628 年）被授左卫白渠府，统

汪华画像⑤

----

① http://www.xinhs.cn/Article.asp? id=70457。
② http://www.xinhs.cn/Article.asp? id=70457。
③ http://anhui.kaiwind.com/xfwy/201510/15/t20151015_2949600。
④ 福福如：《生为人杰，死亦鬼雄——徽州（新安）一千四百年"程灵洗崇拜现象"探秘》。
⑤ 图片来自百度。
⑥ 温巧香：《浅议历史研究中的人物传记》，《中学课程辅导：教学研究》，2015 年第 7 期。

军事，掌禁兵；后改忠武将军，为右积福府折冲都尉。唐太宗征辽，委任他为"九宫留守"。贞观二十三年，卒于长安，后葬于歙北云岚山。①

　　史书认为，汪华的最大功绩在于保境安民，在此期间促进了山越与中原汉文化的大融合。②在此之前，徽州的原住民与南迁的中原贵族富户互相提防，纠纷不断，甚至械斗不息。汪氏虽为最早南迁望族，但汪华起义以"捍境保民"为口号，在其治理下，政通人和，百姓归心。在当时的乱世下，他所治理之地在与外来兵燹战乱抗争中，出现了齐心协力、一致对外的局面，客观上促进了多种文化的大融洽。汪华后来的归唐之举，又使得徽民进一步得以免除了战乱，休养了生息。徽州民风，在汪华的推动下得到了空前的净化和统一。他还注重兴建教育，为宋元之后的朱子理学风行打下了良好的社会基础。当地"山民"或"细民"（清代徽州称仆人为细民），在官府教化及徽州望族的耳濡目染中得到了熏陶，使之"礼仪趋于文雅"；而中原的移民也完成了其本土化的过程。在休宁的万安古镇上曾造有一座"吴王宫"（汪华曾被称为"吴王"），宫中有一副对联，评述了汪华的生平功绩："乱世据六州，保境安民，煌煌功绩重千古；治平朝帝阙，忠君爱国，赫赫英名满神州"。

　　汪华死后，徽州一府六县，相继建立了许多汪王（公）庙。仅以比较著名的来说，歙县就有 6 所，休宁有 6 所，婺源有 7 所，祁门有 1 所，黟县 3 所，绩溪 3 所。③宋政和四年（1114 年）正式钦定建庙，赐匾额"忠显"，后改"忠烈"。汪华的出生地在汪村，于太平兴国五年建汪公庙，据说该庙宏伟无比，有"小金銮殿"之喻，俗称"汪王故城"。该村因庙得名，被称为"大庙汪村"。传说汪华生有九子，生前均有赐封，故各地又陆续建有"太子庙"，如"八太子"庙（汪华的第八个儿子），"九相公"庙（汪华的第九个儿子）等一同祭祀。④汪华死后在徽州人们由纪念到祭祀，由敬仰到信仰；民间百姓情感由"爱"到"信"逐渐迁移，汪华由"人"到"神"不断地嬗变。在汪华从人到神的转变过程中，民间神话传说起到了很大的助推作用。关于汪华的神话传说众多，关于他的出生，有"生有神异"的传说，汪华母亲是歙西的郑氏，一天梦见黄衣少年，身长有丈余，围拥着五色祥云，自天而降，遂感而成孕。于隋文帝开皇五年正月十八日子时

①　《徽州府志》卷十一之二，《人物志·勋烈道光徽州府志（2）（清）马步蟾纂修》，南京，江苏古籍出版社，2008，第 286～287 页。

②　http://www.aiweibang.com/yuedu/129808784.html。

③　陈倩：《汪华及汪华信仰的形成》，《德宏师范高等专科学校学报》，2012 年第 2 期。

④　http://www.aiweibang.com/yuedu/129808784.html。

生下汪华，这时他家的房子充满了香气，三日始散，汪华自幼便聪慧异常，所居之处常有紫气祥云。

另一则传说是汪华"杀牛济困"的故事。汪华在少年时，父母双亡，便到歙县郑村舅舅郑根发家放牛。一年天旱，庄稼颗粒无收，村里很多人家断粮绝炊。舅舅郑根发家有余粮，却不肯借粮出来救人。汪华听说和他一起放牛的小伙伴要被父母卖了去买粮救全家时，心里很难过，提议大家结成异性兄弟，他号召大伙杀了舅舅家的牛，并把牛肉割成小块，分给村里无米下锅的人家。之后，汪华把割下的牛头安插在一个小土坡上，在小土坡的另一面插上牛尾。回家后，汪华骗舅舅说牛钻进土里了。舅舅郑根发自然不相信，便随着汪华去看，果然见土坡两端露着牛头、牛尾。牛尾在不停地摇摆，牛头还对他"哞、哞"地叫了两声。郑根发赶紧回去叫长工来挖土。待他们回来时，土坡崩塌了，牛头牛尾都已不知去向，长工们都说一定是牛成精跑了，郑根发无奈，只好作罢。其实，汪华和伙伴们把土坡挖空，再让两人藏身其中，一人抓牛头，一人抓牛尾，并学着牛叫，迷惑郑根发。等他回去叫人，二人挤开土洞，取走牛头牛尾。一个月后，郑根发收到县太爷送来的"惠及一乡"牌匾，说他"杀牛济灾，仁义可嘉"。使他哭笑不得，始知是汪华捣的鬼，从小时候起，汪华就很受小伙伴们拥戴。

还有一则传说是说汪华年龄较大时，在舅舅家住着，但他不喜欢到田里种庄稼，喜欢白天睡觉，他舅母很气恼，在他睡觉翻身之际将他身下的床板抽去了，汪华翻个身后，还是如前一样酣睡，他的舅母感到很奇怪，仔细一看，他的身下竟有一条青龙盘在那里作为他的床垫。舅母非常惊异，于是对他改变了态度，乡人也对他非常敬畏。① 在宋代胡伸署名的《唐越国汪公行状》中记载有很多汪华的神奇事迹，其中既有少年牧牛时趣闻逸事，也有带兵征战中的各种传说，这些传说在后世不但流传久远，而且越来越变得更加有趣和神异。"饭牛贫窭如宁戚，儿时戏众已无敌。""部署群儿，后期即刑。""牛尾入地，龙书负睡。""尾存黄犊群餐勇，蹲负青虹独寝闲。""手攇金戈龙喷水，蹄镵石板马藏山。""洞中藏马山犹在，梦里成龙世所稀。"②这些都如诗人说的"吁嗟一时事，至今犹传流"。甚至后人对此类传说还有所增益，像明代汪道昆，《越国世家跋》便说"尝集群牧于野，会雨甚，独（汪华）公衣不濡"这较《行状》又增添了一

---

① 汪大白：《臆论关于汪华的神奇传说和神灵崇拜》，《黄山学院学报》，2012年第6期。
② 汪台符：《越国公行状》，《黄山市汪华文化研究会. 黄山市汪华文化研究会成立大会暨清明节祭祀汪王纪念文集》，北京，科学文化艺术出版社，2008。

笔奇异色彩。这也难怪"江山留霸迹，牧竖出英豪"。① 汪华的人生充满了传奇。此外，在汪华死后，流传着更多其英灵还在家乡护佑人民"显灵"的事迹。据调查，② 宏村汪氏家谱记载了宋元时期汪华的神奇灵应事迹共有 42 件。这些事迹来自于《新安忠烈庙神纪实》，上面载有汪华灵迹 8 件，感应事实 32 件，祈谢雨文 27 篇，祈谢晴文 14 篇，禳火文 2 篇，捕获虎文 2 篇等，后经汪氏宗族进一步整理析出具有标志性的 42 件写在家谱之中。③ 这些关于汪华生前和死后的种种神奇灵验的故事，完成了人们对汪华由人变成神的包装。另外，在徽州汪华后裔人丁兴旺，素有"四门三面水，十姓九家汪"之说，因而，单就徽州汪氏宗族祭祀汪公的行祠就到处都是。

在徽州的民俗风情中，最久远、最重要的一项民俗活动，就是祭祀汪华的庙会活动，这对徽文化的发展产生了巨大的影响。叶显恩教授称汪华为"古徽州第一伟人"④的确不为过。虽然过去徽州庙会活动众多，但"以祭祀汪华为最"，这在徽州众多史籍中均有记载。清人方士庹在《新安竹枝词》中，曾对徽州的迎神庙会作过描述："油菜花残麦穗长，家家浸种办栽秧；社会会后汪公会，又备龙舟送大王。"⑤讲的就是每年人们纪念汪华的民俗常态。

相传汪华的生日是二月十五日（也有说是正月十八）。因此，每年人们都要在这个时间举办"花朝庙会"进行纪念。明太祖年间，歙州建汪公总庙于箬岭后，规定凡汪华生日，取一百零八社，各地派出戏班艺人，祭拜汪公，十年为一大庆。农历八月十三日为"靖阳节"，也是屯溪人祭祀汪华的节日。在黎阳九公庙（祭汪华九子）前搭台演戏，跑马祭汪公；或组织民间仗鼓队游行。⑥ 数百年间，徽州民间一代一代地把汪华进行文化充实、包装，使得这位"太阳菩萨"更加神化。纪念汪华的庙会最初只是局限于祠堂中，或围绕着祠堂进行；之后，由于旅居在外徽商的积极参与，业余乐仆戏班的出现，使得这种单调的庙会形式很快有了改观。

---

① 汪承兴、汪如红：《大唐越国公汪华颂歌》，北京，新华出版社，2009。

② 丁希勤：《唐宋汪华的神话故事与徽州社会变迁——以〈新安忠烈庙神纪实〉中心》，《安徽史学》，2013 年第 3 期。

③ 丁希勤：《唐宋汪华的神话故事与徽州社会变迁——以〈新安忠烈庙神纪实〉为中心》，《安徽史学》，2013 年第 2 期。

④ 叶显恩教授在 2010 年 1 月 16 日致广东电白县汪华文化研究会成立大会贺信中称"汪华功德卓著，声名显赫，深得六州兵民拥戴，诚为古徽州第一伟人"。

⑤ http://www.aiweibang.com/yuedu/129808784.html。

⑥ http://xinwen.shexian.org/article_12355.html。

请戏酬神，表演游艺，成为庙会中必不可少的一个节目，甚至有人把它看作是一种善事。这使得汪公庙会从内容到形式都起了极大的变化，酬神与娱人变得同样重要，节日喜庆气氛愈来愈浓。较大的村庄，还精心搭起了万年戏台。专业演员们在戏台上文武竞技，族民们则参与"抬汪公""游太阳"等集体游艺活动，其乐融融。经年累月，在偏僻山村普及了一批戏迷，培养锻炼了一批民间艺人，也激发了徽州人的文化热情。这也为徽戏，徽州民俗体育的产生和发展营造了一片极好的天地。①

三、张巡、许远

张巡（708—757 年）字巡，邓州南阳人（也有称其为蒲州河东人）。唐开元末年进士，博览群书，通晓战法，先任清河县令，后调任真源县令。许远（709—757 年）字令威，杭州盐官（今浙江海宁伊桥人）。唐开元末年进士，曾入剑南节度使府为从事，因忤节度使章仇兼琼，贬为高要尉。唐天宝十四年（755 年），安史之乱爆发，唐玄宗召其为睢阳太守。② 叛军从范阳起兵，一路南下，势如破竹。至德二年（757 年）正月，叛军安庆绪部将尹子琦率兵十余万众围攻睢阳。③ 在这种万分危急的形势下，许远就请在睢阳附近宁陵（今河南宁陵县）作战的张巡来睢阳合力守卫。当时睢阳为唐州治所，逼运河而建，"南控江淮，北临河济，彭城距其左，汴京连于右，形胜脉络足以保障东南襟喉"。④ 张巡一接到睢阳太守许远的告急求援文书后，留下少数人马留守宁陵，立即亲率所部 3000 人马驰援睢阳。张、许合兵后有六千八百余人，与敌军"昼夜苦战"，有时一天内就打退敌军 20 多次凶猛进攻。经过 16 天的鏖战，张巡率军共歼敌二万余人，活捉敌将六十余名，而守军"众气自倍"，敌军乘夜撤逃。经过这次战斗，许远对张巡的用兵布阵十分佩服，便诚恳地对张巡说："远懦，不习兵，公智勇兼济，远请为公守，公请为远战。"从此，两位守将肝胆相照，分工明确，合力守城。叛军为了夺取睢阳，打开通向江淮的门户，不惜一切代价增兵添将进攻睢阳。激战中，张巡部下战将南霁云智射尹子琦，伤其一目，大败敌军。但尹经过一个多月伤愈后卷土重来，

---

① http://baike.haosou.com/doc/5814337.html。

② http://www.sqrb.com.cn/news/2014-08/29/content_2374879.htm。

③ 安秀玲：《浅析张巡在抗叛斗争中的地位和作用》，《商丘师范学院学报》，2011 年第 4 期。

④ 陈建林：《略论张巡领导的雍睢保卫战》，《北京大学学报（哲学社会科学版）》，2000 年第 5 期。

张巡、许远画像①

围攻更急。由于睢阳的战略位置对于唐军和叛军来说都是至关重要的，因此，叛军虽经多次伤亡惨重而败退，但总是添兵再围睢阳，不给城中有丝毫喘息之机。在睢阳攻守战中，叛军将领尹子琦可谓机关算尽，但最终还是损兵折将，无机可乘。而张巡毫不畏惧，奇谋百出，力挫叛军。睢阳保卫战是在中国古代军事战争史上据城守卫最为成功的典型之一。双方经过半年激战，尹子琦黔驴技穷，只好依仗人多势众，对睢阳围而不攻。为了防城内守军出击，还沿城挖掘了三道又深又宽的壕沟，采取困死城内守军战术。而睢阳粮尽援绝，到后来将士每人每天只能分到一合米，只好杂以茶、纸、树皮合煮而食。士兵饥、病、伤、死大半，剩余的六百余人几乎行走困难。尽管如此，许远、张巡和士兵们还在城内掘战壕，准备与叛军作殊死斗争。② 坚持至十月，与叛军大小作战几百场，城内粮食完全尽绝，只好罗雀掘鼠充饥。最终因外援不至，10 月 9日，叛军填平城外壕沟，蜂拥登城。数百名守城将士均因饥饿疲病，倒地不起，无力再战，睢阳城破。张巡、许远等 36 人被俘，后惨遭杀害。文学家韩愈评论这次保卫战时说："守一城，捍天下，以千百就尽之卒，战百万日滋之师，蔽遮江淮，阻遏其势，天下之不亡，其谁之功也？"③对他们两人守卫睢阳的意义给予了高度的评价。安史之乱平定后，唐朝政府为了表彰他们在睢阳保卫战中的英勇事迹，为许远、张巡和南霁云

---

① 图片来自百度。

② 陈建林：《略论张巡领导的雍睢保卫战》，《北京大学学报（哲学社会科学版）》，2000 年第 5 期。

③ http://www.sqrb.com.cn/news/2014-08/29/content_2374879.htm。

等一起在睢阳立庙祭祀。据史书记载："天子下诏，赠巡扬州大都督，（许）远荆州大都督，（南）霁云开府仪同三司、再赠扬州大都督，并宠其子孙……皆立庙睢阳，岁时致祭……睢阳至今祠享，号'双庙'云。"①许远、张巡图像挂于凌烟阁，并敕建双忠庙于睢阳，岁时致祭。许远和张巡两位忠义之士的英雄事迹，经历了历朝历代的不断褒奖与加封，并不断强化他们"忠义报国"的楷模地位，使得全国许多地方都建了"双忠庙"或"双忠圣庙"②。特别是地处江南的徽州。一来这里的人们感激"双忠"生前阻挡叛军南下，使得战火没有绵延到家乡；二来这里曾有"东南邹鲁"之称，儒家忠义文化遍及乡里，人们对他们的"忠义报国"之举由衷敬佩；另外，人们还希望双忠继续护佑人民，因此，当地人便建立了双忠祠庙，将许远和张巡作为保一方平安的地方神祭祀，千年的香火绵延至今。③民间有人称许远、张巡两人为"文安尊王"和"武安尊王"，两人被合称"文武尊王"。据调查，目前海内外供奉许远和张巡的庙宇殿堂有上百所之多，可见两位忠臣国士的影响之深广。④

徽州地区对于许远、张巡的崇拜由来已久，在俞正燮的《癸巳存稿》记载：黟祀，唐封中书舍人通真三太子，即唐张巡也；胡适在其自传小说《我的母亲》中提到儿时参加"太子会"时的经历。他介绍"太子会"是皖南一带的神会，"太子神"即指在安史之乱中保卫江淮的许远和张巡。⑤另外，据徽州许村镇许氏职官表记载，⑥许远之孙许儒举家由河南迁至徽州，定居在许村，后家族日渐兴旺。为缅怀忠烈、教育后人，许氏后人定于每年正月十五为许远公纪念日，并于当天晚上，举行"大刀舞"来祭祀先烈。⑦

四、许宣平

许宣平，唐代著名道士，古徽州歙县人。在《续仙传》《历世真仙体道通鉴》《唐诗纪事》《太平广记》等书均有记载。据宋计有功《唐诗纪事本末》说，⑧在唐睿宗景云时，许宣平隐居于歙县城阳山南坞（歙县南乡覆船

---

①　《新唐书》卷一九二《张巡传》，第 5541 页。

②　吴世祥：《一代名臣寇恂》，《各界》，2012 年第 3 期。

③　http://www.9512.net/read/5925658-6138581.html。

④　http://baike.haosou.com/doc/5925658.html。

⑤　苏婷：《徽州地区汪华信仰研》，安徽大学硕士学位论文，2012。

⑥　http://blog.sina.com.cn/s/blog_636c012d0100gtfy.html。

⑦　http://amay200.blog.163.com/blog/static/100753352009101761719963。

⑧　潘白云：《论太极拳的起源及发展》，《文化·视野》，2008 年第 3 期。

山，主峰搁船尖），结庵以居。传说他"身长七尺六寸，髯长至脐，发长至足，行及奔马"。人们平时见不到他吃饭，但他的脸色一直如同四十多岁的人。他走起路来步履矫健、轻快如飞。人们常常见到他挑着柴下山来到集市上卖，在他的柴担上还挂着一只花葫芦和弯曲的竹杖，往往喝酒喝得醉醺醺的向山里走去。① 边走边吟唱道："负薪朝出卖，沽酒日西归。路人莫问归何处，穿入白云行翠微。"他在这里隐居三十多年，有时救人于危难，有时还给人治病。很多在府城里住的人都去拜访他，但并不能见到他。② 当时有不少人都喜欢读诵他的诗，他的诗在长安也盛行一时。在从洛阳到同华之间官道旅馆里，到处都题着他的诗。唐天宝年间，李白从翰林院出来，向东游历经过这些旅馆时，看了人们将许宣平的诗写在墙上，这位诗仙吟咏之后，感叹地说："这真是神仙的诗句啊！"于是李白就向人打听这诗的作者，当人们向他介绍许宣平的情况时，他非常感兴趣，想亲眼见见这位世外高人。③ 他专门来到新安游历，当李白来到渔梁古镇时天色已晚，他在练江边看见一只小船，小船头用一根竹篙插在水里（一种小船，其头部有一个专门用于竹篙直插到水里停泊的小洞）停在那里，船头上有一人独坐在那里喝酒。李白便上前问道："请问船家，这里有一位许宣平的许公家住何处？"那人打量了一下李白，便回答道："门前一竿竹，便是许公家。"李白于是到镇里寻找门前有一竿竹

徽州竹篙小船

---

① http://blog. sina. com. cn/s/blog_449730e10102vjuc. html。
② 田晓膺：《许宣平其人其诗》，《中国道教》，2007 年第 2 期。
③ http://baike. so. com/doc/7863907-8138002. html。

的人家，行不多远，猛然醒悟："'门前一竿竹'，不就是船头插一竿竹篙么？刚才的人一定是许公！"李白于是赶紧转身回来寻找，但见茫茫水面，不见小船踪影。后来人们为纪念李白的造访，在此处水边建有一亭，上书："问津处"。第二天，李白在乡人的带领下来到山中，找到许宣平的茅庵，但见屋里并无一人，空有庵壁诗句一行："隐居三十载，石室南山巅。静夜玩明月，清朝饮碧泉。樵人歌垄上，谷鸟戏岩前。乐矣不知老，都忘甲子年。"李白看后，若有所失。便在墙壁上也题诗一首："我吟传舍诗，来访真人居。烟岭迷高迹，云林隔太虚。窥庭但萧索，倚杖空踟蹰。应化辽天鹤，归当千岁余。"李白题诗后下山，满怀惆怅地来到练江北岸，回到新安古道。在渔梁与新安关之间，有一座单孔石桥，李白访仙不见，在此恋恋不舍地回头隔江遥望，这座石桥便被后人命名为"望仙桥"。①就在这年冬天，野火烧了这所小草房，后来大家就不知道许宣平的行踪了。在一百多年以后的咸通七年，这里有一家叫许明奴的，家里有一位老妇人，曾经和人一起结伴进山打柴，独自在南山中见到一个人坐在石头上。那人问老妇人说："你是许明奴家的人吧？我是许明奴的祖先许宣平。"②这位老妇人说："我曾听祖上说您已得道成仙多年，无从寻访。今日得见，是我的万幸啊！"他说："你回去，替我对许明奴说，我就在这山里头。"又说"我给你一个桃子吃，但不能拿出去。这山里虎狼很多，山神很珍惜这桃子。"老妇人就把桃子吃了，感觉味道很美。老妇人和打柴的人们一起回家说了此事，许明奴的整个家族人都感到非常惊异，全郡的人也都知道了此事。那老妇人回来后不久，就不爱吃饭了，但一天天变得年轻，还比平常轻捷健壮。到了唐僖宗中和年以后，这里连连发生兵乱，许明奴搬家避难，那位老妇人进山后就再也没有回来了。很多年以后，听说有人进山打柴，看见了那位老妇人，她身穿藤叶，行走如飞。当人们追赶她时，她就飞升到林木之上离去了。③

许宣平据说是学习了程灵洗的"石门九不锁"的"小九天"后，拓宽武路，结合他所住的覆船山有天然的各自独立的 36 道山泉石门，由"水至柔，石至坚"，而创造出"阴阳缠绕，刚柔相济"的拳术。此拳术不分何式为先，何式为后，只要将每式学会，打起来可以相继不断，绵绵不绝。他为了隐瞒南山的秘密，在套路前加上了起式，便以"三十七式"而取名，

① http://blog.sina.com.cn/s/blog_4b33e0aa010009g8.html。
② http://baike.so.com/doc/7863907-8138002.html。
③ 吴兆民：《徽州传说人物许宣平的文化意义》，《民俗研究》，2007 年第 4 期。

问津处

此拳又称"长拳"，其取意"如长江大河滔滔不绝之意"。[①] 太极拳家吴图南先生说："唐之许宣平、李道子之流，皆以太极拳为修养身心之具，又为养生之术。"许宣平的太极拳功隐于南山石门数百年之久，于明朝前期传于宋远桥，此时已经历 14 代之久。至近代辛亥革命时期，宋氏后人宋书铭将宋氏拳谱公开。至今国内仍有传人。[②]

五、程珌

程珌(1164—1242 年)，字怀古，号洛水遗客，南宋休宁汊口人。南宋绍熙四年(1193 年)考中进士，后任富阳县令，官至吏部尚书。汊口在休宁县城东南约 30 公里处，汊水与盈丰河在那里汇流，程氏为全村的第一大姓氏。据《休宁名族志》记载，汊口程氏始迁祖名叫程沄，为南朝陈国云麾大将军程灵洗之后。唐朝末年，黄巢起义，进军歙州时，程沄带着弟弟程湘、儿子程南节招募乡勇，依凭大山，筑寨死守，挡住起义军的进攻，大获全胜，被淮南节度使杨行密封为都知兵马使、东密岩将兼马金岭防拓事等职。此后，汊口村崇文尚武之风盛行，汊口程氏家族人才辈出。宋代就有内相程珌、武状元程若川、学者程若庸等。[③] 程珌提倡民众尚武，以期收复中原。常教人击剑练武。据传他的远祖就是程灵洗。程珌精研易理，改程灵洗流传下来的太极功为"小九天"，共十五势。[④] 势名有：七星八步，开天门，什锦被，提手，卧虎跳涧，单鞭，

---

① http://baike.so.com/doc/7863907-8138002.html。

② 方磊：《审视太极拳之渊源》，《辽宁师专学报》，2012 年第 3 期。

③ http://www.chengjiapu.com/forum.php? extra = page%3D1&mod = viewthread&tid =1965。

④ http://baike.haosou.com/doc/2537462.html。

射鹰，穿梭，白鹤升空，大裆拳，小裆拳，叶金花，猴顶云，揽雀尾，八方掌。①

六、程若川

程若川，古徽州休宁汊口人，生卒年不详，南宋武状元。② 据史料记载，程若川是吏部尚书程珌的侄子，历任监丞，滁州府太守。至今在汊口的程氏后人在讲到程若川事迹时还如数家珍，这里就流传着程若川"腋挟石墩走汊口"和"口嚼人眼惊强敌"的故事。③ 关于程若川腋挟石墩走汊口的故事是这样的：程若川有个舅舅住在汊水下游的林溪村，两地有十多华里。秋后的一天，程若川来到舅舅家，大家都知道程若川从小练武，一定要他演练拳脚看看，程若川也不辞让，演拳舞棒练了起来，引得众多亲戚、同乡都来观看。只见程若川拳如流星、身似游龙、蹿蹦跳跃、闪展腾挪。缓时如空中盘鹰，疾时如迅雷闪电，定如磐石，动如江河。演练完毕，气不长喘，面不改色。这时有人还嫌不过瘾，指着他舅舅家门前的两个雪白的大石墩，要看看程若川有没有力气举起来，这两个石墩是程若川的舅舅在汊水河中发现的天然白

休宁县中国状元博物馆里的程若川画像

石，石质坚韧，圆整光滑，一个足有 300 多斤，另一个大约有 500 斤。程若川一时性起，来到石头跟前，用脚踮了踮，忽然马步下蹲，两臂一用力，一个较小的石头就被他轻轻地举了起来；接着他双膀一较劲，忽然将石头抛上天空，众人大惊失色！正在众人惊愕之际，他又将另一个较大的石头抱起，双手竟然如玩弹丸一样左右耍玩，并连声说"好玩"。他的舅舅见此情形就说："你要是喜欢这两个石头，改天就叫人用车给你送去。"程若川的确比较喜欢这两个石头，他说："如果舅舅将石头送给我，我现在就自己把它带回去。"说罢，向舅舅和众人一抱拳，弯身把两个白白的圆石墩夹在两腋之下，快步如飞地走在回家的路上。一帮小伙

---

① 昌沧、周荔裳：《中国武术人名辞典》，北京，人民体育出版社，1994，第 33 页。
② 王鸿鹏等：《中国历代武状元》，北京，解放军出版社，2004，第 141 页。
③ 根据程氏后人程荣根口述。

子为了看热闹，一路跟在他后面看着，直到汉口程若川的家。10 多里的田间小路，程若川挟着两个巨石墩一路小跑居然没有歇休一下。在叉口，人们至今还将这个故事口耳相传，无不佩服！

程若川后人门前依然放置着他当年练功的 2 块石头

另一个是"口嚼人眼惊强敌"的故事。程若川考上武状元后，曾奉诏出使金国。当时南宋为金王朝的附属国，南宋皇帝对金国皇帝自称为侄皇帝。金国来使，南宋皇帝要降座迎接；而南宋使臣出使金国则往往受尽金国的侮辱。程若川到达金国后，金人知道他是武状元，便有意刁难。① 金人先牵来一匹没有鞍的烈马，问程若川敢不敢骑。程若川牵过马缰，"啪"的一掌拍在马背上，烈马猛地绕场飞奔起来。程若川瞅准时机，一带缰绳，顺手抓住马鬃，腾身上马，疾马驰骋，安然返回，金人暗自吃惊。接着又递上一支利箭，指指远处的靶心，示意能否射中。程若川冷笑一声，不屑一顾地摇摇头，正好这时天边飞来一行大雁，便指着大雁说："你看……"话声没落，箭如闪电，一只大雁射落地上，一连射落三只大雁……金人不由得对他竖起了大拇指。招待晚宴时，金人特地从宋朝俘虏中斩杀了一名与程若川相识的人头来款待他。只见盘中那人头两眼圆睁，耳鼻间尚流淌着鲜血。程若川看在眼里，悲愤中生。金人凝视着他，面露讥讽的笑容。短暂的沉默之后，程若川大喝一声："无耻之徒，你敢瞪我大宋使者！"只见他右手在人头上闪了一下，那人两只大大的眼球就已飞进程若川的嘴里，随之响起嘎吱、嘎吱的咀嚼声②……金人一个个面面相觑、目瞪口呆，无不惊呼："真乃奇男子！"连忙换上美味佳肴，以礼相待。其实程若川说话用意是在指桑骂槐，而他用魔

---

① http://www.chengjiapu.com/forum.php? extra = page％3D1＆mod = viewthread＆tid ＝1965。

② http://www.chengjiapu.com/forum.php? extra = page％3D1＆mod = viewthread＆tid ＝1965。

术的手法，右手在那人头上闪了一下，两只大大的眼球就深深地陷进眼眶，所谓"飞进程若川的嘴里，随之响起嘎吱、嘎吱的咀嚼声"只是迷惑金人的假象。当时武状元程若川身负南宋使者的重任，[①] 面对金人的无礼挑衅，临危不惧，敢于将计就计，使敌胆寒，让金国知道宋朝还有能人，不敢轻举妄动，最终不辱使命。[②]

七、李知诚

李知诚，字德实（1139—1202 年），古徽州婺源秋口镇李坑村人。[③] 南宋乾道三年（1166 年）武状元，官至抚谕使。[④] 婺源县秋口镇的李坑村，建村于北宋祥符年间庚戌年（1010 年），至今已有近千年的历史。这里是一个以李姓聚居为主的古村落，距婺源县城约 12 公里。李坑自古文风鼎盛、人才辈出。自宋至清，仕官富贾达百人，村里的文人留下传世著作达 29 部。武状元李知诚无疑是该村最值得骄傲的历史人物之一。[⑤]

李知诚少时虽家境清贫，但他天生聪颖、喜爱读书，并且身材魁梧，膂力过人。说起他真正走上武科举之路，还是因为当时他的家乡山中常有虎患，于是他就兼学武艺，借以保村平安。时值金兵南侵，南宋朝廷坐卧不宁，他看到国家风雨飘摇，决心立志报国，经乡友的指点，他拜师学艺，掌握了十八般武艺。在乡试中，考中了武举人。1166 年他进京应试武进士，在会试中又考中了武进士。后经孝宗皇帝亲试，被选拔为第一甲第一名，即"武状元"，授抚谕使。随即孝宗皇帝命他代表朝廷向地方宣扬朝廷旨意，并巡察官吏，采访民情，伸民冤屈，安抚百姓，以及措置营田等事务。当时，孝宗主张抗金，重用抗金人士，一时间斥退秦桧余党，并追复抗金名将岳飞及其子岳云的官爵，依礼重新安葬，录用岳飞的子孙，朝野上下为之一振。但是，孝宗是高宗的养子，他对高宗帝十分孝顺。他虽于高宗绍兴三十二年（1162 年）由高宗帝内禅继位，但他每月必须四次朝拜太上皇高宗，曲意侍奉。而高宗帝素来主张议和，反对抗金。因此每当孝宗向他陈述收复大计时，高宗总是不支持。有一次，高宗干脆对孝宗帝说："抗金之事，待我百年之后，你再议论。"从

---

① http://www.360doc.com/content/10/1213/19/1994425_77808838.shtml。
② 王国凡等：《对安徽休宁历史上两位武状元的考察研究》，《湖北体育科技》，2014 年第 11 期。
③ 冯新生：《李坑"画幅"几多谜》，《中关村》，2012 年第 106 期。
④ http://blog.sina.com.cn/s/blog_47107d090101ehb7.html。
⑤ http://baike.sogou.com/v600589.htm。

此，孝宗帝再也不提抗金一事了。① 鉴于南宋朝廷这样偏安一隅，李知诚深感自己虽有一身武艺，但无报国之门，况且自己虽然担任抚谕使，表面上是钦差大臣，其实无多大实权，而且也不是朝廷的常设机构，因此遂要求辞官回归故里。② 关于李知诚的另外一个传说是在历史上没有这个武状元，甚至有人认为没有这个人存在。

李知诚回乡后，开办武馆，教授乡里子弟练武强身，以求保卫乡里以及自己的武艺后继有人，并以植树种茶打发时日，于63岁时死于故里。李知诚故居花园内有一棵紫薇树，相传是李知诚亲手栽种，树龄已有800多年，据当地老人说，当年茂盛时树干直径约有40厘米，经过一次雷击以后残存半边，但是每年都有新枝萌发，红花满树。③ 有诗赞曰："独占芳菲当夏日，不将颜色把春风；难道花无百日红，紫薇长放半年花。"④现在这里已成为一处著名的旅游景区。

八、程鸣凤

程鸣凤字朝阳，号梧冈（1225—?），祁门县善和里村人。程鸣凤自幼习武，1246年中乡试，获武举人称号。南宋理宗赵昀宝祐元年（1253年），参加进士考试，获癸丑科武举第一名，成为名闻全国的武状元。

程鸣凤少年即聪颖异常，他博览群书，苦练武功，推演阵法。从淳祐六年（1246年）起，他开始应考武举，在宝祐元年考中了武状元。⑤

程鸣凤历任殿前司同正将、阁门宣赞舍人、德庆府知府和南雄州知州等职。在朝时曾进献《无逸说》给皇帝，颇受赞许。⑥ 他在赴任途中，传来前面地方治安混乱，匪患猖獗。随行人员劝他绕道而行，以免带来不必要的麻烦。程鸣凤气愤地说："当今天下，虽是多事之秋，但也正是做臣子的奋斗之日。我作为朝廷命官，为官一任，自应当造福一方，我应该为民除害，为圣上解忧，为家乡父母争光，我怎么能坐视乱臣贼子在那里胡作非为而不理呢？又怎能仅仅为了自己而忘了百姓的安危呢？那种不仁、不义、不忠、不孝之事，就是打死我，也不会去做的。"于是程鸣凤决然策马前行。正行间，朝廷发来公文和讨伐乱贼的檄文，要他火速赶往出事地点，协助清剿部队消灭匪患。程鸣凤奉檄文到达后，向

① http://blog.sina.com.cn/s/blog_5d6516600102w1ko.html。
② 李传玺：《皖籍状元旧事（六）》，《江淮文史》，2008年第1期。
③ http://www.baike.com/wiki/李知诚&prd=tupianckxx。
④ http://sd0422.blog.sohu.com/85570970.html。
⑤ http://www.bjdclib.com/subdb/exam/examperson/200911/t20091124。
⑥ http://www.doc88.com/p-945522050552.html。

负责清剿匪患的主帅提出自己的建议:"自古用兵,以正和,以奇胜。为今之计,要紧的是擒贼先擒王,贼首被制,贼乱必被平息。"同时说出了自己"斩首"行动计策,主帅大喜,依计而行,果然出奇制胜,擒获了匪首,敌众马上土崩瓦解。恢复了当地的社会秩序。他的出奇制胜之策受到了人们的交口称赞。

程鸣凤代理主管建昌军仙都观后不久,即回归故里。程鸣凤虽然才识超群,但他性格刚直,极言敢谏,于时不合。他在家乡的山谷间建造一亭,自取名曰:"盘隐",亲书大字匾额于上,以示自己要将余生寄托于家乡美丽的山水之间。但时隔不久,皇帝下诏要他到南雄州任知州,他上表辞谢,皇帝不允,再三奖谕。程鸣凤无奈只得上任,任职期间,他发现政府在征收赋税中存在不少漏洞,又上书朝廷,提出了一些针对性的解决办法。任职三年后,程鸣凤再次辞职,回到"盘隐"之所。① 归隐后,他在家乡建造了"梧冈书院",讲授文武之道,教育乡中子弟。程鸣凤除武艺超群外,文才也十分出众,精草书,善诗文。② 程鸣凤曾游历婺源朱熹故里,凭吊晦庵(朱熹号)亭时,提有诗句:"翁之所恃无有焉,斯文不死道常存。"该诗既对程朱理学对儒家学说的复兴所做的贡献给予了高度评价,其中也隐含着归隐后立志办学从而弘道的坚定志向。③ 他还著有《读史发微》三十卷和《梧冈》《盘隐》二部诗集,可惜今已散佚,仅有三首存诗,记载在清康熙朝编的《祁门县志》、清道光朝的《婺源县志》和道光《南雄州直隶州志》等地方志中。④

九、黄赓

黄赓,字仲叙,古徽州休宁县龙湾人,生卒年不详。崇祯十六年癸未科武举殿试第一人,明王朝最后一位武状元。

龙湾村位于休南五城镇境内,距县城约 23 公里。发源于六股尖的率水一路汇聚大小河流十余条,至此来个 120 度左转弯,与右边颜公溪汇合向东北流去。龙湾历史上为古徽州交通要道,水路南抵五城,西至上溪口,东北通屯溪、达杭州;陆路四通八达,为徽婺古驿道枢纽。在现在的五城公路开通之前,龙湾一直是享誉皖赣特别是休(宁)、婺(源)边界的水运码头。这里曾经街市繁华,茶号、杂货、布匹、烟酒、糖酱等

---

① http://www.bjdclib.com/subdb/exam/examperson/200911。
② 程鸣:《新安程氏与太极拳文化钩沉》,《徽州社会科学》,2013 年第 8 期。
③ 王鸿鹏等:《中国历代武状元》,北京,解放军出版社,2004,第 127~128 页。
④ 李传玺:《皖籍状元旧事(六)》,《江淮文史》,2008 年第 1 期。

休宁县中国状元博物馆里的黄赓画像

店铺鳞次栉比。

黄氏为龙湾大姓，与五城黄氏同宗异支，在黄赓之外，黄氏族人中还考中黄金色、黄澍两名进士。据史料上说黄赓生来肩宽背阔，力大无穷，后来拜师学武，精通武艺，特别善使一根重24斤的铁鞭，人称"铁鞭王"。清兵入关后，曾随抗清义士金声抗击清兵。后出家为僧。[①]

明末崇祯帝意在励精图治。他提拔武科，黄赓参加武科举考试，获癸未科武举殿试第一名——武状元。当时，黄赓作为钦点的武科状元，得到了崇祯皇帝足够的重视，从此，他对皇上充满了感激之情。黄赓曾在崇祯皇帝面前说："臣尽忠报国而已。"其后，他果真为光复大明浴血奋战，做出了自己最大的努力。

明朝末年，内有李自成造反，外有清兵入关，内忧外患，明朝亡国命运已经不可逆转。黄赓虽对明朝江山忠心耿耿，但大厦将倾，独木难支。在这种时局下，黄赓注定将会以一个悲剧人物收场，但也正是他的忠心，才让黄赓在历史上留下了一系列抗清复明的传奇英雄事迹。

1644年，崇祯皇帝在李自成攻破北京城后上吊身亡，清兵也随之入关。黄赓闻此噩耗，悲痛欲绝，发誓要手刃清兵魁首，为光复大明效力。于是他集结乡兵数千人，日夜操练，并与清兵在宣城大战了19次，接连取胜。清兵见势不妙，集结重兵将黄赓的乡兵围在宣城水东镇港河一带，黄赓挥舞铁鞭奋勇杀敌，清兵纷纷落马。就在黄赓斩杀正酣之时，由于用力过猛，铁鞭忽然折断。黄赓的坐骑也由于力战过久，见到清兵之马，跪而不前。黄赓大怒，用半截铁鞭先将自己的战马杀死，之后徒步与大

---

① 王鸿鹏等：《中国历代武状元》，北京，解放军出版社，2004，第225～226页。

清骑兵交战。这时，过来清兵一员大将迎战黄赓，黄赓挥舞残鞭，用力向清兵将领击去，均被清兵将领用刀挡住，黄赓连击三鞭，均不得手。他边退边用左手在腰袋中取出一支淬以桐油的数寸长竹制袖箭，猛地回身向清兵将领射去，正中其左眼，跟着又扬鞭一击，清兵将领立即脑浆迸裂。但是，清兵人多势众，源源不断地从四面八方围了上来。黄赓见寡不敌众，便杀开一条血路，突出重围而去。

黄赓带着部分杀出重围的残兵，退到宣州与徽州绩溪县交界的丛山关，恰与崇祯元年进士金声及其学生江天一率领的大队人马相会。黄赓知道金声是休宁瓯山人，不久前已被在福州称帝的唐王朱聿键封为兵部右侍郎兼左都御史，总督江南各地兵马。黄赓非常敬佩这位同乡前辈，金声也早闻黄赓骁勇善战，两人兵合一处，黄赓便拜在金声麾下。丛山关山势险峻，石城坚固，有"一夫守关，千人气缩"的气势。黄赓和金声率领众将士扼守关隘，大队清兵虽然发动无数次进攻，却始终不能突破防线。清军见硬攻不行，便施诡计。假装退兵，暗里却派早已投降清军的明朝湖广巡按御史黄澍率兵投靠金声和黄赓。黄澍是黄赓的同族兄长，金声与黄澍也素来相识，他们毫无防备，结果清军里应外合，丛山关失守，金声与江天一被俘，押解至南京被害。黄赓凭着一身武艺再次突出重围。①

金声英勇就义后，黄赓万分悲痛，他来到池州九华山一带又拉起一支队伍抗击清兵。结果势单力薄，再遭惨败。后南下福州，投奔南明皇帝朱聿键。不想，朱聿键在清兵的重兵围攻之下，投降了大清。清军钦佩黄赓是个难得的英雄武将，以高官厚禄招黄赓为清廷服务。但黄赓亲眼见到自己的同族兄长黄澍充当清兵内奸，引狼入室，杀害忠良；现在又看到自己拥戴的大明皇室归降清军，早已万念俱灰，宁死不从。清廷不再勉强，黄赓便在福州当地一座山庙削发当了和尚。后来，传说他居然还被清廷封为"天下都纲僧"。②③

十、程宗猷

程宗猷，字冲斗，又字伯嘉，号新都耕叟。古徽州休宁人（1561—1636 年）。程宗猷在其祖父程廷全时因经商而起家，他的父亲继承祖辈

---

①　李传玺：《皖籍状元旧事（六）》，《江淮文史》，2008 年第 1 期。

②　王国凡等：《对安徽休宁历史上两位武状元的考察研究》，《湖北体育科技》，2014 年第 11 期。

③　http://bbs.voc.com.cn/topic-2943941-1-1.html。

产业，家境殷实而又知书达礼。程宗猷就出生在这样一个优越的家庭环境里。① 他自幼受徽州习文练武之风的熏陶，酷爱武术，向往铁马金戈的戎马生活。他本人在《少林棍法阐宗》序中说："余自少年，即有志于疆场。凡闻名师，不惮远访。"②他为了不断提高自己的武技，时常携巨资远访名师学艺。他不但到过武术圣地嵩山少林寺拜师学艺，一住十年，后又迎请少林异僧至六安精研苦修少林功夫，终得少林绝学；当他听说浙江名师刘云峰擅长倭刀刀法时，便前去拜师学艺，这种双手刀法在当时会使的人很少；他听说河南武师李克复枪术无双，又前往拜师学艺，深得其法，这后来体现在他的著作中对棍术进行了枪术动作的创新改造上。③ 程宗猷无所不学，他在游寿春时，遇土人得穴中铜机而创弩法。经过多年的拜师苦修，程宗猷终于练成一身绝世武功。据史料记载，程宗猷到少林寺学练武艺"少林例：学成者能打散众木偶，方许出寺；否则必欲去者，乃由狗窦出耳。④ 宗【冲】斗学既久，独能打散木偶"，⑤ 可以见得，程宗猷是在少林寺学成功夫后，经过木人桩检验合格，顺利走出山门的。另有记载，⑥ 程宗猷学成功夫回家后，一次和他父亲一起出门经商，道遇土匪，父亲吓得躲进路边草丛，宗猷独敌数十人而不败。这帮响马大惊失色！邀请他们父子到山寨，设宴招待，酒将半酣之时，忽然听到门外一阵喧哗，程宗猷急身跃起而出，如飞鸟掠檐间，忽然不见，满座皆惊。⑦ 一会儿只见程宗猷自门外从容回来说：我刚才听到外面突然喧闹之声，认为有人要试试我的拳脚功夫，哪知出门一看才知道不过是一些下人在那里吵闹，不值得我挥手啊！土匪们吓得脸都变了色，饭后赶紧将他们父子送走了。关于程宗猷的功夫，他的叔叔程继康在他的著作《〈少林棍法阐宗〉后序》中也说："余侪于暇日强试其奇，见坐作击刺之方，即山崩潮激未足谕其勇也，烈风迅雷未足谕其严且整也。"⑧由此

① 杨祥全：《耕余所得，习武圭臬——程宗猷〈耕余剩技散论〉》，《搏击：武术科学》，2013 年第 3 期。
② 周伟良：《武魂壮豪情，〈耕余彪千秋〉——程宗猷和他的〈耕余剩技〉》，《体育文史》，1985 年第 8 期。
③ http://www.taodocs.com/p-9118644.html。
④ http://www.ahage.net/lunwen/21960_2.html。
⑤ 王振忠：《少林武术与徽商及明清以还的徽州社会》(徽学第三卷 2004-12-31：第 91～121 页)，引清徐卓辑《休宁碎事》，清嘉庆十五年(1810 年)海堂书巢刻本，卷一，第 3 页。
⑥ 王振忠：《少林武术与徽商及明清以还的徽州社会》(徽学第三卷 2004-12-31：第 91～121 页)，引《怀秋集》。
⑦ 陈瑞：《徽商与明清徽州保甲差役的承充》，《中国社会经济史研究》，2011 年第 5 期。
⑧ 王振忠：《少林武术与徽商及明清以还的徽州社会》(徽学第三卷 2004-12-31：第 91～121 页)，引《少林棍法阐宗》。

可见，程宗猷遍访名师，苦心修炼，最终练成身上的功夫的确到了登峰造极的境界。

少林棍法阐宗①

程宗猷虽然学成绝世武功，但他淡泊名利。程子颐在《蹶张心法》《小序》中说，② 程宗猷"声震南北，当路者屡物色，而欲爵之，终不应。余尝诘之，曰：'人稍抱一长，即企以干世，如公绝技，而固深藏，何哉？'公曰：'吾方以老母在，而不敢出，又以吾未嗣，而不容出，姑置之。"另外，他也可能是因为家富巨资，要保家自守。这在休宁知县侯安国的《耕余剩技叙》中，对于程宗猷的不愿出仕有所解释，他说自己曾劝程氏应募，"群答云：家事颇饶，只为自保身家计，实不欲仕出……逾月，天津巡抚李公闻其名，羌官以礼币聘之，且以书相托。余即命陈簿同其官持币往，程生自来谒，辞语犹如昔日。"③后来知县发怒，激言其为"食肉糜、饱糟醴无用之匹夫"。程宗猷受此一激，方才答应以身报国，于是率领父子兄弟及其家丁 80 人，自携粮饷赴军从戎，用他所创的强弩及刀枪诸法日夜训练津兵，士兵经过训练后战斗力大增。④ 程宗猷还被授以司金书之职，程子颐被授以守备，诸子弟皆被授为把总等职。⑤ 在休宁还

---

① 图片来自百度。

② 王振忠：《少林武术与徽商及明清以还的徽州社会》(徽学第三卷 2004-12-31：第 91～121 页)，引程子颐、子爱《撅张心法序》。

③ 陈瑞：《徽商与明清徽州保甲差役的承充》，《中国社会经济史研究》，2011 年第 2 期。

④ http://www.wubei.com/bbs/showbbs.asp? bd=1&id=596&totable=1。

⑤ 梁诸英：《明清时期徽州的水碓业》，《安徽史学》，2013 年第 2 期。

建有"义勇可嘉"的牌坊以彰圣宠。①

　　程宗猷为了让自己所学的功夫为大多数人所掌握，使中华武功绝学不至于失传，便根据自己的所学心得，潜心著书立说。他的本家叔叔程继康在《〈少林棍法阐宗〉后序》中道出了他的心声："越兹《棍法阐宗》成，不致广陵散绝响之叹。"②就是说，现在他的《少林棍法阐宗》完成了，（里面的武功绝学）将不会像《广陵散》（那样因无人继承）变成了绝唱（历史上记载司马昭杀了嵇康之后《广陵散》就失传了）。在他的书出来以后，有人将其书中秘传绝学窃为己有，冒名教学，程宗猷知道后并不生气，反而说那些人是在代他传播。"都人士尚武者缮写服习，竞景附之，甚有冒其名以诧四方。君不知，问且曰：是代吾广布者也。"③他于万历四十四年（1616年）撰写完成《少林棍法阐宗》三卷；于天启元年（1621年）写成《蹶张心法》《长枪法选》《单刀法选》，并与《少林棍法阐宗》合刊起名为《耕余剩技》。后又于崇祯二年（1629年，亦说成书于1628年）撰写完成《射史》八卷。④这些武术专著是中国武术史上最早的系统记录武术理论和功法的书籍之一。对于中华武术的继承与流传起到了巨大的作用。

　　关于程宗猷的武术著作《耕余剩技》和《射史》的各自特点，当代武术专家学者们有过研究评价，⑤认为程宗猷的《少林棍法阐宗》将名闻天下的少林棍法，由"口授心识"，并尝试用图文进行了记录，这本书也是中国武术史上现存最早的少林武术专著。⑥而程宗猷的著书指导思想就是"其志在以壮干城，清疆域，卒以师门之指，益将光且大也。"⑦在棍法技术上，《少林棍法阐宗》受俞大猷的《剑经》棍法影响很深，其中有很多相似之处。这与俞大猷在嘉靖四十年（1561年）路过少林寺时，认为少林棍法"乃传久而讹，真诀皆失矣。"他应少林寺住持请求，带两名少年武僧随军南征，并悉心传以棍术。三年以后，学成棍法的少林二僧，把源于俞大猷《剑经》中的棍法传授给了众少林寺僧。而程宗猷进少林寺学武，在俞大猷之后，因此，与俞大猷的棍术有密切联系，也正说明程宗猷所学

---

　　①　周伟良：《明清时期少林武术活动的历史流变》，《体育文化导刊》，2004年第6期。

　　②　徐彬：《论明清徽州家谱编修与徽商的互动》，《学术研究》，2011年第6期。

　　③　汪以时：《〈少林棍法阐宗〉集序》。

　　④　昌沧、周荔裳：《中国武术人名辞典》，北京，人民体育出版社，1994，第33页。

　　⑤　周伟良：《武魂壮豪情，〈耕余彪千秋〉——程宗猷和他的〈耕余剩技〉》，《体育文史》，1985年第8期。

　　⑥　杨祥全：《耕余所得，习武圭臬——程宗猷〈耕余剩技散论〉》，《搏击·武术科学》，2013年第10期。

　　⑦　程宗猷：《少林棍法阐宗》。

棍法可能就是俞大猷所传少林寺的棍法。尽管如此，程宗猷的《阐宗》中棍法绝非等同于俞大猷之棍，其棍法有着独到的创新与发展。最为独特的就是程宗猷的少林棍法存在"三分棍术，七分枪法"。棍中夹枪，是《阐宗》中的重大新创。① 究其独特棍法的形成，可能与程宗猷的习武经历有关，一是程宗猷拜少林洪转和尚为师，而洪转曾著有《梦缘堂枪法》。② 在他学得洪转的枪法后，很可能把枪法融合到棍法之中，形成了独特的风格。程宗猷在《阐宗》中盛赞洪转"棍法神异"，也许他所说的棍法"神异"，正是指那种棍中夹枪的棍法。二是程宗猷曾向河南李克复学习八母六合枪法，深得其传。程宗猷将其所学枪法溶于棍术，使《阐宗》中的棍法别开生面，独树一帜。程宗猷棍法不但技法独特，套路练习也自有创新。他的《阐宗》一书共由五套棍法组成：六路"小夜叉"、六路"大夜叉"、六路"阴手"棍、六路"排棍"和一路"穿梭"棍。六路"小夜叉"和六路"大夜叉"是两套训练棍法功架的套路，六路"阴手"棍主要体现棍法的变化，"能缩长棍短用故也，与'夜叉'相表里"，六路"排棍"是双棍对打练习套路，"两人相排，一上一下，一来一往，周旋回转，近身入怀两相演用之"，一路"穿梭"棍，则无规定架式，"用此路使棍与手相洽，伸缩如意，进退便利，临敌可无掣肘之患"，是属于棍术的散打套路。可以看出，这五套棍法属于系统的棍法练习，自成一个有机的整体。是在前人的基础上发展创新了。难怪时人茅元仪在《武备志》中全部录用了程宗猷的《阐宗》一书，并称赞："棍宗少林，少林之说莫详于近世新都程宗猷之《阐宗》。"③虽然《少林棍法阐宗》中的棍法有很多是程宗猷四方寻友拜师之后，在吸收众家之长后的自成一家独创一法。但他为何不以"程家棍"命名，而仍然以"少林"冠名？在《少林棍法阐宗》"问答篇"④中，他清楚地说明了自己这样做的用意：

"或问：长枪则有杨家、马家、沙家之类，长拳则有太祖、温家之类，短打则有绵张、任家之类，皆因独步神奇，故不泥陈迹，不袭师名。今子棍法通玄，不让枪拳诸名家，即谓之程家棍，非夸也，何斤斤以少林冠诸首哉？

---

① http://www.taodocs.com/p-9118644.html。

② 杨祥全：《耕余所得，习武圭臬——程宗猷〈耕余剩技散论〉》，《搏击：武术科学》，2013年第10期。

③ 杨祥全：《耕余所得，习武圭臬——程宗猷〈耕余剩技散论〉》，《搏击：武术科学》，2013年第10期。

④ 王振忠：《少林武术与徽商及明清以还的徽州社会》（徽学第三卷 2004-12-31：第91～121页）。

余曰：惟水有源，木有本，吾虽不敢列枪拳之林，然一得之见，莫非少林之所陶镕。而敢窃其美名，背其所自哉？"①

程宗猷将自己的棍法命名为"少林棍法"，以表明其衣钵传承之于少林。体现出一代宗师不忘根本和求实自谦的高尚品德。

程宗猷的《蹶张心法》于明天启元年（1621 年）相继著成，共三卷，包含《单刀法选》《长枪法选》和《蹶张心法》，世人又称其为"程氏心法三种"。"蹶张者，弩也，兹盖以蹶而张，故籍其名，而法则余偶所独得者，敢以蹶张心法名篇。"②程宗猷很爱弩射，他说弩携带方便："弩身不满尺七"，"或束之腰，或悬之肘。"③弩还非常实用，且比较容易掌握："习又易精，倘以射生，十必无一存者"，另外，在实战中弩如果与长枪、单刀等器械结合使用，"遇敌远则用弩，近则用枪"，"真有似于顺流之舟而风之，走圹之虎而翼之矣。"④由此可以看出程宗猷将单刀法及长枪法统名于《蹶张心法》篇名之下的用心所在了。在该书中，他从古代古铜弩机改造，到搭箭发射技术及材料选用等，均有详细说明，并附有一目了然的图解。此外，还特别介绍了枪加弩及刀加弩的练习方法。在明代，枪法已成系统，有"杨家""沙家""马家""梨花"等枪法，程宗猷的枪法是向河南枪术大师李克复所学，称"河南枪法"或"八母六合法"。此路枪法的最大特点是"所用木杆，体长而重，非得巧妙，莫能运动，⑤ 而制胜之方，其要亦惟以中平为主"，程宗猷认为，中平枪法为枪法中的王者，他在《原论》说："中平枪，枪中王，高低远近都不防。高不拦，低不擎，当中一点难遮挡。"所谓"八母"枪，包括圈里枪、圈外枪、圈里低枪、圈里高枪、圈外低枪、圈外高枪、吃枪、还枪八种枪法，⑥ 其中"圈枪"为枪法之"母"，这是历代拳家所公认的。对此，程宗猷用书法作为比喻："如习书家，有先习'永'字之说，亦以永字八法皆备，而余字不外此八笔之法耳"。所谓"六合"是"一截、二进、三拦、四缠、五拿、六直"。⑦ 因此，结合起来

①　http://www.ahage.net/lunwen/21960_2.html。

②　周伟良：《武魂壮豪情，〈耕余彪千秋〉——程宗猷和他的〈耕余剩技〉》，《体育文史》，1985 年第 8 期。引程宗猷《蹶张心法·自序》。

③　http://www.taodocs.com/p-9118644.html。

④　周伟良：《武魂壮豪情，〈耕余彪千秋〉——程宗猷和他的〈耕余剩技〉》，《体育文史》，1985 年第 8 期。引程宗猷《蹶张心法·自序》。

⑤　杨祥全：《耕余所得，习武圭臬——程宗猷〈耕余剩技散论〉》，《搏击：武术科学》，2013 年第 10 期。

⑥　http://www.wushuw.com/wushu-article-6728-1.html。

⑦　http://www.360doc.com/content/13/0502/17/1003261_282477721。

就叫"八母六合法"。① 程宗猷的单刀法是访浙江刘云峰而得其真传的。这套刀法是由日本人传到中国的，当时有势有法而无名。② 程宗猷学得刀法，在撰写《单刀法选》时，为便于学习者记忆，便"依势取像，拟其名"。其中的刀势名称都是程宗猷所起。这套刀法练习时要求腰佩刀鞘，因此，他在书中对刀鞘的制作也进行了说明："刀鞘内要宽，刀口寸金箍入，鞘口略紧勿松，紧松亦要得宜，以便出入。"③ 在《单刀法选》中，除了致于实用的非套路刀法之外，程宗猷另外还附录了套路单刀一路，便于学者平时练习。这路刀法共有四十势，其中有"单提刀势"和"担肩刀势"，程宗猷对此二势作了特别注释："单提、担肩二势乃倭奴诱敌之法，但人见此大空，即欺之，多是用枪着实扎去，常堕计中矣。"④ 程宗猷在编写《单刀法选》时也溶有中国式的单刀刀法及风格，但就该刀法的整体特点而言，程宗猷的刀法属于日本刀法。这不但体现了古徽州武师善于吸收外来功法经验，同时也体现了在古代中日武术就已经进行了相互学习和交融。

程宗猷在《蹶张心法》刊世后七年，即 1628 年又撰写了一部《射史》。程宗猷的从弟程于行在这本书的序文中说："爰出《三礼射文》并《考历古射语》合为一集，命曰《射史》。"由此可见，《射史》一书，可能是程宗猷将撰写好的两种稿本合并而成。关于此书，程宗猷本人在序文中说："因取箧中《射法》授之梓人，又惧以鄙俚，弗能及远，复取《古射仪文》汇成一书。"《射史》一书，共有八卷，其内容非常丰富，并附有图形说明，能让观者一目了然。程于行在序中说："绘以精图，详以步法。直令见者，按图索射，无不吻合，百发百中，犹掇之耳。"其书的另一作序者陈继儒在序中称其为"采择古人要旨，最得射中三昧。"⑤

由此可见，程宗猷可以说是古徽州武术人物中的杰出代表，也是中国古代武术界的一颗耀眼明星。他对中华武术的继承与发展起到了承前启后的作用，也为中华博大精深的武术文化的继承与发展做出了极其重

---

① 周伟良：《武魂壮豪情，〈耕余彪千秋〉——程宗猷和他的〈耕余剩技〉》，《体育文史》，1985 年第 8 期。引程宗猷《长枪选法》。

② http://www.360doc.com/relevant/505078261_more.shtml。

③ 周伟良：《武魂壮豪情，〈耕余彪千秋〉——程宗猷和他的〈耕余剩技〉》，《体育文史》，1985 年第 8 期。引程宗猷《单刀选法》。

④ http://blog.qq.com/qzone/466838484/1361819309.htm。

⑤ 周伟良：《武魂壮豪情，〈耕余彪千秋〉——程宗猷和他的〈耕余剩技〉》，《体育文史》，1985 年第 8 期。

要的贡献。①

十一、程真如

　　程真如(？—1644年)，明末古徽州休宁县人，武术家，曾跟随峨眉山普恩禅师学习枪法，得其真传后，将枪法传于翁慧生、朱熊占。② 其弟子朱熊占将其枪法传授给吴殳，吴殳是当时著名的文学家兼武术家，他根据此枪法要义，再结合自己的理解，撰写成《峨眉枪法》，是我国武术史上最早的以"峨眉"命名武术的典籍之一。

　　关于程真如及其峨眉枪法的大名，现有文献资料中的记载是以吴殳著的《手臂录》最为丰富。关于程真如习武的一些经历，在吴殳《手臂录》附卷刊出的程真如《峨眉枪法》中，有程真如本人习武回忆记录："西蜀峨眉山普恩禅师，祖家白眉，遇异人授以枪法，立机空室，练习二载，一旦悟彻，遂造神化，遍游四方，莫与并驾。③ 嘱余客游蜀中，造席晤言，师每首肯，问及武事，则笑而不答。余揣其意在求人也，因与荆江行者月空，礼师请教，师命余二人樵采山中，经历二载。师笑曰：'二人良苦，庶可进乎。我有枪法一十八扎，十二倒手，攻守兼施，破诸武艺，汝砍采久而得心应手，不知身法臂法，已寓于是'。遂教余二人动静进止之机，疾驰攻守之妙。④ 久之，余南还，又造沙家枪、马家兼棍枪，则意味疏浅，校之余师之法，相去远矣。"⑤这段文字讲的是程真如回忆他的老师峨眉山普恩禅师习武经历和功夫造诣及他本人跟随老师学习经过。由此可见，程真如所学的枪法和当时的沙家枪、马家兼棍枪等大相径庭，而且其枪法之神异又在诸枪之上。

　　关于吴殳所学的峨眉枪法，在其《手臂录》张海鹏《跋》中有记载：吴殳"及晤朱熊占，知其枪法得自程真如"。可见吴殳是根朱熊占学的枪法，而朱熊占又是根程真如学的枪法。吴殳在学习峨眉枪法后说："峨眉枪法，既精既极"，对峨眉枪法给予了极高的赞誉。从此，武林人士便将峨眉枪与少林棍、日本刀并称为明代武术的"三大绝技。"而这时的"峨眉枪"，可以说就是峨眉武术的典型代表。⑥ 吴殳著的《手臂录》正式刊行于1678年，这是中国武术史上第一篇有关峨眉派武术中峨眉枪法的文字记

①　刘莉：《论武术行家程宗猷对武术创新流传的贡献》，《文史探源》，2014年第8期。

②　http://www.chinaguoshu.net/userlist/guoshu/newshow-247.html。

③　http://bbs.tianya.cn/post-16-597300-1.shtml。

④　马蕾：《戏曲曲牌渊源考论》，《齐鲁艺苑：山东艺术学院学报》，2012年第5期。

⑤　http://tieba.baidu.com/p/3224372510。

⑥　程大力：《峨眉派渊源考论》，《搏击·武术科学》，2009年第6期。

载，为中国武术枪术史上经典传世之作；① 被历代武林尊为"枪法大成"，列为枪法宝典。② 在《手臂录》中还记载了吴殳师从石家枪法传人石电（号敬岩，？—1635年），吴殳在峨眉枪法原序中说："余髫年即好武事。崇祯癸酉年，受马家枪法于常熟石敬岩二年。"在《手臂录》卷四，关于马家枪法的记载有："程真如亲得于峨眉，确有可据，而枪法与敬岩悉同，则敬岩其亦峨眉枪矣。"而石敬岩师从原少林僧人刘德长，在《手臂录》中石家枪法源流述有记载："刘德长初亦出于少林，自嫌技未精，又遍游天下，不负所学云。殳谓刘师遍游天下，则必受学法于峨眉矣。不然，何以与普师之传如水入水也。"③"壬寅，鹿城盛辛五延余为子师，其友吴门朱熊占，弓马精绝，而枪法得之程真如，真如亲受之峨眉老僧。余与谈论，意气投合，因追述敬岩之法，以询质异同，而向所忘失者，顿还旧观，焕若神明焉。"④由此可见，吴殳先从石敬岩处学得马家枪法，后从朱熊占处学得正宗峨眉枪法，吴殳经过对比认为这两种枪法基本相同，其实属于一个源头——峨眉枪法。吴殳还将石、程二人的枪法技术比作唐代的两位著名古文家：韩愈和柳宗元。他说："真如如昌黎，舍天下便是古文，自始至终不带六朝，敬岩如柳文，初本六朝，工力专深，不知不觉与昌黎合，其六朝之文，在集中反觉别有致也。"⑤这段文字也说明了这两种枪法技术殊途而同归。吴殳为了让峨眉枪法绝技流传下来，并有别于程冲斗的少林枪法，因此，他将所学于石敬岩的马家枪法合并命名为《峨眉枪法》。《峨眉枪法》内容包括12篇及总要篇，⑥ 其12篇分别为：治心篇、治身篇、宜静篇、宜动篇、攻守篇、审势篇、形势篇、戒谨篇、倒手篇、扎法篇、破诸器篇和身手法篇。⑦ 在这12篇中，"扎法篇""倒手篇"讲枪法技术，其他篇章论述枪法战术、修养以及研习峨眉枪法的各种境界。具体分析，"扎法篇"有"十八扎法"，可分为：单手扎、左右串扎、左右圈扎、穿帘扎、带打扎、左右插花扎、投壶扎、实扎、回龙扎、截枪扎、无中生有扎、迎枪扎、虚扎、月牙枪、子午枪、螣蛇

---

① 代凌江、赵斌：《峨眉武术中峨眉枪法的历史渊源考证》，《四川体育科学》，2008年第4期。

② 于志钧：《桓侯八枪——苌氏太极枪》，北京，人民体育出版社，2006。

③ http://lszydlj680827.blog.163.com/blog/static/47850097200782963625514。

④ 代凌江、赵斌：《峨眉武术中峨眉枪法的历史渊源考证》，《四川体育科学》，2008年第4期。引马力：《中国古典武学》，北京，人民体育出版社，2006。

⑤ 周伟良：《杂纯相返，万派归源——明代著名武术家石电考辨》，《体育文史》，1987年第10期。

⑥ 马力：《中国古典武学》，北京，人民体育出版社，2006。

⑦ http://book.kongfz.com/item_pic_15161_188820835/。

枪、鸳鸯枪、降枪。"十八扎"是关于峨眉枪法中进攻的枪法;"倒手篇"有"十二倒手技法",可分为:劈枪倒手、缠枪倒手、流枪倒手、和枪倒手、击枪倒手、盖枪倒手、提枪倒手、扑枪倒手、钩枪倒手、封枪倒手、挑枪倒手、卷枪倒手。① "十二倒手"为峨眉枪法中防守的枪法。

"治心篇"中论述:"用技易,治心难。手足运用,莫不由心。心火不炽,四大自静。""治身篇"说:"持龙之道,身心为本。身法不焉,则心无丰而手足失措,持龙不固,进退无节,机局荒唐矣。故曰:心动神离壳,神疲气必虚。"② "宜静篇"说:"持龙贵静,静岂易言。必身心皆治,而后能静。持龙如峙岳,如止水,淆之不浊,触之不摇,机深节短,使人莫测。""宜动篇"说:"动者为行龙,阳也。③ 其性刚,持龙者,当知其暴,制其刚(流和二法是也)。相暴制刚,即敬岩所谓脱化也。不脱化,游场多败,胜亦牛斗耳。""攻守篇"说:"攻者捣其虚,守者备我瑕也。攻则一十八扎,随机而运,虚可实,可遇众龙,则鸳鸯更妙。守则十二倒手,劈可盖,可遇众龙,则缠扑为佳。不攻之攻,降枪倒手是也。""审势篇"说:"两龙相当,先审其强弱,速迟,攻守。④ 法曰:审敌之虚实而趋其危。""形势篇"说:"龙未形时,先须得地。""戒谨篇"说的是习枪者应该注意的习武戒条。"破诸器篇"说枪法在与其他兵器较量中的战术应用。"身手法入世篇"说的是峨眉枪法中的身法和手法。"总要篇"则说的是枪术技术与战术运用的和谐之法:"贵乎坐膝,身心手足,相应为佳。"要求身心、手足、内外的和谐协调配合,才是峨眉枪术中的极致,也为峨眉枪法中的最高境界。吴殳在评程真如峨眉枪法时论述:"余自于五百法深思久用,乃得其辨,而徽州程真如所著之峨眉枪法,惟有革法十二,扎法十八。不言立势,不言步法,卓哉。⑤ 绝识家之正法眼藏也。"⑥从吴殳的论述中可以发现,峨眉枪法的最大特点就是只有扎法十八、革法十二,而不言立势,不言步法;此外,峨眉枪法的另一个特点就是它已形成了较为完备的理论体系,从练技到练心,强调意气力技的综合发挥。并提

---

① http://blog.qq.com/qzone/466838484/1361819309.htm。

② http://blog.sina.com.cn/s/blog_4b1847c801014xmi.html。

③ http://tieba.baidu.com/p/3224372510。

④ http://www.92to.com/jiankang/2016/05-02/4026191.html。

⑤ http://blog.qq.com/qzone/466838484/1361819309.htm。

⑥ 代凌江、赵斌:《峨眉武术中峨眉枪法的历史渊源考证》,《四川体育科学》,2008年第4期。引马力:《中国古典武学》,北京,人民体育出版社,2006。

出了宜静、宜动、攻守、审势等技击战略战术法则和枪法诀要。[1] 另外，后世拳家们认为，峨眉枪法是唯一不夹杂有其他武术器械方法，尤其是武术器械中的棍法的枪法，这也是峨眉枪法独到之处。[2] 枪在古代冷兵器中的地位显赫，有"枪为诸器之王"的称谓。《峨眉枪法》的传世，对于中国武术器械的继承、丰富与发展是一个巨大的贡献。由此可见，程真如和他的峨眉枪法在明清武术兵器史上所占据的崇高地位。[3]

十二、项元池

项元池，明末武术家，古徽州歙县人。关于项元池其人及其功夫主要见于吴殳的文献记载。项元池的功夫主要以双刀闻名，当时人称"天都侠少"。他的双刀法得自明代广西壮族抗倭女英雄瓦氏夫人，是瓦氏夫人的关门弟子。瓦氏夫人从小习武，其武功是她经过四五十年的战场实战经验的总结，达到了常人所不及的至高境界，并在抗倭战争中显示出所向无敌的精绝。吴殳在其《双刀歌》中说："天都侠少项元池，刀法女将亲授之。"项元池正是怀着崇敬的心情投入瓦氏夫人门下学习其绝世武艺的。项元池跟随瓦氏夫人学习刀法的时间大约在嘉靖三十四年（1555 年），因为瓦氏夫人当时正率领她的"狼兵"在江浙一带抗击倭寇。就在瓦氏夫人离开江浙的 80 年（1635 年）之后的一个春天，当时年仅 25 岁的吴殳在浙江湖州遇见了项元池，他在诗中说"乙亥春杪遇湖上，霜髯伟干殊恢奇"。"霜髯伟干殊恢奇"指的是当时他遇见项元池时对对方相貌的描绘。此时的项元池已然发如霜染，但身材高大伟岸，气宇不凡。吴殳就在此时拜项元池为师，成为了"瓦氏双刀法"的再传弟子。也正是这个时间，吴殳从师父项元池那里得知了瓦氏夫人的武艺及英雄事迹，并深深为之所感动，写出著名的《双刀歌》诗篇。当时吴殳跟随项元池在湖州绕翠堂学习瓦氏双刀绝技，时值 6 月暑天，项元池演练双刀时，双臂舞动，令人有寒风凛冽之感："绕翠堂中说秘传，朔风六月生双臂"足见其功力之深厚。[4] 吴殳是一位武术家，他对枪法也颇有造诣，善于创新。他将从项元池处学得的瓦氏双刀技法融入其枪法之中，在他的《手臂录》卷之一《短

---

① http://baike.baidu.com/link? url = z5maVbp6wVIV-aHDXLwAuIxYaMnpkM3AHg1-S6YUA7Fdyof65Kyt1_-ZgR3So1m5JyM7sPwL6tG9orTpkPX_a。

② 代凌江、赵斌：《峨眉武术中峨眉枪法的历史渊源考证》，《四川体育科学》，2008 年第 4 期。引赵鸿宪：《明清四大名枪探析》，《武林》，1993 年第 3 期。

③ 代凌江、赵斌：《峨眉武术中峨眉枪法的历史渊源考证》，《四川体育科学》，2008 年第 4 期。

④ http://wenda.chinabaike.com/html/20103/q1379335.html。

降长说》中有"迫近彼枪，乃田州土司瓦氏女将双刀降枪之法，而余移之于枪者也"。① 在他的《双刀歌》中提到"谓余长矛疏远利，彼已填密须短器"，即是瓦氏双刀法中的"短降长"方法的运用。②

十三、吴宬晋

吴宬晋，古徽州歙县人，现黄山市徽州区西溪南镇（古称丰溪、丰南）。生卒年不详，大约是在清朝乾、嘉年间。

关于吴宬晋功夫的故事非常传奇。据《徽州人物志》记载，③ 吴宬晋"富而任侠，武艺绝伦，尤精剑术，时称奇士"。在被称为"末代翰林"的歙县人许承尧所编著的《歙事闲谭》卷八《吴宬晋剑术》中记载，"余幼时，即闻丰南吴宬晋，通拳术，擅神力，横行江湖，并种种与人角艺事，至诡诞，难征信。询之丰南，云实有其人，事不诬。顷阅史梧冈《西青散记》载其比剑事，尤异。录之：剑女者，仙霞岭人也。歙丰溪吴宬晋，能剑术，游于楚，莫能难之。有棕蓑翁及老妇，携幼女，年十四，发纤纤垂肩，其神采如月中之雪。投刺曰：某日愿赌剑于郎官湖。宬晋异之。即于是日往，女已奉剑待，双髻文服，肢体靡宛，着曳地裙，披宽衣袖，长不见手腕，缨佩风带，绕身欲飞，非剑饰也。宬晋曰：请更服。女不言。俄白光有声，剑及宬晋，宬晋尽其学敌之。观者如堵墙，皆惊愕咋舌。剑既罢，老翁乃出袖中寸简，则宬晋剑师所寄书。因延之归寓，谈剑术数日，宬晋不能难。欲聘女为妾，媪以幼辞。赠以金，不受而去。惝恍如失者数年，绝不能访其踪迹也。方女之赌剑，观者虑其饰。及舞，其衣裙佩带，则贴然不襞不扬，意态安详，而剑光若千百相激，久之则衣裙佩带，化为光影，不复识别。④ 宬晋大惊，疾呼：止剑！止剑！女双颊微酡而已。里人吴博山绘《剑合图》，为诗记其事。宬晋，乾隆间人。"⑤看着吴宬晋气喘如牛，惊慌失措的样子，少女笑着说"君能敌我，亦大不易，无怪师云为门墙高足弟子也。"《徽州人物志》中还进一步说明了少女与吴宬晋之间的关系。经吴宬晋再三询问，得知道少女的剑术也是自己的师父所传，他们乃是同门师兄妹。向来以剑术高超著称的吴宬晋，与自己的师妹剑术相比竟然相差的如此悬殊，感到非常惭愧！在他

①　http://lszydlj680827.blog.163.com/blog/static/47850097200782963625514。

②　李吉远：《明代壮族"狼兵"抗倭武艺考述》，《体育学刊》，2012年第1期。

③　万中正：《徽州人物志》，合肥，黄山书社，2000，第230页。

④　吕贤清：《明清徽州"武昌"现象分析》，《黄山学院学报》，2013年第2期。

⑤　中国·徽州：www.ahhz.gov.cn。

以后所教的学生中，其他功夫都全部传授给了学生，唯独不与学生谈论剑术。

十四、汪十四

汪十四是古徽州（新安）人，其真实姓名不详。据徐野君所做的《汪十四传》，记载了非常精彩的故事：其人性格"慷慨激烈"，善于骑马射箭，有燕赵侠士之风。一次他游历到西蜀，蜀中山高路险，盗贼出没，到此经商的人，几乎都被劫掠过；过往商旅们闻听汪十四大名，都来到他马前求拜，希望与汪十四同行，请他在路上保护。汪十四非常爽快地同意了，于是汪十四骑着马，而数百人围在他的左右同行。正行间，忽然听到山上有箭矢飞来的声音，汪十四立即弯弓搭箭向来箭方向射去，正好与飞来的箭锋相碰触，来箭空中折堕。由此，绿林强盗再也不敢出来轻举妄动、为非歹。商贾们尽得数倍利润，非常高兴。一段时间后，汪十四厌倦这样的生活，回家以田园自娱，而不问户外之事。这样一来，经商往来于川中者，又尽被山匪剽掠。一时间，经商者竟没有人再敢走这里的山路经商。商家们到处打听来到新安，在汪十四门外集体下拜说："原乞壮士重过西川，使我辈弱者可强，贫者可富，俾啸聚之徒大不得志于我旅人也，壮士其许之乎？①"汪十四见此，大笑，再次骑马带着他的弓箭与众人一起去了。于是，蜀中崇山峻岭之中，盗贼再次陷入恐慌。由于财路被断，山贼们苦思对付汪十四之策，于是，选精壮数人，装成商客，混杂于商队之中。当商队临近山贼巢穴之时，突然有箭声飞来。汪正准备弯弓发箭，在他身后有一人，拿起刀砍向他的弓弦，弦断箭落，贼众一拥而上，汪遂就擒。汪十四被擒入山寨之中，山贼暂时将他捆绑结实后放在一个空室子里，此时山贼们再次返回商队哄抢物品。山贼准备选个日子将汪十四头砍下祭神，就在汪十四感到绝望之时，忽然抬头，见到一个美女向他笑着说："你虽然是个豪杰，为什么被缚在这里？"汪十四说："你不要多话！你能救我，就救，不过女子是没有什么作为的！"那个美女说："我想救你，但恐救你之后，你远飞天外，而我凄然一身，留在这里作帐下之鬼，怎么办？"汪说："不然！你若救了我。我在百万军中行走，如入无人之境，何况这些山野蟊贼，如何挡住我前去！"汪十四言辞慷慨激烈，美女即以佩刀割断拴着汪的绳子。汪也不感谢，见房子里有刀剑弓矢，拿着带在身上。左手拉着美女，右手拿着器械，行约数百

---

①　http://www.wubei.com/bbs/showbbs.asp? bd＝1&id＝596&totable＝1。

步，看见一匹战马，于是抱起美女，并坐其上。这时山贼发现汪十四跑了，大队人马追赶而来，汪厉声大叫："来，来，看我如何射你！"山贼应弦而倒。连发数十箭，箭无虚发。山贼无可奈何，只好退去。

汪十四这才从马上询问美女姓名，那美女忽然大哭着回答："我父亲在京城为官，我和母亲带着家人去京城，路过此地时被山中盗匪所劫，老母亲与随行之人都被杀害了，只留我一人，要我做山寨夫人。我之所以在遭受凌辱后而没有寻死，是想见家父一面，以图报仇雪恨。我又听说世间有英雄豪杰，能救人于狼窝虎穴，因此踌躇至今。今遇明公，可以说是拨云见日，愿望终于实现了。"汪十四说："我之所以得以重生，皆卿所赐，京华虽然路途遥远，但我可一路保护你平安前行。"于是，二人跋山涉水奔走数千里，平时虽然一起饮食起居，但一路上汪十四对美女恭敬有加，并无半点失礼之处。最终将美女送到京城其父之处。随后汪十四从京城返新安老家，最后终老于家乡。

汪十四老死乡里后，乡人壮其生平奇事、奇节，立庙以祭祀，称为"汪十四相公庙"。[①] 听说这个庙还非常灵验，于是大家年年在庙前血祭歌舞，香火久历盛不衰。[②]

这是一个美人救英雄，而义风侠骨的英雄又千里走单骑护花至京城的动人故事。此段文字后收入徐珂《清稗类钞·义侠类》，名字就叫《汪十四送美人归》。[③]

十五、程大猷

程大猷（1860—1924 年），清末民国时期黟县桂墩人。程大猷幼时就对武术十分痴迷，弓、刀、马、石无所不练，尤其擅长南拳。他最为著名的绝技是"铁头功"，尝用一长铁条击头，铁条弯而头无损；他还可将七块厚砖磊叠，一头撞击，即全部变成碎块。他教人练武只收灯油照明费，而不收学费，并能悉心传授。当时从他习武的人每年都有达数十人。他还精通医术，尤其擅长对跌打损伤骨科的治疗，平时常常给人治病。[④]

---

① http://www.wubei.com/bbs/showbbs.asp? bd＝1&id＝596&totable＝1。

② 王振忠：《少林武术与徽商及明清以还的徽州社会》，徽学第三卷，2004-12-31，第 91～121 页；引孙洙辑：《排闷录·义侠》，钞本 1 册，哈佛燕京图书馆善本室藏。

③ 王振忠：《少林武术与徽商及明清以还的徽州社会》，徽学第三卷，2004-12-31，第 91～121 页；引《清稗类钞》第六册，第 2774～2775 页。

④ 万中正：《徽州人物志》，合肥，黄山书社，2000，第 230 页。转载《安徽人物大辞典》。

十六、潘佩言

潘佩言，人称潘五先生，古徽州歙县人，清代著名枪术家。潘佩言与当时著名的书法理论家包世臣（字慎伯，安徽泾县人，1775—1855 年）是好友，曾经向包世臣论术过枪法的要点。[①] 潘佩言认为：枪长约九尺，枪杆圆粗，一旦双手持握大枪，全身就要委之于枪杆。因此，在练习时必须要小腹紧贴着枪杆，要靠小腹的撑持力量来使枪尖运行；握枪的后手必须握在枪根的尽头，要用虎口实实在在握住枪把，前手一定要直，后手用掌根和虎口控制停住枪根，在做动作反正拧绞时，手指不要用力，其主要作用在于掌握枪的运行分寸方位。两脚要虚前实后，进退随机而变。枪尖、前手尖、前脚尖、鼻尖、肩尖"五尖"要相对，使人的五尺之身，隐蔽于周圆数寸的枪杆中，使之遮蔽严密，对方的兵器便无从进犯。枪的用法主要有"戳"和"打"两个。戳用以进攻，打用以防御。戳、打循环，双方枪尖交如绕指，相距在分寸之间，往来百回，总不能使枪杆相附。枪杆一附，二人中必有一败者。交枪双方手同则争目，目同则争气。气的差别一露，双方胜败立见。所以，枪法的秘法和精要在"静"。潘佩言还说："我收徒百余人，但没有人能传我的枪法。我的枪法得于师传的不过十之三，十之七是在我授徒时得之于无意中。所以，名师易求，佳徒难访。"潘佩言曾游历于江淮间，自嘉靖十二年（1807 年）回到歙县，隐居授徒。[②][③]

十七、吴志青

吴志青（1887—1949 年），徽州歙县昌溪人。中华武术会主要创始人之一。吴志青幼时喜爱技击术，9 岁入金箔铺当学徒，之后考入杭州巡警学堂，不久转入上海中国体操学校，在校期间参加了同盟会。

1911 年，吴志青任浙江平湖商团守望团司令兼教练。武昌起义时他积极响应，参与了光复上海的战斗，并领兵参与光复浏河、平湖的战斗。吴志青酷爱武术，曾师从武术名家于振声、马金标学练弹腿和查拳；师从杨澄甫学习太极拳，是精武会早期的学员之一。[④] 辛亥革命后，先后受聘为南京第四师范学校体育主任、江苏省第一工业、第一农业两学校体育主任，上海民立中学体育主任，上海大学体育主任，上海青年会国

---

① 　翁志飞：《包世臣书法论》，《书法赏评》，2013 年第 5 期。

② 　昌沧、周荔裳：《中国武术人名辞典》，北京，人民体育出版社，1994，第 223 页。

③ 　http://www.chinaguoshu.net/userlist/guoshu/newshow-247.html。

④ 　http://blog.sina.com.cn/s/blog_4c31a1800100n5n9.html。

术指导，并任教上海女青年会体育师范。1917 年当选为江苏省体育研究会副会长，兼任全国青年协会体育干事等职。① 1919 年，与唐新雨、戈公振等在上海筹组"中华武侠会"，后易名为"中华武术会"。倡导德、智、体、美四育并重。"中华武术会"教授的内容以摔跤为主，并传授查、滑、炮、洪、太极、形意、八卦等拳技，当时影响很大。其组织在法国、印尼等地也设有分会。1921 年，他又创办了上海体育师范学校，② 自任校长；同年，在上海召开第五届远东运动会，经他和一些同道的全力争取，我国作为东道主国，把武术等民族体育项目列为了本届大会的竞技表演项目。③ 在这届运动上，由他亲自训练的 500 名小学生表演了中国新体操（又名"科学化的国术"）、叠罗汉等项目。这些民族运动项目的精彩表演赢得了全场的阵阵喝彩。吴志青是第一个将中国民族体育带上国际运动会的重要人物之一。1922 年他创办了社会童子军和暑期体育学校，提倡民众体育，当选为体育研究会会长；同年 9 月，吴志青在上海拜见了孙中山先生，得孙先生亲笔为该会题词"尚武楼"。孙中山还勉励他以"努力进展，以培成革命势力之组合"。1924 年，吴志青追随孙中山北上参加国民革命军，任第五军参议兼全军武术总教练及学兵团代团长。后任第十一路军少将参议兼军械处长。1928 年末，任南京中央国术馆董事兼上海市国术馆筹备处主任委员、全国国术考试筹备处副主任、中央国术馆教务处副主任、全国运动会国术裁判、中国国术馆编审处处长等职。抗战爆发后，出任军事委员会西南进出口物资运输总经理处视察，奔走广东、香港、江西、湖南等地组织军运。1942 年，任职西南联大体育教授，李公朴、闻一多等名流从其学习太极拳。后致力于武术的继承、推广、普及工作，从事武术著述，编辑出版武术书籍十余种。著有《国术理论概要》《弹腿国术教范》《查拳图说》《七星剑图说》《三路炮拳》《螳螂腿》《戚门十三剑》《六合刀》《练步拳》《太极正宗》《太极正宗源流》《少林正宗练步拳》《叠罗汉》《国术论丛》《国术理论体系》《历世纪》等书籍。并主编过《中国新体育》《中国近代体育史》和《体育日报》等。④⑤

　　《太极正宗》一书是吴志青随杨式太极拳正宗传人杨澄甫学习太极拳

---

　　① http://oa. ahxf. gov. cn/xxg/Skin/Skin10/Content. asp? WebID＝773&Class_ID＝6449&LCLass_ID＝65936&ID＝1133428。

　　② 赖桠楠：《社会变迁视角下的中华武术会研究》，《南京体育学院学报（社会科学版）》，2013 年第 6 期。

　　③ http://blog. sina. com. cn/s/blog_4c31a1800100n5n9. html。

　　④ 昌沧、周荔裳：《中国武术人名辞典》，北京，人民体育出版社，1994，第 318 页。

　　⑤ http://blog. sina. com. cn/s/blog_61cc12c70100lcx4. html。

的体会笔记，也是吴志青具有代表性的武术重要著作之一，1936 年 9 月出版，由大东书局印刷发行。[1] 他担心人们在太极拳的传习过程中，因在拳式上"各师传稍有出入"而恐"循此以往，再传数十年，又不知变更至于如何程度……使初学者如坠云里雾中，真伪莫辨"。[2] 而编著的可算作规范性、标准性太极拳的模式动作。《太极正宗》一书分上、下两编。上编为"太极拳理论与实际"，其中含有两个章节。第一章为"武当正宗太极拳论"，又分为四节，第一节为"太极拳为实用卫生之科学"；第二节为"太极拳之各家架势异同说"；第三节为"各家太极拳名称统计比较异同表"。他在这一章里分别列出了陈微明七十九式、孙禄堂九十八式、褚桂亭九十三式和他本人的八十一式太极拳拳式之异同比较；第四节为"太极拳式数名称之研究"。第二章为"太极拳各个练习法"在列出"方位图"和"步位路线分图"后，教授八十一式太极拳的练习方法，并配有他自己的演练拳照动作 254 幅。该章拳式图解是本书中的重要部分，他以"不尚玄虚，不重考据，不立奇异"为原则，用"明显之文字说明动作，解释应用，阐明要领，使学者阅之心领神会，一目了然"。下编为"各家太极拳论著"，内容包含当时的各位太极拳大家对各式太极拳的理论阐述，为太极拳综合理论部分。下编总共分为七个章节，其内容分别为胡朴安"论太极拳在体育上之价值"、姜蓉樵注王宗岳的"太极拳论"、杨澄甫的"太极说十要"、孙禄堂的"太极拳学论"、陈志进的"论太极拳之品格与功用"、陈微明的"教授太极拳之经验谈"和向恺然"练太极拳之经验"。对于吴志青的《太极正宗》一书，太极拳家陈微明说："吴君志青亦有感于太极拳之滥杂，学者莫知所从，爰有《太极正宗》之作，尚以余所作非欺人者，余所著书不过谨述师教，非感自出新意，当为世人所共知。"体现了吴志青求实存真的武术精神。大东书局于 1940 年再版后，这本书在 1943 年 10 月，由云南印刷局印刷出版了《太极正宗》增订本。大东书局又分别在 1950 年和 1951 年再版了该书。上海书店于 1982 年 12 月影印出版了该书后，并于 1985 年 3 月和 1991 年 5 月两次再版了该影印本。2008 年，山西科技出版社再次出版了该书。由此可见此书的价值和在武术界的影响之大。[3]

十八、方梦樵

方梦樵（1902—1961 年），古徽州歙县烟村人，太极拳师。9 岁到杭

---

[1] http://blog.sina.com.cn/s/blog_61cc12c70100lcx4.html。

[2] 吴志青：《太极正宗》（之"弁言"），太原，山西科技出版社，2008。

[3] http://blog.sina.com.cn/sqq18，吴志青与《太极正宗》邵奇青 467 新浪博客。

州当学徒，后经商四方。1928 年，方梦樵师从靳云亭学习形意拳、八卦掌；1929 年，师从吴鉴泉学习太极拳，他学习认真刻苦，学习期间做了大量的学习笔记，实为难得的一手太极拳学练资料。方梦樵与当时的武术史家唐豪先生关系莫逆，曾协助唐豪考证过少林白眉棍法名家徽州程冲斗和内家拳法名家王征南的史料；还为当时濒临失传的"一字门拳"摄影动作 36 张。唐豪全家还曾在徽州方梦樵的家乡避难多年。新中国成立初期，方梦樵到上海从事岩石标本的采集工作。1954 年，师从王效荣习查拳、绵张短打。

方梦樵跟随太极拳名师吴鉴泉学习太极拳的笔记由他的儿子方道行整理后部分公布于世，从其中可以看到当时太极拳的实况和他学拳时的理解与感受。现摘录三段如下：[①]

其一，跟吴鉴泉的学拳笔记：

吴鉴泉师云："凡搂膝拗步后脚向前迈进时，前脚不可立起；倒撵猴亦然。身要正，手要斜，所谓手斜系将掌背对正鼻尖，非向左向右之谓。玉女穿梭姿势，手肘须对人之中部，彼抓我肘腕即翻肘挤对方腹部。凡各项姿势，肘腕均无高过头颅之理，否则即失中正之道。又云手之后手不可越过前掌，按出时由肩至臂至指掌须呈一半圆圈，则腰脊之劲可达指端。脚步不在大而在正。大则不易收拢，正则可以照顾四隅。未按时，坐后腿，前足足尖翘起，足尖一落地，身手随之按出，其势不可挡。倘脚步偏于左右，则无效矣。以拳先击人，宜先试之，对方一伸手即转腕采之。转腕之圈不在大，圈大则丢离，反授对方以隙，周身上下左右皆然。胸部被按时，先略仰而后沉腰化之，不必手助，对方即立足不稳，盖即引进落空之意。若此时更用揽雀尾捋之，虽对方力大，又何所用？"又云："太极拳之劲犹如秤砣，不问对方之力大小，均可使其随我起落，但求用得其所尔。彼此右手握拳，手背相粘，对方用力即转腕采之，采之不动，随手发之。发劲之隙，意须向其肘下擦去，劲即到达对方腰部。若用力过当，劲反回来，推人不动矣。凡推手以使对方足跟浮起为度，不必用蛮力，否则不易领悟太极拳之妙用。尔等推我足不能浮，由于未得其当尔，苟得其当，一样能

①　方道行整理：《方梦樵学拳心得摘录》，《武当》，2010 年第 4 期。

使余跌出，不必以我为无敌也。对于粘随二字之精义，说得明白点，即与对方接触后，顺势略避其锋，立即粘随而进，并非不用力，不抵抗之谓。又推手时，也可说真打时，浑身僵硬易倾跌。但若只一部分松开，或有任何一部分不能松开，均属无益。能够浑身无一处不松，又能粘随，不丢不顶，是必可观矣。"

其二，跟赵寿邨的学拳笔记：

赵先生寿邨推手时，有时采敌之右腕至左膝按右肩；有时胸部被按时将仰跌，忽沉腰向左右将，以化敌劲；或喉部被叉，同样采将以化敌劲，有时五指朝下，掌心向外虚粘敌腹。① 诸如肘腕被挺捉，乘势往回收，无不化险为夷，使敌人跌出。总之，不外不丢不顶，随来势引退，使敌人力不着实，至对方力尽乘势跟进，或采或将或挤按，无不如意。在此不容毫发之时，须懂劲而后方能得势。

赵寿邨先生推手，满手圆圈，先采后发，对正方向，百不失一。又靠人用长劲，转身用腰劲，才能得机得势。②

其三，跟孙润志的学拳笔记：

孙润志先生教推手时为预言："化挤劲后，可捌其两臂而按其胸。被将时手宜松劲，免牵动全身。被按时宜松腰拔背，使胸腹呈一直线，以求尾闾中正。倘不能中正，必失重心而倾跌。"③余自省良久，觉胸部尚前俯不能正直，强之使直，即不得劲，孙君谓系少练架子之故。乃知练架子要时时注意含胸拔背、松腰、分虚实各要义，否则劳而无功。

初步推手，当将挤按时，双方用长挤、按劲。若向左右两方采将，胸腰肩臂有一不松，即会跌出。④ 据云，初学如此入手，最易进步。

由以上笔记可以看出，方梦樵在向当时的太极拳名家学习时，老师们教学都非常认真，讲解得非常详细。他们说的这些习练太极拳要点直到现在也都是难得一见的太极精要，另外，也不难看出方梦樵当时学拳时的努力认真和勤于思考。

---

① 杨镇荣：《学习〈太极拳说十要〉有关"松""沉"的心得体会》，《中华武术》，2011 年第 9 期。
② http://www.doc88.com/p-512675380995.html。
③ http://blog.sina.com.cn/s/blog_c99fbfb20102v47j.html。
④ http://www.doc88.com/p-512675380995.html。

第四章　徽州民俗体育的文化内涵

徽州民俗体育内容丰富，历史悠久。每个项目都含有不同的时代特征和深厚的历史文化。本章从中华民族传统文化视角研究徽州民俗体育，对徽州民俗体育的文化特色进行分析，旨在进一步深化和展示徽州民俗体育丰富的文化内涵，并由此对徽学研究领域进行丰富拓展。

第一节　具有悠久历史的古山越文化特色

徽州民俗体育文化历史源远流长，具有悠久的古山越文化特色。据徽州地域的出土文物考古研究发现，早在六七千年以前，这一地域即有原始人类的活动；古徽州的人类与其他地区一样经历过了旧石器时代、新石器时代、陶器时代和青铜时代等人类文明发展的历史阶段。从歙县冯唐村旧石器时代遗址出土的大量的砍砸器、尖状器、刻镂器、船形器和石矛等石器中即可推理出，早在旧石器时代，徽州最古老的人类就已经开始使用石矛、尖状器等进行生产劳作和狩猎自卫了，从而创造了最古老的徽州体育文化雏形。[①] 三千多年以前及至西周、春秋战国时期的大量古徽州原始青瓷器、陶器、青铜器的出土，特别是黄山市屯溪机场附近西周墓群和精美青铜器及原始瓷器的出土，曾使得考古专家们惊叹："其形制之精美，铸造技艺之高超，绝非短时期所能炼成。其多样化的原始瓷器，更超越中原地区。"[②]所有这些文物都显示出在当时徽州的古文明已高度发达了。20 世纪 50 年代末期，在徽州屯溪西郊发现了两座西周古墓，古墓内出土了两件"钟形五柱乐器"和一只铜鼎，铜鼎上面绘有"舞蹈图"。从这些器物可以推测出当时已经存在着以乐伴舞的体育文化生活了。根据历史资料记载，徽州春秋时属古吴国，战国初属越国，后属楚国。总体来说这一时期的徽州属古山越文化圈。秦统一六国后，曾在这里设有黝、歙两县，[③] 其主要原住民仍是山越人。据《越绝书》记载：

---

①　卢玉：《徽州民俗体育文化概述》，《安徽师范大学学报（自然科学版）》，2012 年第 6 期。

②　方利山：《文化之成因》，《黄山学院学报》，2007 年第 6 期。转引陈怀荃：《东南杨越之域的开发》，《安徽师范大学学报》，2003 年第 6 期。

③　http://www.hstoday.com/lyjd_xx.asp? s_id＝8。

"乌程、余杭、黝、歙、芜湖、石城县以南，皆故大越徙民也。① 秦始皇帝刻石徙之。"黝读作 yi，张宗样《校注》，黝县见《汉书·地理志》，颜师古曰："黝音伊，字本作黟，其音同。"此外，他书均作黟。关于"山越人"的记载，只有《越绝书》等极少量的历史文献对山越人有零星描述：这些先民风俗是"断发纹身，凿齿锥髻……重巫鬼"，能够习水便舟，住在高高的树上，如鸟巢一般的房子里，并以印纹陶为代表的山越族文化。他们的日常生活是"饭稻羹鱼，火耕水褥"，与中原先民有所不同。②《资治通鉴》上说："山越本亦越人，依山阻险，不纳王租，故曰山越。"③另外，恶劣的自然环境锻炼了古山越人战胜困难的勇气，他们多自幼尚武、身体强壮、勇猛好战。在三国历史时期，曹魏政权看重了山越人的勇猛善战，曹军常拉拢他们联合与孙吴政权对抗，而孙吴政权非常害怕，将其当成了心腹之患，多次发大兵征讨，最终将其征服，并将此地划归孙吴政权范围。

徽州古时地处吴楚分源之郊，在古吴国、越国、楚国的结合部，俗称"吴头楚尾"。这里有众多和中原文化不同的吴越文化，它对徽州地域的影响同样广泛而深刻。如徽派古民居多砖木结构，几乎"无不起楼之屋"，具有木屋架以及重视楼上建设的特点。建筑专家们认为，这种建筑有山越人"巢居"习俗的遗风，具有越文化中"干栏式建筑"的特点。流传于徽州各地的端午祭屈原、赛龙舟风俗，也明显有别于中原地域的端午习俗。据《述异记》载："越俗。祭防风神，奏防风古乐，截竹长之三尺，吹之如嗥，三人披发而舞。""手之舞之，足之蹈之。"端午节习俗在这里最早是用来祭祀防风氏的(据传防风氏是古山越人的祖先)，也有祭祀伍子胥的。传承于徽州地域的傩舞被专家学者誉为"中国古代舞蹈的活化石"，被列入国家级非物质文化遗产名录，其古朴、雄健的舞蹈动作体现出的古山越文化特点更加明显。婺源春秋时为吴、楚交界之地，境北浙岭岭头原有"吴楚分源"古碑可证。婺源乡间傩舞亦称"傩鬼戏"。在《歙县闲谈卷十八·歙风俗礼教考》中记载："傩礼颇近古……蒙假面，作魁星，财神之类，或扮彩狮，敲击锣鼓，跳舞于庭……"清道光《祁门县志》记载："正月元日集长幼列拜神祇……傩以驱疫"；早在汉代徽州就开始有"方相舞"和"十二神舞"的名称。由原住民山越人创造的祁门傩舞，历史上一直

---

① 车素萍：《概述茶峒的自然、社会和文化环境》，《艺术科技》，2013 年第 5 期。
② http://bbs.gmw.cn/thread-3623401-1-1.html。
③ 王锦坤：《论徽州牌坊的文化价值》，《西安建筑科技大学学报(社会科学版)》，2015 年第 5 期。

很普及，明清时期更为盛行。① 另据考证，楚人信鬼，重淫祀。所谓"淫祀"，《礼记·曲礼》载："非其所祭而祭之，名口淫祀。"清人孙希旦注释言："非所祭而祭之，谓非所当祭之鬼而祭之也；淫，过也，或其神不在祀典……"由此可见，由于地处偏僻，这里的祭祀与中原有所不同，所祭祀对象多不在皇家的正统祀典之中，这些"淫祀"对象通常为典型的徽州地方神明，如程忠壮公、汪越国公、八太子、九相公、五福神等。此外，徽州民俗体育所表现的古山越文化特色还体现在山越人尚武勇敢的传统习俗上，歙县等地向有"山越古邑"之称。山越人自古有崇尚武力，性刚好斗的传统，《越绝书》记载："锐兵任死，越之常性也。"受山越文化影响，徽州自古以来亦有"武劲之风"。如清·乾隆三十六年的《歙县志·风土》记载："武劲之风，显于梁陈……"《歙风俗礼教考》亦载："武劲之风，盛于梁、陈、隋间，如程忠壮，汪越国……"同治《祁门县志》亦载："自唐以前，以武功著……"民国《歙县志》亦载："尚武之风，显于梁陈……"古徽州的尚武风气千年流传，一直延续到晚清、民国时期。民国时期编纂《绩溪庙子山王氏谱》的王集成指出："儒以文乱法，侠以武犯禁，吾庙子山村民，乾嘉以前无儒士，而以侠自奋者，盖皆以义起。"② 晚清抄本《议约》指出："新安古昔称材武"，可见当时民间练习武术非常盛行。由此可见，古徽州民间一直以来都流传着古山越人生活、生产、祭祀、战争、娱乐等文化传统，而在这些山越文化传统中，以身体运动为表现形式的民俗文化内容比比皆是。

第二节　具有古中原文化特色

随着时代的变迁，朝代的更替，古中原大地战乱频繁，一些传统文化在战火中消失了。而徽州这块宝地却成了众多古中原文化的传承地、避难所。随着中原文化的迁入，古徽州民俗体育也浸润着中原文化，饱含着古中原文化的诸多内涵。

历史上中原人口向徽州的迁入带来了中原文化的迁入。早在秦汉动乱之际，已经有少数北方古中原地区居民为躲避兵燹之灾，开始向徽州地区迁移，为徽州带来了早期的古中原文化。新莽、东汉之际，汉朝有位司马长史叫方纮的为避兵乱，从河南举家迁居至歙县东乡，这支方姓

---

①　http://ah.ifeng.com/a/20160613/4641981_0.shtml。

②　梁诸英：《明清时期徽州的水碓业》，《安徽史学》，2013 年第 10 期。

氏族成为后来整个徽州方氏的始迁祖先。① 方氏原来"世望河南"②，"因王莽篡乱，避居江左，遂家丹阳。丹阳昔为歙之东乡，今属严州，是为徽严二州之共祖也"。③ 据《汪氏通宗世谱》记载，在东汉末年，龙骧将军汪文和为避战乱南迁至徽州，成为徽州汪氏祖先，以致宋代以后徽州有"十姓九汪"之说。④ 从秦汉到明清，历史上古中原战乱频仍，但号称"世外桃源"的徽州之地，因"歙以山谷为州也，其险阻四塞几类蜀之剑阁矣，而僻在一隅，用武者莫之顾，中世以来兵燹鲜径焉……"⑤成了人们躲避战乱和各种灾难的理想之地。据徽州史志、家谱等记载，不少北方古中原的世家士族和平民百姓，在汉至晋乱期间陆续入徙徽州之地，明刻本《新安名族志》记载了 78 个中原名族迁入徽州的历史。⑥ 至唐末兵乱、宋代靖康之乱以及后来的南宋建都临安（杭州）等，这些社会大动荡，更促使成千上万的古中原世家大族和普通百姓迁徙徽州之地。据《歙县志·风土》载："邑中各族以程、汪为最古，族亦最繁……其余各大族，半皆由北南迁。略举其时，则晋、宋两南渡及唐末黄巢起义，此三期为最盛。"⑦随之而来的古中原先进的生产技术、生产工具和文化也为徽州地域注入了新的文化元素，在徽州地域经历了漫长的历史积淀，最终形成了各种文化的多元复合体。其中，世代繁衍生息于徽州地域的原住民山越人与古中原移民一起，形成了以勤劳、尚武、以武登第、"贾而好儒"而著称的徽州民俗风情；另外他们还秉承了古中原的军事、农业、林业等文化传统，在与大自然的和谐相处中，最终形成了适合于古徽州地域特征和自身生产生活方式的民俗体育文化，⑧ 并在岁时节日、祭祀庆贺等期间举行各种饱含丰富古中原文化的民俗活动。其中很多形式是以表演性、观赏性、健身性等身体运动传递着人们信仰崇拜、趋吉避凶、祈神祛鬼、祭祀庆贺、健身娱乐等思想文化，这不仅保存与传承了徽州社

---

① 车素萍：《概述茶峒的自然、社会和文化环境》，《艺术科技》，2013 年第 10 期。

② 唐力行：《徽州方氏与社会变迁—兼论地域社会与传统中国》，《历史研究》，1995 年第 1 期。引《新安名族志》前卷：第 32 页。

③ 唐力行：《徽州方氏与社会变迁—兼论地域社会与传统中国》，《历史研究》，1995 年第 1 期。引方弘静：《方氏家谱序》（万历二十二年）。

④ ［日］白井佐知子：《徽州汪氏家族的迁徙与商业活动》，《江淮论坛》，1995 年第 1 期。转引《汪氏通宗世谱》卷首，《徽迁渊源》。

⑤ 引方弘静：《方氏家谱序》（万历二十二年）。

⑥ 唐力行：《徽州方氏与社会变迁—兼论地域社会与传统中国》，《历史研究》，1995 年第 1 期。

⑦ http://bbs.gmw.cn/thread-3623401-1-1.html.

⑧ 孔义平：《徽州民俗体育的文化特色研究》，《合肥学院学报（社会科学版）》，2013 年第 10 期。

会以及古中原社会文化的发展基因，也从一个侧面反映了徽州民众的生产生活状态及某些古中原文化意识形态和徽州民俗体育的文化渊源。

徽州民俗体育文化是徽州人民在特定的地理环境、历史背景等条件下所创造的，是在古中原文化与徽州原住民山越文化不断发生碰撞与融合、传承与发展的过程中逐步形成的一种体育运动文化。① 它传承和发展了古中原文化，从而具有古中原文化特色。我们从传承下来的徽州民俗体育活动中，以及现存的古戏台、古服饰、古村落、庙会、祠堂等与徽州民俗体育有关的装饰工艺、典籍文献、宗族谱牒等历史资料显现出来的文化信息中可以管窥出它们留有深深的古中原文化烙印。如绩溪的《赛龙舟》、休宁的《得胜鼓》、太平的《轩辕车会》等，在徽州的很多地方都很流行。《得胜鼓》相传就是为了祭祀唐代大将张巡、许远的神灵而举行的体育活动与舞蹈，具有丰富的古中原历史文化内涵。在徽州众多张姓和许姓的村落纷纷建立了专门祭祀张巡和许远的"双忠庙"或"忠烈庙"，庙会活动期间多以舞蹈等体育活动来宣泄民众的感情，以此缅怀二位为国尽忠的英雄，以崇其德、报其功。再如，纪念唐初越国公汪华的《登源花朝会》《游太阳》《祁门芦溪傩》，以及纪念轩辕黄帝对中华南北文化交流、融合与发展做出重要贡献的《轩辕车会》等民俗活动中包含的体育活动也都浸染了鲜明的古中原文化特色。

第三节　具有浓厚的儒家文化特色

一、追求"修身养性""以德为先"

儒家养生体育文化内涵是追求"修身养性""谦和礼让""以德为先"等文化思想，与现代奥运会竞技项目追求"更快、更高、更强"，超越自我、战胜对手有着显著不同的特点。徽州地域号称"程朱阙里""东南邹鲁"。受"程朱理学"思想影响广泛而深远。朱熹发展了"二程"学说，集儒学之大成，进一步将孔孟原始儒学变得理论化、精致化和普世化。他在对儒学典籍的艰苦训诂、探究中，构筑了能够自圆其说、广博吸纳佛、道精粹的庞大理学思想体系。② 朱熹的这一套哲学体系长期以来一直被作为中国封建社会的官方哲学。受其理学思想的影响，徽州很多民俗体育项

---

① 卢玉：《徽州民俗体育文化概述》，《安徽师范大学学报（自然科学版）》，2012 年第 5 期。
② http://bbs.gmw.cn/thread-3623401-1-1.html。

目表现为具有修身养性、伦理教化、去竞技化等特征。以民俗体育中最具普遍性的武术为例，强调要在练功习武的整个活动过程中，注重养生健体，如清代太极拳家王宗岳在《十三势行功歌》中说："详推用意终何在？延年益寿不老春。"他认为太极拳修炼的最终目的就是"延年益寿"。强调以"德"为先，以"礼"为先，相互交流是为了"以武会友"；切磋技艺，强调"相互礼让"；就连在比赛过程中，也要"立身中正，随屈就伸"，讲究"点到为止"等。从而将修身养性和追求精神境界的完美放在首要地位，在追求技艺精湛的同时还力求武德高尚，而现代比赛的最终追求——"胜"，在这里就退而次之了。另外，在程朱理学中的"存天理，灭人欲"思想也使得徽州民众重视社会群体的价值取向，即重集体、轻个人的价值取向。表现在徽州民俗体育上，就是重群体性体育活动，轻个人体育活动，在众多徽州民俗体育表演过程中有很多是集体活动项目，舞板凳龙、打秋千、抬阁等，甚至没有人数的限制。而以个人为基础的竞争在古徽州民俗体育中不能得到充分的发展。由此，人们便不难看出在徽州的民俗体育中大多数都是群体性的表演运动项目，即使有竞争，也往往是在群体基础上的竞争。

二、"以武登第"思想突出

儒家学说认为"修身、齐家、治国、平天下"是一个人的毕生追求与终极目标；"学而优则仕"是一个人通过努力学习，为国报效的途径。因此，在徽州人们受"程朱理学"的影响，"以武修身"完善自我，"以武登第"跻身宦海的思想尤为突出，此亦"新安武甲颇多"的原因所在。明清时期，徽州当时的民间教育机构中的武学教育非常发达，据不完全统计，宋明时期徽州就出了武状元4名，明代徽州武进士有56人；清代徽州武进士有111人。仅歙县、休宁两县，明清时期的武进士人数则占全府的76.65%，进士总数在国内各府也处于前列位置。①

三、具有"忠""孝""义"的文化精神

"忠""孝""义"是儒家倡导的文化核心价值观。徽州历史上出现过多位保境安民，于国于民有功的英雄人物。如清·嘉庆十七年《黟县志·风俗》载："俗多联会赛神，汪公华、许公远、张公巡昔以防御有功德于民，关圣帝、周宣灵王以忠孝为民所奉，康公深则自山右与张公巡为黟人迎

---

① 李琳琦：《徽州教育》，合肥，安徽人民出版社，2005，第159～161页。

归者，众称张康最灵显。"此外还有中护军程灵洗，人称程忠壮公，以及三朝重臣许国等。徽州民俗体育来源多与这些人物的民间故事和传说相关。民众为了表达对心目中的英雄、圣人、祖先等的信仰与崇拜之情，每年都要举行大量的祭祀活动，而在这些祭祀活动中存有较多的民俗体育活动，此类体育活动因纪念重要历史人物而富含忠、孝、义等儒家思想文化，于是成为民众的内心追求与向往，深受推崇。在徽州，此类体育活动常常包含于频繁的庙会活动之中。① 徽州汪姓民众建有专门祭祀张巡和许远的"双忠庙"或"忠烈庙"，庙会期间还举行《跳五帝》《滚车》《得胜鼓》等体育与舞蹈活动，② 以此缅怀二位为国尽忠的英雄。在绩溪的庙会中，以登源"花朝会"最为盛大。清·嘉庆十五年《绩溪县志·风俗》载："十五日登源十二社按年轮祀越国公，张灯演剧，陈设毕备……谓之赛花朝。"登源是唐初越国公汪华的故里，《新安名族志》称汪华在隋末"保有歙、宣、杭、睦、婺、饶六州，称吴王，唐封越国公"。汪华生有九个儿子，父子皆保境安民，于国有功，甚而为国捐躯。当地汪姓民众以祖先的忠义为豪，每年都举行饱含体育成分的"花朝会"。在徽州祁门历溪村舞的是"孝龙"，就是对民间孝道的推崇；"跳钟馗"里有"钟馗捉鬼"，则是正义战胜邪恶的较量；"跳五猖"则是言必行，行必果，宣扬诚实守信等。

第四节　具有道教文化特色

徽州部分民俗体育项目的道教文化特色显著。以流传于现今黄山区仙源镇的《轩辕车会》为例，该项目是省级非物质文化遗产项目。相传轩辕黄帝在平定中原以后，伐淮夷至江南，同时带来了以"车"为代表的先进中原文化。传说轩辕黄帝崇尚道教，后栖身于徽州黄山修炼得道升天。据宋代的《黄山图经》记载黄山是轩辕黄帝"栖身之地"。《周书异记·神仙传》记录："轩辕黄帝问道于广成子，受胎息于容成子，吐纳而谷神不死"，又"获灵丹于浮丘翁……乃告浮丘翁曰：愿抠衣躬侍修炼"。③ 唐玄宗李隆基得知黄帝曾于黟山修炼仙术，且得道升天，遂于唐天宝六年

---

① 孔义平：《徽州民俗体育的文化特色研究》，《合肥学院学报（社会科学版）》，2013 年第 5 期。

② 孔义平：《徽州民俗体育文化旅游资源的开发探析》，《黄山学院学报》，2013 年第 10 期。

③ http://www.zwbk.org/MyLemmaShow.aspx? lid＝174928。

(747 年)六月十七日下诏，将"黟山"改名为"黄山"。直到现在黄山还留有关于轩辕黄帝修炼成仙时的历史遗迹。如始建于唐代的"轩辕古刹"，还有传说中黄帝炼丹时所用的"神仙洞"和"炼丹台"以及黄帝洗药用的"鼎湖"等。① 徽州古山越人就是为纪念轩辕黄帝而开展《轩辕车会》这一祭祀活动的。

在徽州民俗体育项目中，有的民俗体育项目就是道教舞蹈，其表演也是直接由道士舞之，人数不等，具有典型的道教文化特色。徽州境内有全国四大道教圣地之一休宁县齐云山道场。② 关于道教传入徽州的时间，一般认为是唐肃宗乾元年间，经历南宋确立了太上玄皇帝为膜拜偶像，到明代时为齐云山道教鼎盛时期，由于受齐云山道教活动的影响，徽州各县信奉道教的风气较盛。对土地、灶君、祖先、英雄等神仙的崇拜与祭祀活动也非常普遍，而在这种崇拜与祭祀的活动中包含大量的体育活动，从而使徽州民俗体育具有道教舞蹈的特色。昔时民间做"水陆道场""破蒙山""放焰口"以及迎神赛会等均召道士。道士除唱戏外还"跳舞娱神"。清·乾隆三十六年《歙县志·风土》中，就有"岁杪，召道士舞蹈娱神……"的记载；《歙县闲谈卷十八·歙风俗礼教考》亦载："岁杪召道士跳舞娱神，排设福神衣甲，曰犒猖。"道教的舞蹈有《水火炼度》《耍钹》等，其中《耍钹》最为精彩。据歙县当地人介绍，《耍钹》是昔时道士请五猖、做道场中的技艺，在焚香化纸后，在爆竹、锣鼓声中，道士登坛，开始耍钹、耍盘、耍碗、舞枪弄剑等表现五猖活动的技艺。相传这项运动是由江西龙虎山道士传入徽州的，迄今近六百年历史。这项技艺虽多为道士掌握，但当时民间有"请五猖""做道场"等活动频繁，故在民间影响很大。

第五节　具有佛教文化特色

早在西汉末年，佛教就传入了我国，兴盛于隋唐时期，它对中国传统文化的影响是十分深远的。自唐以来，祁门各地的寺庙就一直非常兴盛，香火不断，宗教气氛浓厚；另外，徽州地临全国四大佛教圣地之一的九华山，佛教文化在徽州自然产生了很大的影响。徽州境内大小寺庙遍及，单单祁门县一个马山村就有众多寺庙，如关帝庙、土地庙、灵宫

---

① http://www.360doc.com/content/13/1020/23/13381122_322905577.sthml.
② 孔义平：《徽州民俗体育的文化特色研究》，《合肥学院学报（社会科学版）》，2013 年第5 期。

庙、西峰庙、毛王庙、猪神庙、观音亭等。徽州庙会活动非常普遍，但这里的庙会有个共同的特点就是，都要请戏班做戏酬佛。庙会期间演徽戏，唱徽戏，成了庙会活动的惯例。徽州的《目连戏》被誉为"中国戏曲史上的活化石"，已经被列为国家级非物质文化遗产名录，戏中所演的就是典型的佛教故事。在明以前，祁门西路流传着一个"萝卜救母"的故事。到了明代，祁门清溪人郑之珍笃信佛教，他希望借助戏曲宣扬佛理，更好地劝人为善，从而达到使社会风气好转的目的。① 他在已有的杂剧、变文、传说的基础上，于1579年撰写完成《新编目连救母劝善戏文》（简称《劝善戏文》或《目连戏》）。剧中描写了一个叫傅相的一家人的不同遭遇。傅相因一贯行善，死后升入天堂，享受富贵荣华；其妻刘氏因不敬神明，死后被打入地狱，其子傅罗卜孝母情真，到地狱寻母，历尽千辛万苦，终于感动了神明，最终救母脱离了地狱。② 因为戏文故事本身为民众所熟悉，在新的戏文中，穿插了很多武打、筋斗、蹬坛、跳索、窜火等武功杂技表演，使得演出更加精彩刺激。所以《劝善戏文》一经搬上舞台，即受到大众的普遍欢迎，其后逐渐形成一个新的剧种——《目连戏》。③ 郑本《目连戏》一经产生，就在原徽州所属的祁门、休宁、石台、婺源、歙县等地迅速流传开来。且流传到了江苏、浙江、江西、湖南、福建、四川等地，随着佛教的传播，《目连戏》甚至远传到东南沿海及川滇等地。《劝善戏文》的宗旨是宣扬孝义，提倡行善。在休宁县每年五月初一的"五猖庙会"上，以及万安镇农历正月十六日的"水龙庙会"上，都必唱《目连救母》戏。④《目连戏》中的武术、杂技、舞蹈等与身体运动表演相关的内容更是深受观众的喜爱。明末清初浙江绍兴人张岱在他的《陶庵梦忆》记录中说："余蕴叔演武场，搭一大台，选徽州旌阳戏子，剽轻精悍，能相扑跌打者三四十人，搬演《目连》，凡三日三夜，四围女台百什座。戏子献技台上，如度索、舞绚，翻桌、翻梯、觔斗、蜻蜓、蹬坛、蹬臼、跳索、跳圈、窜火、窜剑之类……"可以看出，饱含于徽州戏曲中的民俗体育文化与佛教文化很久之前就有着密切的联系。⑤⑥

---

① http://www.people.com.cn/GB/paper39/16923/1486586.html。

② http://www.wtoutiao.com/p/1afJsYN.html。

③ http://baike.baidu.com/link? url=g5v686xkAI_w5EHDse194eeDJ7CLxma6zFJRtB8pqHbMeH0CXoBd。

④ http://news.sina.com.cn/o/2005-12-30/05497854707s.shtml。

⑤ 陈毅清：《徽州休闲体育文化的地域性特征研究》，《鲁东大学学报（自然科学版）》，2014年第3期。

⑥ 郑代义：《地理环境影响下的古徽州武文化》，《黄山学院学报》，2012年第3期。

而流传于歙县叶村一带已被列为国家级非物质文化遗产的"叠罗汉"项目也是与佛教故事直接相关。相传在明末清初，叶村"解元寺"元宵起火，村民人叠人翻墙入寺，舍命灭火救灾。寺庙和尚为感谢村民，每逢元宵节均表演人叠人造型的"叠罗汉"节目，表达了众多罗汉对村民的救火之恩的感激之情。叠罗汉的动作套路表演由易到难，惊险优美，以力量、耐力、技巧与胆识等体育基本特征传承了徽州民间有关佛教的文化生活。还有三阳村的"打秋千"表演，相传就是有一年闹饥荒，最后人们以观音豆腐、观音石耳为食渡过的难关，后来人们发明了"打秋千"表演来感谢观音菩萨的救苦救难。①

第六节　具有古山区林农生产文化特色

徽州民俗体育具有古山区林农生产等地域体育文化特色。徽州古时是典型的以林业、农业等产业为主的林农文化山区，具有古山区林农经济文化特色。徽州地域"川谷纵横，峰峦掩映，山多地少"，山地不宜耕种，交通也不便。如嘉靖《徽州府志》载："十日不雨，则仰天而呼，一骤雨过，水涨暴出，其粪壤之苗又荡然空矣"所以不宜生产粮食，因此，在这里以木、茶、棉、蚕、造纸等为特色的山区经济特征变得明显。② 况且"徽之为郡，在山岭川谷崎岖之中……断崖绝壑间出通道……水之东入浙江者，三百六十滩……船经危石以止，路向乱山攸行……"在这种交通极为不便、文化生活相对落后的地方，徽州人创造了极具山区地域文化特色的民俗体育文化。在徽州，很多属于民俗体育成分的舞蹈活动极具山区林农生产特色，如《划龙舟》《舞龙》《舞回》《舞云端》《采茶扑蝶舞》《山越之秋》《嬉鱼灯》等。以在古越族就已有的祭祀水神或龙神的划龙舟为例，它是一项传统竞技运动，对选手的力量、耐力、速度、协调和协作等体育元素都要求很高。在徽州，每年端午迎神赛会时都要举行赛龙舟活动，由于这里的山区林农生产在过去直接受到自然界风雨气候变化的影响，因此他们就希望通过这种赛龙舟活动以祈求风调雨顺、五谷丰登；又如歙县茶乡的《采茶扑蝶舞》，原名《扑蝶灯》，是流行在该县西乡彭龙村的一种民间生产舞蹈。舞蹈突出的是山区生产劳动的文化特色，伴随着节奏强烈的音乐，姑娘们健美的舞姿，像是脚踩雨中的山路，发出了

---

① 孔义平：《徽州民俗体育的文化特色研究》，《合肥学院学报（社会科学版）》，2013 年第5 期。

② 车素萍：《概述茶峒的自然、社会和文化环境》，《艺术科技》，2013 年第 5 期。

清脆的脚步声，这脚步声通往高山彩云中翠绿的茶园；而《舞云端》所表现的则是徽州山区青山白云、风景如画的优美景色。此外，还有各种名目繁多的民俗体育活动，均反映山区林农生活闲暇气息，如舞抽担、板凳花、手巾花、挤油、牧球等人们喜爱的活动，多半是在劳动生产的休息之余进行。其中像舞抽担、板凳花、手巾花、牧球等活动其实就是徽州民间的一种以生产、生活工具作为器械进行的运动。以舞抽担为例，这是一种流传于徽州民间的传统格斗武术器械项目之一，民国前，歙县四乡皆有较多农民练习。抽担，用平常山中的杂木制成，长约六尺，宽约二寸，厚约一寸，无棱，两头稍狭细，主要是山民用来挑柴火。一些山民把扁担放长，也当"抽担"用。抽担既是劳动工具，又是武术器械，劳动之余，田间地头均可习练，非常方便。这些活动与人们的日常生产、生活直接联系，就地取材，要么是为庆贺丰收而舞，要么是为健身娱乐而舞；要么就是为祭祀山、水、树木等自然神灵而舞。所有这些活动分散于山区民间，并代代相承，相沿成俗，具有典型的徽州古山区林农生产文化特色。①

第七节　具有现代竞技体育文化特色

仔细研究徽州民俗体育还发现，徽州有些民俗体育项目除了具有传统文化的特质外，还兼有现代竞技体育文化特色，这主要体现在其所具有的比较力量、耐力、速度、技艺以及具有公正的比赛规则等现代竞技体育的特征上。以流传于绩溪县荆州乡的"跳五帝"为例，可以说它是既具有现代竞技体育文化内涵又具有深厚传统文化底蕴的民俗体育竞技运动。相传是为了纪念唐代大将许远和张巡，他们被敌困于睢阳，人民装扮成象征各路援兵的"五帝"率领万马千军，不畏险阻，日夜兼程，奔驰救援。活动期间，方圆数百里的群众，翻山越岭前来观看。②从这项活动的内容和规则中体现出了其中的竞争和比赛特性：全乡36个自然村按地理位置分为东、西、南、北、中五隅，每隅挑选善于奔跑、身强力壮的男选手36人，共有180人参加这项竞赛，在全乡范围内的山坡、田野上划定比赛路线，沿线设立36个称为"博"的点，每个点上各有五隅中的一名选手等候。当裁判宣布比赛开始时，先由5名选手分别肩扛彩绘的

---

① 孔义平：《徽州民俗体育的文化特色研究》，《合肥学院学报（社会科学版）》，2013年第5期。

② http://www.doc88.com/p-052288307436.html。

五帝偶像沿划定路线快速奔跑。每到一个点即由守候在那里的自家选手接过五帝像继续奔跑，以先到终点为胜。全程赛完需要 5 天时间。可见《跳五帝》的实质是一种远距离的越野接力赛跑运动，这种运动不仅能够有效地发展人的速度、力量、耐力等身体素质，还能培养其坚强勇敢的意志品质和团结协作的团队精神，以及相互友善、共享胜利果实的人际关系。另外，像集体赛龙舟以速度决定胜负的项目，现已经直接转化成了现代体育中的一项竞技运动了。①

① 孔义平：《徽州民俗体育的文化特色研究》，《合肥学院学报(社会科学版)》，2013 年第 5 期。

第五章　徽州民俗体育文化的困境与走向

第一节　徽州文化生态保护实验区中的民俗体育文化

一、保护实验区中民俗体育所处的环境和开展现状

《国家"十一五"时期文化发展规划纲要》提出：要在"十一五"期间，确定 10 个国家级民族民间文化生态保护区，对非物质文化遗产内容丰富、较为集中的区域，实施整体性保护。国家文化生态保护区是针对非物质文化遗产生态保护的一个全新举措，是新世纪、新阶段文化建设的一项开拓性工作、创新性工程，对于优化文化生态环境，尊重文化创造力和文化多样性，传承中华民族优秀文化，维护国家民族文化主权等均具有重大意义。[1][2]

2008 年 1 月 2 日，文化部办公厅下发了《关于设立徽州文化生态保护实验区的复函》（文化部办社图函〔2008〕4 号），这是自 2007 年文化部批准设立的"闽南文化生态保护实验区"之后的文化部批复设立的全国第二个文化生态保护实验区。[3]

非物质文化遗产是指人类集体、群体或个人创造并通过口传心授等精神交流方式被后代不断传承、发展的活态的精神财富。非物质文化遗产具有精神性、活态性、能动性、实践性等特点。延续非物质文化遗产的生命力，就是要求非物质文化遗产固有的这些特点能够在人类代际传承实践中仍然能够被完整地、真实地体现。[4][5]

2008 年元月中旬，时任中共中央总书记胡锦涛视察安徽时，对徽州

---

① 盛学峰：《建设的思考——以徽州文化生态保护实验区建设为例》，《生态经济》，2009年第 7 期。

② 宋建林：《中国非物质文化遗产保护现状（一）》，《美与时代：学术（下）》，2013 年第 7 期。

③ 周秀玉：《对闽南文化生态保护实验区的思考》，《群文天地》，2011 年第 7 期。

④ 宋俊华：《关于国家文化生态保护区建设的几点思考》，《文化遗产》，2011 年第 3 期。

⑤ 王永桂：《非物质文化遗产在社区文化建设中的功能分析——以徽州目连戏为例》，《河北工程大学学报（社会科学版）》，2013 年第 7 期。

文化生态保护工作做出了重要指示；时任国务院总理温家宝曾两次对徽州文化生态的保护建设做出了重要的批示；国务委员刘延东甚至专门指示："要把徽州文化生态保护实验区建设好、管理好、使用好，使中华文明的这一瑰宝发挥更大的作用。"①领导的关心重视和国家的保护举措，无疑对徽州文化生态的保护起到了巨大的激励和推动作用。

安徽省黄山市作为徽州文化生态保护实验区的主体地域，开始实施徽州文化生态保护的"百村千幢"工程。②"百村千幢"工程是黄山市委、市政府为充分发挥"徽州文化生态保护区实验区"这一特色地利优势，希望用 5 年时间，投入 55 亿元，对上百个徽州古村落、上千幢徽州古民居率先实现抢救性保护利用，打造徽州文化旅游新业态，促进黄山市徽州文化旅游新发展的一项惠民工程。很显然，这正是黄山市在努力推进"徽州文化生态保护实验区"建设的具体举措，也可以说是"徽州文化生态保护区"建设的一个基础工程。③

目前，徽州文化生态保护实验区（简称"保护实验区"）的建设正在稳步向前推进，其绩效也已初步显现，保护实验区荣获了第六届国家文化部创新奖特等奖，入选"2010 十大国家文化创新工程"。尽管如此，但保护工作还只是刚刚开始，存在问题包括方方面面。著名徽学研究专家方利山先生认为：黄山市推出的"百村千幢"工程非常必要，可以比喻为保护了徽州古村落和古民居的"筋、骨、肉"，但关键的是"百村千幢"工程在护住古村落、古民居"筋、骨、肉"的同时，还应有守住其"精、气、神"的内容。这里的古村落和古民居在得到复原和维修后，这只是保护了一份地面物态文化遗存，更为重要的是对附着其上的徽州民俗民风、民间技艺、徽州民间记忆等非物质文化遗产也要进行深入的发掘、整理以及有序复活和再现，让徽州文化在"百村千幢"内"动"起来，"活"起来，要和谐地融入现代民间社会；要使徽州文化的精华、历史智慧和经验在现代乡村社会管理中发扬光大。这是一个比维修古建筑艰巨得多、复杂得多、又要紧得多的系统工程，需要各个方面的共同参与，共同努力。在这里我们不难发现，徽州民俗体育文化正是这一类非物质文化遗产中最具有活力和最具有表现力的民俗文化之一。

---

① http://www.jixijz.com/a5905.html。
② 吕品田：《立文化生态保护区为文化特区》，《光明日报》，2010-11-24。
③ 方利山：《"百村千幢"保护工程刍议》，《淮北师范大学学报（哲学社会科学版）》，2012 年第 2 期。

　　据调查,① 目前,徽州民俗体育存在的现状是,原古徽州区域民俗体育项目有 105 项。其中,找到详细记载的有 52 项,记载不详细的有 53 项。② 再对这 105 项民俗体育的现存状况进一步调查发现,可分为三种情况:第一种是现在还处于"活态"之中的项目,是指能够定期开展,传承能力较强的,同时,还深受当地群众喜爱的民俗体育项目。第二种是处于"边缘态"之中的项目,是指近 10 年偶尔开展或开展次数越来越少,传承能力较弱,在当地也是被动地、间歇地开展的项目。第三处是已经处于"消亡态"之中的项目,指该项活动历史上出现过,但近 10 年来民众没有再开展过的项目。对有详细记载的 52 项民俗体育现状进行调查发现:处于活态的有 44 项;处于边缘态的有 5 项;已经属于消亡态的有 3 项。由此可见,有详细记载的民俗体育项目,在这里传承情况较好。尽管如此,问题也还是存在的。主要表现为:第一,有些项目现存虽然是"活态",但存在的区域狭小,而原本在多个地方活跃的项目,在其他地方却成了"边缘态"甚至"消亡态"。如打莲湘项目,在祁门县历口镇是处于活态,但在原先有活动开展的歙县武阳乡和桂林镇却都是处于"消亡态",之所以还将它界定为"活态",是因为从整个保护实验区来看它还是活态的。第二,有些项目现在虽然开展还好,但是这些项目的传承人年龄都很大了,而且没有好的传承人接班。由此推算,再过若干年,由于后继无人,这些项目也许就会自然消亡成为"消亡态"。第三,以上情况还不包括"记载不详"的民俗体育项目。对于部分"记载不详"的民俗体育项目进行实地调查,如梅花枪、跳财神、白菜灯等。调查结果是,有的是因传承人迁徙外地无法寻踪,有的是传承人过世后没有继承人,有的是长期无人组织活动使得该项目年久荒废,有的仅仅是在文献中出现过,有的只是在网络传媒上能够搜索到踪迹,甚至有的只留下了一个"名字"而已。现在,如果我们将这 53 个"记载不详的项目"也算在"消亡态"类,那么,处于消亡态的徽州民俗体育项目是 56 个,占到总数的 53.3%。总的来看,徽州民俗体育项目的消亡率还是非常高的。对活态项目开展时间进行分析,可以看出,在春节和元宵节期间开展的共有 15 项;端午节开展的有 3 项;在中秋节开展的有 2 项;在庙会和迎神赛会上开展的有 6 项;开展时间不固定的有 18 项。由以上统计可见,在不固定时间开展的徽州民俗体育项目占到第一位,其他一些民俗体育项目则都是在节庆时

---

　　① 王凯珍等:《徽州地区民俗体育的分布与特征研究》,《体育文化导刊》,2014 年第 7 期。

　　② 樊玲:《哈萨克族民俗体育文化的特征及功能》,《安顺学院学报》,2011 年第 5 期。

开展，且最多的是在春节和元宵节期间。这也显示出徽州民俗体育的民间节庆特色。①

二、保护实验区中民俗体育传承存在的问题思考

世界上有不少国家和民族为维护自己独特的文化做了长期的努力，也取得了令人注目的成就。如日本，在经过工业化洗礼之后，却继承了其传统文化。日本至今依然很好地保持了其在饮食、服装、宗教礼仪等方面的传统文化元素。在其工业化进程中，并未以抛弃和破坏传统乡村文化为代价。今天在日本，我们依然可以见到独具日本特色的诗意般田园、青山绿水掩映的村庄、精耕细作的山间良田、广袤无垠的北海道沃野。韩国的乡村也未因工业化的发展而凋敝。现代韩国乡村依然具有传统乡村的特性，他们大力发展现代化生态农业，还以优美的农村为背景，拍摄了很多乡村文艺片。这些中外乡村成功的建设经验，为保护发展徽州原生态村镇无疑提供了许多值得借鉴的灵感和启示。②

《国家"十二五"文化改革发展规划纲要》，就"加强非物质文化遗产保护传承"方面明确指出："对濒危项目和年老体弱的代表性传承人实施抢救性保护，对具有一定市场前景的非物质文化遗产项目实施生产性保护，对非物质文化遗产集聚区实施整体性保护。③ 加大西部地区和少数民族非物质文化遗产保护力度。统筹国家级文化生态保护区建设。建设非物质文化遗产保护利用设施，不断提高非物质文化遗产保护的科学化水平。"④

徽州民俗体育属于人类的非物质文化遗产，而关于非物质文化遗产的保护主要有两种方法：一是将它转变为有形的形式进行保存；二是在它产生的原始氛围中保持它的活力，也就是通过鼓励世代相传和复兴非物质文化遗产来保持它的活力。应该说保护非物质文化遗产的这两种方法是相辅相成、不可分割的。⑤ 从现有情况来看，"保护实验区"设立以来，安徽省、黄山市在"非遗"保护与传承方面做了大量卓有成效的工作：

① 樊玲：《哈萨克族民俗体育文化的特征及功能》，《安顺学院学报》，2011 年第 5 期。
② 范雨涛、吴永强：《新城镇化背景下羌族原生态村镇可持续发展研究》，《生态经济》，2014 年第 3 期。
③ 帅志强：《浅议妈祖信俗传承的途径》，《浙江国际海运职业技术学院学报》，2015 年第 5 期。
④ 黄永林：《"文化生态"视野下的非物质文化遗产保护》，《文化遗产》，2013 年第 5 期。
⑤ 张松：《文化生态的区域性保护策略探讨——以徽州文化生态保护实验区为例》，《同济大学学报（社会科学版）》，2009 年第 7 期。

首先，全面开展了"非遗"的普查工作。已普查登记的项目有 1112 项，还进行了项目的档案归类整理，编撰了《徽风遗韵——黄山市非物质文化遗产名录》丛书，做到了将非物质文化遗产转变为有形的形式进行保存。但是，对非物质文化遗产保护最关键的是让其活态传承，在这一点上，还有大量的工作要做。原生态的徽州村镇是徽文化生存的空间和载体，具有民族特色的乡村性；而乡村性又是由乡村文化和乡村景观构成的。古徽州经过百年、千年的历史发展，在人们心中构筑了一种共识的徽州乡村意象，它不但包含有徽州田园农耕生活的意象，也包含了徽州宁静致远的精神家园意象。徽州村落作为徽州历史传承的空间依托，具有突出的民族、地域性文脉精神以及独特的地域性生态环境，其所蕴含浓郁的乡土气息、独特的乡村景观、淳厚的民俗民风，既是徽州历史文化的缩影，也是其人文精神和生态环境的完整体现，失去徽州原生态乡土文化的滋养，徽文化传承将失去养分和根基。当然，如果徽州民俗体育的继承与发展脱离了徽州的原地理环境、人文和文化脉络，那也就会变成没有灵魂的行尸走肉。① 因此，徽州民俗体育的保护与传承离不开徽州原生态村镇的可持续发展。从这一点来看，徽州文化生态保护实验区的设立，对于从文化生态整体上来进行保护、传承与发展徽州村落中的民俗体育项目无疑是非常必要和及时的。徽州国家级"保护实验区"自从设立以来，在非物质文化遗产的保护中做了大量的工作，已经保护了一批活态项目，抢救了一批濒危项目，复活了一批非活态（已经消失）项目。其中作为民俗体育项目的"轩辕车会""得胜鼓""雉山凤舞""扑蝶舞"等项目就是从非活态项目中得到了复活。尽管如此，如何让这些非物质文化遗产的民俗体育项目在活态中一直传承与发展下去，这既是"保护实验区"建设成功与否的标志，也涉及保护中华文化的文象、文脉和文魂，是守护中华传统文化的特色精神家园的一个重要组成部分。②

徽州文化生态保护实验区从目前建设的情况来看，尤其在对徽州民俗体育的保护与传承上所做的工作成绩显著。与此同时，保护实验区也还存在着一些困难和问题。如何解决、处理好目前的困难和问题，是保证徽州文化生态保护实验区建设进一步发展的完善，是保证徽州民俗体育文化更好地流传的关键。

---

① 范雨涛、吴永强：《新城镇化背景下羌族原生态村镇可持续发展研究》，《生态经济》，2014 年第 3 期。

② 方利山：《设立"国家级徽州文化生态保护区"意义初识》，《淮北煤炭师范学院学报（哲学社会科学版）》，2014 年第 6 期。

1. 保护实验区建设中存在的困难

(1)保护实验区涉及安徽、江西两省，黄山、宣城、上饶三市和歙县、绩溪、婺源等9个区县，存在整体、全面、统一协调问题，其中领导体制、管理体制、工作体制以及工作运行机制的系统性建设等不够完善；(2)无统一保护规划进行科学指导，难以从全局开展工作，难以进行整体、全面的保护；(3)缺乏法规政策和管理制度的系统性建设；(4)资金保障不足，难以确保正常工作有序推进；① (5)没有先例可寻，摸着石头过河，许多保护工作仍处于一边推进和一边探索过程之中。②

2. 保护实验区建设中存在的问题

(1)宣传教育工作不到位，关于"非遗"民俗体育知识社会普及率较低，民众知晓度不高，更没有真正认识到"非遗"民俗体育所具备的历史文化传承价值；(2)政府对推动实施传承人工程的相关政策支撑与激励措施有待进一步加强，对濒危项目的抢救和非活态项目的复活经费支持不够，一些民俗体育"非遗"项目传承面临青黄不接、断代的危险；(3)精通保护专业工作的人员缺乏、专业薄弱，特别是在一些乡镇，甚至存在有名无实的管理缺位现象，还有一些村级组织对民俗体育"非遗"保护与传承知道少、行动迟；① (4)没有把《非遗法》规定的对非遗实行区域性整体保护放在保护区建设的核心地位；(5)单纯以盈利为目的，对非遗保护项目进行大规模的产业开发，把非遗项目作为文化旅游热点，全部推进旅游开发市场；(6)一些地区搞本位主义，对扎实做好民俗体育非遗整体保护缺乏热情，只热衷于"打造"某一区域的文化品牌，追求品牌创意产业效应。③

3. 进一步完善徽州民俗体育文化在保护实验区建设的设想

徽州文化生态保护实验区的设立是对包括徽州民俗体育在内的非物质文化遗产保护工作中的新尝试，对于民俗体育文化的活态保护传承具有很重要的意义。保护实验区自从建立以来，为徽州民俗体育文化遗产原生态的保护做了大量的工作，也取得了非常显著的成绩。但在经过几年的保护运行过程，也发现了一些问题，为使徽州民俗体育文化在保护实验区内得到更好的保护和传承，非物质文化遗产研究学者黄永林提出了极具参考价值的意见：(1)构建原生态民俗体育文化保护新体系。要加

---

① http://www.doc88.com/p-8495392542751.html。

② 盛学峰：《建设的思考——以徽州文化生态保护实验区建设为例》，《生态经济》，2009年第7期。

③ 黄永林：《文化生态视野下的非物质文化遗产保护》，《文化遗产》，2013年第5期。

强原生态徽州民俗体育文化保护，必须构建包括民俗体育在内的原生态文化保护的法规、行政、传承、专家咨询、公众以及监测体系，要在社会学、人类学、体育学、生态学和美学等学科综合基础上，建立一套符合我国民族文化传统与民间艺术特征的审美导向与评价体系，建立系统的保护与发展体系，以此对民俗体育文化进行立体、全面、综合的抢救和保护，并逐步形成自己的一套科学保护体系和发展模式。(2)探索原生态民俗体育文化保护新机制。根据中国现有国情，政府在保护、传承和发展原生态民俗体育文化中虽然起着关键性的作用，但只有调动全社会的力量广泛参与，才能真正使保护工作落到实处。为此，政府要制定相关的保护与发展政策措施；增强宣传教育力度，提高当地群众对传统文化价值的认知和传承积极性，要使基层普通民众成为民族文化保护的参与者、资源的开发者和受益者，而不只是旁观者；要使社会有关方面持久地关注、关心和支持民俗体育文化的挖掘、保护工作。另外，还要将对民俗体育文化的保护切入体育产业发展的环节中，培植徽州民俗体育自身保存、发展的造血机能。(3)明确政府保护民俗体育文化的责任。当前，政府部门要采取有效措施，包括法律和行政措施，积极推动包括徽州民俗体育在内的原生态文化的保护，如制定有利的政策措施，设立原生态文化保护区，实施原生态文化抢救工程，建立原生态文化博物馆等；还要完善以知识产权为主导的私权体系，保护原生态文化中的无形智力成果。(4)创新原生态的民俗体育文化保护新模式。依照"保护为主、抢救第一、合理利用、传承发展"的原则，创新民俗体育非物质文化遗产保护模式。在符合当地自然生态文化空间，建立起民俗体育文化遗产保护区。在保护区内试行灵活有效的政策和措施，培育有利于民俗体育文化遗产保护、尊重传统文化的社会环境，开展对原生态民俗体育文化遗产的收集研究活动，同时加强原生态非物质文化遗产的展示和交流等。(5)坚持原真性和整体性保护原则。长期以来，原生态民俗体育文化与当地民众的日常生活融为一体、密不可分，因此，首先要做到原样保护，否则原生态民俗体育文化的历史文化价值就会丧失，保护也就失去了意义。其次，对民俗体育文化生态相对完整并具有特殊价值的村落或特定区域进行动态整体性保护。如在保护"叠罗汉"项目的同时要注意保护好叶村的整个村落环境。此外，还要对当地世代相传，与群众生活密切相关的民俗体育文化表现形式和资源，实施可持续保护。(6)加大原生态民俗体育文化的传承和创新。对原生态民俗体育文化的产生地和创造、继承这些文化遗产的民众及地区加以重视，充分认识原生态民俗体育文化的价值，探索性地增加对原生态民俗体育文化的传播途径。探索性地恢复、发展徽州各地的礼仪活动、祭祀活动。要特别重视对年青一代传统文化保护继承意识的培养，在当地学校体育教育中开设有关徽州民俗体育文化成就与特征的课程，要组织好此类教材的编写工作，使之具有科学性、文化性、可读性。要多开展徽州民俗体育文化知识、方法的学习与鉴赏，传承民族文化，培养民族情感，强化民族审美，最终使徽州原生态的民俗体育文化成为历史动态文化——活着的文化代代承传。(7)抢救和保护非遗重点项目。加强已经被认定为国家级、省级、市级名录的徽州民俗体育文化遗产项目的保护，并在今后的工作中不断发现、认定和申报各级非物质文化遗产名录项目。[1] 要根据不同民俗体育项目的具体情况，采取不同的保护措施，如抢救性保护、重点性保护、扶持性保护等。此外，对已经基本消亡的徽州民俗体育遗产项目，要深入调查发掘，进行抢救性的记录、研究，进而最大限度地复活。(8)对于民俗体育非遗项目代表性传承人要进行重点保护。保护民俗体育文化遗产重要的措施之一是要保护好传承人和培养新的传承者，要认定民俗体育文化遗产代表性传承人，要从政治上、生活上给予关心和保护非物质文化遗产传承人；大力表彰和奖励杰出的传承人，并为他们创造良好的传承社会条件。建立代表性传承人经济补贴(助)制度，维护其在传承非物质文化遗产过程中的合法权益。(9)开展原生态民俗体育文化的生产性保护。在传承、保护与开发原生态民俗体育文化问题上，应当坚持可持续发展的道路，坚持"适度"开发的原则。在适度开发中，体现其传承文化的经济和社会价值。在拓展原生态民俗体育文化发展空间的同时，还能达到将原生态文化作为产业资源加以高效利用。(10)加大对原生态民俗体育文化保护资金投入力度。政府部门要加大对原生态民俗体育文化抢救和保护的财政投入，建立专项经费并纳入财政预算，同时制定和完善有关社会捐赠和赞助的政策措施，调动社会团体、企业和个人参与民俗体育文化保护的积极性，争取更大范围、更多资金的投入保护，还可以对一些保护项目实行招商引资，吸引各方社会资本参与保护。[2]

　　由于保护实验区涉及两省三地，存在跨地区保护难以协调统一问题，建议成立保护实验区"特区委员会"，统一研究制定保护实验区的各项保护规划与实施具体的保护项目，部署有关工作；此外，在整体和局部规

---

① 黄永林：《"文化生态"视野下的非物质文化遗产保护》，《文化遗产》，2013 年第 5 期。

② 黄永林：《"文化生态"视野下的非物质文化遗产保护》，《文化遗产》，2013 年第 5 期。

划上可编制出《徽州文化生态保护实验区总体规划》，制定《徽州文化生态保护实验区管理条例》《徽州文化生态保护实验区非物质文化遗产项目保护单位暂行管理办法》《徽州文化生态保护实验区非物质文化遗产代表性传承人资助及管理办法》《徽州文化生态保护实验区民俗体育项目保护、传承、发展暂行办法》等系列政策法规，使得整体保护具体工作有章可循。①

第二节　徽州民俗体育文化面临的困境

随着经济全球化趋势的加强和中国现代化发展进程的加速，我国的文化生态也发生了巨大的变化，中华民族非物质文化遗产受到了时代潮流的猛烈冲击，② 民俗传统体育便是其中最重要的部分之一——面临着失传与消亡。而一个民族的传承、发展与兴盛离不开传统文化。因此，我国的传统文化需要关注，优秀文化遗产更需要继承。如何关注在这块中华大地上产生流传了几百年、几千年的徽州民俗体育？如何把这些优秀的民俗传统体育项目传承下去？是我们每一个华夏儿女的历史责任与义务。

一、传承时空、思想观念的变迁

在古老徽州这片相对封闭的土地上，宗族势力十分强盛，儒家思想根深蒂固，同姓宗族往往在同一地区聚族而居，数百甚至上千年不变，这种居住形式在当时能够凝聚整个村落的力量，对内互助，抵御外侵，共同发展。古徽州的很多民俗体育活动多以本村、本族人集体参与为显著特点，这样还有利于人们之间的相互沟通、相互交流，能够提高族人间的认同感和凝聚力。而现代徽州区域的重新划分，从古徽州一府六县制的分解，到村庄的乡、村行政的重新分化和社会结构的根本转型，都带来了古老村庄相对独立的生产、生活方式以及人们思维模式的改变。有的徽州民俗活动即使是通过某种形式举办起来了，但是举办活动的原始意义以及参与人员之间的心灵默契已经发生了改变。如被称为中国戏剧"活化石"的徽州"傩戏"在现代传承中就表现出了这些问题。自古以来，

---

　　① 盛学峰：《建设的思考——以徽州文化生态保护实验区建设为例》，《生态经济》，2009年第 7 期。

　　② 宋建林：《中国非物质文化遗产保护现状（一）》，《美与时代：学术（下）》，2013 年第 3 期。

傩戏在传承和发展中一直坚持着"传男不传女"和"口传心授"传统，并且依靠血缘、地缘关系维系发展。现在的傩戏最大的变化之一就是女性也可以参加了，而且参与的人群也不分姓氏。徽州傩戏的发展，可以说是典型的现代与传统互动的结果——当然这是比较成功的转变。但是，那种纯粹为了适应现代环境，而经过现代"加工"的活动项目，如果其本身已发生了质的改变，那么，传统徽州民俗体育项目实际上可能已经不是"传统"了。

二、风俗习惯、意识形态的转变

时代发展到了今天，人们的意识形态已在潜移默化中发生了巨大的改变。非常有趣的是，同样是元宵节期间，徽州歙县三阳乡叶村村民举办的"叠罗汉"表演，古戏台两边的巨幅对联写着："社会和谐伴科学发展万家幸福，中国特色与世界接轨五洲同春"；[①] 而真正传统的对联是"神佛罗汉年年显圣，忠孝节义代代流传"。叶村叠罗汉有着丰富的文化内涵，叠罗汉是从民间传说、百戏、乡傩、目连戏中剥离出来的一项独立的民俗活动，原是村中元宵保安会的重头戏，很多罗汉谱造型的名称是以神佛传说命名的，体现村民借用罗汉造型镇邪消灾、祈福纳祥的基本诉求；还有些罗汉造型以典型的徽派建筑命名，并模仿牌坊形态。古老对联体现的是村民根深蒂固的儒家"忠""孝""节""义"思想。而如今国家的符号或国家作为符号出现在民间民俗活动仪式中，如"和谐社会""科学发展"等的出现可能是民间的自觉自发行为，也可能是国家意识的间接影响。可以看出人们的风俗习惯、意识形态已经发生了转变，也可以看出，徽州民俗体育原有的文化内涵正在慢慢消退和转化。

三、关注人群少、参与热情低

徽州民俗体育活动在现代的传承与发展中面临的重大挑战之一就是参与人群的日益减少。多数民俗体育活动的主要参与者年龄偏大，年轻人参与热情不高。民俗体育是在中国传统的农耕文化背景下产生的，随着历史社会的变迁，民俗体育生存的环境产生了巨大的改变，面临新的土壤、新的环境，民俗体育的生存问题就自然地显露出来了。

近年来，由于城市、乡村以及不同的省市区域经济发展的不平衡性，再加上我国农村城镇化进程的加速，使得越来越多过去在农村生活的年

---

① 　http://blog.voc.com.cn/blog_showone_type_blog_id_540694。

轻人走进了城市，从而导致农村的人口结构发生了很大的变化。一些原来生在农村、现在却长在城市的年轻人，他们所受到的是现代城市文化的熏陶，其生活习惯、行为模式、价值观念等也随之发生了相应的变化。而现代的流行文化，尤其是西方文化的冲击，使得很多年轻人追求时尚、藐视传统，当他们在接触到传播上处于弱势的具有地域特色的民俗体育文化时显得陌生和缺乏兴趣。与此同时，作为外来运动项目，如瑜伽、空手道、健美操、动感单车等这些被贴上"时尚"标签的运动则被都市年轻人所热捧。①

据调查，具有典型徽州地域特色的民俗体育活动"叠罗汉"正在受到这种不良风气的影响。昔日，叠罗汉是一种辟邪祈福的活动，也是村民们节日重要的娱乐活动内容，每至元宵节及其他重要节日，同村（族）人共同参与、共同表演，在共同娱乐的同时也加深了同村（族）人之间的情感与凝聚力，深受当时村民的喜爱。如今，由于村民中年轻人多外出务工，组织活动首先便出现了活动主体缺失的问题；另外，由于不少村民在外来文化的冲击下观念发生了变化，对此项目的文化意义认识不足，部分年轻人甚至认为叠罗汉是一种带有迷信色彩的低级表演活动，使得他们不愿也不屑参与此项活动。据安徽省教育厅人文社科项目《徽州地区民间体育的现状与对策研究》②的调查显示："5.3％和27.5％的居民对徽州民俗体育项目非常熟悉和比较熟悉；42.3％的居民表示只是一般熟悉；24.9％居民表示不熟悉。目前，徽州地区有4.8％的居民经常参加民俗体育活动，32.5％的居民有时参加，48.1％偶尔参加，14.6％从不参加。"在参加民俗体育活动的居民中，有的也只是通过观看或参加一两次大型活动的开幕式表演，或参与古村落旅游中的表演形式来参加当地的民间体育活动。③ 由此可见，现在的人们对于徽州民俗体育项目的关注度大大降低了，只有较少的人群偶尔参与，这些民俗体育项目正在逐渐淡化出人们的日常生活圈子和认知范围。

四、社会化、组织化程度低

高度的社会化和组织化是现代体育文化的重要特征。现代国际体育

---

① 许明思：《我国民俗体育发展的现实困境及路径选择——以徽州村落中的"叠罗汉"为例》，《赤峰学院学报（自然科学版）》，2012年第4期。

② 沈曦：《徽州地区民间体育的现状与对策研究》，《湖南医科大学学报（社会科学版）》，2010年第4期。

③ 李竹丽：《城市化进程中徽州村落民间体育文化发展研究》，《黄山学院学报》，2013年第4期。

发展异常迅猛的原因之一，就在于任何一种项目都有自己的国际（或区域）体育组织。在我国高度行政化的体制下，长期以来，我国很多民俗体育项目缺少专门的社会管理团体，从而大大地阻碍了民俗体育项目的发展。从目前国内民俗项目发展情况相对较好的几个项目来看，多有自己专门的运动管理中心或社会团体，如中国武术协会、中国围棋协会、中国龙狮运动协会、中国龙舟协会、中国拔河协会、中国毽球协会、中国风筝协会、中国健身气功协会等。① 这些运动协会管理在中国境内开展的与本项目相关的全国性及国际性的活动，推广和发展该项民族传统体育活动，并负责组织和协调全国性的各级各类竞赛、培训、交流、研讨等活动，增进项目爱好者之间的团结和友谊，拟定与本项目有关的发展规划、管理办法、竞赛制度，对该项目的发展起到了较大的推动作用。从体育文化形成与发展的物质、制度、精神三个层面来看，其中最主要和最根本的影响因素就是制度层面，制度层具有枢纽的功能，对另外两个层面有着制约作用，从而起到了关键性的作用。目前，徽州大多数民俗体育项目没有专门统一的组织领导机构进行管理，其发展模式基本上属于"自生自灭"，由此也导致了传统民俗体育项目之间发展的严重不平衡，这当然不利于徽州众多民俗传统体育项目的均衡、健康发展。②

五、过度开发，价值偏离

在市场经济的浪潮中，鱼龙混杂，为了振兴地方经济，发展旅游和传承民俗体育文化等各种因素的推动下，使得民俗体育在传承与发展过程中出现一些偏离"内价值"的情况。

当今，一些徽州民俗体育的功能已经由祭祀、信仰向着表演娱乐化的方向发展，这样的结果就是其"内价值"不断被弱化，使民俗体育原有的粗犷古朴的气息被现代之风熏染。如现在的"舞龙"运动就是由祭祀功能向娱乐功能流变的一个较为典型的例子。徽州的舞龙是延续了几千年的文化，它原来的主题是建立在农业社会基础之上祈求"风调雨顺、五谷丰登"，而现在则变成了一项纯粹的健身娱乐休闲活动。像世界文化遗产所在地——皖南古村落——西递，开发商们无中生有地借助那里的"走马楼"开发出所谓的"抛绣球"活动，有点不伦不类。

---

① 陈惠娜：《"水上居民"传统民俗体育与特色滨海休闲旅游的开发——以北海疍家为例》，《体育成人教育学刊》，2012 年第 8 期。

② 许明思：《我国民俗体育发展的现实困境及路径选择——以徽州村落中的"叠罗汉"为例》，《赤峰学院学报（自然科学版）》，2012 年第 8 期。

六、后继乏人，传承堪忧

据当年曾演出过徽州目连戏的老人——82 岁的郑金发说，目连戏被誉为"中国戏曲史上的活化石"，如今"学过目连戏的只剩下 5 个传人，且年岁已大"，此外，还有些高难度的表演动作已经失传。如歙县周家村乡流传的《筛叉》《拨叉》等民间艺术，表演难度大、可看性强，但表演该节目的几位艺人年事已高，无法再演，而现在的年轻人又不愿意学——完整节目已经无法复原了。目前，很多徽州农村青壮年流向城市务工，留守田园的大多是年迈的老人和幼童。随着社会环境的变化，现在的很多年轻人比较喜欢流行文化，而对古老的传统文化、民间艺术兴趣不高。现在徽州参加民俗体育活动的人群年龄狭窄，后继乏人问题十分突出。①

七、理论薄弱，研究不足

关于徽州民俗体育的历史有据可考的通常只是在一些典籍、传志中零星的记载和描述。从已有的众多徽州民俗体育项目内容来看，徽州理应有自己比较成熟的民俗体育文化理论体系，而当前徽州民俗体育文化理论研究相对滞后，已在很大程度上制约了徽州民俗体育文化保护和继承工作的顺利开展。从目前已有的徽州民俗体育研究文献来看，对徽州民俗体育文化的调查、整理、挖掘、认定、保存、传播的系统研究还不够全面、不够深入；还没有探索出徽州民俗体育文化的有效传承机制及其发展和嬗变规律。也就是说在对徽州民俗体育文化的理论研究上，无论是在研究工作的有序深入开展方面，还是在自成系统的理论研究成果等方面均远远落后于该项目时代发展的实际需求。②

第三节　徽州民俗体育文化发展对策思考

由徽州民俗的上述困境可知，徽州民俗体育正处在走向消亡的边缘。是让其自行消亡，还是另辟蹊径抢救保护，并使之更好地服务于社会主义新文化和新农村新城镇化建设？这是民俗学和体育学研究的一个重要课题。从文化传承的视野来探讨徽州民俗体育的传承途径及其发展对策，

---

① 佟玉权：《农村非物质文化遗产的传承环境探析》，《西南民族大学学报（人文社会科学版）》，2010 年第 9 期。

② 叶伟等：《试论我国民族传统体育的现状及其运行机制的改革设想》，《北京体育大学学报》，2004 年第 3 期。

也许可以为徽州民俗体育的继承与发展找寻出一条全新的出路。

一、加强政府作为

2004 年，我国政府正式加入联合国《保护非物质文化遗产公约》，这意味着对非物质文化遗产的保护成为我国政府的国际义务之一。2005年，国务院办公厅颁发了《关于加强非物质文化遗产保护的工作意见》，并规定从 2006 年起，每年 6 月的第二个星期六为"中国文化遗产日"。2011 年 2 月 25 日，全国人大常委会通过了《中华人民共和国非物质文化遗产法》，并于同年 6 月 1 日起正式实施。正式表明我国对非物质文化遗产的保护工作重视已上升到了国家法律的高度。[①] 这都为民俗文化的继承和发展提供了一个法律上和政策上的保证。

对民俗传统文化的保护是一项系统工程，不但需要政府为其提供法律和制度保证，而且还需要政府充分运用行政资源对民间传统文化进行全面的调查、论证并提出针对性的保护意见。

首先，政府需要引导社会力量参与。政府在明确自己保护责任主体地位的同时，还需要重视社会力量的参与合作。[②] 需要在组织结构上加以完善，即依靠相应的组织结构，为实现政府职能提供有效平台。这种组织，一方面包括新建机构，或者重塑原有的政府机构，理顺各部门间的职能，充分发挥政府在民间传统文化保护中的决策、指挥、管理、协调、监督、控制等一系列职能；另一方面要广泛吸纳专业人才的加入，民间传统文化的保护具有专业性，因此，需要建立专业的咨询机构，需要学术科研机构、大专院校、社会团体等各方面力量的共同参与。[③] 例如，为了解决叠罗汉运动在发展中面临的一系列问题，2006 年经歙县文化局批准，组建了叶村"叠罗汉艺术团"。艺术团设导演和安全辅导员等，配合罗汉头组织排练演出。艺术团有演出许可证，准予收费，其收入部分作为罗汉演员的报酬，部分作为活动经费的补充，从而刺激了叠罗汉参与人员活动积极性，建团后，已应邀在绩溪县、黄山区等地演出多场，取得了较好的效果。

其次，政府需要加强对传承人的保护。政府不只是制定民间传统文

---

　　① 王文章：《非物质文化贵州保护研究》，北京，文化艺术出版社，2013，第 1~4 页。

　　② 许明思：《我国民俗体育发展的现实困境及路径选择——以徽州村落中的"叠罗汉"为例》，《赤峰学院学报(自然科学版)》，2012 年第 8 期。

　　③ 雷玉明、易文君：《民间传统文化保护和发展中的政府职能分析》，《华中农业大学学报(社会科学版)》，2011 年第 3 期。

化的保护政策，而且还要建立科学合理的民间传统文化传承机制，尤其要重视对传承人的保护。当前对传承人的保护最主要的就是要做好传承人的认定工作，通过建立合理的传承人名录，完善传承人申报制度，对符合规定的传承人、传承团体进行科学的认定，才能做到保护政策有的放矢。

再次，政府需要明晰民间传统文化的知识产权。"保护为主、抢救第一，合理利用、传承发展"①是我国非物质文化遗产保护方针。要做到传承发展，就要涉及非遗保护工作中项目代表性传承人的知识产权保护，这是一个非常值得重视的问题。黄山市政府有关部门已经把一些徽州民间体育项目作为非物质文化遗产加以保护，如傩舞、打秋千、轩辕车会等，在黄山市第二批申请非物质文化遗产的名单中，其中民间舞蹈有 14 项，游艺、传统体育与竞技 1 项。而在经国务院批准的《徽州文化生态保护实验区规划纲要》中，与徽州民间体育有关的保护项目有：18 项民间舞蹈、18 项民间信仰、2 项民间戏曲、5 项民间杂技、1 项游艺、传统体育与竞技、13 项民俗。②③④

最后，以民俗体育为主题的博物馆建设也属于政府的公共文化事业范畴。黄山市现已建成一座徽文化博物馆，为进一步保护徽州民俗体育奠定了基础。王俊奇在对皖南民俗体育的调查中发现："随着黄山和婺源旅游业的迅速发展，各县、乡都不同程度地树立了市场观，进一步认识到民族民间艺术在旅游区所占据的重要性。为此，县、乡政府抽调了一批人对本县、乡民族民间艺术进行深入调查，并收集、整理出一大批民族民间体育活动。"⑤2004 年，在黄山举行了第六届中国国际民间艺术节，开幕式上，徽州民间艺术节目中包括花棍舞、抬阁、仗鼓舞等表演，场面气势宏大，参加表演人数少则几十人，多则上千人，是当时全国少有的大型民俗活动。这些表演不但使黄山市民和中外游客领略了我国民间艺术风采和高超的技艺，更加深了人们对黄山、徽州文化及其民间艺术的了解，使人们认识到中华文化的博大精深。在舞龙、舞狮、赛龙舟、

---

① 王文章：《非物质文化贵州保护研究》，北京，文化艺术出版社，2013，第3~4页。

② http://www.huangshan.gov.cn/。

③ 许明思：《我国民俗体育发展的现实困境及路径选择——以徽州村落中的"叠罗汉"为例》，《赤峰学院学报（自然科学版）》，2012年第8期。

④ 李竹丽：《徽州民间体育文化旅游开发的优势与机遇》，《体育科学研究》，2013年第4期。

⑤ 王俊奇：《皖西南古村落民俗体育旅游资源特点及发展现状》，《体育科技文献通报》，2006年第7期。

舞花棍、叠罗汉等活动中，形式多样的比赛形式、轻松活泼的游戏过程、游客的广泛热情参与，使人们看到了徽州民俗体育在大众体育休闲、娱乐身心方面的作用。黄山市的某些地区还形成了"政府调控、公司运作、群众参与"的运行模式，如黟县五里乡在市政府做活旅游文章的号召下，开发旅游观光农业和娱乐休闲景区的规划，活动开展得有声有色。①

以上政府的这些措施，为徽州民俗文化的保护，为徽州民俗体育项目的发展均提供了有力的政府保障。

二、纳入学校教育

在中国古代，民俗文化与口传艺术往往难登大雅之堂，难入典籍。但民俗文化底蕴深厚，其实它正是中华正统文化和雅文化的本源文化和母体文化，也是我们现代一切文化艺术的根本。对即将消失的民俗文化的保护，就是对民族文化之根的保护，而一个民族文化的稳定能产生出强大的凝聚力和生命力。② 联合国教科文组织驻华官员爱德华·木卡拉说："我发现中国的许多年轻人并不尊重本国的民族文化。因为他们很少接触，并不了解本民族丰富的非物质文化遗产。"他还举例说："在挪威，国家规定一个学生在 15 岁以前至少要学习掌握一个本国的非物质传统文化。"③

目前，我国不少民众对于本国的传统民族文化尊重和重视不够，其根源是国家对民俗文化在学校教育中的设置缺失。在研究中我们还发现，甚至有个别直接从事民族文化传承和发展的工作人员对此也不是真正感兴趣，只是将其作为一种职业和谋生的手段。究其根源是因为他们多数在学校里没有接受过这方面的教育，没有认识到民俗文化的真正价值所在。其实从小在学校就应该了解本国非物质传统文化，也许他今后去从事别的工作，但对本民族非物质文化遗产有基本概念性的认识，应该是一个国家民众的通识教育问题。而且，学习民俗文化艺术实际上也是对一个人全面发展的整体教育中的一个部分。

民俗文化的传承与发展离不开青少年，民俗文化只有作为学校教育的一部分，才有可能较好地传承下去。目前，我国体育教育界有识之士对通过学校教育来继承和弘扬民俗体育文化已达成共识。然而现状是，

---

① 谢佳：《中国传统鱼纹样的文化内涵与现代设计》，《山东纺织经济》，2011 年第 2 期。

② 相金星：《非物质文化遗产视角下传统武术的保护与发展》，《林区教学》，2015 年第 2 期。

③ 郝朴宁：《非物质文化形态的社会承载形式》，《学术探索》，2008 年第 3 期。

大、中、小学的学校体育教材中，很少有关于民俗体育的教学内容，这是一个亟待解决的问题。纵观当代各种流行的体育项目，大多是通过学校这一载体完成由原始体育形态走向规范化、科学化、普及化道路的。徽州民俗体育项目不受场地、器材限制，技术动作也比较简单，可将其纳入学校体育教学内容。安徽省教育厅人文社科项目《徽州地区民间体育的现状与对策研究》①调查显示："有 19.4％和 61.3％的体育老师认为目前徽州地区中小学开展民间体育是非常有必要的，而且有 6.4％和 58.0％的人认为非常可行和比较可行；并有绝大部分体育教师愿意承担传承、推广民间体育工作。数据还显示：徽州地区的中、小学生中有 25.3％和 41.0％的学生表示非常喜欢和比较喜欢民间体育活动；但 86.7％的中、小学生对于民间体育了解一般和不了解。"从足球到橄榄球的流行，从德式体操到军事学堂的兵操，西方大多数游戏项目都是在近代以学校作为媒介完成了向高水平竞技运动项目的发展过程。日本的柔道、韩国的跆拳道，就是经过一定的加工改良，使之便于现代教学、训练和比赛，并通过学校向广大青少年推广，才得到世界上众多国家和人们认可。② 目前，学校可以聘请一批如"叠罗汉""徽州舞龙""黎阳仗鼓""轩辕车会"等非物质文化遗产的继承人，先在项目兴起附近的大、中、小学体育课上进行教学传授。如在三阳中、小学开设体育选修课，专门训练学生"叠罗汉""打秋千"项目的基本技术；在黄山学院体育系民族传统体育教学课上进行徽州民俗传统体育项目的教学等，从而培养出更多精通民俗体育项目身怀绝技的后备人才。③ 总的来说，传承、发展徽州民俗体育应该与时俱进，完全可以融合、吸收、接纳现代体育的教学方式和方法，将徽州民俗体育进行一定的改造和优化，使之与时代相适应、与群众的需求相一致；并在运动形式、技术结构、规则与裁判方法等方面借鉴现代奥林匹克运动的发展模式，使其既赋有现代体育的健身、教育、娱乐等功能，也不丧失原有徽州民俗体育精神特色。④

当然，民俗文化的教育也不一定局限在实体课堂，还可以通过社会文化机构的教育、家庭教育和网络教育等，从而形成以实体课堂教学为

---

① 沈曦：《徽州地区民间体育的现状与对策研究》，《湖南医科大学学报(社会科学版)》，2010 年第 4 期。

② 邰春霞：《我国民族传统体育发展对策研究》，《商丘师范学院学报》，2007 年第 3 期。

③ 许明思：《我国民俗体育发展的现实困境及路径选择——以徽州村落中的"叠罗汉"为例》，《赤峰学院学报(自然科学版)》，2012 年第 8 期。

④ 贾磊、聂秀娟：《古徽州民俗体育与高校体育教学》，《黄山学院学报》，2009 年第 3 期。

主，多种教育传承形式相结合的传播方式。①

三、适度开发利用

在市场经济环境下，将传统文化与市场经济相嫁接、相结合是一种趋势。而这一趋势实际上体现的是一种双向的需要：市场经济需要传统文化，传统文化需要在市场经济中找到其生存延续和发展的新契机。即通常所谓的"文化搭台，经济唱戏"，从而达到优势互补、互惠互利。当然，这种开发也应该注意如下问题。

首先，开发民俗体育资源，应该尊重原住地民众的意愿，征求民俗体育传承人及其参与民众的意见，合理开发，适度利用，尽最大努力保持民俗文化的原汁原味。如今徽州的一些古村落一年四季都在向游客表演祭祖、祭祀等活动，有点不伦不类。国家非物质文化遗产保护专家委员会委员祁庆富说，歌舞、戏剧、手工制作技艺可以表演，而宗族祭祀、祠祭等是徽州民间的神圣礼仪活动，这类民俗不能纯粹作为表演。专家认为，这类表演只会让游客误解民俗文化，使之成为喜剧甚至闹剧。也有个别民俗活动复活得很好，但在表演过程中却没有能体现出文化的原汁原味，这也是一种遗憾和不足。②③

其次，民俗作为历史文化长期积淀的产物，承载着深厚文化底蕴的人文道统，它不是孤立存在的，其传承与发展离不开它的受众群体和存在的物质与精神环境。应借助徽州丰富的旅游资源，将参与性和观赏性的徽州民俗体育作为文化开发的重点，结合古徽州的自然生态和人文景观，对民俗体育文化资源进行合理的、适度的利用与再生，实现其可持续发展。因此，我们在开发民俗体育资源的时候，应把其文化价值始终摆在重要位置。④ 例如，组织游客参与民俗体育"山越之秋""赛龙舟""云舞""得胜鼓"等表演，使大家相互协作，乐在其中；还可以分组竞赛，进行评比，设立奖品等形式，以吸引游客的兴趣点和参与热情。使游客不但了解了徽州民俗体育的特色，也大大丰富了游人的情趣。

虽然我们提倡开发民俗体育的经济价值，但不能顾此失彼，更不能

---

① 刘霞：《论非物质文化遗产保护的教育策略》，《岱宗学刊》，2009 年第 2 期。

② 朱生东、杨效忠：《旅游发展背景下的徽州文化遗产保护模式研究》，《旅游资源》，2009 年第 9 期。

③ 林欣甫：《民间艺术非物质文化遗产传承的活态机制》，《大众文艺：学术版》，2014 年第 3 期。

④ 许明思：《我国民俗体育发展的现实困境及路径选择——以徽州村落中的"叠罗汉"为例》，《赤峰学院学报（自然科学版）》，2012 年第 8 期。

舍本求末。否则，只能使其产生质的变异从而加快其走向消亡。

四、提高民众认同感

徽州民俗体育文化历史传承的主体是世世代代居住于此的徽州民众，但是由于种种原因，现在民众对原生态民俗体育文化的认同感和自信心日趋淡化、减弱，原生态民俗体育面临着主体缺失的危机。因此，提高对原生态民俗体育文化的认同感和自信心已成为当前拯救徽州民俗体育文化的一项迫切任务。人们对于群落文化的认同是后天逐渐形成的一种习惯，而习惯的形成又是通过文化传承得以实现的。

首先，要营造原生态民俗体育文化氛围，使生活在其中的青少年受到熏陶。可充分利用村落、社区和学校等各种资源对此进行宣传，使儿童青少年充分了解村落中原生态民俗体育文化的内涵，培养它们对本地区村落文化的认同感和自信心。在这个过程中，把原生态民俗体育所孕育的传统文化内涵、价值充分展现出来，培养青少年对本民族非物质文化遗产的情感，加深他们对非物质文化遗产整体性和历史延续性的认识。

其次，提高民众的参与度。徽州的很多民俗体育活动如傩舞、傩戏、游太阳、叠罗汉、跳钟馗、舞香火龙、仗鼓舞等都是一种集体参与的群体性体育运动项目。通过参加这些活动不仅可以增强群众的体质，还能够促进人们之间的社会交往，丰富人民群众的业余文化生活。鼓励现在的村落和社区群众积极参与非物质文化遗产的传承与保护；张扬本地区原生态民俗体育所独有的文化特色，要使这里的民众对待非物质文化遗产如同对待自己祖先留下的古建筑一样，只有在这种正确的观念引导下，才能使每个人都受到所在群落的风俗文化的影响和熏陶，从而培养出对待本地区、本民族非物质文化遗产的自豪感和由此而产生的凝聚力。①②

五、加强媒体宣传

在这个信息爆炸的时代，充分利用媒体的宣传和报道民俗文化显得至关重要。媒体宣传的作用在于它可以起到文化传播、知识教育、产品推广等作用；通过宣传造势，还可以创设浓厚的"原生态"氛围，使人产生一种身临其境的感觉，而其最核心的功能在于舆论导向作用。当然，

---

① 张华江等：《地域性"原生态"民俗体育发展的现实进路》，《广州体育学院学报》，2012年第4期。

② 许明思：《我国民俗体育发展的现实困境及路径选择——以徽州村落中的"叠罗汉"为例》，《赤峰学院学报（自然科学版）》，2012年第8期。

新闻媒体也应当以高度的社会责任感，积极扩大对本民族和本地区民俗文化的宣传报道以及在民俗文化的保护、继承与发展中发挥应有的舆论宣传和良好的导向作用。

首先，要积极发挥现代传媒在传承民俗体育文化中的作用。充分利用电视、电影、广播、网络以及新媒体等各种生动鲜活的传播媒介进行徽州民俗文化的宣传和教育，让人们领略它的巨大社会价值和历史意义，增强民众的认同感，提高民众对本地区文化的自觉性和自愿传承的意向。特别是安徽地方媒体人，更要把传播徽文化作为自己的重要职责，增设新栏目，培育新观众，努力营造传承优秀徽州民俗文化的社会氛围。其实，在旅游城市打出文化品牌已有多处成功的例子，典型的例子为民俗舞台表演及电影与云南丽江的结合，张艺谋的"千里走单骑"电影，"印象丽江"民俗节目的舞台表演，极大地提升了丽江的城市形象，成了丽江民俗文化的最好宣传，丽江也因此获得了巨大的经济收益；而徽州民俗完全可以从中得到一些启示和借鉴。

其次，民俗体育文化的传承人也应有与时俱进的自我宣传意识。通过现代媒介手段积极地从事本项目的传承活动，以提高传承效果。如建立专门的网站、民间艺人博客、民间艺术资源浏览库，等等，可以为徽州民俗体育在更广范围的传播建立新的平台。

最后，加强国际交流。黄山市作为一个旅游资源非常丰富的城市，同时也是外国游客比较热衷的旅游目的地，每年有大量外国游客前来游玩，这就给徽州民俗文化对外交流提供了一个良好的契机，在经典的旅游路线中可嵌入向外地和外国游客展示徽州地域特色文化的表演及民俗体育项目的游客参与节目，从而得到游客欢迎、文化推介、经济效益等多赢局面。(1)定点组织一些观赏性强的民俗文化表演节目，并使其表演常态化；(2)邀请游客亲身体验当地的民俗体育活动；(3)编写一些书籍、杂志以及相关民俗文化活动光盘、旅游纪念品等向游人出售或免费发放。①

六、深入理论研究

一谈到民俗学、民族传统体育学，很多学者都比较熟悉。而民俗体育、民俗体育学的提出却是近年来的事。② 关于加深对民俗体育的理论

---

① 仪勇：《高密民俗文化的宣传与产业发展思考》，《山东省民俗学会 2012 年学术年会论文集》，2012，第 251～259 页。

② 王俊奇：《关于民俗体育的概念与研究存在的问题——兼论建立民俗体育学科的必要性》，《西安体育学院学报》，2007 年第 2 期。

研究及其体系的建立，对于全面研究民俗体育具有宏观指导和微观操作意义。加强对徽州民俗体育的理论研究是传承与发展徽州民俗体育的重要保证。面对 21 世纪的社会文化变迁，如何继承与发展徽州民俗体育已成为相关理论研究工作者的一大课题。为此，在进行系统研究时，首先应该突出徽州的地域特色和历史传承渊源；其次应从多学科的视角对其进行全面研究，不断丰富其自身的理论基础；最后，还要加强对徽州民俗体育的现代科学研究。应该从实际出发，本着严肃、认真、严谨的科学态度，对其进行客观的评价与分析，尽快建立科学系统的徽州民俗体育文化体系。从而完善徽州民俗体育文化的理论建设，以便更好地指导徽州民俗体育文化的进一步研究和发展。

第四节 徽州民俗体育旅游资源的开发

随着我国旅游业的快速发展，旅游者的需求与消费模式已经发生了很大的变化，旅游消费呈现多样化的趋势。旅游者已从单纯追求游山玩水或游览文物古迹，向追求较高层次的精神文化转变。而民俗旅游以其新颖独特的风格，已成为被关注的旅游项目。在国外，民俗旅游被称作"Folklore Tourism"，早在 20 世纪 80 年代前后，中国就已经开展了民俗旅游。从 20 世纪 90 年代起，学者们开始探讨民俗旅游的概念，但目前国内外对民俗旅游的概念尚未做出一个严格的界定。西敬亭、叶涛较早提出"民俗旅游"的概念，认为民俗旅游就是民俗与旅游的结合，是一种以民俗事项为主体内容的旅游活动。刘印其则认为：民俗旅游就是借助民俗来开展的旅游项目，如寻根祭祖、朝山进香、民间艺术表演、民俗展览、民俗表演（如婚礼表演等）、节庆活动、风味食品、旧式交通工具、住民房等，[①] 其实也就是到民间去旅游，到民俗氛围里去切身体验。[②] 温锦英认为：民俗旅游就是借助民俗来开展的旅游项目，它是以一个国家或地区的民俗事项和民俗活动为旅游资源，在内容和形式上具有鲜明、突出的民族性和独特性，给人一种与众不同的新鲜感，它的魅力就在于其深厚的文化内涵。[③]

民俗体育旅游是民俗旅游的一个重要组成部分，它以民俗体育资源

---

① 黄亮等：《民俗旅游的文化功能分析》，《云南地球环境研究》，2007 年第 1 期。

② 成艳彬：《内蒙古民俗旅游开发的思考》，《大连民族学院学报》，2004 年第 4 期。

③ 温锦英：《文化，民俗旅游开发的灵魂》，《广东民族学院学报（社会科学版）》，1997 年第 3 期。

为条件、以旅游为形式，为旅游者在游玩过程中提供健身、娱乐服务并以经济利益为目的的一种经营活动。① 民俗体育旅游本身也是一种文化旅游，旅游者通过参与各种民俗体育活动，不但可以健身娱乐，还可以了解我国各地区独具特色的民俗体育项目，另外还能够感受到民族风情和传统的体育文化。这既有利于健康又有利于丰富游人情趣、开阔视野等，近年来是一项深受游客喜爱的旅游项目。

一、徽州民俗体育旅游资源

民俗旅游资源，即吸引旅游者前往旅游目的地参加民俗旅游的促进因素，是能为旅游企业所利用，具有一定的旅游功能和旅游价值，并可产生经济效益、社会效益的各类民俗事项的总和。②

徽州地区有着丰富的民俗体育旅游资源（见表5-1）。徽州旅游资源得天独厚，密度大，品位高，除拥有两处世界遗产外，还有一座全国历史文化名城，三处国家级风景名胜区，一处国家级自然保护区，一处世界地质公园，两处国家地质公园，三处国家森林公园和十处国家级历史文物保护单位，一处国家级历史保护街区。③ 徽州民俗体育具有丰富多样、形式各异、地域风情明显，人们喜闻乐见、广为参与的特性。④ 徽州民俗体育作为旅游产品来讲，则具有以下几个特点：一是民俗性，徽州民俗体育旅游具有强烈的民族风情和民俗风格，古徽州地域有"十里不同风、百里不同俗"之谓，不同地域的民俗体育旅游，其表现形式各异；二是观赏性，通过徽州民俗体育表演，使旅游者了解到徽州不同地方各具特色的民俗体育，欣赏到丰富多彩的徽州民俗体育文化；三是参与性，徽州民俗体育活动过去的参与者多为一个村、一个家族人员集体参加的活动，因此具有广泛参与性的特点。因此，徽州民俗体育具有游客喜闻乐见、参与性强的特性，通过旅游者的积极参与和配合，使旅游者在其游玩过程中得到身的体验、心的愉悦。⑤

---

① 胡微微：《闽南民俗体育旅游开发的 SWOT 分析》，《体育科学研究》，2014 年第 5 期。

② 巴兆祥：《中国民俗旅游》，福州，福建人民出版社，1999，第 236 页。

③ http://blog.renren.com/share/242677726/1414036872。

④ 叶曼：《安徽省黄山市体育旅游资源开发现状研究与态势分析》，《上海体育学院硕士研究生论文》，2010 年第 4 期。

⑤ 徐永红：《新疆民俗体育旅游资源的优势与发展探析》，《河北民族师范学院学报》，2014 年第 5 期。

表 5-1　皖南民族体育文化资源开发一览表①

地点	景点	开发的主要项目	开发形式
太平县	太平湖	龙舟、水上运动	以表演、观赏、游客参与为主体，少数项目邀请游客参与，少数项目以游客学习、练习为特色
休宁	五城古村落、榆村	赛龙排、放花灯、玩水漂、仗鼓舞	
休宁	山后乡	双龙戏珠、抬阁、傩舞	
歙县	叶村	叠罗汉	
祁门	环沙村、大赤岭	目连戏、扑蝶舞	
黟县	雉山、卢村	雉山凤舞	
屯溪	黎阳古村落	黎阳仗鼓	
祁门	西乡古村落	打莲湘、金钱棍、花棍舞	
黟县	西递古村落	踩高跷	
祁门	西乡、彭龙村	扑蝶舞	

　　民俗体育旅游资源的开发可以以节庆活动模式为主，它是以传统的民俗节日、民俗活动或民俗文化为主题，以举办大型节庆活动为形式而进行的一种民俗旅游开发模式。② 民俗体育旅游还可根据利用资源本身的特征和节庆活动的形式，分为两种类型：一是民俗节日——节庆活动形式。即利用传统的民俗节日，开发成一种观光与参与相结合的旅游活动。如把徽州歙县三阳乡的打秋千活动定在农历二月十九"观音菩萨生日"举办；将三阳乡的观音生日开发成专题旅游活动节日——嵌入民俗体育"打秋千"活动；将正月十五元宵节嵌入民俗体育"叠罗汉"活动；将中秋节嵌入民俗体育"舞香火龙"活动等。二是民俗活动——节庆活动形式。即以传统的民俗活动为主题，举办专门的文化旅游活动，这种民俗活动本身在生活或生产中并不是一种固定的节日活动，而是在现代旅游发展过程中专门开发形成的。如傩舞、山越之秋（赶野猪）、跳钟馗、轩辕车会、得胜鼓、舞云端、采茶扑蝶舞等。

二、民俗体育旅游的开发原则

　　徽州民俗体育历史悠久、内容丰富、风格独特。经历了几千年的从蒙昧到文明的进化过程，负载着形成区域人民崇高、圣洁、纯真的愿望，

---

　　①　王俊奇：《皖西南古村落民俗体育旅游资源特点及发展现状》，《体育科技文献通报》，2006 年第 7 期。

　　②　王德刚：《民俗旅游开发模式研究——基于实践的民俗资源开发利用模式探讨》，《民俗研究》，2003 年第 3 期。

奋力超越的意志和崇拜自然的祈祷。① 要开发和利用这些民俗体育，就必须要深入其中琢玉求珠，去除那些不健康、不科学和封建迷信的成分和色彩，使其符合现代社会的要求与人们的需要，为现代社会的发展和人们的身心健康服务。

对民俗体育旅游资源开发的理性思考之一，就是要研究按什么样的原则来开发民俗体育旅游资源，以实现其价值最优化。针对我国的国情和民俗体育旅游资源的开发现状，在开发时可参考遵循以下四个原则。

1. 文化首要原则

民俗体育旅游本身就是一种文化旅游，它的魅力在于民俗体育本身所承载和体现的深厚的民俗文化内涵。② 具体来说，主要有以下几点：第一，传统性与现代化的均衡。从旅游供给的角度看，文化传统是发展旅游的依托和底蕴，强调和维护传统是首要的。但同时旅游者大都又以现代社会为现实生活背景，在文化寻异过程中会显示出他们对现代化的某种需求。因此，旅游开发中就不可避免地有传统性和现代化的矛盾，这就要求我们必须找到发展和保护的平衡点。一方面，要保护和弘扬实质性的传统，在推崇设施设备、思想观念、管理手段现代化的同时，不忘以传统文化为底蕴。另一方面，就是传统的发展和创新问题，应在结构完善、功能合理的基础上达到形式的最优。第二，本真性和商品化的均衡，由于民俗文化的开发无法避免文化的商品化，而文化的商品化往往又会导致文化失去本真性，并最终遭到腐蚀和破坏。因此，必须正确把握本真性与商品化的平衡。如何把握这对矛盾？首先，旅游产品或商品的开发设计既要遵循经济规律，也要遵循文化法则。其次，不能把经济效益摆在过高地位，为文化的完全商品化大开绿灯。第三，在推出民俗文化表演的同时，要注意在一定范围内使其不受现代旅游文化的过度冲击和破坏。目前，部分民俗旅游开发出现了纯商品化和庸俗化的倾向，这是值得旅游部门和文化部门关注的问题。③

2. 可持续发展原则

在民俗体育旅游规划和开发中，要注重对资源的挖掘，更要注重对资源的抢救和保护。不要杀鸡取卵、竭泽而渔，要有长远眼光，以保持民俗体育旅游的可持续发展。因此，要加强对民俗旅游规划的规范性管

---

① 潘乐：《河北省高校少数民族传统体育运动开展现状及对策研究》，《科技风》，2013年第6期。

② 王婷：《汉中民俗旅游资源的开发》，《商品与质量：理论研究》，2015年第6期。

③ 刘祝：《内蒙古民俗旅游开发的现状与对策》，《经济论坛》，2015年第6期。

理，对于原生态民俗体育之类以旅游活动和体验为主的旅游区而言，如果没有总体规划对区域内资源的全面综合评估，没有准确的市场定位和科学的市场预测，没有切实可行的项目策划和经济可行性论证，任何随意的规划和设计都将会使原本可能持续发展的资源成为无源之水、无本之木。科学规划应该建立在对全区原生态体育民俗旅游资源进行综合分析和评价的基础上，确立旅游发展的目标体系和实施步骤，并通过旅游区划确立各村落的旅游形象、功能定位以及各村落的体育旅游功能分工等；还要为各村落策划各类体育旅游开发项目及设计系列旅游产品。要倡导行进村落体育旅游情景规划和体验设计，就每个村落的具体规划来说，主要应从旅游者的需求角度出发：游客来这个地方是想追求一个什么样的情景？希望得到一种什么样的体验？因此，体育旅游规划者要了解徽州地区的文化与环境，尤其是民情风俗、景观建筑、风物特产、音乐歌舞、故事传说、生产生活形态、特殊文化形态等要求。规划者应以这种体验需求为导向，将村落旅游资源中的体验载体和基质加以提升、组合，设计成各种民俗体育旅游的项目和产品，[1] 才能使民俗体育活动与旅游有机结合、长效发展。

3. 特色性原则

特色性是旅游资源的基本属性，民俗体育旅游资源尤其如此。失去特色，民俗体育旅游资源也就不复存在了。在民俗体育旅游开发实践中，应以特色为依据，突出各地区的民俗体育旅游特点，设计和推出与众不同的旅游产品、旅游线路和旅游体验。突出特色性原则也是提升旅游区的品位，提高竞争能力的有效手段之一。[2]

首先，旅游资源要与体育项目对接。体育与旅游都是在运动中追求精神与身体的健康；体育与旅游的完美结合是通过围绕旅游资源合理开发体育项目来实现的。在旅游景区开发民俗体育项目能够增强游客的好奇心，提高旅游资源的利用效果，促进体育旅游的发展。但民俗体育项目的开发必须是在尊重景区自然人文资源和保护环境的前提下，巧妙利用自然地域条件，合理设置体育项目，使游客在了解历史文化渊源的过程中，既愉悦了身心，又留下美好的回忆。

其次，要提升体育旅游的文化品位，应注重传统文化赋予旅游产业旺盛的生命力。不注重文化渊源的体育旅游，如同走马观花，也很难使

---

① 罗永常：《原生态民俗旅游开发的理念、目标与对策》，《贵州民族研究》，2007 年第 5 期。
② 车晓君：《山东省民俗旅游资源开发研究》，《首都师范大学学报（自然科学版）》，2013年第 9 期。

游客产生共鸣、留下深刻印象。民俗体育旅游是参与性和体验性皆强的旅游项目，只有将体育项目与景区的历史典故、人文轶事、民俗风情紧密结合，使游客既愉悦了身心，又增长了知识，才能提高对体育旅游产品的满意度。徽州以其悠久的历史、灿烂的文化、众多的人文和体育旅游资源而享誉海内外。只有在民俗体育旅游设计规划与实施过程中，深入挖掘其古代文化和现代文化的内涵，使民俗体育旅游与徽州深厚的文化底蕴和多样化的文化形式相契合，才能使徽州民俗体育旅游特色鲜明。

4. 游客第一原则

游客是民俗体育旅游的主体。因此，民俗体育旅游应以游客为中心，按照游客的需求开发合适的旅游产品。游客的旅游心理复杂多样，但最基本的还是求新、求异以愉悦身心。针对游客的这些基本旅游心理，我们要开发新奇、参与性和体验性强的民俗体育旅游产品，同时还要提高民俗体育旅游服务质量。高质量的体育旅游服务不仅包括交通、膳食、住宿、接待等多方面的服务，还包括完备的体育设施、丰富的体育物品、特色化的体育旅游纪念品和人性化的体育活动设计，所有这些方面的完美结合方能共同构成了高质量的体育旅游服务，以满足游客在物质和精神方面的需求。前者为旅游的共性所在，后者则是突出体育旅游特色之处，是打造高品质体育旅游产品必不可少的条件。唯有如此，才有可能吸引旅游者的注意力，使游客产生旅游的兴趣，从而有效提高体育旅游的经济效益和社会效益。①②

三、徽州民俗体育旅游开发对策

徽州民俗体育旅游的开发对于当地经济的发展以及传统文化的传承、弘扬具有的积极意义不言而喻。但由于经济、文化、历史、地理等各方面的原因，目前，全面开发还存在着诸多困难。徽州民俗体育旅游只有突破当前的局限性，才会更好地向良性的、协调的可持续方向发展。具体来说，发展徽州民俗体育旅游的对策可以归纳为以下几个方面。③

1. 突出文化，展示内涵

旅游一般来说具有文化和经济双重属性。徽文化是徽州民俗体育旅

---

① 由文华、钟勇：《基于文化多样性的陕西省体育旅游发展策略研究》，《成都体育学院学报》，2010 年第 36 期。

② 张玉华：《经济转型背景下低碳体育旅游发展的策略探骊》，《经济研究导刊》，2013 年第 6 期。

③ 孔义平等：《徽州民俗体育文化旅游资源的开发探析》，《黄山学院学报》，2013 年第 2 期。

游的立身之本。在目前大多数民俗文化旅游景点日益走向庸俗化、企业化的时候，挖掘、整理、突出徽文化内涵是提升徽州民俗体育旅游景点品味的良好手段。同时，徽州民俗体育旅游的开发要以徽文化特色为依托、以市场为导向，坚持以体现徽州民俗体育文化项目的特色不动摇，积极对民俗体育文化旅游产品进行新的定位和开发，这才是民俗体育文化旅游发展的根本；而兼顾市场导向是民俗体育旅游发展的动力和经济基础，二者紧密相连、不可分割。

2. 分工明确，理顺管理

目前，针对徽州民俗体育文化旅游存在缺乏统一部署、协调开发，在尚没有组建新部门统一管理的情况下，民委、体育、旅游等各部门可以相互协调、步调一致地推出徽州民俗体育旅游的相关规定和措施。结合徽州本地民俗风情、地理状况、人文因素，积极实施各区域各具特色的精品战略。同时，也要进一步分区域重点发展相关民俗体育项目，做到精品项目重点发展、普通项目兼顾发展的原则，为游客提供丰富多彩的徽州民俗体育文化旅游大餐；此外，还要注意多点结合，总体规划形成体系以满足多层次旅游消费群体的需求，使之尽快成为知名度高、竞争力强的徽州民俗体育旅游带。

3. 挖掘整理，坚持创新

据调查，[①] 徽州民俗体育现有项目及分布情况是：古徽州地区包括今天的安徽省黄山市的歙县、屯溪区、黄山区、徽州区、黟县、休宁县、祁门县；安徽省宣城市的绩溪县；江西省的婺源县共 9 个县区。每一个县区都有自己独具特色的民俗体育项目。目前 9 个县区共有民俗体育项目 105 项，具体分部如表 5-2。

表 5-2　徽州主要民俗体育项目县域分布表　（单位：项）

县域分布	总体数量	该县独有数量
歙县	74	27
休宁县	6	3
祁门县	7	3
黟县	1	1
绩溪县	9	5
婺源县	7	5

① 王凯珍等：《徽州地区民俗体育的分布与特征研究》，《体育文化导刊》，2014 年第 7 期。

县域分布	总体数量	该县独有数量
黄山区	8	4
屯溪区	10	6
徽州区	6	2

调查还发现，在 9 个县区共 105 项民俗体育中，其中有详细记载的 52 项，记载不详的 53 项目，对有详细记载的 52 项再进行了分类，其中舞蹈类有 21 项；游艺类有 25 项；民间信仰类有 33 项；竞技类有 3 项；民间杂技类有 11 项；民间武术类 2 项。在对有详细记载的 52 种民俗体育项目的发展变化状况研究发现：处于活态的 44 项；边缘态的 5 项；消亡态 3 项。[①] 由此可见，徽州民俗体育目前存在大量的边缘态和消亡态项目，需要体育及文化旅游部门进一步大力挖掘、整理和复活。另外，现有活态的民俗项目作为旅游产品其开发度低、开发层次不高、创新度也较低。所谓"创新"是指在项目原有的基础上结合时代的发展进行改进。其实，在对徽州民俗体育项目发展历史的研究中也不难发现其不断发展"流变"的过程。如现今"叠罗汉"项目的舞台表演，完全可以借助现代舞台灯光和音响艺术。因此，在挖掘、复活、整理徽州民俗体育项目的基础上要注重不断创新，要使徽州民俗体育文化与旅游更好地结合。也就是说要在保持徽州民俗体育文化精神不变的基础上，逐步向现代人的文化娱乐、审美特征和价值取向等方向转化，这样徽州民俗体育文化旅游才会有新的活力。创新的关键就是要通过细分市场，开发出游人喜闻乐见、参与性高的民俗体育旅游产品，以满足不同旅游者的需求；创新的目的就是要适应旅游者的新、奇、异的需求，进而区别于一般的观光游。如组织游客参与徽州民俗体育文化表演、竞赛等，也可将不同游客分组对抗比赛，通过设立奖品等形式，以吸引游客的兴趣和参与热情。有学者认为，徽州民俗体育与旅游的结合，不仅可为徽州民俗体育的勃兴提供经济基础，也为其发展注入了新的活力。[②]

4. 建立中介，协调发展

开发体育文化旅游资源，需要各行各业的协调与支持，尤其是体育产业和旅游业的协同配合。建立和完善体育旅游中介机构，有利于为实

---

① 樊玲：《哈萨克族民俗体育文化的特征及功能》，《安顺学院学报》，2011 年第 3 期。
② 吴阳标：《民俗体育旅游的现状与发展对策研究》，《新西部》，2008 年第 6 期。

现体育产业与旅游经济的相互驱动创造条件。体育旅游中介机构由于市场性和专业性，能够具有针对性且较自由地组织有关机构人员、专家、学者对徽州民俗体育文化旅游资源的现存状况和商业化发展状况进行全面的调查，对徽州体育文化旅游发展的供、需方市场进行调研、分析，确立有影响、有特色、有吸引力的徽州体育文化旅游主题与形象，能够提出更好的徽州体育文化旅游资源的开发思路和体育旅游的发展战略、发展目标、发展模式、市场定位、市场营销等。①

徽州民俗体育旅游在将来的发展过程中应当高瞻远瞩，科学合理地将本地区独特凝重的民俗体育文化与国内外旅游交流融合在一起，要积极自我展示、自我张扬，最终引领徽州民俗体育走向世界，在融入世界旅游潮流和国际体育赛事中起到示范作用。此外，在发展过程中，还应当注重大力加强古徽州民俗体育的深入挖掘和全面整理复活，才能真正全面还原体现徽州民俗体育的文化特色。这是一项艰巨的任务，研究者还有大量的工作要做。只有进一步深入到徽州民俗体育的各个发源地进行详细调查与追踪研究，才有可能更多的发现徽州民俗体育的文化价值，这也正是将来保护实验区研究者的工作重点所在。②

第五节 徽州民俗体育的发展走向探讨

随着社会的不断发展，民俗活动中会出现一些民俗变迁乃至异化现象，这是正常的，也是不可避免的。民俗在走向"现代性"的过程中始终存有悖论，即在民俗现代性的条件下，民众民俗的自我认同与民族国家主流文化之间，表现为一种地方化与整体化、边缘与主流的悖论性：牵制—整合关系。尽管民俗文化与民族国家在现代性诉求之中存在悖论，但却可以达成某种默契。③

在当前许多地方的民俗文化活动中，民俗表演实际上已经演变为一种政府行为与地方文化的共谋。传统民俗文化已经被重新改造成为服务于现代化建设的有效资源。④ 在民俗体育的发展过程中同样面临如何将

---

① 徐虎泼、张战锋：《郑州地区古代体育文化旅游资源的开发研究》，《中国体育科技》，2008年第2期。

② 聂秀娟、贾磊：《非物质文化遗产保护视阈下徽州民俗体育旅游发展研究》，《池州学院学报》，2013年第6期。

③ 董燕、李永东：《从"悖论性结构"到"现代转型"——兼评孔范今的文学史观》，《山东社会科学》，2004年第10期。

④ 涂铭旌：《从美学的角度看科学与艺术》，《科学中国人》，2011年第5期。

旧的民俗活动进行现代性转化的问题。当然，特定的民俗活动也只有经过创造性转化，才能实现它的现代价值，① 当然，徽州民俗体育的发展也不例外。

一、借鉴现代体育项目的发展模式

在全球化浪潮的袭击下，中国的民俗体育受到了前所未有的冲击，以奥运会、世界杯等为代表的西方体育文化已成为当今世界体育的主导。我国民俗体育发展面对的是一个全新的发展环境，要适应这种环境的变迁并求得发展，就应在保持民俗特色的基础上，借鉴现代体育文化推广的成功经验，积极地将自己融入全球体育文化发展当中。

倪依克在其博士论文《论中华民族传统体育的发展》②一文中指出了："要对中华民族传统体育进行竞技化模式的改造，借鉴现代体育竞赛规则、运动技术战术、教学训练手段、竞赛组织与管理的基本理论方法，对一些民族传统体育项目进行改造、整合，使之既富于时代性又保持民族特色，实现自身的创新发展，促进国际体育文化的进步。"而胡娟也在其博士论文《龙舟竞渡流变历程中的现代发展》③中指出："在社会转型的过程中，民俗体育项目要根据内外环境的变化做出不同的选择，其中，以龙舟竞渡为代表的民俗体育通过现代化的转型已经融入了主流体育之中。"尽管徽州民俗体育项目众多，但是目前对其进行竞技化模式改造的项目并不多，这是一个可以思考的尝试。

二、借鉴娱乐、表演化的发展模式

娱乐是人的一种愉快的心理或精神体验，它是人类生活中不可或缺的重要内容。娱乐性是我国古代民俗体育的主要价值取向。民俗体育融入民俗节日之中能够使其娱乐性得以充分展现，而表演化的民俗体育又能使其"娱乐"功能得到进一步的发挥。民俗体育面对即将来临的休闲时代，娱乐化、表演化是其发展的重要模式。④⑤

在众多徽州民俗体育项目中，很多项目的发展模式可以归纳到娱乐、表演化的发展模式之中。以徽州"叠罗汉"为例，从其项目特点来看，具

---

① 胡娟：《我国民俗体育的流变—以龙舟竞渡为例》，《体育科学》，2008 年第 4 期。

② 倪依克：《论中华民族传统体育的发展》，华南师范大学博士论文，2004。

③ 胡娟：《龙舟竞渡流变历程中的现代发展》，北京体育大学博士论文，2007。

④ 张基振、虞重干：《论中国古代民间体育的娱乐性》，《体育文化导刊》，2005 年第 11 期。

⑤ 李好：《中国古代的民间借贷》，《新财经》，2012 年第 10 期。

有重表演而轻比赛、重技巧而轻竞技的特点。其活动往往直接面向观众，一般要在节日、祭祀等时间才会进行。这些表演项目的主要功能是沟通人与人之间的感情、强化集体意识、烘托节日气氛、祈福来年平安吉祥。可见，徽州的"叠罗汉"是由祈福酬谢形式逐步发展成为一项集娱乐、表演、竞技和健身等多种功能于一体的民俗体育文化活动，还是一种可以在舞台上表演的文化娱乐节目。①

　　民俗体育的娱乐、表演化的发展模式具有普遍性。可选择同样发展模式的徽州民俗体育项目还有很多，如"嬉鱼灯""云舞""打秋千""舞龙""采茶扑蝶舞"，等等。这些项目通过娱乐、表演化的发展模式，能够突出民俗体育活动的喜庆气氛，增强民俗活动的观赏性、娱乐性以及参与性，从而吸引更多的人来关注、喜爱徽州民俗体育。徽州民俗体育的生存土壤在民间，它是民众自发组织的一种民俗活动，这类活动使用现代娱乐、表演化的发展模式往往更能体现民俗体育的"内价值"特征。②

---

①　许明思：《我国民俗体育发展的现实困境及路径选择——以徽州村落中的"叠罗汉"为例》，《赤峰学院学报（自然科学版）》，2012年第8期。

②　许明思：《我国民俗体育发展的现实困境及路径选择——以徽州村落中的"叠罗汉"为例》，《赤峰学院学报（自然科学版）》，2012年第8期。

参考文献

[1]卞利：《徽州民俗》，合肥，安徽人民出版社，2005。

[2]周晓光：《新安理学》，合肥，安徽人民出版社，2005。

[3]吕舟：《文化线路：世界遗产的新类型》，《中华遗产》，2006 年第 1 期。

[4]王世华：《富甲一方的徽商》，杭州，浙江人民出版社，1997。

[5]许承尧：《歙事闲谭》，卷八，合肥，黄山书社，2001。

[6]张海鹏、王廷元：《徽商研究》，合肥，安徽人民出版社，1995。

[7]洪树林：《绩溪龙川胡氏宗祠的审美价值》《98 国际徽学学术讨论会论文集》，合肥，安徽大学出版社，2000。

[8]黄汴：《天下水陆路程》，太原，山西人民出版社，1992。

[9]《微文化—徽商—明清徽商在杭州的活动》，http：//www. zh5000. com.

[10]王振忠：《明清徽商与淮扬社会变迁》，北京，生活·读书·新知三联书店店，1996。

[11]李斗：《扬州画舫录》，北京，中华书局，1997。

[12]安作璋：《中国运河文化史》下册，济南，山东教育出版社，2006。

[13]刘士林、李正爱：《中国脐带：大运河城市群叙事》，沈阳，辽宁人民出版社，2008。

[14]张松、王骏：《我们的遗产·我们的未来》，上海，同济大学出版社，2008。

[15]朱耀延：《中国传统文化通论》，北京，北京大学出版社，2005。

[16]张岱年等：《中国文化概论》，北京，北京师范大学出版社，1994。

[17]刘和惠、汪庆元：《徽州土地关系》，合肥，安徽人民出版社，2004。

[18]王振忠：《明清徽商与淮扬社会变迁》，北京，生活·读书·新知三联书店，1996。

[19]唐力行：《从区域史走向区域比较研究》，北京，商务印书馆，2007。

[20]钟敬文：《民俗学概论》，上海，上海文艺出版社，1998。

[21]乌丙安：《中国民俗学概论》，沈阳，辽宁大学出版社，1985。

[22]王娟：《民俗学概论》，北京，北京大学出版社，2002。

[23]陶立璠：《民俗学概论》，北京，中央民族学院出版社，1987。

[24]高雨中：《民俗文化与民俗生活》，北京，中国社会科学出版社，1994。

[25]朱万曙：《徽州戏曲》，合肥，安徽大学出版社，2005。

[26]安徽省地方志编纂委员会：《安徽省志·民俗志》，北京，方志出版社，1998。

[27]安徽省地方志编纂委员会：《安徽省志·体育志》，合肥，安徽人民出版社，1998。

[28]卞利：《明清徽州社会研究》，合肥，安徽大学出版社，2004。

[29]王俊奇：《中西方民俗体育文化》，北京，北京体育大学出版社，2008。

[30]中华舞蹈志编辑委员会：《中华舞蹈志·安徽卷》，上海，学林出版社，2000。

[31]歙县文化局编纂委员会：《歙县民间艺术》，合肥，安徽人民出版社，2006。

[32]邱丕相：《民族传统体育概论》，北京，高等教育出版社，2008。

[33]国家体委体育文史工作委员会：《中国古代体育史》，北京，北京体育学院出版社，1990。

[34]杨向东：《中国体育史》，第二卷，北京，人民体育出版社，2008。

[35]杨向东等：《中国体育思想史（古代卷）》，北京，首都师范大学出版社，2008。

[36]王岗等：《发展传统体育的文化审视》，北京，北京体育大学出版社，2005。

[37]李平等：《中国文化概论》，合肥，安徽大学出版社，1999。

[38]（清）刘汝骥：《陶甓公牍·卷一二：法制科·绩溪县风俗之习惯·岁时》。

[39]《嘉靖徽州府志·风俗卷之二》。

[40]清·嘉庆十七年，《黟县志》。

[41]李琳琦：《徽州教育》，合肥，安徽人民出版社，2005。

[42]陈华文：《文化学概论》，上海，上海文艺出版社，2001。

[43][英]马林诺夫斯基：《文化论》，费孝通译，北京，中国民间文艺出版社，1987。

[44]费孝通、王同慧：《花篮瑶社会组织·吴文藻导言》，南京，江苏人民出版社，1988。

[45]庞朴：《文化的民族性和时代性》，北京，中国和平出版社，1988。

[46]邵汉明：《中国文化研究 20 年》，北京，人民出版社，2003。

[47]（清）姚延銮：《阳宅集成》，清乾隆十六年姚延銮刻乾隆十九年补序本。

[48]冯尔康：《中国古代的宗族与祠堂》，北京，商务印书馆，1996。

[49]《文堂乡约家法》，明隆庆刊本。

[50]《休宁县志》，道光三年刊本。

[51]（南宋）《新安志》卷一，北京，中华书局，1990。

[52]《徽商便览》。

[53]程富金：《徽州风俗》，合肥，黄山书社，1996。

[54]浙江省博物馆：《黄宾虹集一书信编》，上海，上海书画出版社．1999。

[55]吴彤：《自组织方法论研究》，北京，清华大学出版社，2001。

[56]曾国屏：《自组织的自然观》，北京，北京大学出版社，1996。

[57]倪依克：《论中华民族传统体育的发展》，广州，华南师范大学出版社，2004。

[58]胡娟：《龙舟竞渡流变历程中的现代发展》，北京，北京体育大学出版社，2007。

[59]湘林：《村落体育研究——以一个自然村为个案》，北京，北京体育大学出版社，2005。

[60]王凯珍、赵立：《社区体育》，北京，高等教育出版社，2004。

[61]李伟、俞孔坚：《世界遗产保护的新动向：文化线路》，《城市问题》，2005年第4期。

[62]赵焰：《漫漫徽商路》，《山西文学》，2006年第5期。

[63]刘伯山：《徽州文化的基本概念及历史地位》，《安徽大学学报（哲学社会科学版）》，2002年第11期。

[64]唐力行：《明清以来苏州、徽州的区域互动与江南社会的变迁》，《史林》，2004年第2期。

[65]王振忠：《少林武术与徽商及明清以还的徽州社会》，《徽学》，2004年第3期。

[66]郭讲用：《中国传统体育文化的一体多元特性》，《上海体育学院学报》，2010年第1期。

[67]刘铁梁：《内价值是民俗文化之本》，《中国社会科学报》，2011年第3期。

[68]叶伟等：《试论我国民族传统体育的现状及其运行机制的改革设想》，《北京体育大学学报》，2004年第3期。

[69]雷玉明、易文君：《民间传统文化保护和发展中的政府职能分析》，《华中农业大学学报（社会科学版）》，2011年第3期。

[70]康丽：《传统到传统化实践——对北京现代化村落中民俗文化存续现状的思考》，《民俗研究》，2009年第2期。

[71]Ciic. 5th. Draft of the Icomos Charter on Cultural Routes[EB/OL]. www. icomos-ciic. org.

[72]Frank Lloyd Wright. The Future of Architecture. New York：Horizon Press，1953：105.

[73]http：//www. ahwh. gov. cn/。

[74]http：//dragonlion. sport. org. cn/。